관광산업의 경제와 경영관리

관광산업의 경제와 경영관리

김국태 지음

碩学堂

머리말

오랜 잠에서 깨어난 기분이다. 그 동안 책을 써야 하겠다는 생각은 스스로를 담금질하기 위해서였고, 계획을 세운지 2년이 지났다. 특히 전문대학에서의 생활이 연구와 강의보다 많은 잡일 그리고 보직은 연구 활동과는 거리가 멀다. 1년 전 보직을 내려놓고 연구실로 돌아왔다. 처음 몇 달은 공허하여 반야심경을 정독하면서 마음의 안정을 찾은 후, 그간 준비했던 초고를 가지고 작업을 시작했다.

강의를 하면서 쉬운 책을 써야겠다는 생각을 많이 했다. 왜냐하면 그동안 관광관련 경제와 경영과목을 강의하면서, 요즘 학생들은 논리적으로 생각하고 이해하지 않으려는 경향이 있음을 느꼈다. 그래서 쉽게 관광경제와 경영을 가르칠 수는 없을까? 고민을 하면서 특히 전문대학의 경우 관광 관련학과에서 한 학기에 강의할 수 있는 개론서 정도가 있었으면 좋겠다는 생각을 늘 해왔다. 그래서 용기를 냈지만 집필과정은 쉽지가 않았다.

본서는 전체 10개의 장으로 구성되어 있고, 각 장의 구성을 살펴보면 관광산업이라는 큰 명제를 놓고 경제학적인 접근과 경영학적인 접근이 동시에 이루어 져 있다. 그래서 1학기 강의용으로는 적절한 분량으로 보아지며, 일반인 중 관광분야에 관심이 있는 사람의 경우 경제적인 기초 지식이 없더라도 거시적, 미시적인 관점에서 관광산업을 들여다 볼 수 있는 시각을 제공하고 있다.

본서에서의 오류나 잘못된 부문은 모두 본인의 책임으로 점차 수정과 개정을 해나갈 생각이다. 특히 본서의 집필과정에서 헌신적인 노력을 아끼지 않은 제자, 남미향이의 도움이 없었더라면 처음부터 불가능했을 지도 모른다. 현재 고려대학교 교육공학 박사과정에 재학 중인 미향이에게 감사의 말을 전하며, 연구실을 방문하여 원고 정리 중인 필자에게 출판의 기회를 준 도서출판 석학당의 윤용호 사장님과 편집 관계자에게도 감사를 드립니다. 나의 게으름을 주야로 채찍 해준 집 사람의 사랑의 말을 잊을 수 없다. 그리고 서울에서 직장생활을 즐기고 있는 큰딸 미지, 로스쿨에서 열심히 공부하는 작은 딸 은지, 우리가족 모두의 사랑에 감사드린다.

2014.8

경연재 연구실에서

저 자 드림

차 례

Chapter 01 관광경제학의 개요

Chapter 02 관광경제 활동

Chapter 03 관광상품 개발

Chapter 04 관광수요와 공급

Chapter 05 관광마케팅

Chapter 06 관광가격 전략

Chapter 07 관광소비의 효과

Chapter 08 관광 기업과 경영

Chapter 09 관광과 국민경제

Chapter 10 관광과 국제수지 그리고 환율

관광경제학의 개요

CHAPTER 01

1-1 관광경제학이란?

1. 관광경제학의 특징

경제학은 인류 사회의 각 발전단계에 있는 경제현상과 경제관계와 규칙 등의 총칭이다. 하지만 관광경제학은 경제학의 일반 이론을 기초로 하고 있으며 관광 경제활동의 경제현상, 경제관계와 규칙의 과학적인 사실에 관하여 연구한다. 그러므로 관광경제학은 다른 학문분야와 비교하였을 때 매우 다른 특징을 가지고 있다고 할 수 있다.

1) 관광경제학은 응용과학이다

관광경제학은 경영학과 구별되지만 서로 밀접한 관련이 있다. 경제학은 사회경제의 총체로 생산, 교환, 분배 그리고 소비와 관련되어 체계적으로 운영되며, 사회 경제발전 과정에서 일반적인 규율을 제시하며 이론 경제학의 범주에 속한다.

관광경영학은 경영학의 일반이론을 따르며 관광 경영활동 중 특정한 현상과 갈등 등에 대해서 연구하고, 경영학 발전의 규율과 조건, 범위와 형식에 따른다. 그리고 관광경제 발전을 도모하는 응용학문의 영역이 강하므로 응용경제학의 범주에 속한다고 할 수 있다.

2) 관광경제학은 산업경제학이다

관광경제학은 산업경제학의 범주에 속한다. 산업경제학은 하나의 산업분야에서 경제적인 활동에 대해 연구를 진행하여 해당 산업의 경제적인 시스템의 내적·외적인 과학적 규칙을 제공한다.

관광경제학은 산업경제학으로써 관광경제 활동 과정 중에서 각종 경제적인 현상 사이의 내적 연계성에 대해서 연구하며, 관광경제 시스템 중에서 나타난 특수한 갈등 해소와 규칙을 제공한다. 또한 경제학의 일반적인 원리를 기초로 관광경제 활동을 선도하며 관광산업의 지속적인 발전을 촉진한다.

3) 관광경제학은 기초학문이다

관광경제학은 관광산업의 기초 과학이지만 관광학과 관광경제학은 서로 다른 개념이다.

관광학은 세계를 하나의 총체로 관광 행위의 발생과 발전의 규칙성, 과학성에 대해서 연구를 한다. 그 목적은 관광활동의 내적인 성격과 특징, 발전 추세를 제시하기 위함이다. 하지만 관광경영학은 관광학 이론을 기초로 경제적인 영역에서 발생하는 관광활동의 갈등과 경제적인 발전의 규칙성을 연구한다.

관광경제학은 관광경영학을 기초로 관광 경영활동의 합리적인 조직과 과학적인 원리 등에 대해서 연구하며, 관광경영 활동의 효과성과 효율성을 향상시킨다. 따라서 관광경영학은 실질적으로 관광경제학의 한 분야로 관광경제학이 관광경영학의 근본적인 규칙을 제시한다는 전제하에서 경영관리 활동을 수행하는 것이라고 할 수 있다.

4) 관광경제학은 신(新) 과학이다

관광경제 활동의 생성과 발전에 따라서 관광경제학은 점차적으로 하나의 독립적인 학문분야를 형성하였으며, 기타 학문분야와 구별되는 독특한 성격을 띠고 있다. 관광경제학과 연관 학문과 비교하여 보았을 때, 실질적으로는 하나의 새로운 학제 즉, 새로운 과학이라고 할 수 있다.

관광경제에 대한 연구는 경제학과 관광학의 이론을 기초로 하여야 할 뿐만 아니라 반드시 여타 학문의 이론과 연구성과를 활용하여야 관광경제학 연구의 내용을 발전시킬 수 있다.

예를 들면 응용심리학, 지리학, 관광자원학, 사회학, 통계학 등의 이론과 방법을 기초로 종합적으로 경제영역에서의 관광활동에 따른 각종 영향과 반응을 고찰하는 것이다. 반드시 이러한 고찰이 이루어져야 관광경제의 내적인 규칙성과 활동에 대한 결과와 예측 등을 통해 관광경제학의 이론과 방법을 더 잘 파악할 수 있다.

2. 관광경제학과 타 학문 관계

1) 관광경제학과 경영학

본질적으로 관광활동은 일종의 경제적인 현상이다. 관광산업은 경제적 산업이므로 관광경제학은 관광학과 경영학 두 학문이 서로 겹쳐서 형성 된 학문이다. 결국 관광학과 경영학의 연구영역이 가져다 준 산물이며 경제학의 한 지류이다. 관광경제학과 경영학 이론은 관광경영 활동 분석의 기초적인 이론이지만, 관광경영 활동은 또 다른 특징을 가지고 있다.

예를 들면, 관광상품은 제조업 제품과는 다르다. 관광상품은 서비스 상품으로 생산과 소비의 동시성을 가지고 있을 뿐만 아니라 판매수단 또한 매우 독특한 성질을 가지고 있다. 관광경제학의 연구는 경영학과 경제학의 기초 이론을 토대로 하여야 하지만 연구영역은 경제활동 중 양 학문의 공통적인 규칙성 이외에도 자체 학문의 특수성으로 인한 다른 특성과 표현 형식을 가지고 있다고 할 수 있다. 따라서 관광경제학과 경영학의 규칙성은 각자 다르기도 하지만 동시에 공통성을 가지고 있는 관계이다.

2) 관광경제학과 관광학

일반적으로 관광경제학은 관광학 중 하나의 학문으로 분류한다. 따라서 관광경제학은 관광학의 일부분으로 두 학문은 일반적이면서 특수한 관계이기도 하다. 관광경제학과 관광학은 상호 촉진적인 학문으로, 관광에 대한 연구는 관광경제학의 연구를 토대로 이루어져야 하며, 관광경제학의 연구 또한 관광학의 학문 형성에 기초를 두고 있다.

관광활동은 사회적인 현상을 나타내는 종합적인 성격을 띠고 있기 때문에 관광학에 대한 연구의 범위는 비교적 광범위하여 기타 많은 학문과의 연관성을 가지고 있다.

예를 들면, 경제학, 경영학, 심리학, 지리학, 사회학 등이다. 이러한 학문의 이론과 관광학이 관광행위와 활동을 설명하기 위해 융합한 학문이 관광역사학, 관광문화학, 관광자원지리학, 관광경제학, 관광개발학, 관광법규 등의 학문이 형성되었다. 그렇기 때문에 관광경제학은 경영학의 입장에서 여러 경제적인 활동들과 문제들을 연구하며 관광학에 대한 연구를 강화 촉진하기도 한다.

3) 관광경제학과 기타학문

관광은 일종의 복합적인 사회경제 현상이다. 사회과학은 사회경제 현상을 이론적으로 그리고 실증적으로 설명하고 있으며, 특히 이미 언급한 학문 외 관광마케팅, 관광지리학, 관광통계학, 관광회계학, 관광호텔관리, 여행사경영론, 관광교통 경영학 등이 있다. 이러한 학문들과 관광경제학과의 관계는 크게 두 가지로 나눌 수 있다.

첫째는 관광경제학과와 수평적인 관계를 이루는 학문은 관광심리학, 관광사회학, 관광법규, 관광지리학, 관광자원학 등이다. 이들은 모두 관광활동의 다양한 측면으로부터 관광현상을 탐구하며 관광학의 한 분류라고 할 수 있다. 이런 학문과 관광학 그리고 관광경제학과는 서로 일반적이면서 특수한 관계이기도 하다. 그렇기 때문에 개인과 집단의 관광활동은 관광경제학을 이들 학문과 수평적인 관계로 서로 이어주는 역할을 한다.

둘째는 관광경제학과 수직적인 관계를 이루는 학문으로서 관광마케팅, 관광호텔경영, 여행사경영, 관광경영학 등이다. 특히 관광마케팅과 관광경영학은 관광경제학으로부터 생겨난 것이며 관광경제학의 원리를 토대로 한다. 이들 학문은 관광경제학의 거시와 미시 이론을 바탕으로 관광기업과 산업의 경영관리와 관광시장에 대해 분석 혹은 연구한다.

관광호텔경영학, 여행사경영, 관광교통 경영은 관광기업 경영의 범주에 속하며 이들 영역은 관광경제학의 기초원리를 토대로 미시적으로는 관광산업 중 기업경영으로 경영의 원리와 관리의 사상, 원칙, 방법 및 기술에 대해 탐구한다. 따라서 관광경제학과 이들 학문과는 추상적이면서도 구체적이며 모두 관광경제학의 기본적인 이론을 토대로 다양한 영역에서 응용하고 최적화 한다.

1-2 관광경제학의 연구범위

1. 관광경제학의 연구대상

모든 학문은 각자 모순된 가정을 지니고 있으며, 이런 모순된 가정에 따라 각 학문의 연구대상이 결정되기도 한다. 관광경제학의 주요 가정은 활발한 관광활동이 관광산업 발전을 주도하는 것으로 이는 관광상품의 수요와 공급에 대한 가설을 전제로 관광산업의 발전이 이루어진다는 것이다.

관광경제학은 관광활동 중 관광상품에 대한 수요와 공급 영역에서의 모순적 가정으로 관광활동의 시작에서부터 끝나는 시점까지 일관된 가설이다. 이는 관광경제학의 연구대상이 경영학의 연구대상과 다름을 보여주는 것이며 더 나아가 관광학과 기타 학문과도 다르다는 것이다. 관광상품에 대한 수요와 공급 등 일련의 과정에서 발생되는 모순이 여러 경제적인 현상을 낳는다는 것은 필연적인 것이다.

총체적으로 관광경제학이 연구하는 것은 곧 관광경제 현상과 활동 과정에서 발생되는 상호 인과성(因果性)과 규칙성(規則性)을 규명하는 것이다.

관광경제 활동에서 수요와 공급은 내·외적으로든 관광 행위와 현상에 대한 다음과 같은 세 가지 형태로 나타난다. ① 관광객 ② 관광기업 경영자 ③ 관광객이 방문하는 국가 또는 지역정부이다. 이 세 가지 주체들의 이익적인 측면에서의 모순이 곧 관광경제 활동에서의 모순이라고 할 수 있다.

예를 들어 관광객은 관광상품을 구매함으로써 최대한의 만족과 효용을 누리고자 한다. 반대로 관광기업 경영자는 관광상품을 통해 최대 이윤을 추구하고자 한다. 또한 방문국과 지역정부에서는 지역 관광산업의 발전을 유지하고 수요를 증가시켜 최대의 경제적인 이윤과 사회적인 효용을 얻고자 한다.

이러한 세 가지 측면에서의 "이익"은 서로를 제약(制約)하며 또 상호 의존적인 관계로 나타난다. 결국 세 주체의 이익이 균등하게 또는 최대의 이익을 발생함으로써 관광산업이 더욱 발전할 수 있음을 알 수 있다. 어느 한 주체가 이익을 보지 못하거나 손해를 보게 되면 관광경제 활동에 문제가 생길 것이며 이는 관광산업 전반에 악영향을 끼치게 된다.

결론적으로 관광경제학은 관광경제 활동 과정에서의 내재적 모순은 물론 동시에 관광산업 자체의 모순 즉, 관광산업 전체의 외형적 현상에 대해서도 연구해야 한다.

2. 관광경제학 연구의 구성

관광경제학 연구의 시발점은 관광상품이다. 이는 관광객, 관광기업 경영자, 방문국의 지역정부 간 경제적인 흐름과 형태들을 연관시키는 역할을 한다. 관광경제 활동은 관광상품에 대한 수요와 공급이라는 두 개의 모순에서부터 시작된다. 시장경제에서 수요와 공급뿐만 아니라 관광경제 영역 내에서의 모순이 발생되는 것은 물론, 기타 영역에서도 상호 모순적인 현상이 나타나기도 한다. 이런 것들이 국가의 관광경제는 물론 전 세계의 경제적인 관계에 상호 영향을 미쳐 조정 과정을 거치게 되는데, 주된 경제적인 수단은 다음과 같다.

관광상품의 가격, 관광마케팅, 관광투자의 수량과 방향, 관광산업의 정책 등이 있다. 따라서 관광경제 활동의 내적인 연관과 관광경제 활동의 연구의 구성은 다음과 같이 표시할 수 있다.

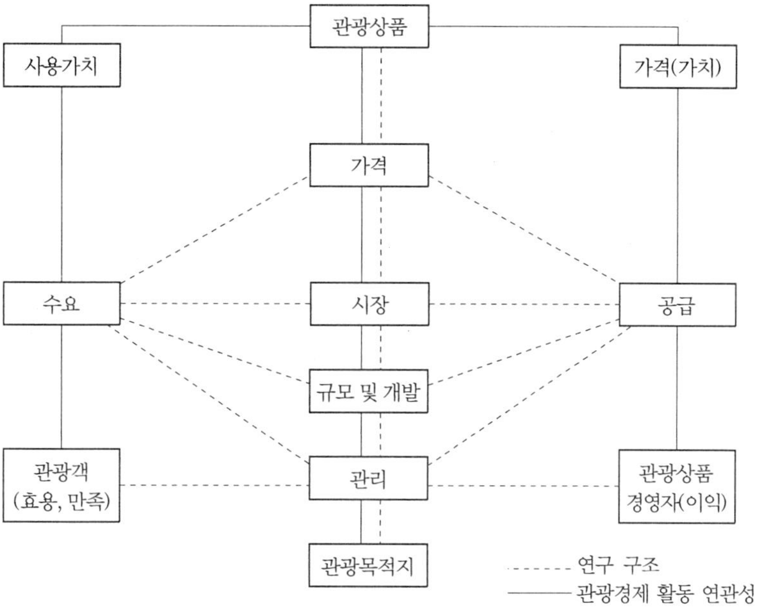

그림 1-1 관광경제 활동 연관성 및 연구 구성

3. 관광경제학의 연구 분야

관광경제학 연구의 목적은 관광경제 활동에서 경제적인 현상, 경제적인 관계를 통해 관광경제 활동에 따른 규칙을 탐색하고 그것을 관리하는데 있다. 결국 관광경제학 연구의 중점은 제한된 관광자원으로 관광에 대한 수요를 만족시킬 수 있는가 하는 것이다. 또한 관광산업의 안정적이고 지속적인 발전을 통해 경제적인 효율성과 사회적인 효용성을 어떻게 증진시킬 것인가 하는 것이 관광경제학 연구의 주된 목적이다.

구체적으로 말해서 관광경제 영역 내에서 무엇을, 얼마나, 어떻게 생산하며 또 어떻게 배분하며 해당 자원을 어떻게 이용할 것인지 등의 경제적인 문제들이다.

따라서 관광경제학의 중점 연구 분야를 정리해보면 다음과 같다.

첫째, 관광경제 활동 내에서의 경제적인 요소와 관계로 인하여, 경제적 활동의 발전은 상호 연결과 작용의 변화로 이루어진 결과이다.

결국 관광경제 활동에 미치는 영향과 작용에는 많은 요소들이 포함되어 있다.

① 당해 관광지역과 관광객, 관광객 출발국 및 지역의 경제발전 수준, 즉 국민총생산액(GNP), 국민소득, 경제성장률, 1인당 총국민 총생산액, 1인당 국민 총소득 등이다.

② 당해 관광지역과 관광객, 관광객 출발국 및 지역의 주민생활의 수준 즉, 개인 소비의 물가지수, 소비구조 등이다.

③ 당해 관광지역의 경제적인 상태 즉, 교통운수업, 건축업, 정보통신업, 농업, 경공업, 상업으로 생산된 상품과 서비스의 수량, 품질, 가격 등이다.

이러한 경제적인 요소들은 각자 서로 다른 수준에서 관광경제 활동에 영향을 미쳐 어떤 요소들은 관광경제 활동에 추진력을 가할 수 있는 정(+)방향의 역할을 하며, 어떤 요소는 역방향(−)의 규제적인 역할을 한다. 또한 관광경제 활동은 시작 시점에 따라 각 역할과 영향력이 관광경제 활동에 미치는 영향과 작용이 다를 수 있는데, 어떤 요소는 주도적인 역할을 하기도 하고 또 어떤 요소는 일반적인 역할과 작용을 하기도 한다.

결론적으로 관광경제학 연구의 주된 임무 중의 하나는 관광경제 활동에서 기본적인 경제적 요소와 경제적인 관계들이 서로 미치는 영향과 작용들이 제시하는 규칙성을 탐색하고 연구함에 있다.

둘째, 관광경제 활동의 연구를 통해 관광산업 발전이 경제적, 사회적으로 가져다 줄 수 있는 효용과 이익으로 이러한 경로를 찾고 이를 통해 이득을 얻고자 함이 관광경제학 연구의 의무이다.

국내 관광산업이든 국제적인 관광산업이든 모두 경제적인 효용성을 중요시해야 하며 사회적으로 가져다 줄 수 있는 효용과 이익도 중요하다. 하지만 경제적 효용성과 사회적 효용성 사이에 모순이 있기 마련이다.

경제적 효용성이라 함은 여러 가지 단계를 거치는데, 보통 국가와 지역 사이에서의 효율과 이익, 관광기업 즉 호텔, 여행사, 운수업, 관광상품점 그리고 관광객에게 제공되는 서비스인 개인적인 효용과 이익도 존재한다. 이러한 효용과 이익은 서로 모순되기도 하며 또 하나의 총체를 이루기도 한다. 각 단계에서의 효용과 이익은 모두 일정한 경제적인 요소들의 상호적인 작용을 통해 이루어진 것이다. 따라서 이러한 경제적인 요소들을 어떻게 조정하고 경제적인 관계들을 조합하고 처리할 것인가 하는 것은 관광경제학 연구에 있어서 주요한 의무이다.

셋째, 관광산업의 발전을 위해 방침과 정책 그리고 규칙을 제정(制定)하는 것은 관광경제 활동 연구의 의무이다. 이는 일정한 시기에 관광산업을 발전시키는 기본적인 규범이며 관광산업 내부의 각 이해 관계자들을 조화롭게 움직이며 조절할 수 있는 행위 규범이기도 하다. 하지만 관광산업 정책의 제정은 정확한 경제적 이론을 토대로 하여야 한다. 관광경제학은 관광산업 전체 운영의 과학적인 총괄이며 관광경제 활동과정에서 각종 경제적 현상들의 내재적인 연결과 규칙성을 제시한다. 한편으로 관광산업의 경영을 선도하는 역할을 하며 다른 한편으로는 관광산업 전체의 방침과 정책 그리고 규칙을 규정함에 기초적인 이론을 제공하는 역할을 한다.

4. 관광경제학의 연구 내용

관광경제학 연구의 내용은 관광경제 활동의 각 부분 그리고 부분들의 상호적인 관계를 연구하는 것이라 할 수 있다.

1) 관광경제와 관광산업

관광경제는 사회적 생산력이 일정한 시기에 이르렀을 때 만들어진 결과물로 국민경제의 유기적 조직부분이다. 관광경제학을 연구함에 있어 우선 관광경제의 형성과 발전의 특징 그리고 관광산업의 성질과 주요한 특징들을 명확히 해야 한다. 이를 토대로 관광경제가 국민경제에서 중요한 위치에 있으며 사회적으로 문화적으로 그리고 생태 환경에 주는 영향과 작용을 사회 경제적인 시점에서 파악하여야 한다.

2) 관광상품의 개발과 수급(需給)

관광경제 활동은 관광상품의 수요와 공급을 그 시작점으로 한다. 하지만 관광상품의 속성과 특징은 다른 생산적 상품과는 다르다. 그렇기 때문에 관광상품의 과학적 성질과 그 구성에 대해 연구를 해야 하며 관광상품의 특징을 파악해야 한다. 그래야 관광상품에 대한 마케팅은 물론 수요와 공급 그리고 가격 기구와 관광상품의 생명주기를 토대로 합리적인 관광상품의 개발 계획을 수립할 수 있고 관광상품의 수요와 공급의 균형을 유지할 수 있다.

3) 관광마케팅과 경영

관광상품의 수요 공급과 판매는 관광 마케팅을 떠나서 논할 수 없으며 관광경영학은 반드시 관광 마케팅에 대한 연구를 해야 한다. 다시 말해서, 관광 마케팅에서는 표적시장과 시장 세분화 방법, 다양한 유형의 관광 마케팅의 경제적인 특징, 제조업과 경쟁적인 관계 등 관광경영 영역 내에서의 마케팅 믹서와 관광 마케팅에 관한 정부의 관광정책을 분석하여 각 경제주체들이 적합한 마케팅 전략을 수립할 수 있다. 또한 가치법칙의 요구에 따라 관광상품의 가격은 합리적으로 분류해야 하며, 과학적인 가격결정 방법과 전략연구를 통해 관광상품의 판매를 촉진시켜야 한다.

4) 관광소비의 합리화

관광상품의 소비는 관광경제 활동의 핵심적이고 중요한 활동이다. 관광상품은 그 상품의 특수성 때문에 관광경제 활동 과정에서 실질적인 소비로 실현되게 한다. 따라서 관광소비가 실현되는 과정과 그 영향 그리고 규칙성에 대해서 연구를 해야 한다.

예를 들면 소비의 성향, 소비자의 행동, 소비의 구성, 소비의 효용, 소비자의 만족 등이다. 이 중에서 가장 핵심적인 내용은 관광 소비전략을 수립하는 과정과 관광 소비전략과 일반 소비전략의 차이점에 대한 연구 그리고 이를 기반으로 관광소비의 합리화 문제 즉, 합리적인 소비 구성에 대해서 연구를 해야 한다.

5) 관광기업의 상품 생산

관광상품 생산에는 일반적인 상품생산과는 다른 관광상품 특유의 성질과 법칙, 관광 기업의 자본금, 생산량, 소득과 경제적 효용성 등이다. 관광상품은 일반 상품의 생산과 많은 차이가 있는데, 결국 관광기업은 다른 일반 상품 생산기업과 다르다는 것을 알 수 있다. 이것은 관광기업의 특수성을 결정하는 요인이기도 하며 경제학의 생산이론을 통해서 연구 분석해야 관광산업과 관광기업의 상품생산에 대한 법칙을 명백하게 밝혀낼 수 있다.

6) 관광경제의 효율과 이익

관광경제의 효율성을 추구하는 것은 곧, 관광기업 경영자가 관광경영 활동에서 추구하는 주된 목표이기도 하다. 이는 당해 국가나 지역의 관광산업을 발전시키고자 하는 목표이기도 하다. 따라서 관광경제의 투자와 전략에 대해서 그리고 국가와 지역의 관광수입 형성과 배분에 대해서 승수효과(乘數效果)와 관광효율과 이익의 체계를 연구해야 한다. 그리고 관광경제의 미시적, 거시적인 효용성에 대한 분석을 통해 관광경제의 효율성을 실현할 수 있는 합리적인 평기를 실시해야 힌디.

7) 관광경제의 구조와 체제

관광경제학은 관광경제의 현상 뿐 아니라 경제체제에 대해서도 연구를 한다. 또한 관광경제 활동에서 여러 경제적인 관계들을 연구함으로써 인과성(因果性)을 통한, 상호 영향력 관계가 관광경제 발전에 영향을 끼친다. 따라서 관광상품의 구성과 산업적인 구조와 지역 구조 등을 연구하여 합리성을 모색하여야 하며, 한편, 관광산업의 관리체제와 조직 형성의 연구를 통해 관광경제의 발전 전략을 모색하여 국민 관광경제 발전의 최적화된 모형을 탐색하는 방법을 마련하여야 한다.

1-3 관광경제학의 연구방법

관광경제학은 하나의 종합적인 학문 분야로써 연구하는 범위가 매우 광범위하여 인접의 여타 학문과 서로 연관되기도 한다. 관광경제학의 연구 성과가 실질적이고 과학적인 결과를 도출하기 위해서는 반드시 과학적인 연구방법을 사용하여야 할 것이다.

1. 이론을 현실에 적용

이론과 현실을 결합시키는 것은 과학적인 연구에 있어서 매우 중요한 방법 중의 하나이다. 이론은 보편성을 가지고 있으나 현실은 매우 복잡하고 다양하여 이론을 참고하여야 한다. 그러나 현실은 이론과는 다른 시간 혹은 시점에 따라 즉, 조건의 변화에 따라 다양한 문제들과 새로운 상황들을 만들어 내기도 한다. 따라서 이론은 현실을 과학적으로 개괄하고 총괄할 뿐만 아니라 기존의 이론을 수정하고 또 그 이론을 좀 더 정확하게 정의해 줄 수도 있다.

다시 말해서 관광경제학의 연구에서 이론과 현실의 관계는 다음과 같은 두 가지의 의미를 포함하고 있다.

첫째, 경제학의 원리를 토대로 모든 현상을 분석하고 설명하여야 한다. 즉, 이론을 토대로 관광경제 활동 중에서의 경제적인 현상과 상호 관계들에 대해서 분석해야 하며, 구체적인 현실의 형상이나 모양 그리고 특징에 대해서도 기술할 수 있어야 한다.

둘째, 경제학의 이론을 바탕으로 관광경제 활동의 현상과 변화에 대해서도 총체적이고 과학적으로 설명할 수 있어야 한다. 이러한 검증을 거친 가설은 경제이론으로 정립시키고 궁극적으로 경제와 경영 현장에서 활용할 수 있어야 한다. 사실 이론을 현실에 적용하는 방법을 활용하여 관광경제에 대해서 연구하는 것은 매우 중요하며 필요한 것이다. 이는 관광경제학이 하나의 새로운 학문으로서 여러 측면에서 아직은 완성된 학문체계가 아니기 때문이다.

이론을 현실에 적용하여 관광경제에 대해서 연구를 하는 것은 다음과 같은 방법을 사용할 수도 있다.

관찰법으로 이는 관광객의 다양한 행동과 유형을 유심히 관찰하는 것으로 관광객의 여러 행동 요소들이 관광경제 활동에 영향을 관찰한다.

다음은 개인 사례연구법으로 하나의 사례에 대해 일정한 기간 동안 연속적으로 조사 후 관광객의 행동을 이해하는 것으로 이를 통해 관광경제 활동의 규칙성을 탐색할 수 있다.

모형연구법은 전형적인 한 지역의 관광경제 발전 즉, 관광경제 발전의 경험과 형태들을 분석하고 연구하는 것으로 관광경제 발전의 새로운 패러다임에 대해 알 수 있는 모형이기도 하다.

사회조사 및 통계법을 활용하여 표본조사 또는 관광 통계자료의 수집을 통해서 관광경제 현상과 시장의 변화와 규칙성에 대해서 분석을 한다.

2. 정성(定性)과 정량(定量)분석

우주 만물은 모두 질(質과) 양(量)의 결합으로 구성되었으며 질과 양은 두 개의 규칙성을 가지고 있다. 일정한 질은 일정한 양을 포함하고 있지만 양의 변화가 일정한 정도에 달하였을 때에는 질의 변화가 생긴다.

관광경제 활동 중에서 여러 가지 경제적인 현상도 이와 같이 질과 양의 통일이다. 관광경제학 중에서 어떤 범주들은 반드시 질의 규칙성을 띠고 있는데, 이는 다른 관광경제적인 현상과 구별하기 위함이다. 다른 한편으로는, 관광경제의 많은 범주는 동시에 양의 규칙성을 띠는데, 이는 정성(定性)분석과 정량(定量)분석을 유기적으로 결합시켜야 한다는 것이다.

정량분석을 통해 각종 관광 현상 내에서의 변화 관계와 발전의 추세들을 밝혀냄으로써 정성분석을 위한 과학적인 근거를 제공하고 또한 정성분석을 통해 사물의 본질과 속성을 정확하게 구분하여 정량분석을 원활히 하기 위한 역할을 함으로써 물질과 현상의 질과 양에 통일성을 가져다 줄 수 있으며 동시에 관광경제의 지속적인 발전을 촉진시킬 수 있다.

그 구체적인 분석 방법은 다음과 같다.

첫째, 추상화하는 방법으로 관광에서의 경제적인 현상들 속에서도 무수히 많은 작은 요소들이 존재한다. 추상화하는 방법을 통해 효용성이 떨어지는 요소는 제거하고 유용한 것을 취하고, 표면적인 현상에서 물질과 현상의 본질을 읽어 낼 수 있어야 한다. 추상적으로 물질의 본질을 파악한 후에는 더 높은 차원에서 물질과 현상의 진실을 탐구해 내야 한다.

둘째, 연역법(演繹法) 및 귀납법(歸納法)으로 관광경제학과 자연과학은 그 연구방법이 다르다. 관광경제학은 자연과학처럼 인위적인 조작을 통해서 실험을 할 수 없을 뿐더러, 여러 번의 반복 실험을 거쳐야만 연구 목표에 도달할 수 있다. 관광경제학 연구의 대부분은 모두 끊임 없는 추적과 관찰, 기록과 묘사를 통해서 사실을 발견하고 그 기초에서 이루어진 성과인 것이다. 또한 기록된 대량의 통계자료를 분류하고 정리하여 보다 쉬운 가설과 모형을 설립한 기초에서 각종 사실들을 연결하여 추리, 귀납, 연역을 통해 연구 결과를 내 놓는다.

셋째, 수학적인 방법으로 정성분석과 정량분석을 서로 결합하고 또 정태분석과 동태분석을 결합한 것이다. 양적인 분석에는 여러 요인들이 포함되며 이를 요인분석이라고 부르고 시간의 양은 과정분석이라 불리며, 비율의 양은 비례분석 또는 구조분석이라고 한다. 총체적인 발전 추세는 정성분석은 정량화, 정량분석은 모형화, 모형분석은 전산화 시키는 것이다.

3. 정태적(情態的) 분석과 동태적(動態的) 분석

관광경제 활동에 대한 연구는 정태 분석과 동태 분석을 서로 결합한 방법을 사용한다.

우선 요소와 현상들의 일반적인 특징을 분석한 다음 규정된 이론을 전제로 추상적 사고를 통해 분석한 후 여러 조건을 활용해야 한다. 이는 여러 변수들의 상호의존적인 관계들을 관찰하기 위함인데 이를 정태 분석(static analysis)이라 부른다.

동태적 분석(dynamic analysis)은 여건의 변동과 시간의 변동을 고려하면서 여러 가지 경제현상 간의 상호의존 관계를 분석하며 분석한 결과는 시간 등 변수의 변화에 따라서 변한다.

다시 말해서 동태적 분석은 움직이는 발전에 대해 분석하는 연구방법이라고 할 수 있다. 관광경제의 현상은 정태적인 구조와 동태적인 과정의 결합으로 관광경제 현상의 내부적 요인들과 관광경제 활동과 기타 사회적인 활동들은 상호 의존적이며 제약적인 관계이다. 따라서 이들은 수평적 구조를 이루는 상태이며 정태적 분석방법을 이용하여 이러한 구조관계에 관한 연구를 해야 한다.

다음은 관광경제 현상은 동태적 변화의 시스템이라고 할 수 있으며, 관광경제시스템 내부의 각 요인들의 변화와 기타 사회적 요인들의 변화는 모두 관광경제시스템에 어떠한 변화를 가져다줄 수 있다. 그렇기 때문에 동태적 분석방법을 이용하여 발전의 변화 과정에 대해 연구를 할 필요가 있다.

4. 미시적(微視的) 및 거시적(巨視的) 분석

미시적 분석은 관광기업 경영관리에 대한 분석이며 거시적 분석은 관광경제의 전체적인 상황에 대한 분석이다.

관광경제 내부의 각 요소들에 대해 연구를 진행할 때 미시적 분석방법을 이용하여야 그 특징을 파악할 수 있으며 목표가 정확하여 구체적인 정책에 대한 연구를 진행할 수 있다. 하지만 관광경제 연구는 단지 미시적 연구의 단계에 머물러서는 안 된다. 왜냐하면 더 중요한 것은 관광경제의 전반적인 시스템을 파악하기 위해서는 관광경제의 운영 규칙에 대해 연구와 분석을 해야 하는데 이는 거시적 분석방법을 활용해야 함을 의미한다. 그렇기 때문에 관광경제 연구에는 거시적 분석방법과 미시적 분석방법을 동시에 활용하는 것이 관광경제의 발전과 운영의 규칙성에 대해서 정확히 인식할 수 있다는 것을 알 수 있다.

5. 여타 학문의 활용

우선 경제학과 연관된 학문분야의 지식에 대해 학습하는 방법이다. 관광경제는 경제학의 일반적인 규칙과 부합될 뿐만 아니라 경영관리, 시장경제, 도시경제, 생태경제, 경제지리 등 기타 수많은 경제학과와 연관되어 있다. 그렇기 때문에 이러한 학문들의 이론에 대해 학습하고 방법론을 토대로 하여 관광경제에 대해 연구를 진행해야 한다.

다음은 관광학과 연관된 학문의 지식에 대해 학습하는 방법이다. 관광경제학은 관광사회학, 관광문화학, 관광지리학, 관광심리학 등 수많은 학문과 광범위하게 연관되어 있기 때문에 이러한 학문의 지식과 연구 방법에 대해 연구하는 것은 관광경제학의 연구에 도움이 된다.

관광경제 활동

CHAPTER 02

2-1 관광경제 활동의 성격

1. 관광경제의 개념

인류의 관광활동과 관광현상에 대한 역사의 유래는 이미 오래되었다. 하지만 관광의 경제적 현상은 그렇지 않다. 관광경제 현상은 상품경제가 성숙 발전한 이후 소득과 여가시간의 증가를 기초하여 이루어졌으며, 전체 산업의 발전에 기인한 면이 크다. 인간의 관광활동 또한 시장 교환의 형식에 의해 형성된 각종 경제적인 현상과 경제적 이해 관계의 총합이라고 할 수 있다.

경제현상과 마찬가지로 관광경제 현상에도 수많은 모순들이 포함되어 있는데, 그 중 관광에 대한 수요와 공급 외에도 관광수요에서 관광객이 여행 혹은 관광 행위에 대한 욕망과 관광객이 지불할 수 있는 능력과의 모순, 관광기업의 수익과 자본금과의 모순 등 관광의 경제적 현상들은 복잡하고 다양하지만 그럴수록 더 경제적인 현상들을 발견해 낼 수 있다.

관광경제는 주로 다음과 같은 3대 요소로 구성되었다. 관광객, 관광상품(서비스 포함) 제공자, 관광자원 소유 국가(또는 지역)이다. 이 세 요소는 서로 의존적이며 제한적인 관계로써 상호 협조와 견제를 통해 발전하며 관광경제 전체를 구성한다. 이들 3주체의 요구가 동시에 만족되었을 때 해당 국가와 지역의 관광산업은 발전할 수 있는 조건을 갖추었다고 할 수 있다.

다음에서 관광경제의 개념에 대한 이해를 하게 될 것이다.

첫째, 관광경제 활동은 관광객과 관광상품(서비스) 제공자 쌍방의 상호작용을 통해 제공된다.

관광객은 관광수요의 주체로 관광에 대한 욕구는 잠재적인 것이며 충분한 소득과 한가로운 시간의 여가가 뒷받침 되어야 구체적으로 관광에 대한 수요가 이루어 질 수 있는데, 관광활동과 관광의 경제적 현상과 범위를 결정짓는 원인이기도 하다.

관광상품(서비스) 제공자 혹은 관광기업은 공급의 주체로 이들이 제공하는 상품과 서비스의 종류 그리고 품질은 관광객의 수요를 만족시킬 뿐 아니라 관광활동과 관광의 경제적 현상의 실질적인 범위를 결정짓는다.

결국 관광에 대한 수요와 공급은 관광시장에서 시장가격에 의해 하나로 통합되며, 관광수요의 증가와 감소는 직접적으로 관광공급의 양과 질에 영향을 미친다.

둘째, 관광상품(서비스)은 관광수요와 공급을 서로 이어주는 역할을 한다.

관광객은 관광에 대한 효용 충족을 위해서 화폐를 이용하여 관광상품과 서비스를 구매하게 된다. 또한 관광기업은 자신의 생존과 발전을 위해 관광상품과 서비스를 판매하고 그에 따른 수익을 얻게 된다. 현대 시장경제에서는 모든 관광상품과 서비스는 하나의 상품으로 거래되고 소비자에게 제공된다. 따라서 관광기업 종사원들은 기업의 이익에 따라 개인의 수입이 보장되기 때문에 상품과 서비스는 반드시 관광객의 욕구를 만족시킬 수 있는 상품과 서비스를 제공해야 할 것이다. 관광상품과 서비스의 품질이 낮을 경우 관광객의 수요와 욕구가 떨어지게 되는 것은 당연한 것이다. 관광상품이 실제 생활에서 불필요한 재화와 서비스일 경우에는 구매 욕구가 완전히 사라지게 되는 경우를 초래할 수도 있기 때문에 관광상품의 품질과 서비스는 관광산업의 생존과 발전의 전제 조건이라고 할 수 있다.

결론적으로 관광경제는 관광객의 관광활동에 의해 생겨난 것이며 관광객과 관광상품과 서비스 제공자 사이는 관광상품과 서비스에 의해 결합되고, 관광에 대한 수요와 공급의 복잡한 모순들은 모두 관광의 경제적인 현상이라고 할 수 있다.

2. 관광경제 활동

1) 관광경제 활동

이미 우리는 관광의 경제적 현상들과 관광활동의 구성 요소들에 대한 살펴본 결과 다음과 같은 것을 알 수 있다. 관광경제 활동은 관광상품을 교환하는 과정이며 이는 관광상품의 구매와 판매라는 두 가지 측면이 고려된 것으로 관광경제 활동의 기본 체제이다.

관광상품을 구매하는 과정에서 소비 주체는 관광을 수요하는 자이며 관광상품과 서비스를 판매하는 주체는 관광상품을 공급하는 자이다. 이들 관광경제 활동은 두 주체이 대립적인 관계로 나누어져 있으며 서로 상빈되는 동기와 원인으로 움직인다. 관광상품과 서비스의 판매는 관광을 공급하는 자가 상품과 서비스를 화폐로 전환시키는 과정이며, 관광상품과 서비스의 구매는 관광객이 화폐를 관광상품과 서비스로 전환시키는 과정이라 할 수 있다. 이런 일연의 두 과정의 결합으로 관광경제 활동이 이루어지는데, 이런 두 주체의 행동이 관광경제 활동의 기본적인 과정이다. 이는 기타 다른 일반상품을 교환하는 것과는 다르며 관광객이 관광상품과 서비스를 구매하는 과정에서 얻은 상품(서비스)은 구체적인 사물이 아니라 개인의 만족감, 체험 및 향수를 얻는 것이기 때문에 추상적인 것이라고도 할 수 있다. 이러한 추상적인 상품과 서비스의 출현은 시장경제 조건하에서의 상품생산 발전의 결과이다.

2) 관광경제 활동 요소

(1) 관광상품 구매의 두 요소

관광상품의 구매는 두 가지로 나눌 수 있다. 관광상품 구매의 욕구와 구매의 방향이다. 관광상품 구매는 사람들이 관광상품을 구매하게 되는 조건이 형성되는 과정과 구매 시기를 그리고 관광상품 구매의 방향은 관광객이 어떤 관광상품을 선택할 것인가 하는 것으로 예를 들면, 여름 휴가, 오락을 위한 여행, 관광 여행 등이다. 또한 관광 목적지의 선택도 해당되는데 국내여행인지 해외여행을 선택할 것인지, 아니면 국내여행과 해외여행에서 어느 지역, 어느 도시, 어느 국가를 선택할 것인지 모두 관광상품에 속한다.

(2) 관광상품 판매의 두 요소

관광상품의 판매는 관광시장에서의 판매로 관광 서비스 제공 두 개의 요소가 포함된다. 관광시장에서의 판매는 관광공급자가 관광시장에 대한 조사와 예측 그리고 광고와 관련된 관광 판촉 활동을 통해 관광상품과 서비스를 수요하는 관광객의 수를 최대화하는 과정이다. 관광 서비스는 관광 서비스 제공자가 직접적으로 관광상품을 구매하는 관광객에게 제공하는 서비스로 흔히 음식, 숙박, 오락, 관광, 구매와 기타 방면에서의 정보통신, 세탁서비스, A/S 전문서비스, 환전 등의 서비스를 일컫는다. 이 두 개 요소의 관광시장에서의 판매는 관광상품을 판매하는 전제 조건이며, 반면에 관광 서비스의 제공은 관광상품을 판매하는 기초이다. 두 요소의 결합은 관광상품의 가치를 구체적인 판매로 실현시킬 수 있는 주요 요인이기도 하다.

(3) 중간매체 – 여행사

앞서 말했듯이 관광상품의 구매와 관광상품의 판매는 관광경제 활동에서의 두 가지 기본적인 활동으로 관광경제 활동의 기초를 이룬다. 현대 관광에서 여행사의 출현으로 특히, 패키지 여행 상품의 판매로 인해 이 관광상품의 구매와 판매 외에 여행사의 중개매매 기능이 매우 중요한 기능을 한다. 기존에는 관광상품의 구매와 관광상품의 판매는 관광객과 관광상품 제공자 사이에서 직접적으로 교환이 이루어졌지만, 지금은 관광상품의 구매와 판매가 여행사를 통해서 많이 이루어진다.

중간매체인 여행사는 규모와 기능에 따라 관광상품의 도매와 소매기능 두 개로 나누어진다. 관광상품의 도매는 관광상품 도매업자 또는 관광 소매업자가 여러 관광상품 제공자로부터 구매한 관광상품을 가공하고 조합하여 하나의 완전한 새로운 관광상품으로 만들어 판매하는 것이다. 이러한 관광상품을 다시 관광 소매업자에게 판매한다. 관광 소매업자는 관광상품 도매업자로부터 받은 관광상품을 여행객들에게 소매의 방식으로 판매하는 것이다. 이렇게 관광경제 활동의 과정에서 여행사의 개입은 관광수요자와 관광공급자 사이에 직접적인 교환시스템이 없이 이루어 질 수 있게 할 뿐 아니라, 관광경제 활동에서 소비 절차가 더 추가되었음을 의미한다. 따라서 관광경제 활동의 과정이 사회적으로 더욱 연관되어졌으며 더 광범위해졌음을 알 수 있다.

3. 관광경제의 성격

관광활동의 발전은 관광경제 활동으로 발전되었으며 국민경제의 주요한 구성요소로 자리 잡았다. 이는 현대 과학기술 발전의 결과이며 사회생산력이 향상됨과 동시에 상품생산과 교환이 장기적으로 발전한 결과이다. 때문에 관광경제는 관광활동을 전제로 상품경제를 기초로 하여 과학기술을 주요 수단으로 삼아 관광활동 과정에서 관광객과 관광상품 제공자와의 관계를 반영한다. 또한 각자 이익의 발생으로 생성된 경제적인 거래는 각종 경제적인 활동과 경제적인 관계의 총합이기도 하다. 관광경제는 사회적 경제의 주요 구성부분으로 다음과 같은 특성을 가지고 있다.

1) 관광경제는 관광활동이다

자연적인 경제조건 하에서 관광활동은 주로 관광객 자신의 역량으로 관광에 대한 수요를 충족하고 만족하는 활동으로 표현된다. 따라서 여기에서는 관광상품의 생산과 교환 형태가 언급되지 않는다. 하지만 관광경제는 상품경제를 기초로 하여 생겨난 것이기 때문에 관광상품의 생산과 교환을 특징으로 삼아 관광활동을 한다. 이러한 경제적인 활동을 통해 수요와 공급, 그리고 교환의 대상을 반드시 필요로 하기 마련이다.

한편으로는 관광경제 활동을 수요하는 주체 즉, 관광객이 시장에 존재할 경우에만 관광에 대한 수요가 대량으로 발생할 것이다. 반면에 관광수요에 대한 규모와 수량, 소비 수준, 여행 목적, 관광 내용 등은 관광경제 활동이 효과적으로 진행될 수 있는지를 결정지을 수 있을 뿐만 아니라, 관광경제의 발전 규모와 수준에도 결정적인 영향을 미친다.

다른 한편으로는 관광경제 활동의 주체인 공급자 즉, 관광상품 제공자가 시장에 존재하여야만 관광객에게 각종의 관광상품을 제공할 수 있을 것이며 관광객의 욕구를 만족시킬 수 있다. 그렇기 때문에 관광공급자는 관광상품을 생산하는 사람일 뿐만 아니라 관광상품을 제공하는 사람이며 관광상품 가치의 실현을 보증할 수 있는 사람이다. 이는 관광경제 활동을 효과적으로 진행할 수 있는 중요한 전제 조건이자 기초를 이룬다.

이외에 현대의 상품생산과 교환 형태의 발전은 관광활동을 상품화함에 있어서 매개의 역할을 하고 방법과 수단을 제공하기도 하였다. 이러한 과정을 통해 관광활동은 관광상품을 대상으로 관광객과 관광공급자를 주체로 그리고 화폐를 교환의 매체로 하나의 완전한 상품화된 사회경제활동으로 발전되었다.

2) 관광경제는 종합적인 서비스이다

관광활동은 비록 경제적인 활동을 목표로 하는 것이 아니지만 전체적인 관광활동 과정은 경제적 활동을 기초로 한다. 특히 현대 관광활동 중에서 관광객은 효율적인 방법과 수단으로 음식, 숙박, 교통, 오락, 구매 등의 관광에 대한 욕구를 충족해야 할 것이다. 그렇기 때문에 제공하는 입장에서 볼 때 관광경제는 일종의 서비스를 위주로 하여 많은 기업들과 다양한 업종을 통해 경제적인 활동을 진행하는 과정이라고 볼 수 있다. 이런 서비스를 제공하는 경제적인 활동은 물질적인 것을 통해서 제공할 수 있을 뿐만 아니라 노동 자체의 작용을 통해서도 제공할 수 있다.

관광경제는 하나의 서비스를 위주로 하는 경제적인 활동이기 때문에 위에서 언급한 서비스 외에도 환전, 정보통신, 의료서비스, 보험, 비즈니스 등의 보조적인 서비스도 제공해야 한다. 따라서 관광경제 활동은 여행사, 호텔, 교통, 여객운송 뿐 아니라 금융, 우체국, 통신, 병원, 세관, 보험회사 등등의 기관들과 연관되어 있으므로 관광경제 활동은 실질적으로 관광을 목적으로 하고 경제를 기초로 하며 서비스를 위주로 하는 복합적인 경제활동이다.

3) 관광경제는 독립적인 경제산업이다

관광경제는 장기간에 걸쳐 점차적으로 독립적인 경제산업으로 발전되어 왔다. 특히 제2차 세계대전 이후 관광경제의 발전 속도는 급격히 가속되었으며 경제적 효율과 이익이 향상되고 관광산업의 생산력 또한 강화되었다. 따라서 많은 국가 특히, 개발도상국의 경우 관광산업을 경제발전의 주요 수단으로 관광산업의 지속적인 발전과 관광산업을 핵심산업으로 육성하게 되었다. 이로 인하여 관광산업의 규모가 급속히 확대되고 산업구조가 개선되었으며, 관광산업이 전 세계적으로 확대 발전하여 오늘날의 관광산업이 있게 되었다.

2-2 관광경제의 형성과 발전

1. 관광경제의 형성 과정

관광산업은 사회생산력의 발전과 함께 분화된 산업으로 비교적 독립적인 경제산업으로 자리를 잡게 되었다. 사람들의 생활수준이 개선되고 향상과 동시에 관광에 대한 수요가 끊임없이 늘어나 점차적으로 상업성을 띠게 되었고 종합적인 성격을 가진 산업으로 발전되어 왔다.

관광경제의 형성과 발전과정은 크게 다음과 같이 세 단계로 나눌 수 있다.

1) 관광경제의 시작단계

관광경제는 관광활동이 일정한 단계까지 도달되었을 때 그리고 일정한 물질적인 조건이 구비된 전제하에서 생겨난 하나의 사회경제적인 활동이다. 그렇기 때문에 관광활동을 토대로 관광경제가 발생하고 발전되며 결국 관광활동의 기원은 인류사회의 초기라고 할 수 있다.

원시사회 시기는 사회생산력의 수준이 낮음으로 사람들의 생활조건은 매우 열악했었다. 특히 자연환경으로 인한 각종 재난과 부족사회에서 부족들끼리의 투쟁으로 생존을 위하여 부득이하게 자주 생활터전을 이동하게 되었다. 이들의 이러한 이주를 여행 혹은 관광이라고까지 할 수 없지만 실제적으로는 관광활동의 기본적인 초기 형태라고 볼 수 있다.

원시사회, 노예제 사회, 봉건사회의 장기적인 발전과정에서 인류사회는 세 차례 대규모의 사회적 변화를 경험하였으며 이로 인하여 사회생산력의 수준이 부단히 향상될 수 있었다. 사회생산력의 향상은 또한 생산능력과 잉여생산물의 증가를 촉진시켜 사유제도와 계급 및 국가를 만들었다. 이러한 사회적 분화와 상품경제의 발전으로 시장이 형성, 확대되고 상품의 교환활동의 범위가 광범위하게 확대될 수 있었다. 제품을 생산하고, 상품을 교환하며 또 각종 상업적인 활동을 중심으로 관광활동이 탄생되었다.

고대 역사에서 관광의 발전과 당시 사회의 정치, 경제 및 문화의 발전은 서로 잘 부합되었기 때문에 관광의 형식이 각양각색으로 발전되었다. 예를 들어 모세 출애굽, 예수의 세계 복음전파, 그리스 새벽기도와 제사, 공자의 세계여행 등은 모두 관광경제 탄생의 기초라고 할 수 있다. 하지만 고대의 사회생산력의 발전은 미숙한 단계였기 때문에 사회적 경제의 발전수준은 관광활동을 상품화하기에는 역부족이었다. 따라서 관광활동을 최종적으로 하나의 상품화된 사회활동으로 만들지 못하고 오로지 관광경제의 발아(發芽)의 시기라고 할 수 있다.

2) 관광경제의 형성단계

관광경제의 형성은 관광활동이 상품화로 발전되어 가는 과정이라고 할 수 있다. 관광경제의 발전 역사를 돌이켜 보면 관광경제의 형성은 주로 18세기의 산업혁명에서 시작된다. 18세기의 산업혁명은 가내수공업이 기계공업을 대체한 시기로 기계적 생산을 기초로 하는 사회적 생산력의 기초를 마련하였고 이를 바탕으로 생산력이 급속한 발전을 이루어 자본주의 상품생산과 교환경제를 촉진시켜 관광경제의 형성과 발전에 기초적인 물질적 기술과 경제적 조건을 제공하였다.

① 산업혁명은 생산수단을 획기적으로 개선시켰다. 특히 교통 운송수단의 개선은 대규모의 사회적 생산을 확대시켰을 뿐만 아니라 시장범위를 확대시키고, 자동차와 선박, 기차의 탄생은 규모에서든 거리에서든 관광활동에 더 편리한 물질적인 기술 조건을 제공하였다. 예를 들면, 1807년 미국이 증기선에 여객운수산업을 시작하면서부터 유럽의 많은 국가에서도 여객선을 통한 서비스를 하기 시작했으며, 1830년 영국에서는 열차를 이용한 여객운수산업을 시작하여 1890년부터 약 20여년 간 국내외 여행객들에게 편리한 여행수단을 제공했다.

② 산업혁명은 자본주의 제도의 형성과 발전을 그리고 사회적 생산력이 급속히 발전할 수 있도록 하였다. 상품경제의 번영과 흥망성쇠는 사람들의 생활수준을 향상시켰고 개선되도록 하였으며 결국 사회적인 수요가 관광경제의 발전에 크게 영향을 미쳐 관광경제의 탄생을 알 수 있다.

국민의 소득 증가와 교통 운수 조건의 개선 및 공장 자동화 시스템의 도입 등 관광활동이 점차적으로 사람들에게 물질적인 문화생활을 제공하였으며, 관광경제의 형성에 수요적 전제 조건으로 작용하면서 점차 경제적인 기초를 마련하였다.

③ 산업혁명이 관광경제의 탄생에 물질적인 기술 토대를 마련하였고, 자본주의의 상품경제 체제는 관광에 대한 대량의 수요 창출과 동시에 각종 관광서비스에 종사하는 기관이 설립되어 관광경제의 탄생과 형성의 신호였다. 특히 1845년 영국의 토마스 쿡은 음식, 숙박, 관광여행 등의 활동을 여행사에서 모두 취급할 수 있도록 하는 세계적으로 첫 번째 여행사를 설립하여 조직적으로 각종 전문적인 관광서비스를 제공하면서 관광활동이 관광상품화 되는 일련의 과정을 마련하였다. 이후 많은 여행사와 관광호텔, 관광교통 등 각종 관광산업을 경영하는 기업들이 우후 죽순으로 생기기 시작하였다. 관광숙박 음식점들의 환대시설은 부단히 개선되었으며, 관광활동의 발전은 상품화된 경제적 활동으로 변화해 가는데 크게 기여하였다. 이런 현상들은 사회경제적 활동의 주요한 일부분으로 자리매김 하였으며 지금의 현대적인 관광경제로의 발돋움에 역할을 한 셈이었다.

3) 관광경제의 발전단계

관광경제의 형성은 비록 19세기 중엽이지만 20세기 즉, 1950년대 이후에서야 비로소 급속히 발전하는 단계에 이르렀다. 특히 20세기 말부터 현재까지 관광산업은 세계경제 중에서도 그 발전추세가 가장 빠른 산업으로 자리매김 하였다.

관광경제의 발전적인 산업화는 주로 다음과 같은 부문에서 나타나고 있다.

① 세계 관광산업의 발전 규모와 속도에서부터 볼 때, 2005년은 전세계 국제관광객이 8.08억 명에 달하였으며, 1950년에 비해 무려 31배 증가하여 연평균 6.51%가 증가되었음을 알 수 있다. 또한 국제 관광수입은 무려 62,015억 달러로 1950년에 비해서 무려 2,385배 증가되어 연 평균 15.2% 증가되었음을 알 수 있다. 관광산업의 증가 속도는 무려 5.4%로 여타 산업의 세계 평균 증가 속도의 4.3%를 능가하였다.

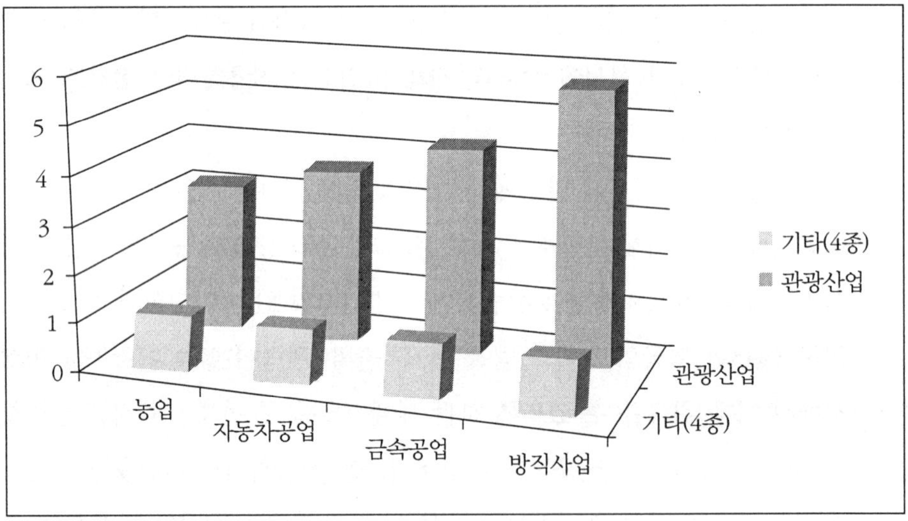

② 세계 관광산업은 국민경제에 공헌한 바가 아주 크다. 관광산업의 연평균 증가수치는 연평균 총 증가액의 5.9%에 달하며 관광을 통한 세금수입은 기업의 총 세금 수입의 5.6%에 달한다. 국제관광이사회의 연구보고에 따르면 미국, 영국, 프랑스, 일본, 독일 5개국의 관광산업과 기타 산업의 증

가세를 비교해 보았을 때 5개국의 관광산업 증가세는 각각 농업의 3.1배, 자동차공업의 3.6배, 금속공업의 4.3배, 방직산업의 5.6배에 달한다. 이를 통해 관광산업이 국민경제에 크나큰 공헌을 하였을 뿐만 아니라 그 어떤 산업의 발전보다 훨씬 더 높은 발전성을 보여주었음을 알 수 있다.

③ 세계 관광산업은 많은 일자리를 창출하였을 뿐 아니라 많은 외화를 벌어들였다. 전세계에서 매년 새로 창출되는 일자리에서 15명 중의 한 사람은 관광산업과 연관된 직업에 종사하게 되었다. 이미 언급한 5개국의 취업인원수와 비교하였을 때 관광산업에 취업된 인원은 농업의 1.7배, 방직산업의 3.8배, 자동차공업의 4.8배, 금속공업의 6.2배에 달한다. 이 외에도 일부 국가의 경우 관광산업을 통한 외화수입은 총 수입의 20%를 넘어 국민경제의 외화수입에서도 중요한 위치를 차지하게 되었다.

④ 세계 관광산업이 국민경제에서의 지위를 고려해 볼 때, 관광산업은 비교적 농적이면서 복합적인 산업으로 외화를 식접 벌어들일 수 있을 뿐만 아니라 대량의 노동력을 필요로 하는 일자리 창출산업이다. 관광산업의 발전은 여타 연관산업의 발전을 유도할 수 있어 파생적인 일자리 창출과 함께 국민소득 증가에 기여하고 특히 해당 여행국가의 대외 개방과 경제적인 발전을 이끌어 낼 수 있다.

결론적으로 관광경제는 부가가치와 일자리를 창출해내고 외화를 벌어들이는 효율적인 신흥산업이기 때문에 관광산업은 세계 경제와 국가의 경제발전에서 주요 산업으로 자리매김하고 있다. 많은 국가에서 특히 개발도상국에서 관광경제는 전체 연관산업의 발전을 촉진시킬 뿐 아니라 관광산업을 경제발전의 중요한 산업으로 간주하여야 적극적으로 육성 발전시키는 정책을 취해야 할 것이다.

2. 관광경제 발전의 특징

관광경제는 19세기 중엽에 시작되어 20세기 즉, 1950년대 이후에야 비로소 급속한 발전을 하게 되는데, 제2차 세계대전 동안 관광경제의 발전과정을 돌이켜 보면 주로 다음과 같은 특징을 보인다.

1) 관광경제 활동의 대중성

20세기에 들어서면서 관광활동은 더 이상 소수의 부유한 사람들만 참여하는 활동이 아니라 대중을 향한 사회경제적 활동으로 변화하기 시작했다. 특히 사회생산력의 급속한 발전은 국민들의 소득이 꾸준히 증가하고 일하는 시간도 점차 단축되었으며 그래서 관광소비에 투자할 수 있는 금전적, 시간적 여유를 가지게 되었다. 이로써 관광활동은 대중성을 띤 보편적인 경제활동으로 변화되었으며 그로 인해 점차 관광에 대한 수요를 증가시키고 관광자원의 개발과 관광시설의 건립을 촉진시켰다. 이런 현상은 관광객에게 더 편리한 여행조건과 서비스를 제공하고 관광경제 활동의 발전에 결정적인 역할을 하였다.

2) 관광경제 활동의 글로벌화

관광경제 활동은 국내관광 또는 근거리 여행에만 국한되어 있는 것이 아니라 지역과 국경을 넘어서 전 세계화의 사회적 경제활동으로 발전되었다. 특히 20세기에 들어서면서 과학기술의 발전은 정보통신기술과 현대적인 여행수단을 급속히 촉진시켰을 뿐만 아니라, 교통운수 특히 민간항공 수단의 급속한 개선을 가져다 주었다. 관광객은 비교적 짧은 시간에 비교적 적은 경비 지출로 세계 각지를 여행을 할 수 있도록 하였다. 동시에 관광경제 활동의 세계적인 발전은 세계 각국의 정부와 기업 및 국민들을 상호 연결시켜 주고 교류를 확대하였으며 전 세계 관광활동에 더 좋은 조건을 마련하였다.

3) 관광경제 발전의 규범성

관광경제 활동은 그 발전 과정에서 점차 조직적으로 규범화된 관광모델을 형성하였다. 국제관광은 물론 국내 관광은 여행사를 중심으로 각종 관광상품 제공기업과 관광지를 중심으로 관광코스 개발 등 관광객의 활동 시간과 내용을 복합적인 서비스의 형태로 묶어 관광객들의 요구에 따라 만족을 극대화 시켰다. 반면에 관광객들은 여행사가 마련한 상품을 구입하는데 일정한 비용만 지불하면 여행을 맘껏 즐길 수 있으며 관광활동 중 숙식과 교통 및 구매, 오락 등의 문제에 대해서 더 이상 신경을 쓸 필요가 없다. 이러한 관광경제 활동의 규범적인 발전이 관광경제 활동의 대중화와 세계화로 이어졌으며, 현대 관광산업이 하나의 독립적인 경제산업으로 발전하는데 괄목할 역할을 했으며 결국 국민경제의 중요한 구성부분으로 자리매김할 수 있도록 하였다.

4) 관광경제 발전의 지속성

1950년대 부터 전 세계 관광의 발전은 전례에 없던 호황이었으며 현재까지도 지속적으로 비교적 높은 성장률을 보이고 있다. 비록 세계 관광산업의 성장률은 1950년대의 12.6%에서부터 1990년대 초의 8.1%에 비해 하강세를 보였지만, 지금까지 평균 5.4% 수준의 발전 속도를 유지하고 있을 뿐만 아니라 세계경제 및 세계 공업 성장률과 비교하면 높은 수준의 성장률을 유지하고 있음을 알 수 있다. 관광산업의 급속한 발전은 국민경제에서 그 지위와 영향력이 매우 향상되었으며 일상생활 중 관광활동의 중요성을 인식하게 되었다. 이 외에도 관광활동의 광범위한 발전은 사람들로 하여금 생태환경 보호를 중요시하게 하였고, 환경오염에 대한 새로운 인식 등 궁극적으로 자연, 문화 및 인류의 생존을 위한 조화로운 생태관광과 인간이 공존하는 사회 경제의 지속적인 발전을 촉진하였다.

3. 관광산업의 특징

관광경제의 형성과 발전의 특징에서 보았듯이 다음과 같은 네 가지의 특징을 볼 수 있다.

첫째, 관광산업은 생산과 국민소득의 증가로 인하여 파생된 것이며, 그로 인해 관광수요의 확대 그리고 상업적 관광으로 육성 발전된 것이다.

둘째, 관광산업은 관광의 수요와 공급에 의해 독립적인 시장구조에 의해 생산과 소비되는 체제를 형성·유지하고 있으며 독립적인 산업의 영역을 가지고 있다.

셋째, 관광산업은 서비스를 위주로 하는 산업으로 관광상품의 생산과 소비는 동시에 이루어진다. 따라서 관광산업은 제3의 산업 범주에 속한다.

넷째, 장기적으로 볼 때, 관광산업은 이미 독자적인 산업을 형성하고 경제의 주요 부문과 체계를 형성하여 국민경제 체제 내에서 하나의 산업으로 기초를 마련하였다.

이상의 분석을 통해 볼 때 관광산업은 상대적으로 독립적인 산업경제로 발전하였음을 알 수 있으며, 특히 관광산업의 구체적인 특징은 다음과 같은 면에서 나타난다.

1) 관광수요의 집중화

현대 경제이론의 분석을 통해 볼 때, 산업혁명 이후 공업화 제품생산에 큰 발전을 가져왔을 뿐만 아니라 국민소득 수준이 지속적으로 향상되어 국민들의 생활수준이 개선되고 가처분 소득(Disposable Income)을 기초로 한 수요의 구조 변화를 가져왔다. 특히 사람들이 구체적인 물품의 소비생활에 대한 욕구에서 인간의 정신적 욕구 만족을 중요시하는 관광활동이 일상생활에서 없어서는 안 되는 중요한 활동으로 자리잡게 되었다.

연구결과에 따르면 1인당 평균 생산총액이 300달러에 달하였을 때 사람들은 관광에 대한 욕구를 느낄 뿐만 아니라, 1인당 평균 생산총액이 1,000달러에 달하면 가까운 이웃 나라를 관광하고 싶은 욕구가 생기며 3,000달러 이상에 달하면 사람들은 장거리의 국제관광에 대한 욕구를 느낀다고 한다.

소득이 늘어나 생활환경이 개선됨에 따라 휴가, 오락, 관광, 유람, 레저 등에 대한 수요가 늘어나고 있으며 이런 관광 현상은 관광산업을 크게 발전시켰다.

2) 관광공급의 전문화

관광소비에 대한 수요가 날로 증가함에 따라 관광산업은 상업적 서비스 형태에서 벗어나 관광 활동을 중심으로 여러 기업과 업종을 결합하여 관광객을 위한 음식과 숙박, 교통, 휴양, 구매, 오락 등의 종합적인 서비스 형태의 새로운 사업으로 변화되었다. 전문적으로 관광상품과 서비스를 제공하는 기업 특히, 여행사, 관광호텔, 관광교통과 운수와 같은 경우 관광산업의 형성과 발전에서 매우 중요한 작용을 할 뿐 아니라 관광산업의 3대 기둥으로 관광산업 발전의 기반을 이룬다.

여행사는 관광경제 활동에서 고객 유치와 환대를 통해 경제적인 수익을 창출하고 스스로 책임을 지는 기업을 일컫는다. 여행사는 관광산업 내부의 각 업종 중에서도 선도적인 역할을 하며 관광상품을 생산함과 동시에 제공하는 주체로, 자신의 활동을 통해 관광객과 관광상품 제공자를 결합시켜 관광경제 활동의 효과성을 증진시킨다.

관광호텔은 관광 숙박, 음식과 음료, 오락 및 기타 서비스를 관광객에게 제공하는 관광기업이다. 관광호텔은 국가나 지역의 관광산업 발전에서 중요한 물질적인 기초로서 국가나 지역의 관광산업 발전의 바로메타(barometer) 기능을 하는 지표이기도 한다. 관광호텔의 규모, 크기, 등급 및 서비스의 품질은 국가와 지역 관광산업의 발전 규모와 수준에 결정적인 역할을 한다.

관광교통은 관광산업에서의 중요한 한 구성부분으로 현대 관광에서 교통운수업의 발전이 없었더라면 관광산업 발전 또한 없었을 것이다. 따라서 관광교통은 음식과 숙박, 교통, 휴양, 구매, 오락 등과 공동으로 결합하여 복합적인 성격을 띤 관광상품을 관광객에게 제공하며 관광경제 활동의 원활한 소비활동을 촉진한다.

3) 관광경제의 규범화

시장경제하에서 관광경제는 관광객과 관광상품 제공자 간에 관광상품을 교환하는 과정이라고 할 수 있다. 관광상품의 구매와 판매는 서로 상반되는 이해의 대립이기는 하지만 가격을 통해 일치되는 활동 과정이다. 한편으로 관광객이 관광상품을 구매하는 것은 일정한 화폐를 지불하는 대신 그를 통해 누리는 각종 체험과 향수를 취득하게 할 뿐 아니라, 다른 한편으로는 관광상품 제공자가 관광상품을 관광객에게 판매하고 일정한 경제적 수익을 얻을 수 있다. 관광상품은 주로 서비스를 제공하는 서비스 상품이기 때문에 여러 번 반복사용을 거쳐도 관광객에게 제공할 수 있다.

결국 여행사는 관광상품 제공자들의 다양한 관광상품을 유기적으로 결합하여 만들어진 묶음상품 혹은 꾸러미상품을 관광객에게 제공하는 일련의 과정을 통해 경제 현상으로 나타난다. 반면에 여행사를 중심으로 한 경제적인 활동은 관광경제의 규범화를 촉진시켰고, 관광산업이 객관적이고 경제적인 규칙을 준수하면서 효율적인 운영이 될 수 있도록 기여하였으며, 하나의 독립적인 경제산업으로 발전 성숙하게 되었다.

2-3 관광서비스의 특징

1. 관광서비스의 개념

관광서비스는 국가와 국가 간 서비스 교역의 중요한 부분으로 관광서비스에 대한 인식을 높이려면 우선 서비스의 교역에 대한 이해를 높여야 할 것이다. 일반적으로 서비스 교역이라 함은 서비스의 국제 및 국경 간 수출과 수입의 거래 형태를 일컫는 것으로 국내 서비스 교역은 포함되지 않는다. 다시 말해 서비스 교역은 상업적 이익 추구를 목적으로 하는 서비스의 수출과 수입을 말한다.

최근 10년간 국가 간 서비스 교역의 평균 증가율은 화물 교역의 평균 증가율을 능가하였으며 서비스 교역 총 금액은 전 세계무역 총 금액의 1/4를 차지하였다. 세계 서비스 교역 일반협정에 의하면 서비스 교역의 범위는 정부기능 서비스 이외의 모든 산업 부문의 서비스를 포함한다.

관광서비스 교역은 국간 간 서비스 교역의 유상(有償)적인 제공과 함께 관광활동을 통한 국가 간의 서비스 교환 과정을 말한다. 관광서비스 교역의 개념과 의미에 대해 정확하게 인식하고 이해를 하려면 우선 다음과 같은 몇 가지 점들을 파악을 해야 한다.

1) 국가 간 관광서비스의 유상(有償)적인 교환 활동이다

일반적으로 국제관광이라 함은 사람들이 특정한 목적을 위하여 자신의 거주지 즉, 자국 국경을 벗어나 다른 나라에 단기간 머무르는 관광활동이다. 그 주된 목적은 여행 국가를 방문하여 경제적인 효과와 수익을 얻고자 함은 아니다. 국제관광은 내국인의 해외관광과 외국인의 해외관광 두 가지 모두 포함한다. 그렇기 때문에 관광서비스 교역의 대상은 국제적으로 관광활동을 하는 입국 관광객과 출국 관광객이며 국내 관광객에게 제공되는 서비스는 일반적으로 관광서비스 교역의 범주에 포함되지 않는다. 간단히 말하면 관광서비스 교역은 국가 간에 유상적으로 제공되는 관광서비스의 교환 활동들을 말한다.

2) 서비스 교역 일반협정의 범위와 내용을 포함한다

관광서비스는 관광객에게 제공되는 종합적이고 직접적인 서비스로 그 교역의 범위는 "서비스 교역에 관한 일반협정"(General Agreement on Trade in Services: GATS)에서 정한 공급 형태를 서비스 공급으로 정의한다. 최혜국 대우(cross border supply), 해외 소비(consumption abroad) 및 외국 기업의 상업적 서비스 공급 행위(commercial presence)를 자국인의 상업적 행위(presence of natural persons)와 차별적인 대우를 하지 않는다는 것으로, 국제 관광객에게 제공되는 음식과 숙박, 교통, 휴양, 구매, 오락 등의 기본적인 관광서비스 외에 전기, 우편, 통신, 어음 등 부가적인 관광서비스 제공도 서비스 범주에 포함하는 것으로 관광서비스의 내용과 고객의 만족을 증진시킨다는 내용이다.

3) 서비스 교역은 관광 수출과 수입을 포함한다

관광서비스 교역은 국제서비스 교역의 구성 요소로 관광서비스의 수출과 수입을 말한다. 국제관광기구(IATA)에서 정의하는 국제관광은 일반적으로 출국 여행과 입국 여행 두 가지를 포함한다. 관광서비스의 수출은 주로 본국으로 입국하는 관광객에게 제공되는 서비스나 또는 해외에서 기타 다른 형식으로 제공되는 본국의 각종 관광서비스의 형태로 거래에 따른 수익 발생을 의미한다. 반면에 관광서비스의 수입은 본국의 관광객이 출국하여 관광하거나 또는 국내에 외국 관광상품 제공자가 제공하는 관광서비스를 소비하는 것으로 관광서비스를 통해 발생되는 관광 지출을 의미한다. 결국 관광서비스 교역은 필연적으로 수출과 수입 균형의 문제를 다루게 된다.

4) 서비스 교역은 국가의 기본원칙과 관례를 따라야 한다

관광서비스 교역은 국제 서비스 교역의 법적 규정과 운영규칙을 따라야 한다. 각 국의 관광교역 서비스 정책의 규정은 반드시 서비스 무역 일반 협정(GATS)과 연관된 협의안에 근거하여야 하며 동시에 전반적인 국제관광 서비스 교역 업무는 국제적인 규범과 요구에 부합되어야 하며 관례에 따라야 한다.

5) 서비스 교역의 국제 간 거래는 보호되어야 한다

관광서비스 교역은 국제 서비스 교역의 한 구성부분이며, 국제 교역의 각종 장벽은 근로자의 국적과 신분, 수량을 제한하며 외국인 투자영업 보증금제도, 외국인 투자 비율, 지역 및 수량의 제한, 영업 범위와 소비 등을 제한한다.

결론적으로 선진국의 관광서비스 시장 개방화 정도는 개발도상국에 비해 매우 높다는 것을 알 수 있다.

2. 관광서비스 교역의 공급 형태

서비스 교역에 관한 일반 협정(GATS)을 통해 서비스 교역의 공급 형태를 최혜국 대우(cross border supply), 해외 소비(consumption abroad) 및 외국 기업의 상업적 서비스 공급 행위(commercial presence)를 자국인의 상업적 행위(presence of natural persons)와 차별적인 대우를 하지 않는다는 것으로 그 구체적인 내용은 다음과 같다.

① 최혜국 대우 공급은 서비스 공급자가 다른 나라에 있음을 강조한다. 즉 서비스 공급자가 자국 영역 내에 존재하지 않음으로 다른 회원국 영역으로부터 회원국 영역 내로 서비스가 공급된다는 것을 말한다. 즉 근로자, 자본 또는 실체적인 물품의 이동이 없이 중간매체의 기능을 통해 국경을 초월하여 공급되는 서비스로 국제운송, 통신우편을 통한 서비스 공급으로

이러한 통신과 운송부문의 발전은 서비스의 국경을 초월한 공급을 촉진시키고 관광서비스 교역의 영역을 확대시킨다.

② 해외소비는 회원국의 영역 내에서 다른 회원국의 서비스 소비자에게 서비스를 공급하는 것과 회원국의 소비자가 다른 회원국 내에서의 서비스를 구매하는 것을 말한다. 회원국의 관광객이 어떤 회원국에 입국해서 행하는 모든 관광활동과 회원국의 국민이 출국하여 다른 회원국에서 행하는 모든 관광활동은 해외소비에 속한다. 따라서 해외 소비자에게 제공되는 각종 관광서비스는 관광서비스 교역의 주요한 부분으로 관광교통 서비스, 음식제공과 호텔숙박, 스포츠레저 서비스, 관광쇼핑 서비스 등이 이에 해당한다.

③ 외국 기업의 주재국 상업적 서비스 공급 행위는 회원국의 서비스 공급자가 다른 회원국 영역 내에 상업적 기구 및 전문 기구를 설립하여, 직접적으로 해외 소비자에게 제공하는 서비스를 말한다. 회원국에 은행, 여행사와 항공사를 설립하여 직접적인 서비스를 제공하거나, 관광코스 개발, 법률자문, 통신 등의 서비스를 지원하기 위해 지점, 사무소나 대리점을 설립하거나 합작 투자를 하는 것이다.

상업적 주재는 현지법인의 설립으로 회원국 내에서 서비스의 공급자와 소비자 간 직접적인 계약을 체결하고 직접 현장에서 서비스를 공급하기 때문에 규모가 크고, 범위가 넓으며 잠재력 또한 크다. 그렇기 때문에 국제교역 서비스 중에서도 가장 민감하고 활발하며 주요한 요소이기도 하다.

④ 회원국의 서비스 제공자가 다른 회원국 영역 내에 자연인 주재, 개인이 상주하면서 서비스를 제공하는 것으로 일반적으로 규모가 비교적 작으며 시간적 제한을 받는다. 모기업으로부터 해외 자회사로 기술자의 일시적인 이동과 같이 상업적 주재와 관련되어 외국서비스 공급자의 피고용인이 여기에 해당된다. 또한 외국의 상업적 주재와 관계없이 외국 자연인의 주재도 포함되는데, 자신이 서비스 공급자이거나 또는 서비스 계약을 이행하기 위해 해외에 파견된 해외 서비스 공급자의 피고용인과 같이 해외에 서비스를 공급하기 위해 일시적으로 해외시장에 머무르는 경우이다.

3. 관광서비스 교역의 기본적인 특징

관광서비스 교역에 대한 이해도를 높이기 위해서 관광서비스 교역의 기본적인 특징을 알아야 할 것이다. 서비스 교역과 관광서비스 교역의 개념을 토대로 관광서비스 교역의 기본적인 특징은 다음과 같다.

1) 관광서비스 교역의 생산과 소비의 동시성

구체적인 상품생산과는 달리 관광서비스는 저장할 수 없을 뿐 아니라 먼저 생산하고 나중에 판매하는 것 또한 불가능하다. 쉽게 설명하면 관광서비스는 생산과 동시에 소비가 이루어지는 특징이 있다. 관광서비스의 이런 특징으로 관광서비스의 소비자는 직접 생산국으로 가서 소비를 할 수 밖에 없다. 그렇기 때문에 관광서비스 시장의 대외 개방은 해외 소비와 국내 소비의 평등화 문제들이 포함된다. 예를 들어 외국 소비자는 반드시 특별히 지정한 장소에서만 소비를 해야 하고 특히, 국내 소비자 가격과 해외 소비자 가격 두 가지 다른 형태의 가격으로 소비자에게 제공할 수밖에 없는 것 등이다.

2) 관광서비스 교역의 국제성

국제관광과 국내관광을 비교해 볼 때 가장 큰 특징은 관광활동의 국제성이다. 국내로 입국하든 해외로 출국하든 여행의 본질은 반드시 국경을 넘나드는 것으로 그렇지 않으면 국제관광이라고 할 수 없다. 이러한 국제관광의 특징으로 인해 관광서비스 교역은 필연적으로 국경 간 상호 제공되는 음식과 숙박, 교통, 오락, 구매 등 다방면의 관광서비스를 제공해야 할 뿐만 아니라, 반드시 출국 수속에 필요한 서비스를 제공해야 한다. 예를 들면 여권 및 비자, 출·입국 심사, 위생 검역, 환전 등이다. 따라서 관광서비스 교역은 일반 국내 여행서비스와는 달라 그 내용이 다양하며 수속절차 또한 복잡한 국제성을 띠는 특징을 가지고 있다.

3) 관광서비스 교역의 불확실성

쌍방 거래에 있어서 관광서비스 교역은 이익에서 많은 일관성을 보일 뿐만 아니라 동시에 충돌 가능성 또한 배제할 수 없다. 따라서 관광서비스 교역의 쌍방 즉, 관광서비스 소비자와 제공자 사이에는 서로에 대한 신뢰와 우호적인 접촉이 있어야 관광서비스 교역이 순조롭게 제공될 수 있다. 하지만 관광서비스 교역에는 관광에 대한 수요의 변화 가능성과 공급의 고정성으로 인해 거래하는 쌍방의 지위 불평등을 낳을 수 있다. 또한 관광 소비자는 보편적으로 자신의 소비취향에 따라 일방적으로 관광서비스 제공자를 선택할 수 있고, 반대로 관광서비스 제공자는 피동적인 위치에 놓여 선택 받음과 동시에 서비스를 제공하는 것이기 때문에 관광서비스 교역의 불확실성이 확연히 드러난다.

관광서비스 관계자는 반드시 관광서비스의 품질과 수준을 향상시켜 주동적으로 다양한 관광소비의 수요와 변화에 초점을 맞추어야 하며 시종일관 고품질의 서비스 상품을 소비자에게 제공하여야 한다.

4) 관광서비스 교역의 효용성

국제와 국내관광을 서로 비교해 보면 일반적으로 다음과 같음 면에서 차이를 보인다. 국제관광의 경우 여행하고자 하는 목적지의 거리가 비교적 멀고 그곳에 머무르는 시간이 비교적 길며 또 출국하기 위해 밟아야 하는 수속절차, 관광활동에 필요한 교통, 숙박, 음식과 음료 등 모든 소비지출은 국내 여행과 비교하였을 때 상대적으로 많다. 따라서 관광서비스를 수출하는 국가의 입장에서 볼 때, 국제 입국관광을 적극적으로 발전시켜야 하며 대량의 국제 관광객을 유인하여야 한다. 이는 외화수입을 늘일 수 있을 뿐만 아니라 더 많은 관광경제에 효과와 수익을 거둘 수 있으며 국제 관광객에게 이러한 서비스를 제공하는 것으로 국내 일자리 창출은 물론 이와 연관된 산업의 발전 또한 도모할 수 있으며 사회경제적 효과와 수익을 창출한다.

5) 관광서비스 교역의 자산 이동성

관광이 기타 산업에 미치는 영향을 배제하고 볼 때, 국내 여행소비는 국민경제에 별다른 효과를 미치지 못하며 단지 국가 자산의 재분배를 촉진 시킬 뿐이다. 하지만 국제관광은 국가의 입장에서 볼 때, 입국하는 관광객들의 소비지출은 외화를 벌어들이는 주요 구성일 뿐만 아니라 국민경제의 총량의 증가를 가져다 줄 수 있다. 반면에 관광객을 송출하는 국가의 입장에서 볼 때 출국 관광객들의 소비 지출은 국민경제의 "누출(leakage)"을 의미하기 때문에 국가경제 총량에 감소를 가져다 주므로 관광서비스 교역은 필연적으로 국경 간의 자산 이동을 조성한다.

2-4 관광경제의 지위와 작용

1. 국민경제와 관광경제의 지위

경제산업으로서의 관광경제는 국민경제의 주요 구성부문이다. 국민경제는 각 부문이 일정한 비율을 유지하는 유기적인 총체이다. 하지만 각 경제부문이 국민경제에서 차지하는 위치는 성질과 규모에 따라 결정되므로 국민경제에서의 지위가 어떠한 지는 주로 관광산업의 발전 규모와 상황에 좌우된다.

관광산업의 성격을 살펴보면, 서비스를 제공하는 종합적 성격을 가진 서비스 업종이라고 할 수 있다. 관광산업은 관광객에게 제공되는 음식과 숙박, 교통, 휴양, 구매, 오락 등의 각종 서비스 제공을 통해 생산부문이 보다 쉽게 확대 재생산할 수 있는 방법을 제공한다. 이는 관광객이 여행에 대한 만족감과 정신적인 면에서의 만족감을 가져다 줌과 동시에 사회 생산품과 사회 노동력이 정당하게 분배될 수 있도록 하여, 사람들이 부단히 새로운 것에 대한 수요와 만족을 할 수 있도록 하였다.

관광산업의 발전 규모를 살펴보면, 사회생산력의 향상과 사회경제의 발전으로 관광산업이 국민경제에서의 지위가 날로 높아진다는 것을 알 수 있다. 그 원인은 사람들의 소비수준은 사회경제적 발전에 따라 향상되기 때문이다. 국민경제의 소득이 증가함에 따라 사람들은 정신적 충족감과 향락에 대한 만족도 커지기 때문에 지출도 함께 증가한다. 따라서 관광산업의 발전 속도가 더욱 빨라지고 관광산업의 규모가 확대되며 국민경제에서의 관광산업의 위치 또한 주요한 부문을 차지하게 된다.

관광산업의 발전 추세를 살펴보면, 관광산업은 현재의 세계적 경제발전 추세에 따라 "환경보호산업"의 발전에 부합될 뿐만 아니라 서서히 떠오르는 태양처럼 발전 가능성이 무한한 새로운 산업이기도 하다. 현대 관광경제의 발전이 증명한 것처럼 선진국이자 관광경제가 발전한 국가, 더 나아가서 경제가 발전한 나라일수록 관광산업이 국민경제에서 차지하는 지위가 높다는 것을 알 수 있다.

2. 국민경제와 관광경제의 작용

관광경제는 국민경제에서 중요한 지위를 차지할 뿐만 아니라 국민경제 발전의 촉진자로서의 역할과 함께 연관된 산업의 경제구조 개신을 도모하는 등 매우 중요한 작용을 한다.

1) 외화 획득을 증가시킨다

어떤 국가든 대외적인 경제 교류를 확대하려면 반드시 외화수입을 늘여야 할 것이다. 외화수입의 증가는 첫째, 대외무역을 통해 무역거래 수익을 늘리면 될 것이고, 둘째는 비 무역적인 경로를 통해 비 무역거래 수입을 올리는 것이다. 오늘날 세계 무역시장의 치열한 경쟁과 관세의 장벽 속에서 관광산업은 비 무역 거래 수입의 근원으로 그 역할이 매우 중요하다.

관광산업은 개방성을 띤 국제적인 산업으로 관광경제의 발전을 통해 세계 자금의 투입을 끌어 들일 수 있을 뿐만 아니라 국제 시장경제에 뛰어들 수 있고, 대외 경제관계를 개선할 수 있으며, 관광산업의 발전을 통해 해외에 있는 대량의 관광객을 유치할 수 있다. 이렇게 비 무역 거래 수입을 늘이는 것 즉, 관광산업을 통해 외화를 획득하는 것을 "무형적인 수출"을 통한 수입이라고 부른다. 특히 관광산업을 통한 외화획득은 그 효과가 뛰어나며 다른 나라의 세금에 대한 제한을 받지 않기 때문에 각국이 외화를 벌어들일 수 있는 중요한 수단으로 쓰여진다.

2) 통화환수를 가속화 시킨다

국내 관광산업을 적극적으로 발전시키는 것은 국민들의 관광에 대한 수요를 증가시킬 뿐 아니라 관광시장을 통해 대량의 통화환수(通貨還收)가 가능할 뿐 아니라 시장을 안정시키고 번영시키는 촉진자 역할을 한다. 특히 국민들의 소득이 증가하고 생활수준이 향상됨에 따라 사람들의 소비구조를 개선시키며 가처분소득(Disposable Income)의 지출을 통해 관광활동이 더 활발해진다. 관광경제를 발전시키는 것은 관광에 대한 동기를 유발하고 각종 관광활동을 촉진해 관광소비 지출을 늘려 통화환수를 가속화하며, 동시에 소비자가 직접 물건을 구매하려 함으로써 관광마케팅의 압력과 위험성이 감소하여 시장경제의 안정성과 번영을 도모할 수 있다.

3) 고용기회의 증대시킨다

관광산업은 하나의 종합적인 서비스 산업으로 일자리를 창출하고 취업률을 증가시킨다. 다시 말하면, 관광산업은 교통, 숙박, 음식, 정보 등 관광을 위해 편리성을 증대시키는 서비스업이 중심이기 때문에 서비스 활동이 활발해지면 노동 집약산업이라고 일컫는 관광 서비스업은 대량의 노동력을 필요로 하기 때문에 고용은 증가하기 마련이다. 게다가 관광산업은 기타 산업과의 연관성이 높아 관광산업 자체의 발전뿐 아니라 기타 연관 산업의 발전도 촉진시킨다. 따라서 기타 연관 산업에서의 취업률 증가와 함께 인력의 수요 증가로 일자리 창출은 물론 고용효과가 크다.

4) 타 산업 진흥 효과가 있다

관광산업은 무형적인 것을 생산을 하는 산업이지만 기타 연관 산업과 관련성이 강하기 때문에 생산품 생산을 위주로 하는 산업의 관련성 증가뿐 아니라 기타 부문의 급속한 발전을 유도시키기도 한다.

① 관광산업의 발전은 반드시 생산품을 생산하는 것을 기초로 일정한 물질생산 조건을 갖추지 못하면 관광산업 발전의 토대가 무너진다. 그렇기 때문에 관광산업의 발전은 반드시 각종 물질적인 것을 생산하는 부문의 발전을 촉진시킨다.

② 관광산업이 국민경제에서의 중요한 지위를 차지하고 상대적으로 독립적인 복합성을 가진 산업이기 때문에 기타 산업과 밀접히 관련되어 발전한다. 또한 직접적 혹은 간접적으로 교통운수, 상업서비스, 건축업, 우편통신, 금융, 부동산, 대외무역, 경공업과 방직공업 등 기타 관련 산업의 발전을 통하여 전반적인 국민경제의 발전을 촉진시킨다.

5) 자본금을 마련해 준다

경제의 발전은 자본금 투자를 떠나서 거론할 수 없다. 하지만 관광산업의 발전은 관광산업 자체의 경제적인 효용성에 의해 발전한 것이지만 동시에 기타 산업의 발전에 자본금을 축적해 주기도 한다. 관광산업은 상대적으로 적은 투자 자본금으로 많은 생산품을 생산하여 외화를 벌어들일 수 있는 산업으로 경제적 효율성은 물론 자생적으로 발전하는 양호한 조건을 가진 산업으로 국민경제와 사회발전에 자본금을 마련해주었다.

6) 빈곤에서 탈출할 수 있도록 한다

'빈곤'은 인류가 직면한 제일 큰 난제(難題) 중의 하나이다. 수많은 나라에서 빈곤을 해결할 수 있는 방법과 대책을 마련하는데 관심을 쏟고 있다. 실질적으로 빈곤지역을 상대로 한 관광자원의 개발은 관광산업 자체에 발전을 가져다 줄 수 있을 뿐만 아니라, 빈곤지역에 집중되어 있는 관광자원들을 발굴하여 특색이 있고 고품질의 관광상품을 개발하는 것은 빈곤지역 주민들을 빈곤으로부터 벗어날 수 있게 하고 그 지역 발전과 사회경제의 발전을 가속화 할 수 있다.

3. 관광의 효과

관광의 발전은 한 국가나 지역의 경제에 상당한 영향으로 작용할 수 있을 뿐 아니라 국가 또는 지역의 사회, 문화, 환경 등에도 많은 작용을 하고 영향을 미친다.

1) 관광의 경제적 효과

관광의 경제적 효과는 주로 다음과 같다.

첫째, 대규모의 관광경제 활동은 사회적 교류의 활성화와 현대 문명을 널리 알리고 각종 사회적 관계를 연결시키고 발전할 수 있도록 촉진시킨다. 비록 경제적으로 후진 국가일지라도 관광경제의 발전을 통해 고정된 관념을 깨뜨리고 그 한계성을 넘어 대외 개방정책을 실행하고 현대적인 문명의 세례를 받을 수 있다.

둘째, 해외 관광자가 해당 회원국에 입국하여 관광 환대를 받게 될 때 해당 회원국의 가치와 관념과 그리고 도덕과 규범에 변화를 가져다 줄 수 있을 것이다. 예를 들어 기존의 생활방식에 대한 새로운 관점과 인생의 가치에 대한 준칙의 변화 등이다.

셋째, 관광 환대국의 사회적 구조에 변화를 일으킨다. 특히 관광산업의 수입이 높고, 여성 취업률이 높기 때문에 관광 환대국의 고용구조에 변화를 일으킨다.

넷째, 사회적 환경 개선을 가져다 준다. 예를 들어 교통조건, 숙박시설, 음식의 특색, 심지어 개인 안전문제 등 다방면에서의 개선을 촉진시킨다. 그럼으로써 외국 관광객들의 관광에 대한 만족도가 더 높아질 수도 있다.

하지만 관광경제의 발전은 관광 환대국 사회에 어느 정도 부정적인 영향을 끼칠 수도 있다. 예를 들어 관광산업은 과도한 기초 시설과 양호한 관광조건을 해외 관광객에게 제공하기 때문에 현지 사람들의 가치에 대한 준칙이 균형을 잃고 심리적인 압력과 함께 해외의 불건전한 행위와 사상이 유입되어 현지인에게 불쾌감을 줄 수 있는 등 부정적인 영향을 끼칠 수도 있다.

결론적으로 관광경제의 발전은 관광 환대국에 사회적으로 그리고 다방면으로 영향을 끼치며, 이러한 영향은 가시적인 것도 있지만 무의식적으로 부지불식간에 변화를 가져올 수 있는데 긍정적인 변화도 있지만 부정적이기도 하다. 그렇기 때문에 많은 연구 분석을 통하여 명확한 정책방안을 제정하여 건전한 관광산업의 발전을 촉진해야 할 것이다.

2) 관광의 사회적 효과

문화는 인류사회가 발전하는 과정에서 탄생한 물질적 자산과 정신적 자산의 결과물이다. 문화는 사회적인 현상으로서 물질을 토대로 하며 사회생산의 발전에 기인하여 다양한 내용을 내포하고 있다. 인류사회의 발전은 문화의 변천에 의한 것으로 관광경제의 발전은 문화의 발생과 밀접한 관계를 이루고 있다.

관광경제 활동의 과정과 내용은 문화와 연관되어 있지 않은 것이 없으며, 관광이 있으면 반드시 문화가 있게 마련이고, 문화는 관광산업 발전의 기초이기도 하며, 다른 면에서는 관광은 유동적인 활동으로 서로 다른 문화를 체험하는 것이다. 관광객의 활동에 따라 서로 다른 사회와 군중, 다른 민족 문화와 접촉하고 상호 교류 조건을 증진시켜 관광경제의 발전을 촉진시켰다.

관광은 곧 세계 각 민족문화의 빈번한 교류과정으로 관광경제가 문화에 미치는 긍정적인 작용은 다음과 같다.

첫째, 관광경제의 발전은 각 민족의 우수한 전통문화를 발굴하고 문화의 발전과 부흥을 촉진시킨다. 관광경제 활동에서 관광객이 지향한 것은 민족 특유의 문화이며, 민족문화는 관광산업을 발전시키는데 있어서 없어서는 안 될 진귀한 것으로 관광자원을 충분히 이용하여야 한다. 쇠퇴해지고 날로 사라져가는 우수한 민족문화들은 오직 관광의 발전을 통해서 부활될 수 있으며 새롭게 발전하고 육성할 수 있다.

둘째, 관광경제의 발전은 민족문화의 개성이 더욱 뚜렷해 질 수 있도록 한다. 현대 문명의 발전은 세계 민족문화의 교류를 촉진시켰으며 이런 문화 교류를 통해 선택받을 수 있는 문화와 도태되는 것들이 있기 마련이다. 관광 활동은 세계 각 민족문화의 교류를 의미 있고 광범위하게 추진시킬 수 있다. 관광은 각종 물질적인 문화, 비물질적인 문화, 언어교류를 통해 민족문화의 연마와 함께 전파하고, 낙후된 것은 도태할 수 있도록 한다. 따라서 민족문화의 개성은 더 뚜렷해지고, 특색이 부각되어 더 많은 관광객들을 유인할 수 있게 된다.

셋째, 관광경제의 발전은 전반적인 인류 정신 문명의 발전을 촉진시켰다. 관광 교류를 통해 다른 나라와 접촉하고 국민들의 문화를 이해하는 것은 문화교류를 할 수 있는 중요한 경로이다. 관광 활동은 국민들로 하여금 국제적인 관념을 상기시키고 개방화에 대한 인식을 높여주며 경제 개혁 및 발전에 대한 긴박감을 더해준다. 또한 이러한 활동을 통해 각국의 국민들은 서로에 대해 잘 이해를 할 수 있고 우호적인 관계를 맺을 수 있게 하며 국가 간의 과학기술 발전과 문화교류 발전을 촉진하여 전반적인 세계문명의 발전을 도모한다.

하지만 관광산업 발전은 문화에 부정적인 영향을 미치기도 한다. 대량의 해외 관광객들의 입국과 외래문화의 충격으로 인해 기존의 우수하고 진귀한 민족문화의 붕괴를 초래하며 심지어는 사라지게 할 수도 있다. 또한 부패한 생활방식을 가져다주기도 하며 건강한 민족문화의 발전에 충격을 가하기도 한다. 다른 한편으로는 관광산업 발전의 요구에 부합하기 위해 수많은 민족문화가 상업성을 띤 오락으로 변질될 수도 있으며 이로 인해 기존의 특색이 있고 유구한 문화가 사라지고 민족문화의 본질이 변화될 수도 있다. 그렇기 때문에 관광산업의 발전과 동시에 민족문화를 보호해야 하면서 문화의 특색과 상징성이 동시에 발전할 수 있도록 해야 한다.

3) 관광의 환경적 효과

관광경제의 발전은 국민경제의 반전을 촉진시키며 세계의 많은 국가들이 관광산업을 발전할 수 있도록 하며 각국이 관광자원과 생태환경의 보호를 중요시하게 한다. 예를 들어 국제 · 국내에서 진행되는 세계유산의 보호, 자연보호구역, 관광명승지, 역사적 문물에 대한 등급 평정과 보호는 인류사회가 생존해 갈 수 있는 환경과 우수한 문화유산을 지켜갈 수 있도록 한다. 하지만 관광산업의 발전은 생태환경의 파괴와 환경을 악화시키는 상황을 초래하였다. 예를 들어 태국의 유명한 관광명승지인 파타야는 매우 아름다운 곳이었지만 오늘날의 파타야는 여행객들이 버린 각종 쓰레기와 대량의 폐기물로 인해 환경오염이 심각해졌다. 또 세계적으로 유명한 등산지인 히말라야산은 대량의 등산객들로 인해 기존의 순수하고 맑은 이미지가 파괴되었으며, 이집트의 피라미드와 스핑크스 표면은 수많은 여행객들의 야만적인 행동으로 인해 지금도 침식되며 파괴되고 있다. 중국의 고궁 또한 수만 명의 여행객들로 인해 궁벽이 손상되고 인도와 문턱 등이 닳아서 군데군데 구멍이 생기기도 했다. 이렇게 수많은 관광 명승지들은 관광산업의 발전에 의해 심각한 파괴현상이 나타나고 있다.

결론적으로 관광산업의 발전은 환경보호와 동시에 이루어져야 하며 환경에 대한 보호가 이루어진 상태에서 관광산업의 발전이 이루어 질 수 있을 것이다. 또한 관광산업의 발전과 환경에 대한 개선을 통해 관광산업 발전과 관광자원의 보호 및 환경을 유기적으로 조화시켜 관광경제가 지속적으로 발전할 수 있도록 해야 한다.

관광상품 개발

CHAPTER 03

3-1 관광상품의 의의

1. 관광상품의 개념

관광상품은 관광마케팅에서 관광상품 제공자에 의해 관광객에게 제공되는 것으로 관광활동에 필요한 제품과 서비스로 조합된 상품이다.

관광상품은 양(量)적인 측면에서 다음과 같이 정의한다. 관광활동에서 물건을 구입하고 서비스를 받는 등 관광객의 소비는 모두 일회성에 지나지 않는다. 그러나 질(質)적인 측면에서는 관광활동 중에서 관광객이 소비한 물질적인 상품과 서비스의 결합으로 관광자원, 여행시설, 기념품, 관광서비스 등 여러 요소로 구성되어 있으며 무형 혹은 유형적일 수도 있고 또 물질적, 비물질적인 것일 수도 있다.

관광상품의 개념은 관광 상품 제공자들의 관광자원, 관광운송시설, 호텔, 레스토랑 등 물질적인 것을 소유하는 유형적인 것이라고 할 수 있으나, 관광객에게 제공되는 휴양, 교통, 숙박, 오락 등 비물질적인 형태의 서비스일 수도 있다. 이러한 환대와 서비스는 가이드를 통해 관광객에게 제공되고, 관광객은 자신들의 거주지를 떠나 돌아오기까지 전반적인 관광활동을 통해 깊은 인상과 좋은 경험을 즐긴다. 이렇게 보면 관광상품은 관광객이 일정한 시간과 비용과 에너지를 투자하여 체험하게 되는 하나의 경험상품이라고 볼 수 있다.

교환과정에서 관광상품은 존재하는 방식이 다양한 형태와 계층 구조를 가지고 있다.

첫째, 관광상품은 개별상품이다. 관광객은 관광활동 중 다양한 관광상품 제공자로부터 음식, 숙박, 교통, 오락 등과 연관된 물품 및 서비스를 구매한다. 예를 들면 항공기 좌석, 호텔의 객실, 휴양지에서 구매한 기념품, 가이드의 고용 등은 모두 개별적인 품목들이다. 개별상품을 제공하는 사업자 또는 기업은 각기 다른 휴양코스, 항공사, 호텔일 수도 있으며 각자 서로 다른 목표를 가지고 독립적으로 경영 활동을 하면서 특화된 관광서비스를 제공할 수도 있지만 관광객은 자신만의 취향과 수요에 따라 선택 구매할 수 있다.

둘째, 관광상품은 복합적인 재화로 구성된 복합상품이다. 즉 여행사는 관광시장의 수요에 따라 여러 개별 품목들을 조합하여 관광객에게 수요를 만족시킬 수 있는 음식, 숙박, 교통, 오락, 구매 등의 복합적인 관광상품을 그리고 이를 조합한 패키지 상품도 제공한다. 패키지 상품은 단체 관광객들이 구매하거나 소비하는 관광상품이다.

셋째, 전체 관광상품은 해당 관광지에서 관광객의 수요에 따라 물질적인 상품과 서비스 제공을 통해 관광객을 만족시키므로 목적상품이라고도 한다. 전체 관광상품은 지역의 개념이 강하기 때문에 당해 지역의 관광상품 제공자가 제공할 수 있는 개별 관광상품을 포함하며, 여행사가 제공할 수 있는 각종 패키지 상품도 포함된다. 관광마케팅에서 관광객과 교환의 관계에 있는 관광상품은 전체 관광상품 중에서 개별 관광상품과 패키지 상품으로 전체 관광상품은 또 휴가와 휴양, 휴양과 회의와 같이 두 가지 이상의 겸 목적을 가진 관광상품으로, 종교관광, 쇼핑관광, 의료관광 등 많은 유형의 상품이 있다.

관광상품은 공업과 농업 등의 상품과는 다르며 서비스업체에서 제공하는 일반 서비스와도 다르다. 관광상품은 일종의 특수한 상품으로 다음과 같은 특수성을 가진다.

1) 관광상품은 복합성 상품이다

현대 관광상품은 종합적인 성질을 띠고 있는 사회, 경제, 문화의 활동이다. 관광상품은 물질적이면서 정신적인 것 등 다양한 측면에서 관광객의 수요를 만족시켜야 하기 때문에 다양성을 내포하고 있어야 하고 상품 구성이 다양하고 풍부해야 한다. 따라서 관광상품은 음식, 숙박, 교통, 휴양, 오락, 구매 등 다양한 요소들로 조합된 것으로 복합적인 상품이라고 할 수 있다. 예를 들어 하나의 객실, 맛있는 한 끼의 식사 등은 일련의 여행 활동 과정으로 관광상품 구성요소의 일부분이며 이를 개별 관광상품이라고 부른다. 일반적으로 여행사가 이러한 개별 상품들을 묶음 혹은 꾸러미로 조합하여야 종합된 관광상품을 만든다. 일반적으로 단체 관광객은 여행사의 이러한 복합관광 관광상품, 일명 패키지 상품을 선호하고 구매한다. 반면에 개인 관광객들은 자신만의 특유한 취향으로 인하여 개별 관광상품을 구매한다.

2) 관광상품은 동태적 성격을 띤 상품이다

관광상품은 관광객이 일정한 시간의 소비와 정신 그리고 체력과 비용을 투입하여 얻게 되는 체험을 말한다. 이러한 체험 과정은 관광객이 거주지를 떠나서 여행 목적지까지의 전반적인 과정을 포함하며 각종 사물과 현상의 접촉을 통해 관광객이 받게 되는 전반적인 서비스에 대한 종합적인 느낌이다. 하지만 사람들의 욕구는 계속 변화하기 때문에 관광상품의 형태는 일반 다른 물질적인 상품처럼 정태적이지 않다. 따라서 관광상품은 사람들의 관광에 대한 수요의 변화에 따라 변화되며, 그래서 개별 관광상품의 조합과 구성 그리고 서비스의 품질은 차이를 보인다. 관광상품의 이와 같은 동태적인 성질은 관광에 대한 관광객들의 다양한 욕구를 만족시켜 줄 수 있을 뿐 아니라 동시에 관광상품과 관광서비스의 복잡한 양상으로 나타난다.

관광상품의 동태적인 성질로 인해 관광상품은 개별 상품이 결합되어야 전반적인 관광활동의 품질을 보증하는 등 각 개별 관광상품의 엄격한 품질을 요구한다. 그럼으로써 관광객은 관광에 대한 만족감을 충족시킬 수 있다.

3) 관광상품은 일종의 서비스상품이다

관광객의 관광활동은 일종의 심리적인 혹은 정신적인 면에서의 만족감을 위해 이루어지는 활동이라고 볼 수 있다. 따라서 관광상품 제공자는 여행객들의 요구 충족을 위해 관광자원과 관광시설에 다양한 노동을 투입하여 관광객에게 서비스를 제공한다. 관광서비스는 사용가치가 있는 유형적인 물질들로 결합된 서비스이지만 노동을 통해 그 유용성을 발휘하며, 때로는 관광자원, 관광시설과 설비를 이용하여야 하며 심지어 원재료의 소모를 거쳐야만 실현되는 상품도 있다. 이는 관광상품이 왜 일반적인 서비스상품과 구별되는지 특성을 설명해주는 좋은 예이기도 하다.

2. 관광상품의 가치

관광상품은 노동생산품과 마찬가지로 시장기구의 가격 메커니즘을 통해 판매자와 구매자 간 교환의 기회를 제공한다. 그렇기 때문에 관광상품도 일종의 상품이며 일반적인 상품이 갖고 있는 속성과 사용가치를 가지고 있다.

1) 관광상품의 사용가치

사용가치란 사람들의 욕구를 만족시킬 수 있는 효력이 있는 상품과 서비스를 말한다. 관광상품의 사용가치는 일반적인 상품의 속성과 관광객이 관광활동 중에 요구되는 각종 기대를 충족시킬 수 있을 뿐 아니라, 독특하고 특유한 품질을 가지고 있다.

(1) 관광상품의 사용가치는 일반적인 것, 부분적인 것으로 나눌 수 있다

일반적인 관광상품의 가치는 기본적인 관광 욕구를 만족시킬 수 있는 부분으로 관광상품의 사용가치에서 중요한 부분이다. 예를 들어, 관광활동 중 관광상품이 제공하는 음식과 휴양 및 숙박 등이다.

부분적인 관광상품의 사용가치는 모든 관광객들에게 일상적으로 그리고 규칙적으로 나타나는 것은 아니다. 즉 관광활동 중에 관광객이 부주의로 지갑을 잃

어버렸을 경우 가이드의 도움으로 경찰에 신고를 부탁했을 때 이런 도움과 서비스는 관광상품 사용가치의 일부분에 속한다. 이런 서비스는 관광활동 중 가이드가 여행지를 설명하고 안내하는 것과는 다른 차원의 서비스이다. 이런 상황은 관광활동에서 매번 일어날 수 없는 것으로 서비스를 제공할 기회도 매번 있을 수 없다. 이런 부분적인 서비스는 비교적 큰 임의성을 가지고 있다.

(2) 관광상품 사용가치의 복합성과 효용성

일반 상품의 사용가치는 구매자의 기본적인 요구 사항을 만족시켜 줄 수 있다. 예를 들어, 세탁기의 사용가치는 빨래를 하는 것이며 전화기의 사용가치는 소리를 전달하고 정보를 교류하는데 있다. 구매자는 단순한 목적으로 사용하기 위해서 상품을 구매한다. 그러나 관광상품은 복합성을 가진 노동집약적 상품으로 사용가치 또한 복합성을 띠며 관광객의 물질적, 정신적인 다양한 욕구를 만족시킬 수 있어야 한다. 그 중 관광객의 물질적 욕구를 만족시키는 것은 관광상품 사용가치의 효용성에 의존한다. 다시 말해서 관광활동 중에서 관광객의 식사 그리고 숙박하는 것 교통수단 등은 기본적인 물질적 활동 문제를 해결해 준다는 것이다.

이 외에도 관광상품의 효용은 여행자의 정신적 욕구에 대한 만족감에서도 나타난다. 다시 말하면 여행 활동을 통하여 명승 고적지의 색다른 풍습과 풍경에 대한 탐방 그리고 여행 목적지의 전통 문화 체험을 통해 폭 넓은 시야와 보고 들은 지식 습득을 통하여 심신의 조절과 상호 교류 등 더 높은 만족감을 얻을 수 있다. 따라서 관광상품은 기본적인 관광요구를 만족시키는 것에 머무는 것이 아니라 인간의 내면적인 정신적 문화 욕구를 만족시키는 것이 관광상품의 사용가치를 더 높은 수준으로 향상시키는 것이다.

(3) 관광상품의 사용가치는 여행객에게 일시적인 것이다

일반상품의 구매는 판매자에게 화폐를 지불하는 것으로 그 상품의 소유권과 사용권을 획득하게 되고, 반면에 판매자는 상품의 사용가치 대신 화폐를 얻게 되고 상품은 구매자에게 이전이 된다. 하지만 관광상품의 교환은 일반 상품의 거래와 다르다. 예를 들면 여행자는 화폐를 지불하여 호텔 객실의 침대 하나를 얻게 되었다고 하자. 이는 일시적인 것으로 일회성에 지나칠 뿐 소유할 수 있는 소유권도 없을 뿐 아니라 호텔을 떠나게 되더라도 침대를 갖고 갈 수도 없다. 그리고 명승고적지의 경우, 관광상품 제공자는 동일한 시기에 그 사용가치를 반복 사용하여 다른 관광객에게도 판매할 수 있다. 이때 관광객은 명승 고적지를 관광하며 다른 관광객들과 함께 관광상품의 사용권을 나누어 사용할 수 있다. 마찬가지로 여행이 끝나면 사용권 또한 종료된다. 그렇기 때문에 관광상품의 교환에서 관광객이 화폐 지불을 통해 얻은 것은 관광상품에 대한 일시적인 사용권이며, 동시에 관광상품의 사용가치는 장기적으로 독점 권한을 누릴 수 없으며 소유권의 이전 또한 있을 수 없다.

2) 관광상품의 가치

가치는 상품의 사회적인 속성이며 인간의 일반적인 노동력으로 구성되며 관광상품도 인간노동의 결정체로 가치 있는 상품이다. 하지만 관광상품의 가치는 다른 일반상품과는 달리 가격의 구성과 형성 등에 있어서 자신만의 특수성을 가지고 있다.

(1) 관광상품의 가격 구성

관광상품의 가치는 구체적으로 다음과 같은 세 가지 부분으로 구성된다.

① 기본시설과 접대시설의 감가상각을 토대로 관광객에게 제공되는 음식과 음료 그리고 모든 사용품의 원재료를 포함한 관광기업의 경영관리와 서비스에 소모되는 각종 물질적인 자원과 사용품의 결합이다.

② 관광종사원의 노동력에 의한 재생산 과정 중에서 소모되는 재료에 대한 지불 및 그 가치이다.

③ 관광종사원이 창조한 새로운 가치 등이다.

(2) 관광상품 가치

상품의 가치는 상품에 투여된 노동의 크기로 일반적으로 상품생산에 투입된 노동의 양에 의하여 결정된다. 결국 노동의 양은 노동시간으로 나타낼 수 있으며 노동시간에 비례하여 상품의 가치는 커지고 반대로 노동시간이 짧으면 짧을수록 상품의 가치는 작아진다. 하지만 관광상품은 사용가치의 특수성으로 인하여 관광상품 가치의 크기의 결정은 구체적으로 다음과 같다.

① 관광서비스 가치

관광서비스는 관광종사원의 육체노동과 정신노동의 투입으로 생산되는데, 이런 관광서비스의 가치는 유형적인 노동의 표출상태로 존재하는 것이 아니라, 무형적인 노동제공 방식을 통해 전반적인 서비스 과정에서 나타나고 노동 투입이 끝남과 동시에 종료된다. 관광서비스는 관광상품의 핵심부분이며 서비스 품질의 좋고 나쁨은 관광상품 가치에 직접적인 영향을 미친다. 서비스 시실과 조건이 동일한 상황에서 고품질의 서비스는 관광상품의 가치가 높고 크다는 것을 반영하며 반면에 저품질의 서비스는 관광상품의 가치가 낮고 작다는 것을 반영한다.

서비스 품질의 높고 낮음은 비록 노동 투입량의 크기와 관계가 있지만 항상 정비례 관계는 아니며, 중요한 것은 관광 종사원의 문화적 자질, 인격수양, 직업정신 및 인성과 연관된다. 이러한 자질과 직업정신은 관광 종사원이 어떠한 태도, 방식 및 기술로 관광객들에게 서비스를 제공할 것인지를 결정짓는 요인으로 관광 만족도에 영향을 미치고 궁극적으로는 관광객이 관광상품의 가치를 평가하게 된다.

② 관광자원 가치

관광자원은 관광상품 구성의 중요한 요인으로 야생생물, 온천, 호수, 고건축, 수목원, 풍습 등으로 모두 강한 개성과 가치의 크기에 차이가 크다.

예를 들어, 야생생물과 온천 등은 자연 관광자원으로 인간의 노동으로 창조할 수 없는 것들이며, 또한 인간의 노동이 투입되지 않았기 때문에 가치가 있다. 이런 자연적인 요소들을 관광상품으로 관광객들에게 제공해야 할 경우 반드시 인간의 육체노동과 정신노동이 투입되어 개발과정을 거쳐야 관광상품으로써의 가치를 부여 받게 된다. 그리고 민족풍습, 사회풍속, 전통생활방식 등 인문 관광자원은 인류의 생성과 발전을 통해 자연스럽게 사회발전을 거쳐 생겨난 것이며, 인류의 지혜와 노력이 담겨져 있을 뿐만 아니라 정신적, 육체적 노동의 결정체로 그 어떤 사회적, 역사적 가치로도 대체할 수 없으며 독점력을 가지고 있다.

고건축, 수목원 등의 인문 관광자원도 선인들의 노동의 대가로 만들어진 것으로 지금까지 보존할 수 있었던 것은 역대 후손들의 노력이 없이는 힘들지만 그 가치를 단순히 노동량의 투입으로만 판단할 수 없으며 그렇다고 단순히 양적으로만 판단할 수도 없을 뿐 아니라 나름대로 독특한 독점력을 가지고 있다.

③ 관광시설 가치

관광시설은 레스토랑의 좌석과 같이 유형적인 관광상품으로 일반상품과 마찬가지로 투자 자본이 정해져 있어 그 가치를 산정함에 있어서도 일정한 기준이 있다. 이러한 시설은 관광상품으로 생산 · 제공되는 즉, 관광상품으로 조합되는 과정에서 새로운 부가가치를 생산한다. 예를 들어 일반 레스토랑의 좌석을 고급호텔로 옮겨 갔을 경우 기존의 좌석의 가치는 변화가 없지만 그 성능과 환경조건 및 서비스의 내용에 있어서 기존보다 훨씬 우월하다. 반면에 새로운 환경조건과 서비스의 내용 등은 모두 관광종사원의 노동에 의한 것이기 때문에 시설의 가치와 가격이 자연적으로 높아진다.

3. 관광상품의 특성

관광상품은 관광활동을 통해 관광객의 효용을 충족시킬 수 있는 서비스를 위주로 하는 상품이다. 서비스는 일종의 행위로서 교환을 할 수 없는 무형의 상품으로 일반상품의 기본적인 속성과 가치인 사용가치 외에 자신만의 독특한 특성을 가지고 있다.

1) 관광상품의 복합성

관광상품의 복합성은 상품의 구성에서 나타난다. 관광상품은 관광자원, 시설, 서비스 등 다양한 요소로 이루어져 유형적인 것뿐 아니라 무형적인 것도 있다. 동시에 물질적인 것도 그리고 정신적인 것도 복합되어 있어 즉, 여행자의 음식, 숙박, 교통, 구매 등 물질적인 것은 휴양, 오락 정신적 욕구를 만족시킬 수 있다.

관광상품의 복합성은 상품의 생산과 경영에 있어서 기타 부문 및 타 업종과 관련되어 있다는 것을 알 수 있다. 관광객과 직접적인 관계에 있는 여행업, 숙박업, 교통운수 및 관광지 등이 있고, 간접적으로는 공업, 농업, 건축업, 금융, 보험 등이 있다. 이러한 부문과 업종은 물질적인 생산과 비물질적인 생산을 그리고 경제적인 것과 비경제적인 부문, 고용과도 밀접한 관련이 있다.

관광상품 제공자는 관광상품의 복합적인 특성을 고려하여 전반적이고 전체적인 계획과 종합적인 준비를 통해 관광객들의 욕구를 충족할 수 있는 관광상품을 제공해야 한다.

2) 관광상품의 무형성

관광상품이 무형이라는 것은 상품의 구매 전 후 상황으로 설명할 수 있다.

관광객은 관광상품을 구매하기 전에 먼저 머릿속으로 상품에 대해 생각해 본다. 일반적인 유형의 상품은 구매 결정을 하기 전에 실물 또는 상품의 크기, 사이즈, 형태, 물리적인 특성, 기술적인 매개변수 등에 대해 직접적으로 관찰할 수 있는 기회가 있다. 그러나 관광에 있어서는 관광객이 관광목적지를 선택할 때 관광상품의 형태도 볼 수 없고 품질에 대해서도 가치 판단을 할 수 없다. 단지 여행사, 신문잡지, TV광고, 인터넷 등의 매개체를 통한 상상 속의 상품으로 제공되기 때문에 무형적인 것이다.

그 외의 관광상품은 서비스의 형태로 관광객에게 제공되는데, 이는 일종의 노동 활동의 과정이며 하나의 행위로 손으로 만질 수도 없을 뿐 아니라 수량 또한 측정하기 힘든 무형성으로 서비스상품의 보편적인 특성을 가지고 있다.

여행자들은 오직 여행목적지에 도착하여 관광활동을 통하여 교통, 숙박, 음식, 유람, 오락 등의 서비스를 받게 되고 그때 비로소 관광상품의 사용가치를 판단할 수 있게 되고 그 자리에서 가치가 실현되어진다고 할 수 있다.

관광상품의 구매로 관광객이 얻게 되는 유형적인 것은 구체적인 구매 물품 외 거주지를 떠나 여행하고 돌아오기까지의 경험과 체험 그리고 아름다운 추억이라고 할 수 있다.

결론적으로 관광상품은 무형적인 특성을 가지고 있으며 이는 관광 목적지와 관광기업 간의 상호 신용 관계에 의해 나타나며, 홍보를 통해 판매촉진이 이루어지고 또 최상의 서비스와 이미지를 통해 관광 소비자의 인정을 받을 수 있다.

3) 관광상품의 비 이동성

일반적인 상품 그리고 일반 서비스상품은 이동성이 있으나 관광상품은 이동성이 없으며 다음과 같은 특성을 가지고 있다.

첫째, 관광상품과 관광서비스는 관광자원과 관광시설에 의해 생산되며 관광자원과 관광시설은 상대적으로 고정되어 있다. 관광소비라 함은 관광상품 즉 경복궁과 같은 상품을 관광객에게 직접 배송해 주는 것이 아니라 관광객이 직접 관광 목적지까지 가야 소비가 이루어지게 되는 것이다. 따라서 이동에 변화를 가진 것은 관광객이며 관광상품 자체가 이동한 것은 아니다. 또 관광상품이 이동하더라도 그것은 관광상품에 대한 정보의 이동일 뿐 관광상품 자체가 움직이는 것은 아니다.

둘째, 관광상품이 교환될 때 상품의 소유권은 이동하지 않는다. 일반 물품의 교환은 소비자가 제품을 구매하면 상품에 대한 소유권을 구매자에게 이동하게 되어 소비자의 의도에 따라 언제 어느 곳이든 상품을 이동시킬 수 있으나 관광상품은 이와 반대이다. 소비자가 관광상품을 구매한 후 사용권은 일시적인 것이며 특정한 시간과 장소의 제한을 받으며 관광상품의 소유권은 관광목적지 및 관광기업의 권한에 속한다.

관광상품의 이러한 특성 때문에 관광기업은 항상 타 관광기업과의 경쟁을 해야 하고 최대한 빠른 시일 내에 관광상품의 가치를 실현해야 한다. 이를 위해서는 관광상품에 대한 정보 유통의 경로를 확대하고 정보 전달의 신속성과 판매 주기를 단축시켜야 하는데, 이런 과정을 통해 관광상품의 서비스 품질은 더욱 향상되기 때문에 관광기업의 입장에서는 상당히 중요한 사항이다.

4) 관광상품의 생산, 교환과 소비의 동시성

관광상품의 생산, 교환과 소비의 동시성은 다음과 같은 두 가지 면에서 나타난다. 공간의 동시성과 시간의 동시성으로 관광상품은 서비스 제공을 위주로 하는 상품으로, 바꾸어 말하면 관광서비스는 관광객이 관광 목적지에 도착하여야 서비스의 제공이 가능하여 그때 비로소 관광상품의 생산이 이루어지며 관광객이 서비스를 받게 될 때 비로소 관광소비가 시작되어 생산과 소비는 관광 목적지에서 이루어지게 된다. 그렇기 때문에 관광 목적지 외의 장소에서 관광상품을 소비하는 문제는 발생하지 않는다. 관광객은 사전에 관광상품을 예약은 할 수 있지만 서비스의 예약은 실직적인 구매 행위의 발생을 의미하는 것은 아니고, 또 예약을 했다고 하더라도 관광서비스의 생산과 공급이 실현되는 것은 아니다.

이외에도 관광상품의 생산, 교환과 소비는 동시에 발생하며 또 동시에 종료된다. 관광객이 관광 목적지에 도착하면 그때 관광상품의 생산이 이루어지며 관광소비 또한 이루어져 생산과 동시에 판매, 소비되기 때문에 재고(在庫)로 저장할 수도 없다. 관광객이 관광 목적지를 떠난 이후에는 관광활동과 관광소비가 종료되어 관광상품의 생산 또한 중단된다. 대부분의 일반상품은 사전에 생산되어 나중에 판매되고 소비자가 구매하면 비교적 장기간 사용하고 보관할 수 있는데 비해 관광상품은 생산과 소비가 동시에 발생한다.

5) 관광상품의 의존성

관광상품은 사회의 공공자원에 의존적이며 의존성 또한 매우 강하다.

첫째, 관광상품의 구성요소 중 관광욕구를 일으키는 것 즉, 자연경관(自然景觀)과 인문자원은 공공재이기 때문에 비경쟁적 소비 특성을 가지고 있다. 또한 관광상품 구성 요소 중 기초시설 즉, 비행기와 선박과 등과 같이 사회간접자본시설과 서비스는 관광상품의 구성에 임시적 혹은 부분적으로 사용할 수도 있지만 공공재의 본질을 무시해서는 안 된다.

둘째, 이러한 공공재는 완전히 관광상품에 속하지는 않지만 공공재의 편리성 제공이 없다면 관광상품의 생산과 공급 또한 매우 어려워 질 것이다. 그렇기 때문에 관광상품은 사회 공공재에 많이 의존하는 성격을 가지고 있다.

6) 관광상품의 취약성

관광상품은 가격체계가 불안정하며 위험지수 또한 높은 상품으로 외부의 각종 요소로부터 영향을 받아 가격 파동이 일어나는 상품이다.

관광상품의 취약성은 다음과 같은 요소에 의해 영향을 받는다.

첫째, 관광상품의 내부요인으로 관광상품을 구성하는 각 부분 간의 비율의 관계이다. 관광상품은 음식, 숙박, 휴양, 오락, 교통 등 다양한 개별 상품과 복잡한 관련성을 가진 상품으로 이런 상품 요인과 구성 부분에는 일정한 비율적인 관계가 있는데, 비율 균형을 잃게 되면 관광상품의 기능이 제대로 발휘하지 못하게 된다. 이 외에도 관광상품의 구성 중에서 관광의 욕구를 일으키게 하는 요인 특히 수목원, 야생 생물과 같은 생물경관은 계절과 같은 자연환경에 따라 성수기와 비수기가 확연하게 구분되므로 관광상품 가치의 실현에 영향을 미친다.

둘째, 관광상품의 외부요인으로 관광객과 관광목적지의 정치, 경제, 사회, 자연환경 등과 관련이 있다. 예를 들어 경제적 요인 중에는 세계 경제위기, 환율의 변동, 무역마찰, 인플레이션(inflation) 등이 있으며, 정치적 요인 중에는 국제 테러활동, 지역 간의 군사적 충돌, 전쟁 등 그리고 사회·자연환경 요인 중에는 지진, 역병, 환경오염, 사회치안 등의 문제들은 관광 수요에 비교적 큰 변동을 일으키며 관광상품의 생산과 판매에 어려움을 가져다 준다.

3-2 관광상품의 구성

관광상품의 내용과 구성은 경제활동 메커니즘을 통하여 각 요소의 공급이 올바르게 배분될 수 있도록 하여 전체적인 관광상품을 구성하며 관광활동이 원활히 이루어 질 수 있도록 보장하기도 한다. 그리고 관광상품 구성은 관광상품의 소비 형태와 함께 관광상품의 생산과 생산요소의 배분에 관해 관찰할 필요가 있다.

본 절에서는 시장판매, 관광욕구와 관광 공급에 대한 분석을 통해 관광상품 구성에 대해 알아 볼 필요가 있다.

1. 관광상품의 일반적인 구성

현대 마케팅이론에 의하면 모든 상품은 소비자의 욕구에 의해 생겨나는 것이며 상품은 핵심 부분, 형식 부분 그리고 파생 부분으로 구성된다.

핵심 부분이라 함은 소비자의 욕구를 충족시켜 줄 수 있는 상품의 가장 기본적인 효용과 가치를 말하며 소비자 구매와 함께 소비의 중심 부분이기도 하다.

형식 부분이라 함은 상품을 이루는 실체와 외형으로 예를 들면, 상품의 형태, 디자인, 브랜드, 품질 등으로 상품의 효용성을 보정하고 가치가 실현될 수 있도록 하는 역할을 한다.

파생 부분은 상품의 판매와 사용에 따라 소비자가 얻을 수 있는 편리성과 이익을 말한다. 예를 들어 상품의 포장과 장식, 구매 후 서비스 등으로 관광상품은 일반적으로 그 구성이 핵심, 형식 부분 그리고 파생 부분으로 나누어진다.

1) 관광상품의 핵심 부분

관광상품의 핵심 부분은 관광자원과 관광서비스 부분으로 두 부분 간 긴밀히 연관되어 있다. 관광자원과 관광서비스는 관광객의 관광 욕구를 불러일으키는 기본적인 수요부분이며 관광상품이 만들어지는 가장 기초로 강한 경쟁력을 갖고 있는 부분이기도 하다.

관광자원은 자연과 인류사회를 통해 관광객에게 관광욕구를 불러일으키고, 경제, 사회, 환경 등 수익을 창출해낼 수 있는 사물과 요소들을 말한다. 관광자원은 물질적 자원과 비물질적 자원으로도 구성될 수도 있으며, 자연자원과 인문자원으로 구성될 수도 있다.

관광서비스는 관광종사원이 관광자원을 관광 환대시설을 통해 관광객에게 제공하는 각종 노동을 말한다. 관광경영 활동의 과정에서 판매 전 서비스, 판매 중 서비스, 판매 후 서비스 세 가지 부분으로 나눌 수 있다. 판매 전 서비스는 관광활동이 실행되기 전의 준비 단계에서의 서비스로 관광코스 정하기, 관광 안내, 비자, 환전, 보험서비스 등을 포함한다. 판매 중 서비스는 관광활동 과정 중 여행자에게 제공되는 음식, 숙박, 교통, 휴양, 구매, 오락 등 기타 서비스를 말한다. 판매 후 서비스는 여행자가 관광활동을 마치고 여행목적지를 떠날 때 제공되는 서비스로 출국수속, 공항의 배웅, 화물운송, 여행자 위탁 서비스, 관광 만족도 조사 등이 있다.

2) 관광상품의 형식 부분

관광상품의 형식 부분은 관광상품의 형태, 브랜드, 특징, 인지도, 구성방식 등이다. 관광상품의 유형적인 형식에 의한 실체 부분을 예로 들면 전통 문화와 특색을 지니고 있는 민속촌, 관광지 내에 설치된 독특한 교통수단이나 원시림 속의 조류관찰 지점 등이다. 그리고 각종 관광지구, 관광명승지, 각종 관광 환대시설과 관광 구매품일 수도 있다.

관광상품의 이미지, 브랜드, 특색 있는 상품은 관광자원과 관광시설이 반영된 외형적인 가치로 이는 관광객의 관광동기를 불러일으키며, 관광소비 행위를 촉진시키는 역할을 한다. 각각의 관광상품은 해당 관광자원과 관광 환대시설에 따라 상품의 이미지, 특색, 명예, 인기도 등이 달라져 관광상품의 차별성을 만들기도 한다.

기능과 유형이 다른 관광상품은 그 상품의 조합방식 또한 매우 특이하다. 하지만 상품을 조합하는 목적은 각 개별 상품의 요소들을 유기적으로 결합하는 것으로 다양한 관광코스와 관광활동을 활성화하고, 관광객들의 다양한 욕구와 개성에 따른 요구를 충족시킬 것이다. 따라서 관광상품의 조합방식도 관광상품의 형식적인 부분에 속한다.

3) 관광상품의 파생 부분

관광상품의 파생 부분은 관광객이 관광상품을 구매하거나 관광소비를 할 때 받게 되는 각종 할인서비스와 기타 부가적인 이익을 말한다. 예를 들어 단체여행객이 티켓을 발권할 때 단체구매 할인 서비스 또는 관광 소비자가 유람선 승선 후 받게 되는 작은 기념품 등이 있다. 이러한 파생 부분은 관광상품의 주요 구성 부분은 아니지만 생산과 관광 경영에 있어서 매우 중요한 역할을 한다. 관광객이 구매하는 것은 완전한 관광상품으로 관광상품의 핵심 부분과 형식 부분, 관광객은 둘 중 하나를 놓고 상품 구매 결정을 하기 때문에 형식 부분과 핵심 부분은 비교적 강한 대체성을 가지고 있다. 하지만 파생 부분은 관광객이 관광상품을 직접 선택하고 구매 결정을 하는데 중요한 역할을 하지는 않지만 관광상품에 경쟁력을 제고하는 효과적인 수단 중의 하나이다. 그렇기 때문에 관광활동을 연구하고 분석함에 있어서 관광상품의 파생 부분도 중요시해야 하는 부분이다.

2. 관광상품 수요의 구성

관광상품은 음식, 숙박, 교통, 오락 등 여러 가지 상품요소의 조합으로 만들어졌다. 하지만 각각의 요소에 대한 관광객의 요구는 천차만별이다.

관광객의 수요에 따라 관광상품을 크게 두 분류로 나눌 수 있다.

1) 관광 필수 상품

관광 필수 상품은 관광객이 관광활동 중에서 반드시 구매해야 하는 것으로 수요의 탄력성이 매우 작은 관광상품으로 숙박, 음식, 교통, 유람 등이다. 이들은 관광활동 중 없어서는 안 되는 것으로 유람은 특히 관광활동의 기본적인 내용에 속한다. 음식과 숙박은 관광객의 기본적인 생활 욕구를 충족시키며, 교통은 관광객의 거주지와 관광목적지 그리고 해당 관광지에서의 관광명승지 사이의 공간이동을 가능케 한다. 이런 필수 관광상품은 수요의 탄력성이 작기 때문에 이를 통해 비교적 안정적인 관광수익을 거둘 수 있다. 하지만 소비자의 입장에서 볼 때, 관광객은 음식, 교통과 숙박의 소비에 있어서 일정한 제한을 두기 때문에 수익을 극대화 하려면 반드시 음식의 품질과 서비스의 질을 향상 시키고 관광경영 활동을 다양화시켜야 한다.

2) 관광 비 필수 상품

관광 비 필수 상품은 관광활동 중 관광객이 반드시 구매하지 않아도 되는 상품으로 수요의 탄력성이 비교적 큰 관광상품으로 예를 들면, 보험서비스, A/S서비스, 통신서비스, 미용서비스 등이다. 어떤 특정 상황에서는 관광 비 필수 상품도 관광 필수상품으로 전환될 수도 있다. 홍콩은 '쇼핑 천국'이라는 위상에 걸맞는 유통 기반을 갖추고 있으며 많은 국가와 지역에서는 홍콩쇼핑을 위한 특화된 관광활동을 진행하고 있다. 이렇게 볼 때 홍콩을 여행하는 주요 목적은 쇼핑이 될 것이며 이때 이루어지는 구매활동은 관광활동의 주요 내용으로 쇼핑물품은 관광 필수상품으로 전환된다.

관광 비 필수품은 수요의 탄력성이 비교적 크기 때문에 관광 기업 경영자가 소비자에게 맞춤형 서비스를 제공할 수 있는 기회 제공과 함께, 관광객의 다양한 욕구를 충족시킬 수 있어야 한다. 또한 관광객이 관광상품을 선택하고 구매하는 과정에 올바른 소비와 구매를 할 수 있도록 편리성과 만족도를 향상시킨다.

3. 관광상품 공급의 구성

관광기업 경영자의 입장에서 볼 때, 관광상품은 다음과 같은 다섯 가지 요소로 구성되어진다. 관광자원, 관광서비스, 관광시설, 관광쇼핑, 관광이동성이다.

1) 관광자원

관광자원이란 관광행동의 목표가 될 수 있는 것으로 자연 또는 인류사회에서 관광활동을 일으키게 하는 모든 것으로 관광객이 원하는 혜택을 제공할 수 있는 모든 사물을 일컫는다.

자연 관광자원 중 지리적 자원으로 명산, 동굴, 전형적 지리적 구조, 기이함 등 그리고 관광수역으로는 호수, 하천, 계곡, 폭포, 온천 등이 있으며, 생물경관으로 산림, 초원, 야생동물 서식지 등 기상과 기후적 자원으로 우빙과 안개 등이 있다.

인문 관광자원 중 고적, 건축자원으로 고궁, 탑, 다리, 인류 문화재 등 스포츠 · 지식탐구 자원으로 민속 풍토, 명절 축제, 수목원, 등 쇼핑자원으로 지역특산물, 일일 장터 등이 있다.

일반 자원과 마찬가지로 관광자원 또한 인간의 욕구를 충족시켜야 할 뿐만 아니라 관광객을 유인할 수 있는 흡인력 즉 매력성을 가져야 한다. 관광자원이 다양할수록 매력성은 커지며 관광객은 탐험, 오락, 여가, 출장 등 다양한 면에서 만족할 수 있다.

관광자원의 매력성을 높이기 위해서는 관광지역의 자원 보유 상황에 따라 관광자원을 개발하고 특색이 있고 다양한 기능을 갖춘 관광지 또는 관광 명승지를 보전 · 관리하여 특유의 관광자원이 가진 유형, 이미지, 인지도 등을 관광객에게 제공해야 한다. 또한 관광자원은 관광산업이 존재할 수 있고 발선할 수 있는 기초이기 때문에 관광자원을 개발하고 이용할 때 반드시 합리적이고 합당한 관광객 인원수 등 자연자원과 환경이 수용 가능한 범위를 설정하여, 관광자원의 지속적인 이용과 지속 가능한 발전이 이루어질 수 있는 체제를 갖추도록 해야 한다.

2) 관광서비스

관광서비스는 관광상품에서 핵심적인 부분에 속한다. 관광객이 구매하는 관광상품은 음식과 관광 기념품이 작은 부분이라고 한다면 큰 부분은 관광서비스로 주로 가이드서비스, 호텔서비스, 교통서비스, 상품서비스 등이 이에 속한다.

가이드서비스란 여행사 또는 관광 환대기업에서 관광객에게 제공하는 전문적인 서비스다. 일반적으로 관광객은 관광상품에 대한 막연한 기대와 호기심을 가득 안고 관광 목적지로 향한다. 어떻게 하면 더 다채로운 관광활동을 통해, 현지의 특색과 풍습 및 명승 고적지를 이해할 수 있는지, 숙박과 식사를 어떻게 할 것인지 어떻게 하면 현지 주민들과 활발한 교류를 할 수 있을지 등의 문제들은 모두 가드의 서비스를 통해 신속하고 정확하게 해결할 수 있다. 이를 위해 관광가이드는 다양한 관광객들의 문화적인 배경을 숙지하고 관광객들의 심리적인 특징을 관찰하여 다양한 사람에게 시간과 장소에 따라 질 좋은 서비스를 제공해야 한다.

호텔서비스란 호텔에서 관광객에게 제공하는 숙박, 음식, 통신, 무역, 비즈니스 등의 복합적인 서비스를 말한다. 호텔은 관광객에게 "집"이자 체력을 회복하고 편안하게 휴식을 취할 수 있도록 하는 곳으로 여행이 순조롭게 진행될 수 있도록 돕는 역할을 한다. 직접 얼굴을 보면서 제공되는 친절한 서비스는 호텔업의 중요한 특징이자 관광서비스의 핵심이기도 한다. 따라서 종사원들은 안전, 환경, 권리 존중 등의 다방면에서 관광객들의 수요를 고려해야 한다.

관광객은 관광활동 중 대부분의 시간을 각종 교통수단, 공항, 정류장, 부두, 항구 등에서 보낸다. 관광객은 관광상품의 가치를 평가할 때 교통수단과 연계되는 서비스의 수준과 보다 적극적인 교통서비스를 매우 중요하게 생각하지만 교통 수단은 관광산업 발전의 수요를 충분히 만족시킬 수 없다. 그렇기 때문에 관광종사자가 제공하는 양질의 서비스는 관광객들의 이러한 불만을 해소해 줄 수 있다.

상품서비스란 관광객이 관광상품을 구매할 때 종사원이 제공하는 문의전화, 포장, 대리위탁 등의 서비스를 말한다. 완벽한 관광상품 서비스는 관광객의 구매동기를 유발하여 경제적 이익을 얻을 수 있다. 관광종사자는 자신만의 경제적 이익만 추구해서는 안 되며 일방적인 유인, 잘못 된 안내, 심지어 위협을 해서도 안되며 이런 행동으로 관광상품의 생산과 판매에 나쁜 영향을 끼쳐도 안된다.

결론적으로 관광서비스는 그 내용이 어떻게 변화하든 서비스에 대한 관념, 태도, 기술, 서비스의 가치에 의해 결정된다. 가격과 품질이 서로 부합되어야만 관광객은 만족하며 반면에 품질은 낮고 가격이 높으며 관광객은 불만을 가질 것이며 더욱이 품질이 높고 가격이 낮으면 관광상품의 경쟁력은 더욱더 커질 것이다.

3) 관광시설

관광시설은 직접, 간접적으로 관광객들에게 제공되는 서비스 중에서의 물질적인 조건을 말한다. 관광시설은 일반적으로 접대시설과 기초시설 두 가지로 나누어진다.

(1) 관광 접대시설

관광기업 경영자는 관광시설에 의존하여 관광객에게 직접적인 서비스를 제공하는데, 이는 주로 숙박, 음식, 교통 및 유람 시설이 포함된다.

숙박시설은 통상적으로 모텔, 호텔, 별장, 콘도 등이 있으며 각종 시설은 규모, 등급, 기능, 설비에 있어서 모두 각양각색이다. 음식시설은 통상적으로 포장마차, 음식점, 커피숍, 청량음료 매점, 찻집 등이 있으며, 교통시설에는 유람선, 관광지구 삭도, 관광버스 등이 있으며, 유람시설에는 관광지구에서 건설하고 계획한 유람, 휴양을 위한 각종 시설, 설비로, 예를 들면 휴식을 취할 수 있는 정자, 계단손잡이, 잔디, 안내 표시판 등이다.

(2) 관광 기반시설

관광 기반시설은 관광목적지에서 건설한 공공시설로 도로시스템, 물, 전기, 가스, 폐수, 폐기물 처리시스템, 우편통신 시스템, 환경위생 시스템, 안전보호 시스템, 도시표지 시스템, 녹화 시스템 등이 있다. 이러한 기반시설은 현지 거주자들의 생산과 생활에 제공되는 기본 서비스로 관광객들을 위해 특별히 제공된 것은 아니다. 이러한 기반 편의시설의 제공이 없으면 관광 접대시설은 그 기능을 제대로 발휘하지 못하여 관광활동이 원활하게 이루어 질 수 없다.

4) 관광 쇼핑

관광 쇼핑은 관광객이 관광목적지에서 여행 중에 사용, 소비하고 관광이 끝날 때까지 소지하고 있다가 다음 여행 때 재 사용하거나 선물, 소장할 수 있는 물품 등을 말한다. 관광 쇼핑은 관광객에게 있어서 실용가치, 기념가치, 선물가치 및 소장가치가 있는 상품으로 여행 중 구매한 상품의 일부분은 생활필수품으로 사용하는 외에도 대부분은 아름다운 추억으로 간직하고자 소장하며, 또는 해당 관광목적지의 문화, 예술, 전통에 대한 이해도를 높여 준다.

관광 쇼핑의 종류는 매우 다양하며 크게 실용품, 공예품, 예술품 세 가지로 나눌 수 있다.

(1) 실용품

지역특산품 : 차, 술, 한약재와 한약재로 만든 제품

관광식품 : 지방음식, 민속요리, 디저트

관광용품 : 지도, 가이드맵, 관광지침서

(2) 공예품

도자기, 실크 자수 제품, 칠기, 금속공예품, 옥, 돌, 나무, 대나무 조각품

문방사우

(3) 예술품

서예, 그림, 문물, 모조품 등

이러한 관광상품들은 고가이며 잠재 소비성향이 크며 관광객들은 취향에 따라 반복 구매하기도 한다. 그렇기 때문에 관광 쇼핑은 관광 수익의 근원이며 관광상품 구성에 있어서 없어서는 안 될 존재이다. 하지만 친척과 친구들에게 선물로 주기 위해 구입하는 관광 쇼핑품은 관광목적지의 선전과 판매를 촉진하는 작용을 한다.

5) 관광상품의 구성 관계

관광상품의 구성관계란 관광상품의 각 구성 요소 사이의 상호관계를 말하는 것으로 주로 보완성과 대체성을 통해 나타난다.

(1) 보완성

보완성이란 관광상품의 기능이 다른 구성 부분과 상호 의존적으로 상호 촉진 및 공동으로 발전하는 관계에 있는 것을 말한다.

이런 관계는 주로 다음과 같은 두 가지 측면에서 나타난다.

① 기능이 서로 다른 부분 간 구성으로 즉, 음식, 숙박, 교통, 유람, 구매, 오락 등으로 이 중 한 분야의 발전은 다른 분야의 생존과 발전을 전제로 구성 부분 간의 비율이 조화로워야 한다. 예를 들어 관광자원이 없으면 수많은 관광객들을 유인할 수 없고 다른 분야의 존재도 불가능 하다.

② 기능이 각기 다른 구성 부분 간 경영성과는 서로 영향을 미친다. 한 분야에서의 수익증가는 타 분야의 수익을 가져다 주며, 한 분야에서의 수익감소는 기타 분야의 수익 저하를 가져온다. 특히 교통의 발전의 애로는 전체 관광산업 발전의 "병목"역할을 하여 타 분야의 수익과 여행객늘의 수 노한 감소되기 마련이다.

관광상품 내부의 보완성은 관광에 대한 수요에 의해 결정되며, 관광상품이 관광객들의 다양한 욕구를 충족시킬 수 있도록 복합적인 상품을 요구한다. 각 구성요소 간 보완적인 관계 구성이 어우러져 하나의 완전한 관광상품을 이루어야 한다.

(2) 대체성

대체성이란 관광상품 중에서 기능이 같거나 비슷한 구성요소들로 서로 대체할 수 있는 것을 말한다. 예를 들어 제공하는 교통서비스의 버스, 기차, 비행기, 선박 등 교통수단은 관광객을 목적지까지 이동하는 목적을 위해 서로 대체할 수 있는 수단이다. 특히 고속도로, 철도교통의 발달 즉, KTX같은 수단은 대체성을 심화시키고 있다. 숙박서비스를 제공하는 각 등급의 호텔, 모텔, 콘도 등에서도 대체 관계가 존재한다. 특히 관광시설의 등급, 규모, 서비스수준과 가격이 비슷할 때 대체관계는 더욱 선명하게 드러나며, 대체성으로 인하여 관광객이 동일한 시간, 장소, 기능을 갖춘 단일상품에 대한 수요는 유일한 것이라고 할 수 있다. 예를 들어 관광객은 "갑" 호텔에 묵게 되면 "을" 호텔에 묵을 수 없으며, 기차를 타는 동시에 버스나 비행기를 탈 수 없다는 것이다.

대체성은 동일한 서비스를 제공하는 기업 간 경쟁력을 유발하며, 동종의 서비스는 서비스를 제공할 수 없다. 예를 들어 모두가 고급 호텔을 건설하기 위해 투자할 것이 아니라 기능과 등급이 다양한 서비스를 제공하거나 혹은 관광상품의 품질과 수량, 등급에 있어서 구성 부분 간 조화로운 관광상품을 만들어야 한다. 관광기업은 경영합리화를 위해 경영 관리는 물론 서비스의 품질 개선과 기업의 이미지와 신용도를 높여 특색이 있는 관광서비스를 제공해야 하고 기업 간 과도한 경쟁을 피할 수 있다.

(3) 보완성과 대체성의 변환

관광상품 내부의 각 구성요소 간 보완성과 대체성은 절대적인 관계가 아니며 고정 불변한 것도 아니다. 관광기업 경영자는 관광수요의 변화와 조건에 따라 이 두 가지 관계를 서로 변환시킬 수 있다.

① 보완관계에서 대체관계로 변환

이런 변환은 관광객의 다양한 욕구와 관광기업 경영의 다양성으로 인해 생겨난 것이다. 동일한 시장경제 조건 하에서 관광기업은 경쟁에서 살아남기 위해 경영 범위를 조정해야 하며, 관광객에게 편리하고 신속한 서비스를 제공해야 한다. 관광기업이 관광객에게 다양한 원스톱 서비스를 제공할 때 보완성은 대체성으로 변환 가능하다. 예를 들어 "갑" 기업이 숙박서비스를 그리고 "을" 기업이 교통서비스를 제공한다고 하자. 이는 서로 보완 관계이다. 하지만 "갑" 기업의 경영 범위가 확대되어 여행객에게 교통서비스도 제공하게 되었다고 하자. 이때 여행객이 "갑" 기업의 숙박시설을 이용할 때 동일 기업에서 제공하는 교통서비스도 함께 이용하게 될 것이며 그렇게 되면 "갑", "을" 사이의 관계는 서로 대체 관계에 속한다. 마찬가지로 "을" 기업에서도 경영 범위를 확대하여 숙박서비스를 제공하면 대체관계가 발생한다.

실제상황에서 예는 매우 다양하다. 예를 들어 호텔이 회사 자체의 관광버스 차량을 소유하고, 지정한 관광 단지가 있고 정해진 여행사가 있으며, 특히 관광단지와 테마파크에서 자신의 셔틀버스를 이용하여 여행객들을 픽업하며, 항공사의 전용 식당을 이용하는 등은 대체관계가 발생하도록 하는 역할을 한다. 그렇기 때문에 관광기업의 경영 활동에 있어서 그룹화 경영은 관광상품 구성요소를 보완관계에서 대체관계로 변환하는 주요한 경로이다.

② 대체관계에서 보완관계로 변환

대체관계에서 보완관계로의 변환은 주로 다음과 같은 면에서 나타난다.

- 공급이 수요보다 적을 때 즉, 단일 관광상품을 제공하는 관광기업들은 서로 도와가면서 급한 불을 끌 수 있다. 예를 들어, "A"와 "B" 두 기업은 숙박을 제공하는 호텔로 "A"호텔의 공급이 부족할 때 즉 룸이 부족할 때, 손님을 "B"호텔에게 소개해 줄 수 있다. 또한 "B"호텔이 원재료의 공급이 부족할 경우 "A"호텔에서 잠깐 원재료를 빌려올 수 있다. 이때 두 호텔의 관계는 서로 보완관계이다.
- 동일한 서비스 기능을 제공하더라도 단일 관광상품은 품질면에서 고, 중, 저 등의 다양한 등급을 가지고 있어야 관광객들의 다양한 욕구를 만족시킬 수 있다. 다양한 등급과 서비스 제공은 동질의 서비스라고 보기는 어렵기 때문에 서로 보완적인 관계를 이룬다. 예를 들어, 동일하게 교통편리를 제공하는 서비스 즉, 기차와 비행기는 자동차를 보조수단으로 사용하는데 이들의 관계는 서로 보완관계이다. 동일한 음식이지만 음식점 "갑"과 레스토랑 "을"의 특색은 다르기 때문에 관광객은 오늘은 "갑" 음식점에서 식사를 즐기고 다음날은 "을" 레스토랑에서 식사를 할 수 있다. 이들 또한 서로 보완관계를 형성한다.
- 동일한 서비스를 제공하는 기업들은 연합하여 공동의 관광상품을 만들어 내면 이미지 상승과 상품의 경쟁력을 높일 수 있다. 예를 들어, "갑", "을", "병", "정" 네 기업의 장점을 살린 개별 관광상품의 구성 요소를 결

합할 경우 매력성이 높은 단일 관광상품이 만들어진다.

- 원스톱 서비스에 속하는 관광목적지의 단일 관광상품 사이에는 보완관계를 이루고 있다. 예를 들어 "갑" 관광 목적지와 "을" 관광 목적지가 원스톱 서비스에 속해 있으며 "갑"과 "을"에서 제공하는 상품이 동일한 상품일 경우 그 상품을 생산하는 호텔은 서로 보완관계를 이룬다.

관광상품의 대체관계를 보완관계로 변환하는 것은 각 기업이 제공하는 관광서비스는 모두 관광상품의 유기적인 조직 부분임을 보여주며, 이들은 양적, 질적, 등급에서 공동으로 관광상품의 구조를 이루며, 관광활동에서 없어서는 안 될 부분으로 공동상품브랜드 이미지를 만든다.

3-3 관광상품 개발

1. 관광상품의 유형

관광상품은 상품의 구성 요소도 다양하고 내용 또한 광범위하여 복합성이 매우 강한 상품이지만 때때로 단일상품 형식으로 판매되기도 하기 때문에 그 기준에 따라 다양한 유형으로 나눌 수 있다.

1) 관광객의 참여도에 의한 분류

관광객이 참여하는 정도에 따라 관광 여행상품, 주제에 따른 관광상품, 참여형 관광상품, 체험형 관광상품 등으로 나눌 수 있다.

(1) 관광 여행상품

관광 여행상품은 관광산업의 발전 초기에 만들어진 상품으로 관광방식은 주로 참관이다. 관광객은 관광활동 중에서 피동적으로 "눈요기"를 하며 관광기업 경영자가 제공하는 관광상품에 대해 관광객은 별다른 요구가 없으며 관광목적은 주로 경치와 경관을 구경하는 것이다. 관광대상은 주로 관광 목적지의 비교적 인지도가 높은 자연과 문화 그리고 경관이다. 이런 관광상품을 소비하는 관광객들의 공통적인 특징은 "말 타고 꽃 구경"하듯 대충 훑어보는 것이기 때문에 관광활동에 참여하는 내용은 매우 빈약하다.

(2) 주제에 따른 관광상품

주제에 따른 관광상품의 여행 방식도 대부분 참관이다. 그러나 참관하는 내용과 범위에 있어서 관광 여행상품과는 구분된다. 관광객은 관광목적지에서 인지도가 높은 관광지와 관광 명승지를 선택하는 경향이 있으나 관광지와 관광 명승지의 인문적 요소인 역사 또는 문화적인 면을 체험 · 향유하고자 한다. 예를 들어 "실크로드 여행", "성지순례" 등으로 관광객의 관광행위는 명확한 지향성이 있으며 단순한 호기심을 해결하는데 관심이 있는 것이 아니라, 관광상품의 역사와 문화에 담겨진 내용을 이해하기 위함이 더 크며, 부가적인 가치 또한 매우 높으며, 일반적으로 여행에 참가하는 자세가 일방적인 참관에서 쌍방향 참여로 적극적인 형태를 보인다.

(3) 참여형 관광상품

참여형 관광상품은 관광객의 적극성을 도모하여 여행방식이 수동적인 것에서 능동적인 참여로 이끌어야 한다. 관광상품의 생산과 소비 과정에서 여행자와 관광기업 경영자 및 관광목적지 주민 사이는 상호 호혜적인 관계이다. 관광객은 유쾌한 경험과 활동에 참여하여 흥미를 유발하며, 관광기업 경영자와 해당 지역 주민은 화기애애한 분위기 속에서 관광객에게 서비스를 제공할 때 서비스의 품질을 향상시킬 수 있다.

(4) 체험형 관광상품

체험형 관광상품이란 모험관광, 등산, 암벽등반 등을 말한다. 관광객은 관광상품을 선택하고 구매할 때 주관적이며 외부의 간섭을 적게 받으며, 관광활동을 통해 모든 정열을 투입하여 관광상품의 사용가치를 체험하며 이를 통해 만족감을 얻는다. 이러한 관광상품을 구매하는 관광객은 비교적 많은 돈을 투자하는데, 이들에게 판매되는 관광상품은 세분화되고 전문적으로 조합된 관광상품을 제공하여야 판매가 가능하다. 관광에 대한 수요가 다양해지고 세분화 되면서 체험형 관광상품은 많은 관광객들이 애용하고 인정을 받고 있으며, 장차 체험형 관광상품이 관광틈새 시장으로 진입할 수 있는 기회는 무궁무진할 것이다.

2) 관광상품의 기능에 의한 분류

관광상품의 기능에 따라 향수를 위한 관광상품, 건강을 위한 관광상품, 탐험을 위한 관광상품, 특수 관광상품으로 나눌 수 있다.

(1) 향수를 위한 관광상품

향수를 위한 관광상품은 많은 국가나 지역에서 적극적으로 개발하고 있는 새로운 관광상품이다. 그 특징은 관광시설이 호화롭고, 관광서비스의 전문화, 오락성향이 있으며 관광활동의 자유성을 보장하여 일반적으로 가격이 비싸다. 전형적인 예로는 크루즈 관광, 유람선 내에 있는 수영장, 헬스장 등 고급시설은 소득이 높은 관광객들이 바다에서 즐기는 여행으로 기존의 여행방식과는 달리 사람들에게 편안함을 가져다 준다.

(2) 건강을 위한 관광상품

건강을 위한 관광상품은 비교적 많은 관광소비 군(群)을 가지고 있다. 가장 큰 특징은 스포츠성의 특징이 강하며 특정한 장소와 일정한 기계설비를 필요로 한다. 전형적인 예로는 스포츠관광과 보건관광이다. 스포츠관광으로는 스키, 카누, 잠수, 서핑 등이 있으며, 보건관광에는 온천요양, 삼림욕, 모래찜질요법이 있다.

(3) 탐험형 관광상품

탐험형 관광상품 소비자의 수량은 많지 않지만 안정적으로 발전하고 있다. 관광객은 자아실현의 욕구가 강하며 극한도전을 하고자 하며 모험을 즐기며 신선하고 새로운 것을 좋아한다. 탐험형 관광상품의 주요 특징은 위험성이 비교적 높고 특수한 관광 장소와 전문적인 지식을 요구한다. 장점으로는 새롭고 자극적이며 관광객들의 호기심을 불러일으키며 관광객들로 하여금 고도의 긴장 상태와 흥분 상태에 있게끔 하고, 아주 깊은 인상을 남길 수 있다. 전형적인 탐험형 관광상품으로는 원시산림 비밀탐색, 해저관광, 화산관광 등이 있다.

(4) 특수 관광상품

특수 관광상품은 관광객들의 특정한 욕구를 충족시키기 위해 만들어진 적극적인 관광활동을 요구하는 관광상품이다. 주요 특징으로는 비교적 강한 비즈니스적인 성질을 띠고 교육 기능을 가지고 있다. 예를 들어 조류 관찰 위한 관광, 공업관광, 원예관광, 생태관광 등이 있다. 관광활동의 내용은 대부분 전문적인 업종과 연결된 활동이기 때문에 부담이 적고, 직접적인 체험 학습으로 관광객은 지식을 쌓고 시야를 넓힐 수 있으며 알고자 하는 욕구에 대한 만족을 충족시킬 수 있다.

3) 관광상품의 개발에 의한 분류

관광상품의 개발 정도에 의해 개량형 관광상품, 교체형 관광상품, 혁신적 관광상품, 복제형 관광상품이 있다.

(1) 개량형 관광상품

개량형 관광상품이란 기존의 관광상품에 기초한 상품의 구성요소 중 어느 한 부분을 개량하여 만들어진 것으로 관광활동의 내용을 더욱 풍부하게 하여 관광서비스의 품질 향상과 관광상품에 매력성을 추가하여 관광마케팅의 범위를 넓히는 것을 말한다.

(2) 교체형 관광상품

교체형 관광상품이란 현재 판매 중인 관광상품보다 비교적 큰 범위의 개량을 거쳐 만들어진 관광상품이다. 예를 들어 기존의 모텔, 호텔을 리모델링 하거나, 별관을 짓거나, 서비스 내용을 충실히 하여 서비스의 등급을 상향하는 것 등이다. 또한 여행사가 가지고 있는 기존의 관광코스를 수정하고 1박 여행을 2박 여행으로, 3박 여행으로 늘리는 것을 말한다.

(3) 혁신형 관광상품

혁신형 관광상품은 관광기업 경영자가 관광객들의 새로운 욕구를 충족시키기 위해 새로운 기술과 방법, 디자인을 이용해 생산해 낸 관광상품이다. 새로운 호텔, 새로운 관광지구, 새로운 관광코스, 새로운 여행코스, 새로운 오락시설 등이다.

(4) 복제형 관광상품

복제형 관광상품은 시중에 있는 관광상품의 기본적인 원리와 설계구조를 모방하여 생산해 낸 관광상품이다. 가장 흔한 예로는 인공 관광지구, 실제 경관을 축소하여 만든 것 등이 있다.

2. 관광상품의 개발 원칙

관광상품의 개발은 하나의 시스템적 공정이다. 그렇기 때문에 관광 수요, 관광마케팅 환경, 투자 위험, 거시적 정책, 관광 기초시설, 노동력의 질 등에 대한 심층적인 분석을 통하여 관광 목적에 적합한 실질적이고 최상의 대안을 마련하여 개발해야 한다. 그러기 위해서는 관광상품의 개발은 일정한 원칙을 따라야 한다.

1) 시장지향 원칙

관광상품의 개발은 관광자원에 대한 분석과 평가를 기초로 왜 개발해야 하는지, 어떻게 개발해야 할지, 어느 정도까지 개발을 해야 할 것인지 등 시장이 지향하는 바를 기준으로 시장 수요에 따라 개발해야 한다.

시장지향성에 따라 관광상품을 개발해야 하는 원칙은 주로 두 가지 의미를 가진다. 하나는 관광 마케팅의 위치이며 둘째는 타겟 마케팅의 수요에 대한 분석이다. 그 어떤 관광상품의 개발도 관광객의 수요에 의존하는 것이어야 하기 때문에 상품 개발자는 현지의 사회, 경제 발전 상황과 관광산업의 발전 추세에 따라야 하며 관광객 수를 어느 정도 확보한 상태여야 한다. 이외에도 타겟 마케팅이 확정된 후 상품 개발자는 타겟 마케팅의 수요가 얼마인지, 규모와 등급, 수준 및 발전 추세에 대해 충분히 파악해야 한다. 따라서 관광소비자의 기호와 수요에 부합되는 관광상품을 만들어야 기대하는 경제적 효율과 이익을 거둘 수 있다.

관광 마케팅 환경은 항상 변화하고 있기 때문에 관광산업 발전의 각 단계에서 관광 타겟 마케팅도 변화해야 한다. 그래서 관광상품의 개발자는 발전성을 내다 볼 수 있고 그에 상응하는 전략을 세울 수 있는 능력이 있어야 하며, 해당 관광상품에 대한 특징 부각은 물론 모든 과정이 규칙과 질서 있게 진행해야 한다.

2) 효율과 이익의 원칙

자본이 최대의 경제적 이익을 추구하는 것은 당연하다. 관광상품의 개발에는 대량의 자본이 투입되기 때문에 개발 과정에서 경제적 효율과 이익을 가장 중요하게 고려해야 한다. 관광상품은 일반 제품과는 다르게 문화적인 속성을 띠고 있어 관광기업과 관광상품 개발이 사회적, 생태적으로 가져다주는 효용과 이익은 물론 관광지의 종합적인 편익을 제고할 수 있도록 해야 한다.

3) 지속발전 가능성의 원칙

관광상품 개발은 항상 지역의 관광자원과 자연환경의 수용 가능성을 우선시해야 한다. 가장 합리적인 관광자원 상태와 자연 환경의 지속성을 고려한 개발을 통해 생태 환경의 파괴를 최소한으로 줄일 수 있어야 하며, 한편으로는 관광자원을 지속적으로 이용할 수 있도록 개발해야 한다. 구체적으로 말하면 선진적인 기술을 이용하여 환경을 보호하면서 관광호텔, 레스토랑, 화장실, 커피숍 등의 건설이 환경보호의 요구에 부합될 수 있도록 하고, 에너지 절약을 위해 기존의 전통적인 에너지 소비 방식을 개선하여 관광상품의 생명력을 연장할 수 있도록 해야 한다.

3. 관광상품 개발 내용

관광상품은 종합적인 상품으로 시장의 요구에 근거하여 관광자원, 관광시설, 관광인적자원, 관광상품 등을 계획하고 디자인하여 개발한 후 조합한다.

구체적으로 다음과 같은 두 가지 방향으로 관광상품을 개발할 수 있다.

1) 관광지의 기획과 개발

관광지는 관광상품을 저장하는 장치로서 만족 여부는 일련의 관광활동과 관광서비스에 의해 결정된다. 그렇기 때문에 관광지와 관광 명승지의 발굴, 환대시설의 개선, 인적자원의 육성, 환경보호 시설의 제정 등의 제도적인 장치 마련과 관광지 개발의 방향과 포인트를 정해 특성화해야 한다.

(1) 새로운 관광지 개발

새롭게 만들어질 관광지는 경쟁에서의 자신의 위치를 파악하는 것이 제일 중요하고 우선적으로 해야 할 일이다. 우선 관광지가 가지고 있는 관광자원의 기초부터 파악해야 하며 관광자원의 수량, 종류, 밀도, 품위와 풍족도에 대해 명확히 알고 있어야 한다. 그리고 잠재적인 경쟁 상대를 분석하고, 현지 관광마케팅에서 알맞은 관광 타켓 마케팅을 확정짓고 명확한 관광발전 목표를 세워야 한다. 다음으로 어떤 관광코스로 어떤 항목들을 개발해야 하고, 어떤 관광상품을 선택할 것인가, 운송, 차량, 호텔, 레스토랑 등의 조합을 구체적으로 고려해야 한다. 그리고 관광 종사원이 몇 명이나 필요한지를 예측하고, 직업훈련을 강화하고 인재를 육성하며, 고급인력을 스카우트하여 인적자원의 증가와 관광산업의 발전 속도가 서로 맞물리도록 해야 한다. 이때 주의해야 할 것은 어떤 유형의 관광상품 또는 관광지의 개발이든 모두 실행 가능한 관광 환경보호 시설이어야 하며 관광지 개발이 과학적이고 지속 가능한 개발이어야 한다.

(2) 발전 도상 관광지의 개발

발전 도상에 있는 관광지의 관광상품은 일정한 기초를 가지고 있기 때문에 개발의 중점은 기존의 관광상품의 인지도와 개발의 장점을 이용하는 것이다. 따라서 새로운 관광활동을 추가하거나 확대하고, 새로운 관광항목 리스트를 만들어내며, 관광상품의 특징을 부각하고 관광마케팅 판매를 촉진시키며 관광상품의 매력을 한층 제고시켜야 한다.

(3) 유명 관광지의 개발

유명한 관광지의 개발은 그 유명세의 지속성을 공고히 하고, 관광지 마케팅의 이미지를 향상시키고 경영관리와 서비스 수준을 제고하여 보다 적극적으로 새로운 관광상품을 창조하고, 과학기술을 충분히 이용하는 즉, 관광지 개발에 과학기술의 새로운 하이테크 기술을 투입시켜 기존의 진부한 상품의 개선을 통하여 시장을 주도할 수 있는 새로운 관광상품을 만들어야 한다.

2) 관광코스의 선정과 조합

여행사의 입장에서 볼 때 관광상품을 판매하는 것은 결국 관광코스와 연결된다. 여행사의 관광상품 매출은 해당 관광상품의 개발이 성공했는지의 기준이며 척도이다. 관광마케팅에서 관광코스의 설계 및 조합은 관광객의 기대에 부응하고 소비수준에 알맞으면 그 상품의 인지도는 높아져 판매가 이루어진다. 다시 말해서, 관광코스가 관광객에 의해 받아들여지지 않을 경우 죽은 자본(dead stock)이 될 수 있다는 것이다. 그렇기 때문에 관광코스의 매출 성공 여부는 관광코스의 설계 수준에 의해 결정된다.

여행코스를 개발함에 있어서 다음과 같은 다섯 가지 요소들을 고려해야 한다. 관광자원, 관광기초시설, 관광전문시설, 관광자본요소(비용, 시간, 거리) 및 관광서비스의 개발은 실질적으로 종합 관광상품의 개발에 속한다. 관광코스의 설계와 조합은 크게 네 단계로 분류 가능하다. 첫째, 목표시장의 관광자본을 분석하고 관광코스의 특징과 유형을 확정하고, 둘째, 관광시장의 수요에 따라 연관된 관광자원을 조직화하여 관광자원의 기본적인 공간 구조를 확정한다. 셋째,

위에서 서술한 배경자료를 결합하여 연관된 관광시설을 분석하고 이를 통해 선택 가능한 관광코스를 설계한다. 넷째, 최고 품질의 관광코스를 선택한다.

한편 관광코스의 개발과 설계에는 다음과 같은 종류가 있다.

관광코스를 사용하는 대상자의 특징에 따라 단체 관광코스와 개별 관광코스로 나눌 수 있다. 단체 관광코스의 설계는 주로 패키지투어이고 개별 관광코스는 옵션형태의 코스와 결합된 패키지로 크게 두 가지로 나눌 수 있다. 전반적인 관광 일정이 몇 가지 단계로 나누어진 결합상품으로 관광객이 스스로 선택해서 다시 조합 가능하며 여행 중 언제든지 변경 가능하다. 개별 관광코스는 여행사에서 전체 여행코스에서 일부분의 코스와 서비스를 제공하는 것으로 남은 일정은 여행자 스스로가 선택한다.

관광코스 공간의 크기에 따라서 지역별로 선택하는 관광코스, 즉 여러 개의 지역을 관광하는 장거리 여행코스 등이 해당되며, 단거리 여행코스는 관광지의 개발 계획과 직접적으로 관련된다.

여행자의 행위와 요구에 따라 세계 일주와 잠시 체류하는 형태의 관광코스가 있다. 세계 일주를 하는 여행자들의 관광활동은 관광이 주된 목적이며 코스에는 관광목적의 개수, 수량 등이 상대적으로 많은 편이다. 반면에 체류형 관광코스에는 관광 목적지의 수가 상대적으로 적으며 여행자들의 활동은 관광이나 경치를 구경하고자 하는 것이 아니라 반복적으로 일정한 자원과 시설을 사용하는 것에 목적을 둔다.

이외에 관광코스는 또 관광 일정에 따라 하루 관광코스와 며칠이 소요되는 관광코스로 나누어지는데, 관광객이 사용하는 교통 수단에 따라 각기 다른 관광코스가 존재함을 알 수 있다.

4. 관광상품의 개발전략

관광자원과 시설을 통해 이익 창출과 관광객의 요구를 최대한 만족시키기 위해서는 정확한 여행상품 개발 전략을 세워야 한다.

1) 여행지 계획 및 개발 전략

관광상품은 일종의 복합적인 상품이다. 이런 관광상품은 개발 정도에 따라 다양하며 심지어는 단일의 관광상품으로 존재하기도 한다. 예를 들면 여행사, 관광호텔, 관광교통 등은 발전 수준에 따라 다양하며, 따라서 관광지의 개발 계획과 함께 다음과 같은 전략이 사용 가능하다.

(1) 선도상품 전략

관광객들이 관광지에서 여행할 때 수요는 매우 다양하다. 각자의 소득도 다양하여 수요와 소득의 다양성을 충족하기 위해서는 잘 조합된 관광상품을 선택하여야만 소비만족도를 충족시킬 수 있다. 이때는 관광지 고유의 특성을 유지하면서 주요 핵심 상품을 선택하여야 하는데, 이는 경제적으로나 자원적으로 우열에 있고 관광객의 수요를 충족시키는 쌍방향 제품이어야 한다. 주요 핵심 상품은 관광산업의 발전 초기에 관광객들이 관광목적지에 대한 정보를 신속하게 파악하고 익숙하게 하며, 관광산업 발전 중, 후기에는 이를 통해 해당 관광지만의 고유의 이미지를 형성해나갈 수 있다.

(2) 보호 개발 전략

특수 관광지나 문화관광지는 완전하게 보호 · 유지되어야 한다는 조건이 따른다. 어떠한 경관은 그 지리적 위치의 특수성으로 인해 직접적인 개발을 허용치 아니할 때 관광객들이 일정한 거리를 두고 접근 불가능하게 하는 조건으로 관광 개발을 허용한다. 이러한 관광지의 개발은 관광지의 원래의 모습을 보호 · 유지해야 한다는 조건을 두게 된다. 예를 들어 자연보호 지역인 경우 해당 지역의 생태 균형과 유지를 위해 과학적인 연구와 접근이 이루어져야 한다는 것은 매우 중요한 의의를 갖는다. 따라서 자연보호구역 내에서 생태관광을 확대하게 될 때 신중해야 하며 절대적으로 생태 파괴를 허용해서는 안된다.

(3) 순차적 개발 전략

관광목적지 상품개발의 유효기간은 물론 관광상품 본질의 변화 가능성을 고려하여 단기적으로나 장기적인 이익 창출이 가능해야 한다. 더욱이 관광목적지의 장기적이고 지속 가능한 발전성을 보장해야 한다. 이를 위해 관광지역 내 명소를 만들 때나 도로건설과 관광에 쓰일 차량 등을 구입할 때 모두 시간적인 요소를 고려하여 시기적으로 적절한 새로운 상품들을 만들어 내야 한다.

(4) 고-저가 상품 결합 전략

고가의 상품과 저가의 관광상품 결합으로 각기 다른 소득 계층의 다양한 고객들의 소비 만족도의 향상이 가능하다. 예를 들어 관광목적지의 특 1, 2급 호텔은 고소득층 관광객을 위한 것으로 호화롭고 편안하게 즐길 수 있는 상품을 제공한다. 반면 중·저소득층의 관광객들의 요구는 경제적이고 실용적이며 중·특급 호텔, 심지어는 이보다 더 저렴한 숙박을 원한다.

2) 관광코스의 설계와 조합

관광코스의 개발은 가장 효과적으로 관광자원을 이용할 수 있으며, 관광객의 요구를 최대한 충족시키며 기업의 경쟁 우선 순위에 해당한다.

관광상품 개발의 원칙에 따라 다음과 같은 관광코스와 상품의 조합 전략을 수립할 수 있다.

(1) 시장 조합 전략

시장 조합 전략은 시장을 세분화하여 특정 관광시장에 전문적인 관광상품을 제공하는 것으로, 예를 들어 여행사는 청소년을 대상으로 하는 목표상품, 신혼여행, 탐험여행, 유학 등의 여행상품을 개발한다. 이러한 전략은 기업의 역량을 제고시키는 반면 단점으로 목표시장의 단일화로 규모에 한계가 따른다는 점이다.

(2) 상품 조합 전략

상품 조합 전략은 두 개의 서로 다른 목표시장을 타겟으로 동일한 관광상품을 제공하여 시장수요를 충족시키는 것을 말한다. 만약 어떤 여행사가 단 한가지의 관광상품을 개발한 후 활용 가능한 전략이다. 그러나 관광상품의 구성이나 내용은 끊임없이 개선하고 보완하여 서비스의 질을 제고시켜야 한다. 관광기업의 측면에서 보면 관광상품의 종류가 단일적인 경우 경영에 그 만큼 리스크를 안고 있다고 볼 수 있다.

(3) 전면 조합 전략

전면 조합 전략의 핵심은 관광기업이 다양한 종류의 관광상품을 관광시장에 판매하는 것이다 이는 대규모 관광경영자들이 자주 사용하는 전략으로 장점은 다양한 관광객의 수요를 만족시킬 수 있고 많은 관광시장을 점유할 수 있다. 그러기 위해서는 원가절감을 통한 경영효율을 높여야 한다.

3-4 관광상품의 생명주기

1. 관광상품의 생명주기 단계

상품 생명주기란 하나의 상품이 시장에 진입해서 마지막 쇠퇴기까지 전 과정을 말하는데 보통 다음과 같은 4개의 단계를 밟게 된다. 신제품 도입단계, 성장단계, 성숙단계, 쇠퇴단계로 관광상품도 마찬가지로 생명주기를 그림 3-1과 같이 표현할 수 있다.

관광코스, 관광활동 항목, 관광명소, 관광지의 개발 등은 모두 탄생에서부터 쇠퇴의 과정을 거친다. 관광상품 생명주기의 각 단계는 보통 매출액과 이윤의 변화에 따라 측정되며, 생명주기 단계가 서로 다른 관광상품은 그 특징도 다르다.

1) 도입단계

관광상품의 도입단계란 신제품이 정식으로 시중에 도입되는 단계로 구체적으로는 다음과 같다. 관광명소, 관광호텔, 관광 오락시설의 설립, 그리고 새로운 관광코스의 도입, 관광서비스의 도입 등이다. 이 단계에서 상품은 새로운 것이

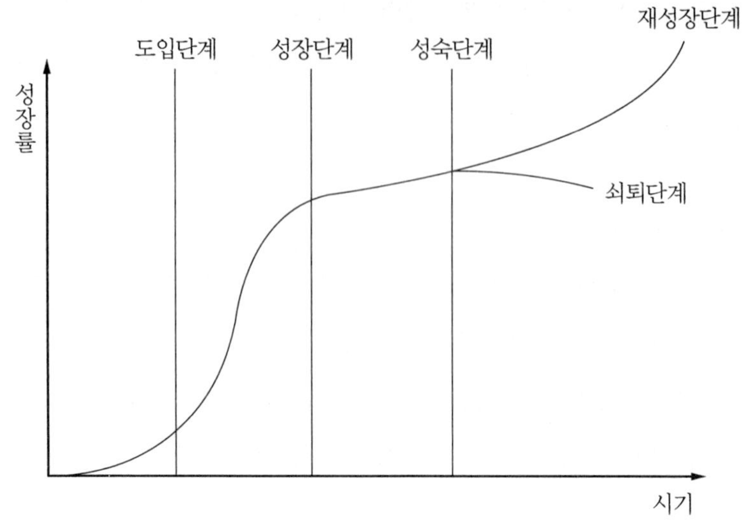

그림 3-1 관광상품 생명주기

기 때문에 관광객들은 아직 관심이 없으며, 또한 쉽게 받아들이지 않기 때문에 판매량의 증가 속도는 아주 느리며 불규칙적이다. 또한 관광기업의 환대량은 아주 적으며, 투자 비용이 높고, 경영 단위당 자본 비용이 높으며, 관광기업은 관광객들에게 관광상품을 널리 홍보하고, 판매 촉진책을 마련해야 하므로 판매액보다 홍보비용이 더 많이 든다.

이 단계에서 관광객들이 구입하는 관광상품의 대부분은 실험적인 것이며 재구매가 일어나지 않기 때문에 관광기업에서는 신제품 개발을 위한 시험단계라고 생각한다. 따라서 일반적으로 관광기업의 판매수익과 이윤이 매우 낮으며 심지어는 손실을 보기도 한다. 하지만 관광마케팅 면에서는 동일 업종의 경쟁상대가 거의 없다고 볼 수 있다.

2) 성장단계

관광상품의 성장단계란 관광 명승지, 관광지 개발 초기의 규모, 관광시설, 관광서비스 형성 초기단계, 관광상품의 기본 규격과 기본 특징 형성단계, 초기 홍보와 판매촉진에 의해 효과를 보기 시작하는 단계 등이다. 이때 관광상품은 마케팅 면에서 인지도가 형성됨과 동시에 상품의 판매량도 신속히 성장하고, 관광객들은 상품에 대해 어느 정도 익숙해 졌기 때문에 점점 더 많은 사람들이 시험적으로 구매를 시작하고 반복 구매를 선택하는 사람 또한 점차 늘어나며, 관광기업이 광고에 투자하는 비용과 판매촉진 비용이 대폭적으로 줄어드는 반면에 이윤은 대폭 증가한다. 매출 증가로 이익이 증대되기 때문에 주위의 여타 관광기업들이 동일 상품 시장에 뛰어 들어 유사한 상품을 만들기 시작하기 때문에 경쟁사가 출현하게 된다.

3) 성숙단계

관광상품의 성숙단계란 경쟁으로 인해 잠재적인 고객은 점차 줄어들고 대부분은 반복 구매를 하는 마케팅으로 구성된다. 관광상품에 대한 시장의 수요량은 포화상태가 되어 매출은 최고에 이르며, 초기 성숙단계에서 판매량 증가는 지속 가능하지만 중간 단계에서는 더 이상의 증가 또는 감소가 없으며 안정적인 시기에 접어든다. 후기 성숙단계에서 판매 증가율은 거의 제로(0) 상태이며 심지어는 마이너스 성장 상태에 이른다. 이윤의 증가율은 최고치에 달하지만 점차 하강하는 추세를 나타낸다. 이 단계에서는 수많은 비슷한 종류의 관광상품과 복제형 상품이 시장에 진입하고, 후발업체도 제품의 품질 향상과 적극적인 마케팅을 하기 때문에 경쟁은 격렬해 지고, 제품에 차별화가 없어지며, 심지어는 관광객들이 다른 상품으로 대체상품을 찾기 시작한다. 따라서 차별화된 상품은 경쟁의 핵심이 된다.

4) 쇠퇴단계

관광상품의 쇠퇴단계란 일반적으로 관광상품이 새로운 상품으로 대체되는 시기를 말한다. 이 단계에서는 새로운 관광상품이 시장에 진입하게 되며 점차 기존의 낡은 상품을 대체하게 된다. 관광객들은 기존의 구제품에 대해 흥미를 잃게 되거나 새로운 상품에 기대를 갖게 된다. 기존의 관광상품 중에서 극소수의 인지도가 높은 브랜드 상품을 제외하고는 시장 판매량도 나날이 줄어든다. 시장 경쟁은 주로 가격 경쟁에서 나타나며 외부 압박에 의한 가격 하락, 이윤이 급속히 감소하며 심지어는 손실을 보게 된다.

지금까지 관광상품 생명주기의 규칙성을 분석해 보면 다음과 같이 이야기 할 수 있다.

그 어떤 관광상품이라도 제한된 생명주기를 갖고 있으며 대부분의 관광상품은 그림 3-1과 같은 S자 형태의 생명주기를 거친다. 그리고 각 관광상품 생명주기는 관광상품마다 모두 상이하며, 각 단계에서 이윤의 크기도 서로 다르며, 각 단계별 서로 다른 판매 전략을 세울 필요가 있다. 각 관광 상품은 시장 수요에 의거 빠른 시일 내에 관광상품을 세대 교체해야 하며 적당한 시기에 시장에서 철수하고 낡은 상품을 과감히 개선하여 불필요한 손실을 막아야 한다.

2. 관광상품 생명주기의 변이

일반적으로 관광상품은 도입, 성장, 성숙, 쇠퇴의 단계를 밟지만 일부 관광상품들은 변이 형태를 가진다. 그 중 두 가지의 변이 형태가 전형적인 것으로 유행 관광상품과 파생 관광상품의 생명주기가 그 좋은 예이다.

1) 유행 관광상품의 생명주기

유행 관광상품의 생명주기에는 다음의 두 단계가 존재하는데, 하나는 신속한 발전단계이고 다른 하나는 현저하게 나타나는 하락단계이다.

유행 관광상품은 일반적으로 다음과 같은 특징을 갖고 있다.

① 대중매체는 많은 시간과 공간을 할애하여 유행 관광상품을 홍보한다. 예를 들면 생태관광, 래프팅관광, 열띤 춤과 음악을 이용한 홍보 등이다. TV나 잡지 및 신문 등을 통해서 적극적인 홍보를 하는 반면 관광기업에서는 비용을 들여 광고를 할 필요가 없게 된다.

② 유행 관광상품은 통상적으로 대량의 홍보활동에 의해 시장에 도입되기 때문에 생명주기에 있어서 명확하게 저성장 쇠퇴단계가 없으며 도입 초창기부터 고속으로 성장한다.

③ 유행 관광상품의 목표시장 전략에서 명확하게 목표를 선택해야 할 필요는

없으며, 전반적인 마케팅 전략의 선택은 상품이 도입된 후 단기간 내에 발생한다.

④ 유행 관광상품을 판매하는 목적은 빠른 시일 내에 신속하게 시장에 뛰어들기 위함이다. 동시에 상품은 경계가 아주 뚜렷한 시장에 의해 선택되며 일반적으로 특정 연령대의 소비자층을 가지고 있다.

⑤ 대부분의 유행 관광상품은 기본 관광상품이 아닐 뿐만 아니라 해당 소비자들은 자신의 선택이 남들보다 우월한 선택을 했으며 차별화된 것이라고 여긴다.

2) 인기 관광상품의 생명주기

인기 관광상품의 생명주기는 성숙단계를 거치는데, 이러한 단계를 포화단계라고도 부른다. 포화단계에서 반복 구매는 안정적인 매출액을 가져다주며, 시장 전체의 구매활동 중에서 지속적으로 판매할 수 있는 지위를 얻게 된다.

수많은 관광상품 중 인기상품도 생명주기 형태를 나타내는데 다음과 같은 면에서 볼 수 있다.

① 대중 관광상품이란 일반대중이 자주 사용하는 관광상품으로 어떤 의미에서는 이미 필수품이 되었다고 볼 수 있다. 예를 들어 유럽인들이 휴가여행을 필수로 여기는 것 등이다.

② 성행 관광상품이란 관광마케팅에서 이미 수많은 소비자들이 이용하고 광범위하게 알려져 성행된 관광상품을 말한다. 예를 들어 중국의 만리장성, 병마용 관람여행 등은 관광마케팅에서 성행되었으며 오랫동안 각광을 받고 있다.

③ 기능성 관광상품이란 보편적인 기능을 갖춘 상품이다. 예를 들어 호텔 레스토랑처럼 관광객들의 다양한 만족을 충족시킬 수 있으며 반복 구매율이 매우 높은 상품을 말한다.

④ 다기능 관광상품이란 관광객들의 다방면 또는 다양한 단계의 욕구를 충족시킬 수 있는 다용도의 상품을 말한다. 예를 들어 관광호텔 등은 지속적으

로 반복 구매율을 증가시킬 수 있는 기능을 갖추고 있는 상품이다.

3) 관광상품의 생명주기 변이에 영향을 주는 요인

관광상품의 생명주기에 변이가 생기는 것은 다양한 측면에서의 영향을 받기 때문이다. 이러한 요소들을 귀납해 보면 주로 외부적인 혹은 내부적인 요인 두 가지로 나눌 수 있다.

외부요인이란 마케팅에서 관광상품에 영향을 미치는 정치, 경제, 사회, 경쟁 및 일련의 우발적인 요소, 심지어는 관광 환대국 또는 대량의 관광객을 창출하는 국가에서 지진 발생, 화재, 수재 등의 자연재해와 폭발, 전쟁 등은 관광상품의 공급과 수요에 충격을 준다. 그렇기 때문에 관광상품 생명주기에 변이가 생긴다.

내부요인이란 관광산업 내부에서 조절 가능한 요소 즉, 자원의 특징, 시설과 서비스 요인, 관리요소 등으로 예를 들어 새로 건설한 호텔과 새로 개발된 자원의 설비가 심각하게 훼손되거나 관리가 부실하며 난잡하고 무질서하고, 서비스의 질이 떨어지는 것 등은 관광객을 배제하는 작용을 하며, 관광상품의 판매와 생명주기의 연장에 영향을 끼쳐 심지어 관광상품이 급속히 쇠퇴단계에 접어들게 한다.

3. 관광상품 생명주기 연장 전략

관광상품은 생명주기가 있기 때문에 제품 생명주기의 규칙성에 대한 인식을 높여야 하며, 각종 경영 전략을 통하여 관광상품의 성숙단계를 연장하여 최고의 경제적인 수익을 창출할 수 있도록 해야 한다.

관광상품 생명주기를 연장하는 전략은 주로 다음과 같다.

1) 관광상품 개선 전략

관광상품 개선 전략이란 성숙단계에 접어든 관광상품을 개선하여 더 많은 관광객들을 유인하는 것을 말한다. 관광상품의 개선은 관광상품의 품질, 기능, 형태 등의 개선을 의미하며, 예를 들어 서비스품질을 향상하고 관광시설과 설비를 개선하며 새로운 관광 항목들을 추가하여 관광 명승지를 개척하는 등의 개선을 이야기 한다. 어떤 항목을 개선하든 관광에 대한 새로운 수요를 자극하고 수요를 창출하여 관광상품의 성숙단계를 더욱 더 연장시킬 수 있다. 예를 들어 스페인 수도 마드리드의 왕궁과 마드리드 스포츠경기장 등의 명승 고적지는 수많은 관광객들을 창출하였지만 "일요일의 스페인"이라는 항목을 추가하여 매주 일요일 오전 시내 여섯 곳의 골동품시장에서 골동품을 전시하며, 축제를 열어 관광객들이 즐거운 구매를 할 수 있게 하였다. 그리고 오후에는 마드리드 경기장에서 투우, 경마, 축구경기 등을 관람할 수 있어서 관광객들이 마드리드시의 매력에 푹 빠져서 여행을 즐길 수 있어서 관광활동의 생명주기를 연장하였다.

2) 관광마케팅 개척 전략

관광마케팅 개척 전략이란 성숙단계에 있는 관광상품을 위해 새로운 관광객을 물색하고 시장을 개척해 나가는 것으로 구체적으로 두 가지 전략이 있다.

첫 번째 전략은 관광상품에 새로운 용도를 첨가하는 것이다. 즉 기존 관광상품의 기능에 새로운 기능과 용도를 개발해 내는 것으로 낡은 상품에 새로운 생명력을 불어 넣는 것이다. 예를 들어 어느 휴양지의 기존의 관광상품에 스포츠, 오락 등 항목을 추가한 관광상품을 개척하여 기존의 관광상품에 새로운 기능을 추가하여 더 많은 관광객들을 유인인하는 것이다.

두 번째는 새로운 시장을 개척하는 것이다. 즉 기존의 관광상품을 이용하여 새로운 고객을 찾아 상품을 새로운 세분화된 시장에 투입하는 것이다. 예를 들어 중국의 주요 관광 명승지는 현재 유럽시장에서 잠재적 성장 가능성이 거의 없기 때문에 이런 관광상품의 생명주기를 연장하는 수단 중의 하나는 새로운 시장을 개척하는 것이다. 즉 싱가포르, 태국, 한국, 말레이시아 등 시장을 개척하여 중국이라는 관광 명승지가 다시 한 번 열기를 띨 수 있게 하는 것이다.

3) 관광마케팅 믹스 전략

마케팅 믹스란(marketing mix) 마케팅 전략을 계획하여 마케팅 목표를 달성하는데 있어서 기업이 통제 가능한 변수를 말하는 것으로, 네 개의 변수(4P's), 제품(Product), 가격(Price), 유통(Place), 판매촉진(Promotion)을 말한다.

마케팅 믹스의 개념은 1964년 보덴(Borden)에 의해서 제창되었으며, 그 후 맥카시(MaCarthy, 1960)에 의해서 일반화 되었다.

관광마케팅 믹스 역시 기존의 4P's 체계 내에서 설명되지만 서비스의 특성을 고려하여 기존 4P's에 새로운 요소를 추가해 설명한다.

리나한(Renaghan, 2001)은 관광산업에 있어 새로운 마케팅 믹스 체계를 제시하였는데, 제품·서비스 믹스, 프리젠테이션 믹스(Presentation mix), 커뮤니케이션 믹스 등 3가지로 나누어 설명하였다.

모리슨(Morrision, 1989)은 기존의 4P's에다 사람(People), 패키징(Packaging), 프로그래밍(Programming), 협동(Partnership)의 4가지 믹스를 추가한 8P's를 제시하고 있다.

매킨토시(Mcintosh, 1990)는 적시성(Timing), 상표명(Brands), 패키징(Packaging), 가격(Pricing), 유통경로(Channels of distribution), 제품(Product), 이미지(Image), 광고(Advertising), 판매(Selling), 홍보(Public relation) 등 10가지의 믹스를 제시하고 있다.

이처럼 관광마케팅 믹스의 체계나 하위 요소에 대해 다양한 주장이 제기되고 있지만, 어떤 것이 관광 믹스가 되든 선정된 목표시장의 특성과 해당 시장의 독특한 요구에 잘 부합되도록 세심하게 선택되어야 한다는 점이다. 즉 더 많은 관광서비스 항목을 제공하고 판매경로의 변경과 직접 판매를 늘리고 광고 증가와 가격 면에서의 조정 등을 통해 판매량을 촉진하고 더 많은 관광객을 유인하도록 해야 한다.

4) 관광상품 업그레이드와 교체 전략

관광상품의 생명주기를 연장하는 근본적인 경로는 다음과 같다. 시장에서 요구하는 다양한 변화에 따라 언제든지 관광상품을 업그레이드 하든지 아니면 다른 관광상품으로 대체를 할 수 있는 상품을 준비하는 것이다.

예를 들어 중국 관광상품을 중심으로 이상적인 상황은 중국 7대 관광도시를 중심으로 1세대 7대 관광도시의 흩어져 있는 관광상품을 "모으고" "종합"해야 하기 때문에 이 상품이 성장기에 접어들게 되면 2차적으로 2세대 관광상품을 투입시킨다.

예를 들면 직접적으로 참여활동을 필요로 하는 오락이나 관광투어 상품이 해당된다. 즉, 1세대 관광상품이 성숙기에 접어들고, 2세대 관광상품도 뒤따라 성장기에 접어들기 때문에 자연스럽게 관광상품의 주기가 연장된다고 볼 수 있다.

관광수요와 공급

CHAPTER 04

4-1 관광수요 분석

1. 관광수요의 개념

수요란 일정한 기간 동안 일정한 조건 하에서 소비자가 상품을 구매하고자 하는 욕구를 말하며 구매하고자 하는 대상이 관광상품일 때 관광수요이다. 따라서 일반적으로 경제학자들은 관광수요를 특정 기간 동안 관광하고자 하는 욕구와 휴가 시간이 있을 경우에 소비자가 지불 가능한 가격하에서 특정 재화나 서비스를 구매할 의사가 있거나 혹은 구매할 수 있는 재화의 양으로 정의한다.

미시 경제 관점에서 볼 때 관광수요는 주로 관광객의 수입과 소득 등의 요소를 토대로 어떻게 하면 소비 효용성을 극대화할 수 있는가 하는 것이다. 거시적으로는 한 지역사회의 관광소비와 소득의 관계로 예를 들면, 국민소득과 관광지출 사이의 관계를 말한다.

관광수요의 개념을 이해하기 위해서는 다음과 같은 몇 가지 개념을 알아야 한다.

첫째, 일정 기간이란 보통 일 년의 시간을 의미하며, 일정한 조건이라 함은 수요량에 영향을 미치는 정해진 각 요소 즉 가격, 소득 등을 말한다.

둘째, 수요량이란 주어진 가격하에서 소비자가 원하거나 구매할 수 있는 수량을 말하며 이미 구입한 수량은 이에 해당하지 않는다.

관광수요는 사람들이 관광활동을 통해 자신의 욕구를 충족시켰을 때 발생되는 것이며, 일반적으로 사람들이 특정 관광상품 혹은 서비스를 소비하고자 할 경우 지불할 수 있는 능력을 갖고 있는 것을 말한다. 따라서 경제학적 관점에서는 지불능력이 있는 관광수요를 최우선으로 고려한다.

셋째, 관광수요란 서비스를 포함한 관광상품에 대한 수요의 수량이며 관광상품의 가격과 밀접한 관계가 있다.

예를 들면 "A" 관광상품의 가격이 50만 원일 경우, 1년 내에 이 상품 구매를 계획하는 소비자가 10만 명이다. 하지만 가격이 각각 49만 원, 50만 원, 51만 원일 경우 1년 내에 구매를 계획하는 소비자는 각각 11만 명, 10만 명, 9만 명으로 나타날 것이다. 이때의 수요량과 가격 사이의 대응관계가 "A" 관광상품에 대한 수요이다.

2. 관광수요의 욕구

1) 관광수요의 발생

관광수요를 일으키는 요인에 대한 사람들의 관점과 견해는 각양 각색으로 개개인의 문화적 소양과 업무 영역에 의해 결정되기도 하는데, 국내·외에서 관광수요를 연구하는 사람들의 의견을 종합해보면 다음과 같은 공통점을 갖고 있다.

(1) 심리학적 측면

관광심리학을 연구하는 전문가들은 일반적으로 사람의 심리적 특성과 개인의 성향에서 보면 관광을 사람들의 심리적 만족을 충족시키기 위한 활동으로 정의한다. 특히 현대 산업이 발달된 사회에서 생활이 날로 풍족해짐에 따라 사람들은 각종 압박감으로부터 도피적 갈망과 관광동기 그리고 일상 세계로부터 탈피하여 대자연을 만끽할 수 있기를 바란다. 따라서 새롭고, 경이롭고, 아름다움을 추구하고자 사람들이 관광수요에 대한 심리적 욕구로 형성되었다.

(2) 사회적 측면

사회학자들은 일반적으로 사람들의 사회적 교류를 특징적으로 연구를 한다. 즉 관광활동의 발생과 발전은 사람들이 사회적 교류를 통해 만들어진 것으로 보며, 사회적 교류는 보편적인 현상이며 사회적 교류를 떠나면 사람들은 심신의 건강과 발전도 있을 수 없다고 본다. 따라서 한 사람이 성장해 감에 따라 부단히 사회적으로 교류할 수 있는 기회를 탐색하며, 이때 관광활동은 사회적 교류 능력을 발전시킬 수 있고, 신체 건강에 도움이 되는 작용을 한다고 본다. 즉 인류는 관광 교류를 통해 전반적인 사회 과정에 참여한다.

(3) 문화적 측면

문화인류학과 관광문화학을 연구하는 전문가와 학자들은 문화적 차이에 대한 정신적 충족감을 중요시하는 것이 관광수요가 생성되는 기본 요인으로 각종 관광활동을 문화적인 현상과 가치관에 의한 것이라고 본다. 관광수요에 의해 발생된 이질적 문화에 대한 탐구는 관광활동을 통해 문화적 동질성 내지 이질성을 강조하면서, 국제 관광의 발생과 문화의 발전적 요인을 제시하였으며, 관광개발에 있어서 문화적 요인을 중요시해야 한다는 과학적인 근거를 제시한다.

(4) 경제적 측면

경제학자들은 경제적인 측면에서 관광수요의 발생에 대해 분석을 한다. 즉, 관광수요의 발생 원인을 개인과 국가 소득수준, 삶의 질이 향상됨에 따라 발생된 것이라고 본다. 특히 국민 소득의 증가와 여가활동 가능한 시간이 증가하면서 관광수요가 증가되는 객관적인 조건이며, 반대로 삶의 질이 개선되는 것을 추구하는 것은 관광수요의 주관적인 요인이라고 본다.

결론적으로 돈을 쓰고자 하는 욕망과 가능성 사이에는 과정이 필요하며 이 과정을 거쳐야만 욕구 만족에 대해 중요한 것과 중요하지 않은 것, 그리고 급한 것과 급하지 않는 것을 구별해 낼 수 있다. 오랜 세월 동안 관광은 극소수 부유층이 즐기는 것으로 하나의 "사치"라고 여겼지만, 현대 물질문명의 발전과 국민소득 수준이 향상되면서 관광은 점차 보편적이며 일반 대중을 위한 것으로 발전되었다.

2) 관광수요의 발생

관광수요의 정의를 통해 경제 주체로부터 관광수요의 동기, 그리고 지불 가능한 능력과 여가시간 이 세 가지 조건이 관광수요가 발생되는 조건이라는 것을 알 수 있다.

관광수요를 명확히 파악하고 관광수요를 촉진하고 관광욕구를 충족시키기 위해서는 관광수요를 통해 관광경제가 성장 가능한 경로를 찾아야 하며 이 세 가지 조건이 관광수요 형성에 미치는 영향을 분석할 필요가 있다.

(1) 관광동기

관광동기는 관광수요가 일어나는 주관적인 조건이다. 심리학적 측면에서 볼 때, 관광동기란 관광에 대한 수요와 목표가 동시에 나타나게 되었을 때 관광수요의 추진(Push)과 목표 유인(Pull) 사이에 일어나는 일련의 활동을 말한다.

추진요인(Push factors)에는 물질문명 사회에서의 각종 압박감으로부터 도피적 갈망과 같은 관광동기, 인구통계적 변수, 사이코 그래픽스 등이 해당된다.

유인요인(Pull factors)은 편리해진 교통시설의 발달, 접근성, 숙박시설과 각종 관광시설의 고급화 내지는 다양화, 관련 분야별 대회개최, 관광상품 개발, 매력물 창조에 의한 기술적인 마케팅전략 등을 들 수 있다. 즉 관광객 개인의 특성은 추진요인에 속하고 그리고 외부환경적 요인은 주로 유인요인에 속한다.

관광객의 행동을 결정하게 한 동기가 무엇인지를 알기 위해서는 주어진 상황에서 어떠한 욕구가 동기로서 중요한 역할을 했는가를 규명해야만 한다. 일반적으로 관광행위의 발생에 필요한 심리적인 원동력을 관광욕구라 부르며, 관광행동에 영향을 주는 심리적인 에너지를 관광동기라고 한다.

관광동기는 주로 생리적 욕구에 의한 동기, 문화적인 측면에서의 동기, 교류에 있어서의 동기 그리고 자신의 지위와 신분 측면에서의 동기가 있다.

(2) 지불능력

관광경제는 관광활동이 사회화, 상품화된 결과이며 상품사회에서 어떤 교환일지라도 화폐를 통해 진행된다. 다시 말해서, 관광수요의 실현은 대부분 지불능력의 크기에 의해 결정되며 관광 지불능력은 현실에서의 관광수요가 형성되는 가장 기본적인 조건이다. 관광소비가 흔히 말하는 일반적인 소비로 되기 전 단계에서 관광 지불능력이란 전체 소득에서 반드시 납부해야 하는 세금과 생활필수품 구매 그리고 사회적 교류에서 지출하게 될 금액을 제외한 나머지 금액 중에서 관광소비에 사용할 가능성이 있는 화폐의 양을 말한다. 일반적으로 가처분소득(Disposable Income)을 관찰지표로 삼으며 가처분소득이 높을수록 관광 지불능력이 강하다.

(3) 여가시간

여가시간은 관광 지불능력 외에 관광수요를 실현시킬 수 있는 또 하나의 중요한 객관적인 존재이다. 여가시간이란 사람들이 일상생활, 근무, 학습 그리고 필수적 사회활동을 제외한 것으로 개인이 자유로이 조절할 수 있는 시간을 말한다. 여가시간은 기타 조건 제한을 받지 않는 개인이 소유하는 것으로 자신의 의향에 따라 일생 동안 언제든 자유롭게 이용하고 소모할 수 있는 시간으로 사회적 자원이다.

사회생활에서 사람들의 여가시간은 네 가지 종류로 구분된다. 하루 중 근무시간을 제외한 여가시간, 매주 주말의 여가시간, 법정휴일과 유급휴가 등이 있다.

여가시간의 분포와 변화로부터 노동생산력의 수준이 향상됨에 따라 여가시간 또한 끊임없이 증가되고 있는 추세이다. 프랑스 파리 노동법규에 의하면 매년 30일의 유급휴가가 있으며 고용주는 의무적으로 12일 이상(최대 24일)의 휴가기간을 지급할 수 있다. 미국 로스앤젤레스는 명절 10일, 휴일 140일로 규정하고 있으며, 오스트레일리아 시드니는 동일한 고용주 아래에서 1년 이상 근무하게 되면 적어도 20일의 유급휴가를 받을 수 있으며, 10년 이상 근무는 6주, 15년 이상 근무는 13주의 유급휴가를 받을 수 있다. 브라질 쌍파울로에서는 1년 동안 유급 휴가일을 총 30일로 정했다. 어떤 국가와 지역에서는 1년 동안 휴가일을 총 140일로 정한 곳도 있다.

3. 관광수요의 특징

관광수요는 일반 상품수요와는 달리 다음과 같은 특징을 가지고 있다.

1) 통합성

관광상품의 구조를 분석해 보면 외연적 성장을 통해 그 규모가 점차 확대되어 가고 있는데, 일반적으로 관광수요는 교통, 유람, 숙박, 음식, 오락, 구매의 수요를 합한 통합 수요이다. 관광객 즉, 관광 수요자는 관광상품을 구매함과 동시에 관광목적지의 명승지, 숙박, 교통, 쇼핑 등의 전반적인 시설 상황을 고려하게 되며, 자신이 요구하는 각 항목들이 관광소비 과정 중에서 전체적으로 만족할 수 있기를 기대한다.

2) 계절성

관광수요가 특정시기에 편중되어 소비되는 것을 의미한다. 계절성은 관광이 기후 요인에 의존하는 정도가 높음에 따라 중요성이 더욱 커지고 있다. 한 국가의 위치가 계절성과 상관됨으로써 관광매력을 증가시키는 것은 관광수요의 계절적 분포와 깊이 연관되기 때문이다.

3) 다양성

관광수요는 기본적인 생활에 대해 만족한 후 발생되는 비교적 높은 단계의 수요에 속한다. 관광수요는 관광객의 문화, 건강, 개인적 요인의 영향을 받으며 수요 내용과 수요 방식은 개개인에 따라 다르다. 예를 들어 일을 통해 받은 스트레스를 해소하기 위해 암벽등반이나 카누 또는 다이빙과 같은 모험성이 있는 관광상품을 선택하는가 하면, 또 다르게 자연풍경을 감상하고 인문경관 등을 감상하는 것을 택해 비교적 편안한 관광상품을 선택하는 경우도 있다. 이러한 수요의 다양성으로 인해 천차만별의 관광상품 개발은 필연적이다.

4) 민감성

관광수요에 영향을 미치는 사회 · 정치적 상황이 관광성향의 변화에 얼마나 민감하게 반응하는 가를 나타낸다. 정치상황의 변화나 사회적 불안정 등을 겪고 있는 관광지가 저렴한 가격의 관광상품을 판매한다고 할지라도 관광객들에게는 좋은 매력물이 될 수는 없다. 예를 들어 미국의 "9.11 테러"사건 이후 미국의 관광수요에 큰 타격을 입혔을 뿐만 아니라 전 세계 대부분 국가의 관광수요도 동시에 감소가 되었다.

4. 관광수요의 법칙

수요란 일정한 기간과 조건 하에서 소비자가 구매 가능한 상품의 수량이나. 소비자는 기존의 가격에 의해 상품구매를 하게 될 경우, 소비자가 원하는 지불가격을 수요가격이라고 한다. 일반적으로 기타 조건이 변하지 않고 가격이 오르면 수요량이 줄어들고, 반면에 가격이 내리면 수요량은 증가한다. 이러한 가격과 수요량 사이에는 반대 방향으로 변동하는 관계를 가지고 있으며 이를 수요의 규칙 혹은 수요의 법칙이라고 한다.

수요의 법칙을 다음과 같은 수요함수, 수요곡선으로 표시한다.

관광수요의 법칙은 일반적으로 일정한 시간 내에 특정 가격에 대한 관광소비와 서비스의 비용이라는 것을 알 수 있다.

수요의 법칙과 수요함수는 수요곡선으로 나타낼 수 있다.

수요함수란 수요량에 영향을 미치는 각종 요인 사이의 함수관계를 나타내는 공식이다.

$$Q_d = f(P, a, b, c, \cdots, n)$$

공식에서 Q_d는 수요량, P는 상품가격, a, b, c, $\cdots$, n는 기타 각 요인이다.

관광수요에 영향을 주는 요인들로는 관광상품의 가격 외에 많은 기타 요인들이 있는데, 예를 들면 가처분소득과 여가시간, 개인의 교육수준과 심리적인 요인, 사회정치 요인 등으로 이들은 모두 관광수요에 영향을 미친다.

관광수요의 요인 중에서 결정적인 역할을 하는 요소는 관광상품의 가격, 관광객의 가처분소득 그리고 여가시간이 등이다.

따라서 관광수요의 법칙에서 관광수요량과 관광상품의 가격, 관광객의 소득 그리고 여가시간과의 법칙이라고도 한다.

$$Q_d = f(P,\ I,\ T)$$

여기에서 Q_d는 관광수요, P는 관광상품 가격, I는 관광객의 가처분소득, T는 관광객의 여가시간을 가리킨다.

1) 관광상품의 가격 변화

관광마케팅에서 관광수요에 가장 크게 영향을 미치는 것은 관광상품의 가격이다. 관광상품의 가격이 증가하면 관광수요는 감소되며, 반면에 관광상품의 가격이 감소하면 관광수요는 증가한다. 이러한 시장변화는 관광수요의 법칙성을 반영한다.

수요곡선은 수요표와 수요함수에 의해 만들어진 가격 반응과 수요량의 관계를 곡선으로 연결한 것이다(그림 4-1).

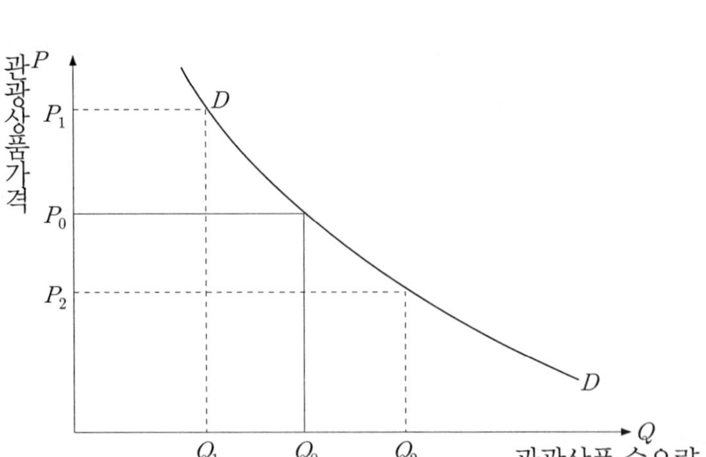

그림 4-1 관광수요곡선

관광 수요 함수 $Q_d = f(P,\ I,\ T)$에서 다른 조건이 일정하다고 가정하면, 수요 함수를 간략히 다음과 같이 나타낼 수 있는데, $Q_d = f(P)$이다.

현실의 경제에서는 수요가격 함수는 일반적으로 비선형의 함수이지만 경제학은 이를 간략하게 하여 일반화된 선형의 함수 형식으로 표시한다.

$$Q_d = a_0 - a_1 P$$

공식에서 $a_0 > 0$, 종축의 절편을 표시하며, $P = 0$일 경우의 수요량이다. $a_1 > 0$, $-a_1$은 P의 변화로 인해 Q_d의 방향은 반대 방향으로 기울어진다는 것을 표시한다.

수요곡선이 일직선일 경우 기울어진 형태의 비율 즉 기울기는 이렇게 표시할 수 있다.

$$\frac{dQ_d}{dP} = -a_1$$

2) 관광 수요량과 가처분소득

가처분소득(DI)과 관광수요 사이에는 아주 밀접한 관계가 있는데, 화폐지불능력이 없으면 관광욕구는 현실적으로 유효한 관광수요가 될 수 없다. 기타 요인들이 변하지 않는다는 가정 하에서 가처분소득(DI)이 증가할수록 관광상품에 대한 수요량은 증가할 것이며, 감소하면 관광상품에 대한 수요량은 줄어든다. 그렇기 때문에 가처분소득과 관광수요량의 관계를 그림 4-2와 같이 관광수요소득곡선으로 표시할 수 있다.

그림 4-2에서 곡선 $D-D$는 관광수요와 소득의 관계를 나타내는 곡선이며, I_0, I_1, I_2는 각기 다른 가처분소득을 표시하며, Q_0, Q_1, Q_2는 그에 따른 관광수요량을 의미한다. 가처분소득이 I_0일 경우 관광에 대한 수요는 Q_0이며, 가처분소득이 I_1까지 상승했을 경우 관광 수요량 또한 Q_1로 상승되며, 가처분소득이 I_2로 하락하면, 관광수요량은 Q_2로 감소된다. 따라서 관광수요와 소득의 관계를 나타내는 곡선 $D-D$는 좌측 아래 방향에서부터 우측 위로 뻗어나가며 관광 수요량과 가처분소득은 동일한 방향으로 변화하는 관계라는 것을 알 수

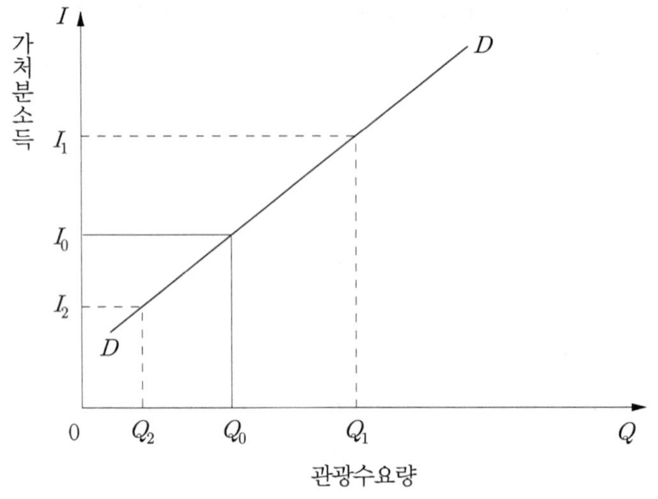

그림 4-2 관광수요 소득곡선

있다.

이러한 상관관계를 다음과 같은 공식으로 표현할 수 있다.

$$Q_d = f(I)$$

이 공식에서 Q_d는 일정 시기 내의 관광 수요량, I는 가처분소득, f는 두 요소간의 함수관계를 나타낸다.

그림 4-2를 통해서 기타 변수들이 변하지 않을 경우, 소득과 수요량의 관계는 양(+)관계를 나타내며, 다른 변수 즉, 가격의 변동요인을 고려할 경우 소득과 관광수요는 수평으로 이동한다는 것을 알 수 있다.

3) 관광 수요량과 여가시간

여가시간은 관광수요 발생에 있어서 필연적 조건이며 관광소비 활동의 주요 구성부분이기도 하다. 그렇기 때문에 여가시간은 비록 경제적인 범주에 속하지 않지만 관광수요와 밀접한 관련성이 있기 때문에 관광수요량의 변화에 직접적인 영향을 미친다. 여가시간이 증가함에 따라 관광상품 수요량은 증가할 것이며, 반면 여가시간이 줄어들면 관광상품 수요량이 감소되어 여가의 시간이 전혀 주어지지 않을 경우 관광상품에 대한 실제 수요는 거의 영(0)에 속한다.

관광 수요량과 여가시간은 기본적으로 양(+) 방향으로 변화하는 관계이다.

위에서 언급한 내용은 기타 변수가 변하지 않을 경우이고, 관광수요와 일종의 영향 요인 사이의 변화 관계를 분석할 경우, 즉 상관 변수들이 변화할 경우 수요곡선 $D-D$는 좌우로 이동(shift)할 것이다.

이러한 변동을 그림 4-3과 같이 표시할 수 있다.

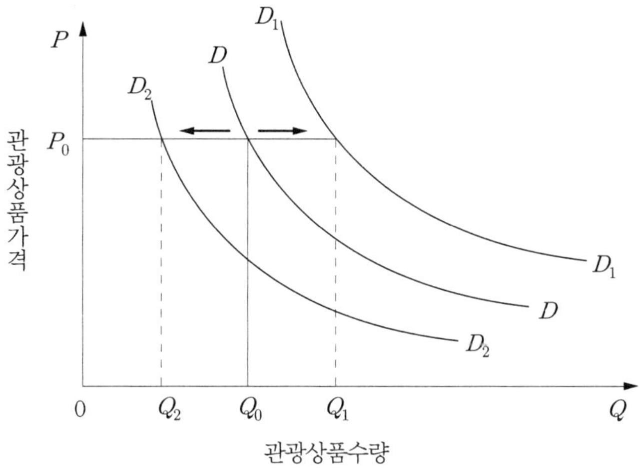

그림 4-3 관광수요 곡선의 평행 이동

그림 4-3에서 관광상품 가격 P_0이 변하지 않을 경우를 가정하고, 가처분소득이 증가하면 관광상품에 대한 수요량도 동시에 증가하여 곡선 $D-D$는 오른쪽 D_1-D_1으로 이동하며, 관광상품 수요량 또한 Q_0에서 Q_1로 증가하며, 가처분소득이 감소하면, 관광상품 수요량도 줄어들기 때문에 곡선 $D-D$는 왼쪽 D_2-D_2로 이동하여 관광상품 수요량 또한 Q_0에서 Q_2로 감소된다.

5. 관광수요 영향 요인

관광수요의 법칙성을 통해 관광수요에 영향을 미치는 변수들이 많으며, 다양한 각도에서 요인 변수를 설명할 수 있다.

1) 첫 번째 분류

첫 번째 분류는 세 가지 영향 요인으로 관광 수요자의 관광욕구에 미치는 영향과 관광 수요자의 관광 화폐 구매력에 미치는 영향 그리고 관광 수요자의 관광시간 구매력에 미치는 영향이다.

이러한 관광수요 영향 요인은 다음과 같은 세 가지 측면으로 설명할 수 있다.

(1) 사회적 요인

사회적 요인에는 정치, 경제, 자연, 과학, 기술, 법률 등으로 국가와 국가의 원만한 외교관계, 사회 경제적 요인이 관광수요에 미치는 영향은 경제력, 환율변동, 외환규제, 무역거래, 관광 기초시설의 설립 등이다.

자연요인에는 기후, 지형 등 자연환경의 차이로 형성된 건축, 생활관습, 패션의류의 특징이 관광수요 촉진하는 작용을 하며 자연재해, 유행성 질병은 관광수요를 억제하는 요인으로 작용한다.

과학기술의 발전은 거래, 교환, 교통의 편리성으로 인하여 촉진요인으로 작용한다.

한편 관광객을 위한 법적, 제도적 요인은 관광수요자가 관광상품의 소비 과정에서 자신의 권익을 보호할 수 있는 가장 기본적인 보장이다.

(2) 문화적 요인

문화는 관광수요에 지대한 영향을 미치는데 크게 두 가지 면에서 나타난다. 첫째, 관광객의 문화수준은 관광 행위와 습성을 결정하기 때문에 이를 바탕으로 형성된 사회계층, 언어, 민족, 종교 등은 관광수요에 중요한 요인으로 작용된다. 일반적으로 교육수준이 높은 사람은 사용하는 언어의 장애가 비교적 적으며, 다른 민족, 종교와 신앙, 생활습성에 대해서도 비교적 높은 수용력과 이해심을 보여 관광수요가 상대적으로 매우 높다.

둘째, 문화차이란 관광객의 소속 국가와 관광목적지 사이의 문화적 차이를 말하는데, 일반적으로 관광객 소속 국가와 관광목적지 사이의 문화적 차이가 클수록 그리고 관광목적지의 매력이 클수록 관광객 소속국가의 관광수요는 점점 더 증가한다.

(3) 개인적 요인

관광객의 나이, 성별, 직업, 경제상황, 건강상태, 생활방식, 개성, 여가시간 등은 관광수요에 직접적인 영향을 미친다. 일반적으로 소비자의 연령층에 따라 관광욕구, 관광지점, 관광방식의 선택, 남성과 여성의 관광 취향, 상이한 직업과 강한 개성을 가진 관광객이 관광 소비에 대한 인식, 신분과 생활방식이 다른 사람들의 관광수요도 각기 다르다.

2) 두 번째 분류

관광수요에 미치는 영향 요인은 관광객 소속 국가와 관광목적지 두 개의 측면에서 고려해 볼 수 있는데 구체적으로 다음과 같다.

(1) 관광객 소속지역의 요인

관광객 소속지역에서의 관광수요 영향 요인은 관광객의 가처분소득 수준, 소득분배, 소비습관, 휴가 권리, 화폐가치, 세금정책, 관광소비제한 등이 있다.

(2) 관광목적지의 경제적 요인

관광목적지의 경제적 요인에는 관광목적지의 물가수준, 수요와 공급의 경쟁, 관광상품의 품질, 관광객에 대한 경제적 통제 등이 있다.

(3) 두 지역 사이의 요인

두 지역 사이의 요인은 가격 비교를 통한 관광객 소속지역의 판매촉진 정도, 환율, 관광소비에 따른 시간과 비용, 특이 사건 등이 포함된다.

4-2 관광공급 이론

1. 관광공급의 개념

공급이란 판매자가 일정한 기간과 일정한 조건 하에서 정해진 가격수준에서 기꺼이 제공하고자 하는 판매 가능한 상품과 서비스의 수량을 말한다.

관광공급이란 일정한 기간에 관광경영자가 주어진 가격 수준에서 관광시장에 제공하는 관광상품의 수량을 말한다. 관광공급은 일종의 관광상품 공급량과 가격 사이의 관계로 경제학에서 말하는 공급의 개념과 일치한다.

관광공급에서 말하는 개념적 정의는 다음과 같다.

첫째, 일정한 시기라 함은 일반적으로 1년을 말하며, 일정한 조건이라 함은 가격 외에 기타 공급량에 영향을 미칠 수 있는 각종 요인들이 변하지 않는 경우를 말한다.

둘째, 공급량은 공급자가 실제적으로 판매하는 상품이나 서비스의 수량이 아니며, 일종의 생산능력으로 관광공급은 주로 서비스 능력이다.

2. 관광공급의 기본 구성

일반적으로 관광경제학에서는 관광공급의 내용을 크게 두 개 부분으로 나눈다.

첫째, 기본 관광공급으로 이는 직접적으로 관광수요에 의해 제공되는 시설의 설비와 관광서비스로 통칭하여 관광자원, 관광시설, 관광서비스를 말하는데, 이를 관광공급의 "3대 지주"라고 일컫는다.

둘째, 보조 관광공급으로 기본 관광공급에 서비스를 제공하는 관광 기초시설을 말한다. 예를 들어 급수시스템, 전력공급시스템, 공항, 고속도로, 은행, 병원 등이다. 이런 시설은 현지 주민들의 수요에 의해 설계된 것이지만 내방하는 관광객들에게 제공하기 위한 서비스이기도 하다.

관광공급에 대한 정의를 통해 관광공급은 관광상품의 공급이지만 관광공급과 관광상품이 반드시 일치해야만 하는 것은 아니라는 것을 알 수 있다. 전체 관광공급에는 기본 관광공급과 보조 관광공급이 포함되지만 보조 관광공급이 전체 관광공급에 속하는 것은 아니다.

경제학적인 관점에서 볼 때, 공급은 주로 두 개의 변수를 포함한다. 상품의 시장가격과 가격에 상응하는 공급의 양이다. 공급량의 크기는 기업의 기술수준, 생산규모 등 내재적 요인에 의해 결정되며 내생변수(endogenous variable)이다. 반면에 보조 관광공급은 정부정책, 국제환경 등 요소와 동질의 경제적 성격을 나타내어 관광기업에 있어서 하나의 외생변수(exogenous variable)의 성질을 띠며 기업에서는 통제 불능한 변수이다. 그렇기 때문에 어떤 학자들은 관광공급의 내용에는 보조 관광공급을 포함시키지 말아야 한다고 주장한다.

이러한 다양한 견해에 대해 '보조적 관광공급'을 다른 명칭을 부여하는 것도 하나의 방법이라고 볼 수 있다.

1) 관광공급의 내용

관광공급이란 관광목적지에서 일정한 기간에 주어진 가격에서 관광시장에 공급되는 관광상품량을 말하는데, 관광기업의 관광목적지에서 관광상품을 제공하고자 하는 욕구와 능력을 나타낸다. 관광공급은 마땅히 기본적인 것을 공급해야 하며 주로 다음과 내용을 포함해야 한다.

(1) 관광자원

관광자원이란 일정한 구역이나 공간 내에 객관적으로 존재하여 관광객의 관심과 즐거움을 제공하는 매우 중요한 자원으로 특히 서비스와 같이 잘 포장되면 경제적 가치는 무궁무진하다. 일반적으로 관광자원은 자연적인 존재이며, 역사 문화유산 또는 사회적인 현상이기도 하다.

(2) 관광시설

관광시설이란 관광활동 중 관광객이 음식, 숙박, 교통, 유람, 구매, 오락 등 관광활동에 대한 효용을 충족시켜 줄 수 있는 시설과 설비이다. 구체적으로 교통운수 시설과 설비, 관광숙박 시설과 설비, 관광쇼핑 시설과 설비, 관광오락 시설과 설비 등이 있다.

(3) 관광서비스

관광서비스란 관광종사원이 일정한 관광자원과 관광시설을 이용하여 관광객에게 직접적으로 제공하는 노동력이다. 예를 들어 입국비자 서비스, 통역가이드 서비스, 숙박 서비스, 운송 서비스와 휴가오락 서비스 등이 있다.

2) 관광 매력물

관광 매력물은 관광에 있어서 핵심 요소로 관광지의 기본이며 비이동성을 가지고 있다. 관광 매력물(visitor attraction)에 대한 정의는 다양한데, Starbrook는 관광 매력물을 "Raison d'etre"(존재의 이유)로 표현하였다. 즉 관광의 존재는 관광 매력물이 존재하기 때문이라고 주장하면서 다음과 같은 네 가지로 분류하였다.

첫째, 자연 매력물(natural attractions) : 해안가, 동굴, 자연경관, 야생 군락지 등

둘째, 관광객 유인 목적의 인위적 매력물(man-made and purpose built to attract tourists) : 박물관, 미술관, 전시관, 카지노, 주제공원 등

셋째, 관광객 유인 목적이 아닌 인위적 매력물(man-made, not originally designed to attract tourists) : 역사적 건물, 성, 성당 등

넷째, 특별 이벤트(Special events) : 올림픽과 월드컵 같은 스포츠 이벤트, 축제 같은 문화적 이벤트

3. 관광공급의 특징

1) 종합성

관광수요는 음식, 숙박, 교통, 여행, 구매, 오락 등을 종합적으로 결합한 전반적인 수요로, 관광공급은 관광객에게 이러한 욕구를 충족시킬 수 있어야 한다.

관광경영자는 고객의 수요에 따라 서로 다른 관광자원, 관광시설과 서비스를 하나의 상품으로 조합하여 종합적인 성질을 가진 관광상품을 관광객에게 제공해야 한다. 관광공급은 관광목적지의 관광소비를 유인할 수 있는 가장 기본적인 전제 조건이다.

2) 다양성

관광수요의 다양성에 대응하여 관광공급 또한 다양성을 띠어야 한다. 관광공급은 관광 수요자의 문화, 성격, 성별, 나이, 경제적 상황 등에 의해 관광객의 다양한 만족감을 충족시킬 수 있어야 한다.

3) 대체성

같은 종류의 관광공급 간에는 서로 대체할 수 있는 성질이 강하다. 중국 명나라 지리학자이자 여행전문가인 서하객(徐霞客)이 말하기를:

"五岳归来不看山, 黄山归来不看岳"

"오악을 보고 돌아오니 천하의 다른 산들이 눈에 들어오지 않고, 황산을 보고 돌아오니 오악이 눈에 들어오지 않는다." 이 말을 통해 관광 대체성의 특징을 알 수 있다.

4) 고정성

자연관광자원은 지리적 환경의 특이함으로 생겨난 것이며, 역사, 문화와 문물은 특정한 역사적 시기에 일어난 사건을 말한다. 역사는 변경할 수 없는 객관적 사실이다. 마찬가지로 현대 인문관광 자원도 투자자본은 물론 형성된 후에는 이동할 수 없는 고정성을 가진다.

5) 파생성

현대 사회의 발전이 가속화됨에 따라 사물을 인지하는 속도도 급격히 변화되고 있다. 관광공급도 현대 과학기술을 수단으로 관광자원 공급을 증가시킬 수 있는데, 사회 경제의 발전에 따라 국경을 넘는 국제관광 기회는 점차 증가되고 있으나, 인문자원의 수요는 점차 감소되고 있는 추세이다. 따라서 기존의 관광자원에 현대 과학기술을 이용하여 미적으로나 기능적으로 더욱 업그레이드 된 매력성을 갖춘 파생 관광자원을 만들어 관광객에게 공급해야 할 것이다.

4. 관광공급의 법칙

1) 관광공급의 법칙

공급의 법칙이라 함은 기타 조건이 변하지 않을 경우 상품과 서비스의 가격이 높을수록 공급자의 공급량도 증가하며, 반면에 가격이 낮을수록 공급량도 감소하는 것을 말한다.

공급함수를 공식으로 표시하면

$$Q_s = f(P,\ a,\ b,\ c,\ \cdots,\ n)$$

기타 요인들이 변하지 않을 경우, $Q_s = f(P)$이다. 만약 공급함수가 일직선 형태인 함수일 경우,

수식으로 표시하면

$$Q_s = -b_0 + b_1 P$$

위 공식에서 $-b_0$는 반드시 다음과 같아야 한다.

$$P > \frac{b_0}{b_1}$$

위의 공식은 또 이렇게 표시할 수 있다.

$$P = \frac{b_0}{b_1} + \frac{1}{b_1} Q_s$$

이 공식에서 기울기는 $\frac{dP}{dQ_s} = \frac{1}{b_1}$로 표시할 수 있다.

관광마케팅에서 관광상품 가격이 올라가면 관광공급은 증가하고, 반면에 관광상품 가격이 떨어지면 관광공급은 상대적으로 감소된다. 이러한 시장 변화는

관광공급의 법칙성을 반영하고 있으며 그림 4-4와 같이 표시할 수 있다.

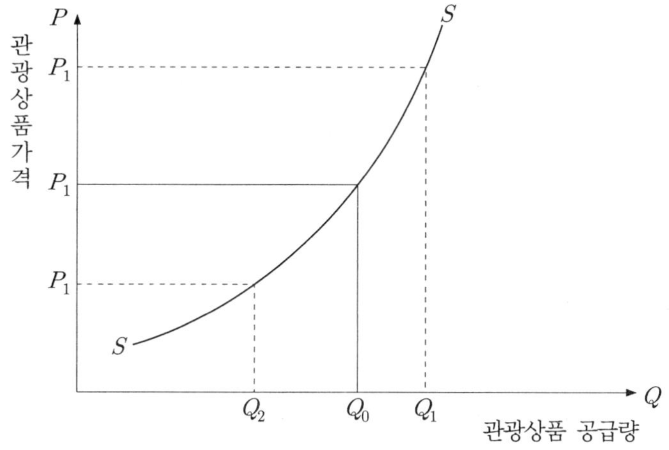

그림 4-4 관광공급 곡선

관광상품 가격이 높을수록 이윤이 크며, 관광기업은 생산량을 늘려 공급량을 증가시킨다. 하지만 관광기업이 일정한 생산규모와 기술조건하에서 관광공급량을 늘리면 관광기업의 한계비용은 증가하며, 수익이 상대적으로 감소되는 현상이 발생한다. 이때 관광공급의 증가속도는 관광상품 가격의 증가 속도에 비해 느리며, 관광공급이 관광수요의 발전에 뒤처지는 상황이 발생한다.

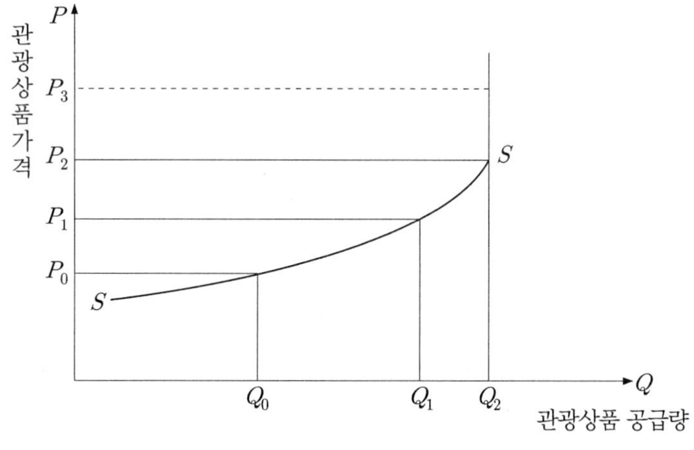

그림 4-5 한정된 관광공급 곡선

관광공급곡선을 이해함에 있어 다음의 네 가지 점에 주의해야 한다.

첫째, 공급곡선은 하나의 비시간적인 개념으로 특정 기간의 정해진 가격 수준에서 판매 가능한 수량을 표시한다.

둘째, 서로 상이한 상품과 서비스의 공급곡선 형태는 다를 수 있다.

셋째, 공급곡선은 하나의 직선일 수 있지만, 실제로는 우 상향하는 곡선이다.

넷째, 공급곡선은 일반적으로 우 상향으로 나타나지만 예외일 경우도 있다.

2) 관광공급 곡선의 이동(shift)

관광공급의 변화는 관광상품 가격의 영향을 받을 뿐만 아니라 기타 변수들의 영향도 받는다. 만약 기타 변수들이 변하지 않을 경우 관광상품의 가격변화는 관광 공급량의 변화 즉, 공급곡선 $S-S$를 따라 이동(movement)이 발생된다.

그러나 가격 이외의 기타 변수들이 변화할 경우 공급곡선 $S-S$는 좌측 또는 우측으로 수평이동 한다. 이와 같은 현상을 그림 4-6으로 표현할 수 있다.

그림 4-6에서 볼 수 있듯이, 가격 P_0이 변하지 않을 경우 곡선 $S-S$는 공급곡선이며, 관광상품 공급이 감소하면 공급곡선 $S-S$는 좌측 S_1-S_1으로 이동하게 되고 공급량은 Q_2로 감소된다. 반면에 관광상품 공급이 증가하면 공급량이 Q_1으로 증가하게 되고, 공급곡선은 $S-S$에서 S_2-S_2으로 이동(shift)하게

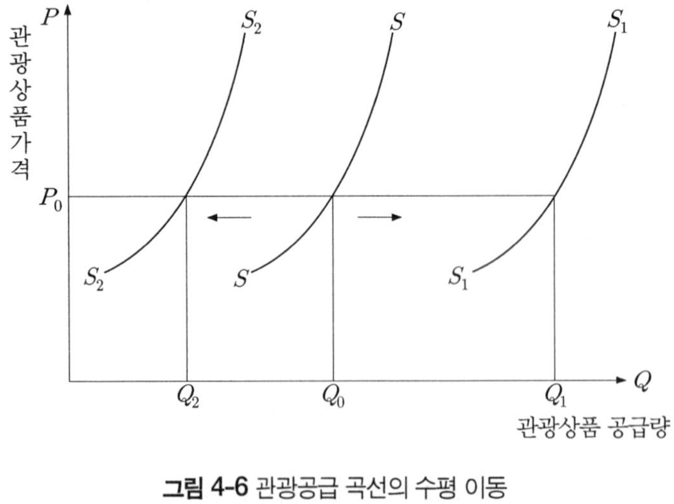

그림 4-6 관광공급 곡선의 수평 이동

되며 공급량은 Q_1으로 증가한다.

5. 관광공급에 영향을 주는 요인

1) 영향요인

(1) 사회적 요인

사회 정치적 요인과 사회 경제적 요인은 관광공급의 증감에 영향을 미친다. 한 나라나 지역의 정치가 안정되면 관광공급이 증가할 수 있도록 촉진하는 역할을 하며, 관광산업을 국민경제의 핵심전략 산업으로 육성 발전정책을 채택하면 세수증가는 물론 지역이나 국가의 관광산업 발전을 도모할 수 있다.

(2) 과학기술 수준

관광공급의 증가는 신진 과학기술 수준에 크게 의존한다. 예를 들어 현대의 발달된 교통수단을 이용하여 관광운수업을 확대하고, 컴퓨터와 인터넷 기술을 활용하여 정보처리 시간과 전달 과정을 단축할 수 있어 생산방식에 큰 개선을 가져다 줄 뿐 아니라, 새로운 관광상품의 발전 주기를 단축시키며 관광공급 능력을 급속히 증가시킨다.

(3) 자연환경 조건

관광목적지 자연환경의 물리적 크기는 관광공급의 크기를 결정한다. 관광목적지는 관광서비스 시설과 환대능력에 따라 합리적으로 관광공급량을 정해야 하며 관광 성수기 관광객들의 다양한 욕구를 만족시킬 수 있도록 해야 한다. 그렇지 않을 경우 과도하게 관광객을 유인하거나 관광자원을 과도하게 사용할 경우 관광시장에 혼잡을 가져다주며 관광자원이 파손되고 최종적으로는 관광수요가 줄어드는 결과를 초래하게 된다.

2) 영향 요인의 작용

위에서 언급한 영향 요인은 다음과 같은 작용을 한다. 관광자원의 지속성, 관광기초시설, 관광서비스, 관광상품 시장진입 가능성에 영향을 미치며 직접적으로 관광소비 문화에 영향을 미친다.

4-3 관광공급과 공급의 탄력성

1. 탄력성

탄력성이란 수요량이나 공급량이 변수의 변화에 대해 반응하는 정도를 나타내는 지표이다.

탄력성 계산법은 방법에 따라 점탄력(点弹性)과 호탄력성(弧弹性) 두 가지로 나뉜다. 점탄력성은 미분계산법에 의해 탄력성을 계산하여 수치를 점으로 표현한 것이다. 일반적으로 연속 함수 중에서 자체 변수의 미세한 작은 변화로 인한 변화량의 상대적인 변화의 정도를 말한다.

$$E=\frac{\frac{\Delta Y}{Y}}{\frac{\Delta X}{X}}$$

위에 공식에서 E는 탄력성계수, X는 해당 재화, Y는 타 재화, ΔX는 해당 재화 변화량, ΔY는 타 재화 변화량을 말한다.

탄력성 계산방식은 변동 구간 내에서 반영되며, 해당 재화의 변화에 의해 타 재화의 변화량으로 표시하는데 결국 상대적으로 변동된 정도를 나타낸다.

$$E=\frac{\dfrac{Y_1-Y_0}{\frac{(Y_1+Y_0)}{2}}}{\dfrac{X_1-X_0}{\frac{(X_1+X_0)}{2}}}$$

공식에서 E는 탄력성계수 X_0, X_1은 변화 전후의 해당재화 변화량 Y_0, Y_1

은 변화 전후의 타 재화 변화량을 나타낸다.

2. 관광수요의 탄력성

관광수요란 관광수요의 양이 다양한 영향요소의 변화로 인한 영향 정도를 말한다.

1) 가격의 탄력성

관광상품 가격과 관광수요는 서로 반대 방향으로 변화를 보이는 법칙성을 갖고 있다. 관광상품의 가격이 증가하면 관광수요가 감소할 수 있다는 것을 의미하고, 반면에 관광상품의 가격이 감소한다는 것은 관광수요가 증가한다는 것을 의미한다. 이러한 관광수요는 관광상품의 가격변화에 의해 증가되거나 감소하는 특징을 보이는데 이는 수요와 가격 산의 탄력성에 의존한나.

관광수요의 가격 탄력성이란 관광 수요량이 가격변동에 반응하는 정도로 이때 가격은 중요한 영향 요소로, 가격변동에 대한 관광수요의 변화를 관광수요의 탄성이라고 부르기도 한다. 관광수요가 관광상품의 가격 변화에 의해 측정 가능하며 가격탄력성은 측정 가능함을 의미한다.

관광수요의 가격탄력성은 E_{dp}로 표시하고 가격탄력성의 계산법은 다음과 같다.

$$E_{dp} = \text{수요량 변동의 백분율} / \text{가격변동의 백분율}$$

공식에서 E_{dp}는 관광수요 가격의 탄력성계수, P_1은 관광상품의 원래 가격, P_2는 변화된 후의 관광상품 가격, Q_1은 기존의 관광수요량 Q_2은 변화된 후의 관광수요량이다.

$$E_{dp} = \frac{\dfrac{Q_2 - Q_1}{Q_1}}{\dfrac{P_2 - P_1}{P_1}} = \frac{\dfrac{\Delta Q}{Q}}{\dfrac{\Delta P}{P}}$$

관광수요의 가격탄력성을 계산할 때, 관광상품 가격과 관광수요량의 극단적인 변화가 관광수요의 가격탄력성에 비정상적인 영향을 미치는 것을 방지하기 위해 일반적으로 수요곡선의 가운데 점 혹은 평균식으로 관광수요 가격탄력성을 계산한다.

$$E_{dp} = \frac{\dfrac{Q_2 - Q_1}{\dfrac{(Q_1 + Q_2)}{2}}}{\dfrac{P_2 - P_1}{\dfrac{(P_1 + P_2)}{2}}}$$

위의 공식에서 $(Q_1 + Q_2)/2$는 변화기간 내에서의 평균 수요량이며, $(P_1 + P_2)/2$는 변화 기간 내의 평균가격이다.

관광수요와 관광상품 가격 사이에는 상호 반대 방향으로 변화하는 특성으로 인해 E_{dp}는 보통 마이너스(−)를 보이며, 관광수요의 가격탄력성 계수는 절대치(| |)를 취한다. 한편 일정한 수요곡선 상에서의 수요의 점 탄력성은 수요곡선 상 점의 위치에 따라 서로 다르다.

수요곡선의 기울기는 탄력성과 연관되어 있는데, 다른 조건이 변하지 않는 상황 하에서 곡선의 경사도가 급할수록 수요의 탄력성은 작아진다. 기울기가 큰 수요곡선은 탄력성이 작으며, 기울기 작고 평평한 수요곡선은 탄력성이 크다.

일반적으로 탄력성의 크기에 따라 다음과 같은 세 가지 특징을 보인다.

$E_{dp} > 1$일 때, 관광수요가 가격에 탄력적임을 의미한다. 이때 수요량은 가격의 영향을 많이 받으며, 가격이 하락하게 되면 수요량은 큰 폭으로 증가한다. 반대로 가격이 작은 폭으로 증가하게 될 경우, 수요는 크게 줄어든다. 이때 관광기업 경영자는 수익을 증가시키기 위해 관광상품의 가격을 인하시켜 더 많은 소비자의 구매욕구를 일으키도록 해야 한다.

$E_{dp} = 1$일 때, 관광수요와 가격은 동일한 비율의 변화를 보인다. 관광상품의 가격변동과 관광 수요량은 서로 상반된 방향으로 같은 폭의 변화를 보여, 관광기업 경영자가 가격을 증가시켜 수익을 얻고자 하면 여행객의 감소로 인해 수요가 감소하게 될 것이기 때문에 가격을 변동은 무의미한 정책이 될 수 있다.

$E_{dp} < 1$일 때, 관광 수요자와 가격 사이에 비탄력적임을 의미한다. 이때 관

광상품 가격의 변화(상승, 하락)는 관광 수요량에 큰 영향을 미치지 않는다는 것을 의미한다. 만약 이때 관광기업 경영자가 가격인하 마케팅을 하게 되면 가격인하로 인한 소비량은 매우 적은 양으로 증가하기 때문에 결국 가격인하로 수익은 손실의 양보다는 적어 관광기업 경영자의 수익은 감소하게 된다.

궁극적으로, 어떠한 관광상품의 가격이 변동하게 될 때 수요탄력성의 크기는 경영자의 총 수익이 증가하는지 혹은 감소하는지를 결정하게 된다. 수요의 탄력성이 탄력적($E_{dp} > 1$)이라고 한다면 관광상품의 가격과 총 수익은 반대방향의 변동을 보이며, 수요의 탄력성이 단위 탄력적인 관광상품($E_{dp} = 1$)은 상품은 가격과 총수익의 변동률이 동일하여 가격 변동이 수익에 영향을 미치지 못한다.

관광수요의 가격탄력성의 크기에 영향을 미치는 요소는 매우 많다. 예를 들어 상품 자체의 특징, 관광상품 대체 가능 여부, 여행자가 관광상품에 대한 수요의 크기, 관광상품이 여행자 가족의 지출에서 차지하는 비율 등이다. 관광상품 중 어떤 상품은 탄력성이 비교적 크며, 어떤 상품은 탄력성이 비교적 적을 것이다. 이는 관광기업 경영자가 관광상품을 구성함에 있어서 수요가격 탄력성의 이론을 충분히 활용하여 합리적으로 가격을 책정하고 과학적으로 가격을 조절을 하여 관광경영 활동을 통해 최대한의 경제적 수익을 창출할 수 있음을 의미한다.

2) 관광수요와 소득탄력성

시장경제에서의 관광수요량은 가격의 영향을 받는 것 외에도 소비자들의 지출 가능한 소득의 영향을 받기도 한다. 관광수요와 소비자의 소득 사이에는 동일한 방향의 변화를 보이는 특징을 가지고 있다. 예를 들어 관광객의 소득이 늘어날수록 관광에 대한 수요는 상대적으로 증가한다. 반대로 관광객의 소득이 낮으면 관광수요는 상대적으로 감소한다. 이러한 관광수요와 소비자의 지출 가능한 비용 즉, 소득 간의 변화 정도를 관광수요의 소득탄력성이라 부른다.

이를 계산하는 공식은 다음과 같다.

$$E_{di} = \text{수요량 변화의 백분율} / \text{소득변화의 백분율}$$

$$E_{di} = \frac{\frac{Q_2 - Q_1}{Q_2}}{\frac{I_2 - I_1}{I_1}}$$

위의 공식에서 E_{di}는 관광수요의 소득 탄력성계수, Q_1은 기존의 수요량, Q_2는 변화된 수요량, I_1은 관광객의 기존의 소득수준, I_2는 관광객의 변화된 소득수준이다.

관광수요와 지출 가능한 비용 즉 소득 간에는 동일한 방향으로 변화를 보이며, E_{di}의 값은 일반적으로 정수(+)이다. 관광수요의 소득탄력성의 값은 다음과 같은 세 가지 특징을 보인다.

$E_{di} > 1$일 때, 관광 수요량이 소득 탄력적인 경우로 관광객 소득수준의 적은 변화가 관광 수요량에는 크고 빠른 변화를 가져다 준다. 이런 관광상품은 관광객의 소득수준이 증가를 보여야 관광 수요량이 비교적 큰 폭으로 증가하게 되는 특징을 가진다.

$E_{di} = 1$일 때, 관광 수요량이 소득과 같은 값의 탄력성을 가지게 되는 단위적인 경우로 관광객의 소득수준은 관광상품의 수요량과 동등한 비율 변화를 보인다. 이러한 관광상품은 관광 수요량이 관광객의 소득수준에 따라 증가하고 감소하게 되며, 관광기업 경영자는 소비자들의 소득수준의 변화에 따라 관광 수요량의 변화 추세를 분석하고 관광마케팅의 방향을 예측할 수 있을 것이다.

$E_{di} < 1$일 때, 관광 수요량은 소득에 미치는 탄력성은 적은 소득 비탄력적으로 관광객의 소득수준은 큰 변화를 보였지만, 관광 수요에 미치는 영향은 크지 않은 경우이다. 이런 관광상품은 관광객의 소득수준이 큰 폭의 증가를 보임에 따라 관광 수요량이 증가하여야 하지만 증가폭이 매우 작다는 것을 알 수 있다.

관광수요의 소득탄력성의 크기에 미치는 요인들은 주로 상품의 종류, 엥겔계수(Engel's coefficient)에 따른 상품의 소득탄력성이 반영된다. 엥겔은 상품을 필수품, 고급품, 열등품으로 나누고 엥겔 곡선과 계수에 따라 소비자들의 소득과 상품을 구매하는 수량이 변화된다. 엥겔의 원리에 따르면 사람들의 소득이 향상됨에 따라 식품 소비에 지출하는 비용이 전체 지출 중에서 차지하는 비율이 점차 감소하는 반면, 고급품에 지출하는 비용이 전체 지출 중에서 증가하게 된다고 한다. 엥겔 이론의 원리는 고급품의 수요의 소득탄력성이 클수록, 관광상품이 고급품에 속할수록 관광수요의 소득탄력성은 증가하게 됨을 의미한다.

이러한 관광수요의 소득탄력성을 통해 관광기업 경영자는 사회적으로 국민들의 소득의 변화에 따라 관광상품의 구성을 조정하고, 관광객들의 관광활동 요구에 상응하는 관광상품을 제공해야 함을 의미한다.

3) 교차탄력성

수요의 교차탄력성이라 함은 한 상품의 가격 변동이 연관된 상품의 수요량의 변동에 미치는 영향의 정도를 말한다. 관광수요의 교차탄력성은 어떤 관광상품의 가격 변동이 다른 관광상품의 수요량의 변화와 반응의 정도이다.

그 공식은 다음과 같다.

$$E_{de} = \frac{\frac{Qx_2 - Qx_1}{Qx_1}}{\frac{Py_2 - Py_1}{Py_1}}$$

E_{de}는 관광수요의 교차탄력성을, Qx_1, Qx_2는 x관광상품의 변화 전후의 수요량을, Py_1, Py_2는 y관광상품 가격변화 전후의 가격이다.

실제 생활에서 수요의 가격탄력성은 부(−) 값을 나타내며, 소득탄력성은 정(+)의 값을 보인다. 반면에 교차탄력성의 정(+)과 부(−)의 값을 가지는데, 보통 관련된 두 상품에 의해 결정된다. 예를 들어, 두 재화가 대체재일 때는 두 상품 사이의 가격과 수요량은 동일한 방향의 변동을 보이며 정(+)의 값을 보인다. 그러나 보완재일 경우 두 상품은 가격과 수요량이 반대 방향의 변동을 보여 부(−)의 값을 가진다. 정(+)의 교차탄력성이 클수록 두 상품의 대체 가능성은 높아지고, 부(−)의 교차탄력성이 클수록 두 상품의 보완관계는 밀접해진다.

관광상품의 대체성이란 두 개의 관광상품 중 어느 상품을 소비하든 소비자의 관광수요를 충족시킨다. 관광상품의 보완성은 서로 다른 관광상품이 상호 보완적인 관계를 가지는 것으로, 다른 관광상품의 개발은 기존 관광상품의 존재를 바탕으로 한다는 것이다.

경제학에서 수요의 교차탄력성은 일정한 조건 하에서 두 재화의 관련 정도에 따라 탄력성이 변화되는데, 이 값에 따라서 대체성과 보완성을 알 수 있다.

3. 관광공급 탄력성

관광상품 가격과 관광공급 사이에는 동일한 방향으로의 변화하는 법칙성을 가지고 있다. 만약 관광상품 가격이 상승하면 관광공급도 상대적으로 증가하고 반대로 관광상품 가격이 하락하면 관광공급은 감소한다.

관광 공급량은 관광상품 가격 변화의 정도에 반응하는데 이를 관광공급의 가격탄력성이라 부른다.

일반적으로 관광공급 가격탄력성은 E_{sp}로 표시한다.

$$E_{sp} = \frac{\frac{Q_2 - Q_1}{Q_1}}{\frac{P_2 - P_1}{P_1}} = \frac{\frac{\Delta Q}{Q}}{\frac{\Delta P}{P}}$$

위 공식에서 E_{sp}는 관광공급 가격탄력성으로 Q_1은 기존의 공급량, Q_2는 변화된 관광 공급량, P_1은 기존의 가격, P_2는 변화된 관광상품 가격이다.

관광공급 가격탄력성은 다음과 같은 특징을 보인다.

$E_{sp} > 1$일 때 관광공급은 탄력적이라고 하는데, 이는 관광상품의 가격 증가폭과 공급량 증가폭을 비교할 때 가격의 변화율에 비해 공급량의 변화율이 더 크다는 것이다. 보통 가격의 자극 정도는 관광공급에 영향을 미치는데, 가격이 폭등하는 것은 일반적으로 관광지가 새로 개발되거나 아직 일정한 규모를 형성하지 못할 때에 일어나는 현상이다. 반대로 관광상품 가격의 폭락은 관광 공급량이 큰 폭으로 감소함을 말한다.

$E_{sp} = 1$이라 함은 단위탄력적이라고 하는데, 이는 가격과 관광 공급량이 동일한 변화율을 보이는 것을 의미한다. 관광상품의 가격이 상승하면 관광 공급량도 같은 비율로 증가를 보여 관광기업 경영자의 수익에는 영향을 미치지 않

는다.

$E_{sp} < 1$일 때 관광공급은 비탄력적이라고 한다. 이는 관광상품의 가격은 어느 정도 증가하지만 관광 공급량의 증가 폭은 상대적으로 비교적 적다. 이때 가격은 폭등하더라도 관광공급에 미치는 영향은 크지 않는데, 일반적으로 이런 현상은 관광지의 발전이 성숙 단계에 있을 때 발생한다.

$E_{sp} = 0$일 때 관광공급은 완전 비탄력적이다. 이때 관광상품의 가격이 아무리 변화더라도 관광 공급량은 변화하지 않는다.

$E_{sp} = \infty$일 때 관광공급은 완전 탄력적이다. 이때 관광상품의 가격이 정해졌다고 가정할 때 관광공급의 양은 임의적으로 변화 가능하다.

공급 탄력성의 크기에 영향을 미치는 요소들은 매우 많은데, 관광상품 생산주기, 관광자원 개발의 난이도, 생산요소 공급의 탄력성 등에 따라 좌우된다. 실제적으로 관광공급 탄력성을 분석은 측정하는 시간의 주기와 관련이 있는데, 단기적으로는 관광상품의 공급이 적으면, 장기적으로는 관광상품의 공급 탄력성은 양(+)을 나타낸다. 이는 단기적으로 관광상품의 가격이 상승하더라도 관광공급에 필요한 관광기초 시설의 개발에 일정한 시간이 필요하기 때문으로 일정한 양의 공급이 이루어진 후에는 관광 공급량에 변화를 보이지 않아 관광공급은 비탄력적이다. 반면에 장기적으로 보면, 관광시설은 공급이 가능하여 가격의 변화에 비교적 강한 탄력성을 보이는데, 이는 관광공급을 계획할 때 거시적인 면에서 정부에서는 전체 관광공급 발전에 기여할 수 있어야 한다.

4-4 관광수요와 공급의 균형

1. 관광수요와 공급의 모순

시장경제에서 관광객은 구매자로서 수요를 결정하고, 반면에 관광상품 제공자는 공급을 결정한다. 관광공급과 관광수요는 관광경제 활동의 두 개의 큰 연결고리로 서로 의존적이며 대립되는 관계로 균형을 이루기도 하고 모순되기도 한다. 관광시장에서 가격을 매개로 대립되면서도 균형 관계는 관광경제 활동의 기본 내용을 구성한다.

한편으로 관광공급과 관광수요는 상대적으로 존재할 수밖에 없는 관계이다. 공급의 규모와 수량은 수요에 의해 결정되며, 수요에 대한 만족은 공급에 의해 형성되어 공급과 수요는 서로 균형된다.

다른 한편으로 관광공급과 수요는 각 경제 주체가 추구하는 이익이 다르기 때문에 필연적으로 모순을 낳게 된다. 관광공급자는 보다 높은 가격으로 관광상품을 판매하고자 하며, 반면에 구매자는 보다 낮은 가격으로 관광상품을 구매하고자 한다. 쌍방은 자신이 추구하는 이해가 서로 다르기 때문에 충분한 관광수요를 얻을 수 없으며, 관광공급도 지불능력이 보장된 관광수요를 얻을 수 있는 것은 아니기 때문에 공급과 수요 두 요소 사이에는 언제나 모순이 생기기 마련이다.

공급과 수요의 모순은 관광시장에서 각기 다른 단계에서 시차를 두고 나타나기 때문에 쌍방의 주도적 지위도 각각 다르다. 일반적으로 관광공급 자원은 관광수요에 의존하는 즉, 수요가 있기 때문에 공급이 존재할 수 있다. 하지만 관광산업 발전이 어느 수준에 도달하게 되면 관광공급이 오히려 새로운 관광수요를 자극하고 수요를 창출하여 관광수요의 양을 증가시키고 향상시킨다.

궁극적으로 관광시장에서 공급과 수요의 모순이 발생하는 것은 공급과 수요의 균형과 불균형의 원인에 의존한다. 공급과 수요가 대체적으로 균형되면 모순은 크지 않으며 수요와 공급이 균형을 이룬다고 할 수 있다. 하지만 공급과 수요가 절대적으로 균형을 이루지 못하고 불균형되면 모순이 부각되어 공급과 수요가 균형을 잃는다.

관광마케팅에서 균형은 상대적인 것으로 오히려 불균형이 절대적이고 무조건적인 현상으로 관광공급과 관광수요는 불균형과 균형의 동적인 변화과정으로 균형을 향하여 반복해서 순환하기 때문에 관광수요와 공급을 모순의 법칙이라고 부른다.

2. 관광수급의 모순

관광마케팅에서 관광공급과 수요의 모순은 복잡하게 뒤얽혀 있지만 총체적으로 볼 때, 공급과 수요는 주로 수량, 품질, 시간, 공간과 구성에서 나타난다.

1) 수량 모순

관광공급과 수요는 균형 수량에 있어서 모순된다. 관광공급은 관광 접대능력과 관광객 수로 나타낼 수 있는데, 관광마케팅에서 소득수준, 소비수준, 시간, 기후, 사회적 환경, 광고매체 등의 변화는 관광수요를 불러일으키는데 큰 영향을 미쳐 관광객 수가 급격히 증가 혹은 감소하게 된다.

관광공급은 일정한 시기에 관광공급 능력을 형성하므로 상대적으로 안정적이며 급속하게 발전 혹은 퇴보할 수 없다. 이는 관광공급의 고정성(固定性)과 수요의 다변성(多變性)으로 공급과 수요의 불균형 상황을 초래하여 관광 공급량과 관광객의 수요량은 불균형을 이루게 된다. 다시 말하면, 공급이 수요를 따르지 못하는 상황이 발생하여 "사람이 너무 많아서 탈"인 관광지나 명승지, 아니면 공급이 수요를 초과하여 "파리만 날라 다니"는 호텔이나 레스토랑이 생겨 날 수밖에 없다.

2) 품질 모순

관광공급과 수요는 품질에 있어서도 상호 모순이 발생하는데 관광객의 기대치와 실제 공급되는 관광상품과의 차이(gap)를 말한다. 관광마케팅에서 관광상품은 주로 무형적인 것으로 관광서비스 형태로 관광객에게 제공된다. 관광객은 상품의 품질을 평가할 때 일반 상품처럼 구체적인 척도와 기준에 의해 판정하는 것이 아니라 관광객의 '느낌'에 의해 결정된다. 이러한 "느낌"은 매우 주관적인 판단으로 관광객의 기대치와 제공된 관광상품이나 서비스 사이에는 gap이 생기기 마련이다. gap이 작을수록 관광객은 품질이 좋다고 판단할 것이며, gap이 클수록 관광객은 품질이 나쁘다고 여긴다.

그렇기 때문에 관광기업 경영자는 관광상품을 제공할 때 반드시 관광객들의 다양한 심리적 특징과 행위를 파악해야 하며, 특정 욕구에 대해 충분히 이해한 후에 개인 맞춤형 서비스와 품질 제고를 위한 환경과 시설 개선을 통해 관광상품의 품질을 유지하여 이러한 모순을 최소화하여야 한다.

3) 구성의 모순

관광공급과 수요는 구성 면에 있어서도 모순이 발생하는데, 주로 관광수요와 공급이 구성될 때 서로 균형을 이루지 못하는 경우를 말한다. 이러한 불균형은 여러 방면에서 나타나는데 주로 다음과 같다.

관광수요와 관광공급의 내용, 항목의 불균형 그리고 등급, 수준의 불균형, 수급방식의 불균형으로 그 원인은 관광공급은 일정한 시기 내에서는 안정적이고 고정적이지만, 관광수요는 복잡하고 다양할 뿐 아니라 다변적이다.

관광마케팅에서 공급과 수요의 구성에 있어서 모순이 생기는 직접적인 원인은 동일한 시기에 관광상품의 공급이 수요를 따르지 못하고 다른 상품은 오히려 공급이 수요보다 넘치는 경우가 있기 때문이다. 인지도가 높은 명승지와 인지도가 낮은 명승지가 동시에 존재하는 이유, 그리고 해당 관광지 호텔의 등급이 높거나 낮기 때문에 공급과 수요의 구성에 있어서 모순이 발생한다.

4) 시간 모순

관광에 대한 수요는 시시각각 변화하며 불안정적으로 수요의 발생 시간은 일정한 지향성을 가지고 있다. 국가와 지역의 명절과 휴가철에는 관광수요가 증가하는 시기로 이때 자연 관광자원을 출시하기에 좋은 계절이기 때문에 관광수요는 증가한다. 관광수요는 시간 지향성(指向性), 집중성(集中性)을 가지고 있고, 관광시설의 장기성(長期性), 균형성(均衡性) 사이에는 서로 대조를 이루어 한 지역의 관광상품이 어떤 시기에는 공급이 수요를 따라가지 못하지만 또 어떤 시기에는 수요가 공급을 능가하는 상황이 초래되어 흔히 말하는 관광성수기와 관광비수기가 형성된다.

5) 공간 모순

관광공급과 수요는 공간적인 면에 있어서 서로 모순된다. 관광공급이 공간 즉 지역에서의 불균형 분포를 이루는 것을 말한다. 예를 들어 어떤 관광지는 공급이 수요를 초과하여 관광객 수가 상대적으로 적지만, 또 어떤 관광지는 공급이 수요에 따라가지 못하여 관광객이 넘쳐 열대, 온대, 냉대지역을 형성하기도 한다.

관광수요와 공급이 공간에 있어서 나타나는 모순은 주로 다음과 같다.

첫째, 관광지의 관광자원 유형, 수량, 품질 등이 상황에 따라 차별화된다. 관광자원의 품질이 우수하고 인지도가 높은 관광지는 많은 관광객을 유인하며 관광공급에 가하는 압력이 상대적으로 크다.

둘째, 관광지의 관광시설이 갖추어져 있는지에 따라 관광지의 관광공급 능력이 차별화된다. 관광 기초시설이 낙후되고, 관광 환대능력이 미흡하며, 접근성이 어려운 지역일수록 관광객들에게 외면당하기 쉬우며 관광공급이 원활히 이루어지기 어렵다.

3. 관광수급의 균형

시장경제 조건 하에서 관광공급과 수요의 모순은 가격의 법칙성에 의해 조절되며 가격 메커니즘의 작용을 통해 공급과 수요가 균형되도록 한다.

1) 균형의 정의

(1) 균형이란?

균형은 일종의 정태적인 상태로 가격은 수요와 공급이 균형을 이루게 하는 상태를 공급과 수요의 균형이라고 한다. 그렇기 때문에 균형가격은 상품의 수요가격과 공급가격이 일치하는 가격으로, 수요량과 공급량이 일치하는 가격을 말한다. 이 상태가 균형상태로 균형가격, 균형 공급량이다. 따라서 수요 공급의 법칙은 하나의 균형이론이라 할 수 있다.

(2) 관광수급의 균형

관광마케팅에서 관광수요와 관광공급은 완전히 상반되는 에너지를 갖고 있다.

첫째, 공급이 수요에 미치지 못할 경우 관광상품의 가격은 상승하고 관광수요는 감소된다. 관광상품의 가격이 낮을수록 관광에 대한 수요를 자극할 수 있지만 반면에 관광공급은 억제할 수도 있다. 반대로 관광상품의 가격이 높아질수록 관광수요는 억제되며 관광공급은 오히려 더 자극을 받게 된다.

둘째, 공급이 수요를 초과할 경우 관광상품의 가격은 하락하고 관광공급이 줄어들고 관광수요는 증가한다.

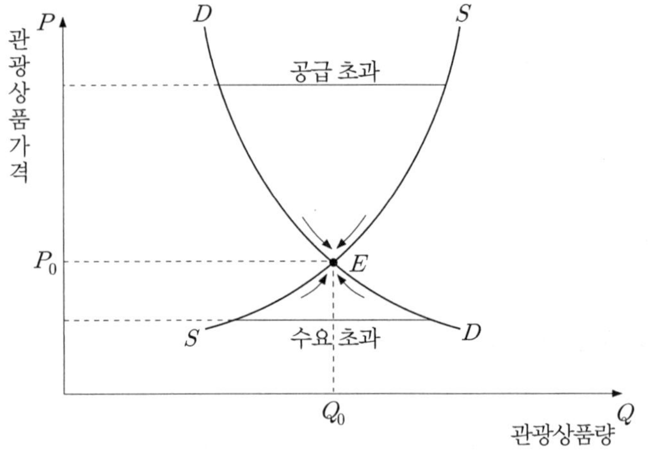

그림 4-7 관광상품 수급과 균형

2) 관광수급의 변화와 균형가격

(1) 관광수요의 변화가 균형가격에 미치는 영향

관광수요에 영향을 미치는 요인은 매우 많다. 가격요인 이외의 기타 요인들이 변해도 관광수요가 증가하거나 감소한다. 관광공급이 일정할 경우, 관광에 대한 수요가 변화함에 따라 시장 균형가격도 변동된다. 변동의 일반적인 규칙은 관광수요가 증가함에 따라 균형가격이 상승하고 관광수요가 감소함에 따라 균형가격이 하락한다.

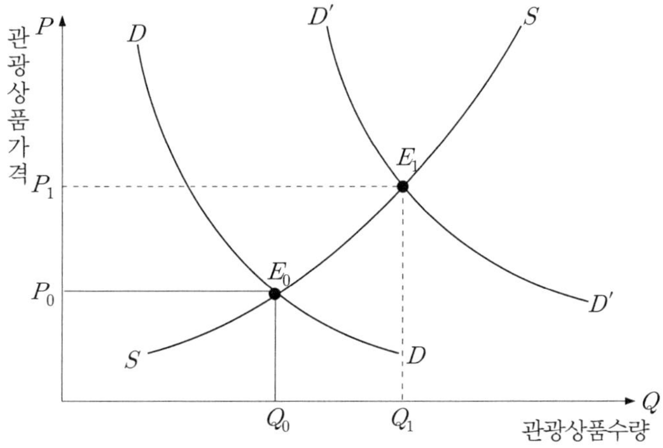

그림 4-8 관광수요 변동과 균형가격

(2) 관광공급의 변화가 균형가격에 미치는 영향

관광공급에 영향을 미치는 요인도 매우 많다. 기타 요인이 변화함에 따라 관광공급이 증가하거나 감소한다. 관광수요가 일정할 경우, 관광공급의 변화로 인해 시장 균형가격이 변화한다. 변화의 일반적인 규칙은 관광공급이 증가함에 따라 균형가격이 떨어지고 관광공급이 감소함에 따라 균형가격이 상승한다.

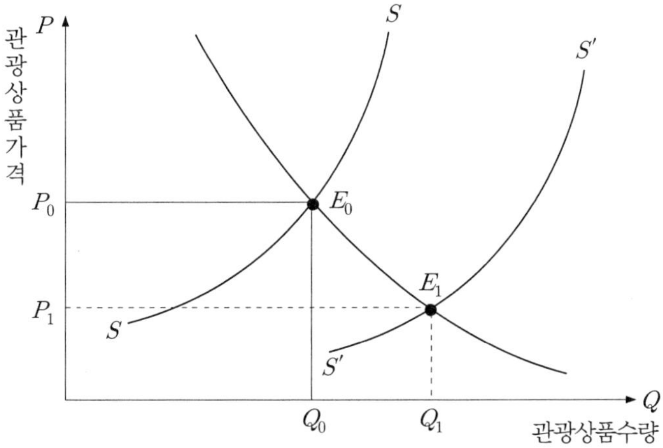

그림 4-9 관광공급 변동과 균형가격

(3) 관광수요와 공급이 동시에 변화가 생길 때 균형가격에 미치는 영향

일부 외생 요인이 변화되면 관광공급에 영향을 미칠 뿐만 아니라 관광수요에도 영향을 받는다. 그렇기 때문에 관광공급과 관광수요는 동시에 변화를 가져와 균형가격에 영향을 미치데 그 영향을 분석하는 것은 비교적 복잡하다.

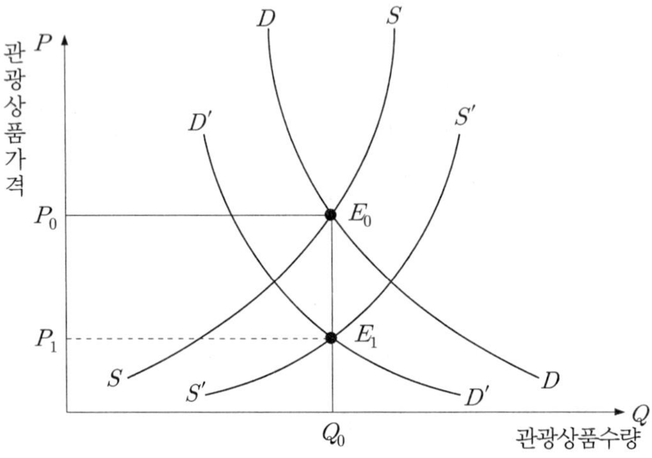

그림 4-10 관광수요와 공급의 변동과 균형가격

첫째, 관광수요의 증가가 관광공급의 증가보다 클 경우 관광상품의 가격이 상승된다. 반대로 관광수요의 증가가 관광공급의 증가보다 작을 경우 관광상품의 가격은 떨어진다.

둘째, 관광수요의 감소가 관광공급의 감소보다 작을 경우 관광상품의 가격은 상승한다.

관광공급과 관광수요가 어떻게 변화하든 새로운 균형가격은 새로운 공급곡선과 새로운 수요곡선의 교차점에 의해 결정된다.

결론적으로 수요와 공급의 변동이 균형가격에 미치는 영향을 정리하면 다음과 같다.

첫째, 공급이 변하지 않는 조건 하에서 수요의 변화는 균형가격과 균형수량이 같은 방향으로 변동하게 되며, 둘째, 수요가 변하지 않는 조건 하에서 공급의 변화는 균형가격은 반대 방향으로 균형수급량은 같은 방향으로 변동되게 하며,

셋째, 공급과 수요가 동시에 변화할 때 공급이 감소하면 균형가격은 상승하고, 수요가 감소하고 공급이 증가하면 균형가격은 하락하여 균형수량은 수요와 공급의 변동 폭에 따라 결정된다.

4. 관광수급의 균형 조정

일반적으로 관광공급과 수요의 균형은 양적인 균형을 이루는 것을 말하는데, 관광 공급량과 관광 수요량의 변화 요인이 많기 때문에 관광의 수요와 공급이 양적으로 균형되는 것 외에 질적인 면에 있어서도 서로 균형이 되어야 하는데, 관광공급과 수요의 구성, 공급과 수요의 계절과 지역 간 불균형의 조정 등도 균형을 이루어 할 것이다.

관광공급과 수요의 균형은 일반 상품의 공급과 수요에 비해 상대적으로 불균형의 성격을 띠고 있다. 실질적으로 관광공급과 수요의 균형 조정은 다양한 방식으로 할 수 있지만 간략히 정리해 보면 다음과 같다.

1) 관광수급의 계획적 조정

관광공급과 수요의 균형적인 조정은 관광공급을 조절함에 따라 관광수요와 공급의 균형을 조정하는 방식으로 초기 단계에서의 조정을 의미한다. 이는 관광공급의 성장 범위를 지정하고 목표 설정에 제한을 두도록 하는 역할을 한다.

구체적으로는 관광수요 예측, 관광자원 개발, 공급규모 확정, 관광지 건설, 관광 환대시설의 공급, 해당 관광 기초시설 발전의 기획, 직업훈련 등이 있다.

2) 관광수급의 과정 조정

관광공급과 수요의 균형 과정을 조정하는 것은 관광마케팅에서의 관광공급과 수요의 변화에 의해 조정하는 방식으로 거시적 조정과 미시적 조정이 있다. 거시적 조정이란 국가가 실질적인 관광 경제발전 목표와 관광공급 균형 상태에 따라 관광정책을 통해 관광수요와 공급 변화를 주도하고 제한을 두는 것을 말한다.

미시적 조정이란 시장기구를 통해 관광수요와 공급 균형을 조절하여 관광수요 공급의 법칙에 의해 관광수급 수량을 조절하는 것을 말한다.

공급이 수요에 미치지 못할 때 관광상품의 가격은 상승하며 관광공급이 확대되도록 한다. 이는 관광에 대한 수요가 증가할 수 있는 추세이며 관광공급을 확대하기 좋은 시기임을 알 수 있다. 관광공급 능력을 늘리는 것은 관광공급이 관광수요에 따라 동태적으로 균형을 이룰 수 있도록 역할을 한다.

관광 마케팅

CHAPTER 05

5-1 관광마케팅의 의미

1. 관광마케팅의 개념

마케팅은 서비스나 제품 생산자가 상품이나 서비스를 소비자에게 유통시키는데 관련된 모든 경영활동이라고 할 수 있다.

코틀러(Philip Kotler, 1976)는 마케팅을 "개인과 집단이 제품과 가치를 창조하고 타인과의 교환을 통하여 그들의 욕구와 욕망을 충족시키는 사회적 또는 관리적 과정"으로 정의하였다.

관광마케팅에서 교환되어지는 것은 관광상품이며 관광마케팅의 공급과 수요는 각각 관광상품 생산자와 관광상품 소비자 즉, 관광객을 의미한다.

1) 광의의 관광마케팅

광의의 관광마케팅이란 관광경영자와 관광객이 관광상품을 둘러싸고 서로 교환을 하는 과정에서 발생되는 각종 경제적 현상과 경제관계의 총합이다.

광의의 관광마케팅은 시장의 주체인 관광소비자, 관광경영자 즉, 제공자, 시장의 객체인 관광상품으로 구성된다.

한편 관광마케팅의 광의적 기능으로는 관광상품을 교환하는 기능, 관광자원을 배치하는 기능 즉, 음식, 숙박, 여행, 교통, 구매, 오락의 요소가 합당한 비율로 구성될 수 있도록 촉진하는 기능이다. 그 외 관광정보 통신기능, 관광경제의 조절기능으로 시장기구를 통한 관광공급과 수요를 조절하는 기능을 포함한다.

2) 협의의 관광마케팅

협의의 관광마케팅이란 정해진 시간과 장소에서 관광상품의 실제 구매자와 잠재적 구매자를 말하는데, 이는 보통 "관광시장"이라고 칭하며 다른 지역, 국가, 계층, 연령 등의 관광객들로 구성된다.

일반적으로 말하는 관광시장이란 협의의 관광마케팅을 말한다.

협의의 관광마케팅의 구성요소로는 관광객, 특정 관광상품을 수요하고자 하는 동기 즉, 구매욕구, 관광상품의 화폐지불 능력인 구매능력 그리고 구매권리를 말한다.

2. 관광마케팅의 분류

관광마케팅은 종합적인 시장현상으로 관광시장에서 관광상품의 공급자라고 하더라도 전체 시장에서 지배력을 행사할 수는 없다. 따라서 다양한 각도에서 관광마케팅을 분류하고 그 역사, 현황, 발전추세를 검토해 보면 관광마케팅 변화의 규칙에 대해서 정확히 파악할 수 있다.

1) 지역구분에 의한 분류

지역에 따른 분류는 현재의 관광객 수와 잠재적 관광객 수를 토대로 하여, 관광객 창출국가와 지역을 분류하는 것을 말한다. 세계관광기구(World Tourism Organization)는 지리, 경제, 문화, 교통과 관광객의 흐름, 유동량 등을 참조하여 전 세계를 6개 지역으로 나누어 설명하고 있는데, 유럽시장, 아메리카시장, 동아시아 및 태평양지역 시장, 남아시아시장, 중동시장, 아프리카시장 등으로 이는 전통적인 마케팅 분류 방법에 속한다. 세계관광기구(WTO)는 매년 지역분류법에 의거 지역시장의 통계수치를 공식 발표하여, 각 지역의 관광산업의 발전 상황 뿐만 아니라 관광마케팅의 동태를 파악하는데 있어서도 매우 중요한 역할을 한다.

2) 국경에 의한 분류

국경에 따른 분류법에는 일반적으로 국내관광 시장과 국제관광 시장 두 부분으로 나눈다.

국내관광 시장이란 관광객의 이동 공간이 자국의 영토 내에서 이루어지는 것을 말하며, 국제관광 시장은 관광객의 이동 공간이 자국 혹은 특정국의 국경을 넘어서 이루어지는 관광활동 범위를 말한다.

국제관광 시장은 구체적으로 해외관광 시장과 외래관광 시장으로 나누어 지는데, 해외관광 시장은 자국 외의 외국의 관광시장으로 일반적으로 내국인이 해외에서 관광하는 시장을 해외관광 시장이라고 한다.

외래관광 시장은 외국인 관광객이 국내에서 관광활동을 하는 시장을 외래관광시장이라고 한다.

국내관광 시장, 해외관광 시장, 외래관광 시장은 한 국가나 지역 경제에 있어서 각기 다른 의미를 갖고 있다. 국내관광 시장은 상품과 서비스를 포함한 소비시장으로써 국민의 물질적 · 정신적 생활에 대한 욕구를 충족시켜주며, 국내상품의 유통과 통화환수 등의 측면에서도 매우 중요하며 주민의 생활수준이 높을수록 영향은 더 뚜렷하게 나타난다.

한편 해외관광은 관광객 송출국의 외화가 유출되는 반면 외래관광은 외화를 벌어들일 수 있어 국가나 지역의 국제 지불능력을 증가시킨다.

3) 소비 수준에 의한 분류

관광객의 실제소비 수준에 따라 관광시장을 고급 관광시장, 중급 관광시장, 경제적 관광시장으로 나눌 수 있다. 현실 생활에서 사람들의 소득, 직업, 연령, 사회지위 등 각종 요소에 따라 사람들의 관광수요와 관광소비 수준에 현저한 차이를 보인다.

고급 관광시장은 일반적으로 사회소수 계층의 인사들로 구성되며 소득이 많기 때문에 관광상품 가격은 주요 요소가 아니다. 이들은 관광욕구를 충족함과 동시에 지위와 신분에 있어서의 차별화된 대우를 받기를 원하기 때문에 고급 관광시장의 규모는 제한되어 있지만 고액의 소비지출이 관광기업 경영자에게 있어서는 매우 큰 매력물이다.

중급 관광시장과 경제적 관광시장은 일반 대중 즉, 중산계층과 고정수입이 있는 사람, 청소년 학생 등으로 구성된다. 비록 개개인의 소비능력은 사회 상류계층에 미치지 못하지만 시장의 규모와 잠재능력은 방대하기 때문에 이 시장의 진입은 발전 가능한 여지가 매우 많다.

4) 관광목적에 의한 분류

관광행위는 순수한 관광을 목적으로 하는 경우와 두 가지 이상의 목적으로 관광을 하는 겸목적 관광으로 나누어질 수 있다.

순수 관광은 개인의 오락, 휴양, 레크레이션, 견문 확대 등의 목적으로 관광을 하는 것으로 유적지 답사, 수학여행, 유람여행, 휴양·보건·요양여행 등이 여기에 포함된다.

겸목적 관광은 두 가지 이상의 목적을 가지고 관광활동을 하는 것을 의미하는데 예를 들면, 출장과 관광, 회의와 관광, 종교와 관광, 쇼핑과 관광, 의료와 관광 등과 같이 두 가지 이상의 목적을 가지고 여행을 하는 것으로 실제로는 겸목적 관광도 순수목적 관광을 겸하게 되는 경우가 대부분이다.

5) 관광활동 유형에 의한 분류

관광활동 유형에 따라 유동형 관광, 체재형 관광, 목적형 관광으로 구분할 수 있다.

유동형 관광은 여러 관광지를 관광하기 위해 돌아다니는 관광활동으로 주로 자연탐방, 드라이브 등과 같이 자연 관찰이나 역사와 문화자원을 대상으로 하는 관광활동이다.

체재형 관광은 한 관광지에서 일정기간 체류하는 관광형태로 휴양과 보양, 수련캠프 등 숙박시설이 완비된 종합휴양지를 대상으로 숙박관광 형태의 관광활동을 말한다.

목적형 관광은 온천욕, 피크닉, 골프, 등산 등 구체적인 목적을 가지고 관광하는 관광활동 유형을 말한다.

6) 관광조직에 의한 분류

관광을 조직의 형식에 따라 관광시장을 개별 관광시장과 단체 관광시장으로 나눌 수 있는데, 단체관광과 개별관광은 관광조직의 가장 기본적인 형식이다.

개별관광은 일반적으로 단체관광의 반대 의미로 9명 이하의 관광을 말하며, 관광객 개인의 의사에 따라서 일정을 정하고, 교통수단과 숙박시설 등을 예약하여 떠나는 것으로 비경제적이다. 즉 사용(社用) · 사용(私用) · 취업 등의 개별적인 관광 형태로 필요한 용무를 보면서 관광을 겸하는 경우가 많은 개별적 성격의 관광이다.

단체관광은 10명 이상의 관광을 말하며, 개별관광과는 달리 모집 대상자와 단체 참가자와 단체 주최자의 희망에 따라 여정을 작성하여 출발하는 것으로 참여자와의 친교와 공동의 관광목적을 위한 것으로 비용이 저렴한 것이 특징이다.

5-2 관광 경쟁시장

1. 관광 경쟁시장

경쟁은 시장경제의 가장 기본적인 특징으로 서로 다른 시장의 주체가 시장점유율과 이윤을 창출해내기 위해 치열하게 경쟁하는 과정이다. 시장에서는 가격 기구의 규칙성에 의해 필연적으로 경쟁이 일어나며 필수적인 과정이다. 이러한 경쟁으로 인해 시장에는 우열 순위가 생기며 이는 시장경제를 형성 유지하는 원동력이다.

1) 시장 경쟁의 필연성

경쟁은 시장경제의 내재적인 시스템이다.

상품경제는 자원의 경쟁 체제의 하나로 가격을 중심으로 공급과 수요에 의해 완성된다. 경쟁은 시장의 원동력으로 가격을 중심으로 이는 시장에서의 공급과 수요에 영향을 미치며 우수한 사회자원 체제를 구축하는데, 관광경제 또한 객관적으로 시장 체제에 의해 존재한다.

관광상품의 공급과 수요 체계의 모순 즉, 관광상품 가격의 균형, 관광자원의 합리적인 배분, 관광산업의 전반적인 발전 등이 시장을 통해 실현되며 경쟁 체제는 관광경제 활동의 원동력으로 작용한다.

일반적으로 경쟁은 기업의 생존과 번영의 원동력이지만, 기업과 기업의 관계는 궁극적으로 경제적 이익의 창출이 그 존재 이유다. 시장에서 생존과 발전을 위해 기업은 시장경쟁에 뛰어들어 각종 신기술, 선진 경영관리 시스템, 경영관리 개선, 제품의 품질 개선을 통해 생산성을 향상 시킬 때 경쟁우위를 획득하고 생존과 번영의 기회를 마련 할 수 있다.

그로 인해 관광시장이 발전하고 시장경쟁에서 경쟁우위 조건에 있을 때 적극적인 경쟁 전략과 정책을 선택하여 활용할 수 있다.

2) 관광기업의 핵심 경쟁력

관광기업의 핵심 경쟁력이란 기업 내부에서 각종 지식과 기술 능력을 종합하여, 특히 여러 분야의 자원을 활용하여 경쟁자보다 더 빠른 속도로 다양한 상품을 생산해내는 것을 핵심능력이라고 한다. 이는 기업의 생존과 발전의 핵심이고 유일한 과정으로 경쟁자 보다 강하고 지속 가능한 능력과 지식의 체계이다.

관광기업의 핵심 경쟁력의 주된 특징은 주로 다음과 같다.

(1) 가격의 우월성

가격 우월성을 가지기 위해서는 효율성을 제고하여 산출품의 가치 제고와 함께 제조 원가를 낮추어 경쟁자보다 유리한 조건을 가지고, 개성 있는 상품과 저렴한 가격으로 소비자에게도 이익을 준다.

(2) 자원의 집중성

자원의 집중성은 기본적으로 기업의 자원을 소수의 주된 영역에만 집중시키는 것으로 이를 통해 자신이 해당 영역에서 우세를 가질 수 있도록 한다.

(3) 이질성

한 기업이 핵심 경쟁력을 가진다는 것은 타 기업에는 없는 것을 가지는 것으로 이는 기업과 기업 간의 이질성과 효율성의 차이를 결정짓는다.

(4) 창의성

기업의 장기적인 생산 활동에서 체득한 것으로 그 기업의 특수성과 경험으로 타 기업에서 모방하기 힘든 창의적 특징을 가진다.

(5) 비교역성

경쟁력이 있다는 것은 해당 기업도 핵심능력 갖고 있지만 그것을 기타 상품과 같이 시장 거래를 통해 사고 팔 수는 없으며, 특수시장에서 거래된다.

(6) 연장성

경쟁력은 전문적인 전략을 통해 기업이 어떤 영역에서 우위를 차지할 수 있도록 해준다. 치열한 관광시장의 경쟁 속에서 비교적 우월하고, 자신만의 독특한 자원과 기술, 지식을 바탕으로 핵심 경쟁력을 유지 발전시켜야 한다. 동시에 핵심 경쟁력 분야는 미래 경쟁력을 중요하게 생각하고 경쟁력을 가질 수 있는 영역을 육성하여 장기적으로 기업이 경쟁우위를 유지하여 미래 산업의 리더로 발전해 나가야 한다.

2. 관광시장 경쟁의 유형과 특징

1) 시장경쟁의 유형

경제학에서는 시장을 일반적으로 네 가지 유형으로 크게 구분한다.

(1) 완전 경쟁 시장

완전 경쟁 시장이란 극히 특수적이며 이상적인 시장 구조로 다음과 같은 특징을 가진다.

첫째, 시장에는 수많은 생산자들이 존재하며 각각의 생산자들의 시장 점유율은 매우 적다.

둘째, 각각의 생산업자들이 생산하는 제품은 동질적이기 때문에 그 어떤 생산자도 시장 가격에 영향을 미칠 수 없다.

셋째, 시장의 모든 생산자는 자유로운 진입과 퇴출이 가능하다.

넷째, 시장의 정보도 판매자, 구매자 모두에게 충분히 제공된다.

완전한 경쟁 시장은 자유 경쟁 상태로 그 어떤 생산자라 하더라도 시장의 가격 기능을 조정할 수 없으며 가격은 공급과 수요에 의해 결정된다.

(2) 독점 시장

독점 시장이란 하나의 상품이 한 생산자에 의해 생산 · 판매되는 상태를 말한다. 이 생산자가 생산하는 제품은 어떠한 제품으로도 대체 불가능하며, 동시에 어떤 제한적인 요소로 인해 경쟁자가 시장 진입이 불가능하다. 따라서 독점 시장에서 기업의 상품은 시장가격과 생산량 모두 큰 통제 능력을 가진다.

(3) 독점적 경쟁 시장

독점적 경쟁 시장은 완전 경쟁 시장과 독점 시장의 중간 유형으로 그 특징은 다음과 같다.

첫째, 시장에는 무수히 많은 생산가 존재하며 생산자의 시장 점유율은 비교적 적다.

둘째, 비록 시장 진입에 있어서 장벽이 존재하지만 경쟁자가 시장에 진출할 가능성은 비교적 용이하다.

셋째, 각각의 생산자의 상품은 일정한 차별성을 보이며, 이러한 차이점은 상품의 가격에 아주 큰 영향을 미친다. 독점적 경쟁 시장은 상품가격이 생산자의 독점에 의해 결정된다.

(4) 과점 시장

과점 시장이란 시장이 몇몇 생산자에 의해 규제되는 것으로 생산자마다 시장에서 상당한 점유율을 가지고 있다. 한 생산자의 생산량과 가격의 변동은 타 생산자의 판매량에 영향을 미치고, 따라서 과점 시장의 상호 연관성과 제약 관계는 독점적 특징을 가진 경쟁 모형을 형성하도록 한다.

두 가지 극단적인 시장 유형으로 완전 경쟁 시장과 독점 시장은 현실에서는 보기 드물다. 그러나 독점적 경쟁 시장과 과점 시장은 현실에서 비일비재하다.

2) 관광시장 경쟁의 특징

관광시장은 일반적인 시장과 차이점을 보이는데 즉, 관광시장만의 특징으로 경쟁적 요소와 과점적인 요소가 동시에 존재한다.

(1) 관광시장의 경쟁적 요소

① 관광상품의 대체가능성

대다수의 관광상품이 특색이 있지만 상당한 정도의 대체성을 가지고 있으므로 같은 종류의 관광상품으로 대체 가능하다. 게다가 관광객이 관광상품을 자유롭게 선택 가능하기 때문에 대다수의 관광상품은 시장을 독점하기에는 어려움이 따른다. 또한 관광상품은 사람들의 정신생활을 충족시키는 상품으로 같은 성격과 기능을 가진 여가상품, 오락상품 사이에 어느 정도 대체 가능한 관계임을 알 수 있다.

② 관광상품의 모방성

어떤 관광상품이 뛰어난 우월성을 가지고 있지 않는 한 타 기업에서 상품구성을 모방하기 쉽다. 예를 들어 테마파크의 직원들이 만들어낸 인공적인 관광상품은 경쟁업자가 쉽게 모방할 수 있다. 비록 일부분의 관광상품 개발과 생산은 과학적인 기술과 상당한 금액의 투자를 필요로 하지만 크게 어려운 문제는 아니다. 관광코스의 개발은 경쟁자가 관광서비스 내용을 추가하여 얼마든지 모방 가능하다.

③ 관광수요와 공급의 탄력성

관광수요가 매우 크더라도 관광소비는 일종의 필수품이 아니기 때문에 비탄력적인 상품이다. 한편으로는 관광상품 공급자가 짧은 기간에 관광상품 공급량을 조절하기에는 어려움이 따른다. 성수기에는 교통문제, 관광목적지의 관광객 수용, 관광가이드와 시설 업체 등의 제한을 받기 때문에 충분한 공급량을 보장할 수 없어 관광수요가 증가하더라도 공급이 불가능 할 수 있다. 비수기에는 공급이 수요보다 많은 상황으로 관광상품 공급자 사이의 치열한 경쟁으로 관광시장 점유율 확보를 위한 촉진적인 역할도 하지만 부작용도 많다.

④ 관광시장의 파동성

관광수요의 변화를 가져오는 요인은 매우 다양하여 어떠한 하나의 요소 변화로 인해 관광시장에 급격한 변화와 파동을 일으킨다.

(2) 관광시장 독점적 요소

① 관광상품의 차별성

한 국가와 지역의 자원 중 독특한 자연 · 문화자원은 관광객을 흡인(attraction)하는 기본적인 요소이다. 하지만 각 국가와 지역의 자연 · 인문 자원은 완전하게 같을 수는 없으며 관광자원의 상황도 동일하지 않다. 그렇기 때문에 관광상품의 차별성과 특수성은 보편적인 것으로 차별성은 어느 정도 관광상품의 독점 가능성 조건을 만들어 준다. 관광자원의 차별성과 특수성이 클수록 관광상품의 독점성은 더 커진다. 예를 들어 중국의 만리장성, 이집트의 피라미드 등 세계적인 문화유산은 차별성이 매우 큰 관광자원으로 그들만의 강한 독점성을 가지고 있다.

② 관광목적지 선택의 제한성

우선 관광객은 교통, 시간, 금전적인 제한 하에서 관광목적지를 선택하게 된다. 일반적으로 관광객은 장거리의 관광목적지에 대해 관심을 보이는데 거리와 관광객의 지불능력 그리고 시간, 목적지의 교통 편리 사이에는 일정한 상관성을 가진다. 만약 관광객의 지불능력이 있거나, 자유롭게 시간의 지배를 받지 않는 등의 조건이라면 선택 가능한 범위는 더욱 커지게 되고 반대의 경우는 선택하는 범위가 적어진다.

그리고 흡인력을 가진 문화적 차별성이 때로는 관광에 장애를 가져다 주기도 한다. 관광객은 인류 문화의 영향을 받으며, 보편적으로 자신이 생활하는 동일한 문화권 내에서 관광목적지를 선택하는 경향이 있다. 예를 들어 같은 한자 문화를 가진 중국과 일본, 한국, 싱가포르, 대만 등의 국가 사이에는 특수한 역사 문화와 연관된다.

비록 현대 관광이 전 세계를 활동 범위로 하는 국제 관광시장일지라도, 비 경제적인 제약으로도 관광객은 특정한 나라나 지역으로 이동하여 관광하는 것에는 아직까지 상당한 어려움이 따르기 마련이다. 따라서 자유롭게 관광상품을 선택하여 원하는 목적지를 관광할 수 없는 경우도 있다.

(3) 관광시장 경쟁의 유형

위에서 서술한 관광시장 중에서 경쟁적인 요소와 독점적인 요소는 독점적 경쟁 모형의 기본적인 특징을 형성할 수 있도록 한다.

첫째, 관광시장에는 수많은 관광기업 경영자가 존재한다. 개별적인 관광기업 경영자는 관광상품의 가격이나 수량에 미치는 영향이 제한적이지만, 관광기업 경영자 간 경쟁은 치열해 진다.

둘째, 관광시장은 비교적 개방성이 높다. 자연이나 인문적인 요소로 인한 장애가 있을 지라도, 새로운 경쟁자가 관광시장으로 진입하기에는 매우 수월하다.

셋째, 관광상품은 어느 정도의 독점성을 가진다. 자연관광 자원의 경우 각 국가나 지역의 관광자원이 완전히 동일할 수 없기 때문에 차별성과 자신만의 특징을 가진다.

넷째, 관광객이 얻을 수 있는 정보는 상대적으로 편리하게 취득할 수 있다. 현대의 통신기술, 정보능력과 경영기술 발전과 인터넷 기술의 발달로 인해 저렴한 비용으로 정보획득이 가능하다.

3) 관광시장 경쟁의 내용

관광기업의 목표는 이윤을 창출하는 것이며 보통 관광자원에 의해 지배되고 총비용을 극소화하여 이윤 극대화를 실현한다. 관광시장에서 관광기업 간 경쟁은 관광객과 관광상품 중개상을 통해서 관광시장 점유율을 향상시키고 이윤 창출을 위해 노력한다.

(1) 관광객 확보

관광객은 관광상품의 최종 소비자로 해당 국가, 지역, 출발지 여행사를 통해 관광상품을 소비함으로써 관광목적지의 국가, 지역, 목적지 여행사의 관광수입을 증가시킨다. 관광상품은 생산과 소비가 동시에 일어나는 특수성으로 인하여, 관광상품을 관광객이 있는 해당 지역으로 전달은 불가능하다. 그렇기 때문에 관광기업은 관광상품의 생산지, 혹은 소재지로 관광객을 유인하여야만 관광상품을 판매할 수 있다.

(2) 여행사 확보

여행사는 법인 조직이나 개인으로 관광 목적지의 관광상품을 구매 혹은 판매하는 대리업무를 한다. 크게 관광도매업, 관광소매업으로 구분할 수 있는데 주로 관광기업과 관광 소비자 즉, 관광객을 연결해주는 교량의 역할을 한다. 관광객은 여행사가 제공하는 각종 서비스를 통해 관광활동을 안전하고 편리하게, 경제적으로 할 수 있다. 관광기업은 여행사를 통해 관광목적지 관광시장 개발의 가능성과 더 많은 관광객을 확보할 수 있다. 따라서 여행사를 다수 확보하는 것은 관광객 확보의 연장선으로 관광기업은 여행사를 통해 관광상품 판매와 고객을 확보하여 관광기업의 시장경쟁 우위를 유지하기 때문에 여행사를 확보하는 것은 경쟁에서 매우 중요하다.

(3) 관광시장 점유율 제고

관광시장 점유율은 관광기업이 시장경쟁 우위의 상황을 반영하는 기본적인 지표로 절대점유율과 상대점유율로 표시한다.

첫째, 관광시장에서 절대적 점유율이라 함은 일정한 시기에 국가, 지역, 관광기업이 실현하는 관광상품의 판매량과 동일한 시기, 동일한 관광상품의 판매총량의 비율로 표시한다.

$$\text{관광시장 절대적 점유율(\%)} = \frac{\text{동 시기 해당 업체가 접대한 관광객 인원수}}{\text{동 시기 목표시장 전체의 실제 관광객 인원수}} \times 100$$

위 공식에서 관광객 인원수는 지표 외 접대한 일수(날짜), 관광수입 등으로도 계산 가능하다. 관광수입을 결정하는 시장 점유율은 비교적 정확하게 기업의 규모와 능력을 반영한다.

둘째, 관광시장 상대적 점유율이라 함은 동일 시기의 국가, 지역의 관광시장 절대적 점유율과 동일 목표시장에서 가장 큰 경쟁자의 관광시장 점유율의 비율이다.

$$\text{관광시장 상대적 점유율(\%)} = \frac{\text{동 시기 해당 업체의 시장 점유율}}{\text{동 시기 목표시장의 가장 큰 경쟁자의 절대적 점유율}} \times 100$$

관광시장의 상대적 점유율은 국가, 지역의 관광기업이 관광시장에서 가장 큰 경쟁자와의 상대적인 관계를 말하며, 목표시장에서 가장 큰 경쟁자와의 비교를 통해 해당 관광기업의 시장경쟁에서의 위치를 파악할 수 있다. 해당 관광기업의 상대적 점유율이 1보다 크면 관광시장 경쟁에서 우위에 있고 시장을 리드하는 역할을 한다는 것을 알 수 있다. 만약 상대적 점유율이 1보다 적을 경우 경쟁자보다 시장 점유율이 적다는 것을 의미한다. 상대적 점유율이 1이면 해당 관광기업은 관광시장에서 우월적인 지위에 있음과 동시에 상당한 경쟁력을 가지고 있지만 그에 상응하는 상당한 경쟁력을 가진 다른 관광기업이 존재한다는 것을 의미한다.

5-3 관광시장 세분화

관광마케팅은 관광시장을 세분화하고 관광 목적지를 선정한 후, 퍼지셔닝(positioning)하는 것은 관광마케팅 전략을 수립하기 위함이다. 마케팅 전략 수립은 크게 시장세분화(Segmentation), 표적시장 선정(Targeting), 퍼지셔닝(Positioning)으로 대별되는데, 이를 S.T.P전략이라고도 하며 관광경영 성패의 관건이다.

관광마케팅은 관광상품과 서비스를 소비하는 관광상품 소비자 즉, 관광객으로 구성된다. 관광객은 국내·외 그리고 각 지역에 광범위하게 분포되어 있기 때문에 서로 다른 수요, 지불능력, 소비취향, 소비방식을 가지고 있다. 그렇기 때문에 어떠한 관광상품일지라도 모든 관광객들의 욕구를 충족시킬 수는 없으며, 관광기업의 경영관리자가 세심하게 관광마케팅 조사를 통해 해당 관광기업의 표적시장을 선정한 다음 마케팅 전략을 수립해야 할 것이다.

1. 관광시장 세분화 개념

시장세분화란 기존 혹은 잠재시장을 포함한 전체 시장을 일정한 기준에 따라 동일한 특성을 갖는 고객집단으로 구분하여 자사가 제공하는 제품이나 서비스에 가장 적합한 고객집단을 선정하는 과정이다.

1) 선호도에 따른 세분화

관광상품의 속성은 관광객의 구매 행위에 영향을 미치는 요소 중의 하나로 관광상품에 대한 관광객의 선호도 분포는 다음과 같은 세 가지 형태로 나타난다.

(1) 동질

그림 5-1(a)와 같이 관광객들은 비슷한 선호도를 갖고 있음을 알 수 있으며 관광에 대한 수요가 기본적으로 비슷한 관광객들로 구성된 시장을 동질시장이라고 한다. 이러한 시장은 경영 관리가 비교적 쉬우며 대체적인 수요량만 알 수

(a) 동질분포 (b) 분산분포 (c) 군집분포

그림 5-1 시장분포도

있다면 일정량의 상품을 공급하는 것만으로 시장수요를 만족할 수 있으며 더 이상 시장세분화를 할 필요가 없다.

(2) 분산

그림 5-1(b)와 같이 관광객들의 관광에 대한 수요는 다양하기 때문에 선호도 형태도 분산되어 있다. 이들 중에서 한 사람의 수요와 다른 사람의 수요는 매우 상이하여 선호도도 극과 극이다. 이처럼 선호도가 분산되어 있는 시장에 가장 먼저 진입하는 상품은 중앙의 위치에 놓일 수 있으며 가장 많은 소비자들이 선택했다는 것을 의미한다. 두 번째로 이 시장에 진입하는 상품은 첫 번째 상품에 근접한 위치에 있을 것이며 서로 경쟁하는 관계이다. 만약 첫 번째 상품과 매우 멀리 떨어진 위치에 놓일 경우 그 상품은 매우 신선하고 특색이 있는 상품일 것이며 첫 번째 상품으로 만족하지 못한 관광객들의 수요를 충족시켰음을 의미한다. 해당 시장의 잠재력이 매우 클 경우 동시에 여러 경쟁 상대가 나타날 것이나 그때의 시장은 세분화하기가 매우 어렵다.

(3) 군집

그림 5-1(c)와 같이 상품에 대해 선호하는 형태를 통해 각기 다른 세분화된 시장을 형성하였음을 알 수 있는데, 이때 시장을 세분화하는 방법을 통해 비슷한 선호도를 가진 관광객들을 한 부류로 묶어서 하나의 세분화된 시장을 만들 수 있다.

2) 관광시장 세분화의 필요성

관광시장은 다양한 관광객들로 구성되어 있는데 즉, 비즈니스, 휴양, 레크레이션, 스포츠 등의 목적으로 관광을 하는 관광객들이 있다. 이들 관광객들의 수요는 다양하며, 소비행위나 가치관도 다르고, 여행사나 항공사는 관광상품과 서비스를 구매만 하고 최종적으로 사용하지 않는 관광기업 경영자도 있다. 그렇기 때문에 어떤 관광상품일지라도 모든 관광객의 수요를 동시에 만족시킬 수는 없다.

시장세분화의 궁극적 목적은 다양한 소비자의 욕구를 파악하고, 새로운 마케팅 기회를 포착하고, 효과적인 마케팅 믹스(Marketing Mix)를 활용하여 세분화된 시장의 반응 특성에 따라 효율적으로 자원을 할당하기 때문에 해당 관광기업은 자신의 장점을 활용한 시장세분화를 통해 경영능력에 알맞은 시장을 선택해야 한다.

2. 관광시장 세분화의 목적

실질적으로 관광시장을 세분화한다는 것은 각기 다른 유형의 관광객을 그들의 수요에 따라 관광객을 분류해 전체 시장을 서로 다른 유형의 시장으로 분류하는 것을 말한다. 이렇게 세분화하는 것은 시장 개척의 기회를 탐색하고 효과적인 시장을 개척하기 위함이며 관광시장 세분화는 다음과 같은 작용을 한다.

1) 새로운 시장 개척의 기회 제공

시장세분화를 통해 관광기업은 세분화된 시장의 수요 상황을 알 수 있는 기회가 생기며, 다양한 관광객의 만족도는 물론 관광객의 만족, 불만족 정도를 파악할 수 있다. 또한 각각의 세분화된 시장에서의 경쟁자를 분별해내고 경쟁자 상황을 파악할 수 있으며 이를 통해 새로운 시장을 개척할 수도 있다.

2) 효과적인 포지셔닝 전략 제공

시장 수요와 공급의 영향으로 인해 관광기업의 능력은 제한되어 있으며 전체 시장 혹은 비교적 큰 시장에서 자신의 경제적 우위를 유지하기가 어렵다. 특히 관광산업 중 대다수의 관광기업이 시장세분화와 기업의 실제 상황에 근거하여 상대적인 마케팅 전략을 세울 수 있으며 대기업과의 직접적인 마찰을 피할 수 있다. 마찬가지로 중소 관광기업도 관광시장에서 자신만의 시장에서 위치와 자리를 확보할 수 있다.

3) 효과적인 마케팅 전략 제공

시장세분화를 통해 관광기업은 각각의 표적시장에서 자사만의 특징과 표적시장 내의 관광객들의 수요와 욕구를 만족시킬 수 있는 방법을 찾을 수 있고, 세분화된 시장의 정보를 수집하면 관광기업이 효과적으로 마케팅 전략을 수립하는데 도움이 된다.

4) 판매촉진 역할

관광기업은 시장세분화를 통해 표적시장의 특성을 분석하여 우수한 인력자원, 물리적 자원, 재력 등을 사용하여 관광객의 수요를 충족시킬 수 있으며 경제적 효과와 수익을 창출해 낼 수 있다. 동시에 관광기업은 시장수요의 변화에 따라 즉시에 정확한 관광상품과 서비스의 구성을 조절할 수 있으므로 상품과 서비스 판매를 확대하고 자본 회전율을 향상시킬 수 있다.

3. 관광시장 세분화 원칙

관광시장을 세분화할 때 지나치게 세분화하여서도 안되고 또 지나치게 포괄적이어도 안 된다. 이렇게 하면 관광객들의 다양한 수요의 차이점을 소홀히 하여 시장의 경제적인 의의를 상실하게 되기 때문이다. 관광시장 세분화는 실용적인 가치가 있어야 하며 다음과 같은 원칙에 따라야 한다.

1) 평가 가능성의 원칙

효과적인 마케팅 세분화는 시장간 경계선을 명확히 하여야 한다. 각 시장마다 특징이 달라야 구분 가능하고 세분화를 통해 명확한 차별성을 나타낼 수 있다. 이러한 차이는 구체적인 기준에 따라 평가가 가능해야 구체적인 판매촉진 활동을 펼칠 수 있으며 경쟁에서 우위 전략을 구분할 수 있다. 그러기 위해서는 시장 세분화는 표준화되고 과학적이고 합리적이어야 하며 정확한 기준으로 평가할 수 있어야 한다.

2) 유효성의 원칙

세분화된 시장은 규모가 일정한 크기에 달해야 하는데 그래야 발전 가능성을 제시할 수 있고 관광기업의 이익을 보장할 수 있기 때문이다. 관광기업은 시장 세분화를 통해 시장에서 기회를 얻을 수 있는데, 너무 세분화하거나 시장규모를 너무 작게 구분해서는 곤란하다. 서방국가에서 현재 나타나고 있는 반 시장 세분화 경영은 시장을 너무 세분화했기 때문에 일어난 현상으로 오히려 기업의 자본 투자 증가와 관광 소비자에게 부담만 안겨주어 기업 이익을 창출해 내지 못한 점이 있다.

3) 진입 가능성의 원칙

시장세분화를 통해 새로운 기업이 시장에 진입이 가능해야 한다. 시장 진입의 가치가 있다고 하더라도 진입 불가능한 시장을 선택하는 것은 아무런 의미가 없다.

예를 들어 우주여행 시장 등은 진입 불가능하거나 점유하기에는 어려움이 따른다. 그리고 관광시장을 세분화할 때 진입 불가능한 마케팅이 생길 수 있는데, 예를 들어 한국 국민이 여행을 할 수 없는 국가의 여행(북한)이나, 해당 국가에서 규제하는 술이나 마약 등에 대한 규정 등은 관광시장을 세분화할 때 신중히 고려해야 할 사항들이다.

4) 안정성의 원칙

세분화된 시장은 일정기간 안정성을 나타내어야 한다. 예를 들면, 경기나 행사 관광시장은 시장의 수요에 따라 관광상품의 생명 주기는 짧을 수 있다.

관광지의 건설 투자의 경우 회수 가능한 주기는 일반적으로 매우 길다. 만약 관광지를 건설 중에 있다면 이미 시장의 변화가 진행되어 시장을 세분화할 경우 관광기업의 입장에서는 치명적인 타격을 줄 수 있다. 그렇기 때문에 관광기업은 비교적 장기적이고 안정적인 구매능력을 가진 시장을 선택해야 한다.

5) 경쟁우위의 원칙

관광기업이 시장을 세분화하는 목적은 목표시장에 경쟁자의 진입을 막기 위함이지만, 이미 세분화된 시장에 경쟁 상대가 진입했을 가능성이 크다. 만약 관광기업이 경쟁에서 열세의 지위에 있다면 세분화된 시장에서 생존할 가능성이 낮아진다. 그렇기 때문에 관광시장을 세분화한 다음 목표시장을 선택할 때, 관광기업의 독자적인 우위를 가질 수 있는 세분화된 시장이어야 한다.

4. 관광시장 세분화의 기준

시장세분화를 위한 기준은 지리적, 인구 통계적, 행동 분석적, 심리 형태적, 행위 분석적 요인이 있다.

1) 지리적 세분화

지리적 요인에 의해 시장을 세분화하는 것은 관광객의 지리적 분포 즉, 관광객의 거주지역을 지역, 국가, 도시, 기후, 지형, 교통, 정보통신, 여행거리 등과 같이 지리적 단위로 세분화하는 것을 말한다. 이러한 변수는 관광객의 수요 특징과 지리적 요인 간의 상관관계로 관광객의 문화적 배경과 생활 습성 등의 특성을 강조하며 종합적으로 관광객의 수요의 특징을 파악해 낼 수 있다.

각 나라의 국제·국내관광의 발전 상황이 모두 다르며, 특히 미국, 일본, 영국, 프랑스 등 많은 선진국가에서는 국내관광이 매우 발달하여 국내 지역 간, 도시 간 관광이 매우 발달하였다. 예를 들면 미국의 경우 지역, 주요 도시 간의 여객은 미국 전체 여행객 수의 65% 이상을 차지한다. 그렇기 때문에 미국의 대다수 관광기업에서는 지역과 도시를 단위로 관광시장을 세분화한다.

지리적 시장세분화의 장점은 지리적 근접으로 관리가 용이하고, 공통된 문화를 공유하는 경우가 많고, 지역이 동일한 경제 공동체로 묶여있는 경우가 많아 진입이 쉽다는 점, 단점으로는 지역적인 근접이 항상 특징을 내포하지 않을 수도 있다.

2) 인구 통계적 세분화

이는 연령, 성별 가족구성원 수, 가족생활 주기, 소득, 직업교육, 종교, 인종, 국적 등의 인구 통계적 변수에 기초하여 시장을 몇 개의 집단으로 분할하는 것을 말한다. 대부분의 다른 변수들보다 측정하기 수월하기 때문에 소비자 집단을 구분하고 가장 널리 이용되는 기준이 되고 있다. 소비자의 욕구, 선호, 사용빈도 등은 인구 통계적 변수들과 높은 연관성을 갖고 있다.

해외에서는 24~65세를 관광 나이라고 부른다. 나이에 따라 관광시장을 세분화하면 노년층, 중년층, 청소년층 마케팅으로 구분할 수 있다. 노년층은 노후보장금액을 많이 확보하고 있고, 가정적으로 부담감이 없기 때문에 소비하는 수준 또한 상대적으로 높다. 중년층의 관광은 대부분 출장, 회의, 업무적인 활동에 의한 것이 많으며 청소년층은 소비수준이 비교적 낮으며 단거리 관광을 주로 한다.

성별에 따른 관광행위 또한 다르다. 남성은 혼자 관광하기를 선호하며 여행, 숙박 등에 대한 안정성의 요구가 여성에 비해 적다. 여성은 관광활동에 적극적인 참여를 보이며, 안전을 추구하고 쇼핑하기를 좋아하는 편이며 안락하고 깨끗한 환경을 선호하며 다채롭고 분위기 있는 것에 열광한다. 현재 여성의 관광객 수는 점점 더 늘어나고 있는 추세이며 앞으로도 계속 증가할 가능성이 많은 것으로 보고 있다.

직업에 따라 여가시간, 관광의 기회, 소득 등이 모두 다르며, 따라서 관광현상은 직업에 따라 다르며 정치권에 종사하는 사람과 기업 임원들은 여행을 할 수 있는 기회가 상대적으로 많은 편이다.

소득에 따라 여행 가능한 횟수와 소비수준도 달라, 영국 관광기구의 통계에 따르며 연간 소득이 3만 파운드인 사람은 장거리의 이국적인 정서와 값비싼 휴가여행을 수요하며 연간 휴가 횟수는 2번 이상이고, 반면에 소득이 적은 사람들은 대부분 단거리 여행을 선택하는 편이다.

각기 다른 성장주기(life cycle)를 가진 가정에서 소비수준과 특징이 모두 다르다. 표 5-1은 일반 가정의 생활 8단계에 대해 가정 상황과 관광소비 특징을 요약하였다.

각기 다른 성장주기에 놓인 가정에서 관광수요의 특징은 다르며, 관광기업은 표적시장이 가정 성장주기의 어느 단계에 있는지를 파악해야 전략을 수립할 수 있다. 하지만 동일하지 않은 문화 배경을 가진 조건하에서는 역사와 도덕 관념이 서로 다르기 때문에 가정 성장주기의 각 단계마다 큰 차이를 나타낸다.

예를 들어 서부 국가의 노년층은 노년단계에서 3대에 대해 책임을 져야 할 부담이 없기 때문에 관광활동 주력군을 이룬다.

표 5-1 가정 성장주기와 관광소비

단 계	가정 상황	관광소비 특징
독신단계	젊은 독신자	유행 추구, 여행, 오락 등을 즐김
신혼단계	어린이 없는 젊은 기혼자	신혼여행, 여가, 쇼핑
가족성장1기	6세 이하의 어린이가 있는 젊은 기혼자	집값, 집세, 육아비용
가족성장2기	자녀 입학	자녀 교육지출 과다
가족성장3기	자녀가 성장하였지만 계속적으로 키워야 하는 상황	잠재력을 가진 관광객
빈둥지1기	자녀가 분가하고 부부는 계속적으로 노동능력 보유	충분한 시간여유, 소비능력, 잠재고객
빈둥지2기	자녀가 분가, 부부 퇴직	충분한 시간여유, 소비능력과 관광표적 시장
독거기	독거노인, 퇴직, 요양	외출 활동 감소

3) 심리 · 행태적 세분화

관광활동은 사람들이 정서적으로 향수를 누리기 위함이기 때문에 관광객의 심리적 특성에 따라 세분화할 수 있다. 심리요소에 대한 연구는 사람들의 활동, 취향, 의견 등을 측정하는 것이기 때문에, 개인의 심리적 특성을 세분화하는 것은 수요 변화의 원인과 행위 규칙을 해석하기 위함이다.

(1) 구매동기에 의한 분류

구매동기에 따라 관광시장을 비즈니스 관광, 휴가여행 관광, 가족 친지방문 관광, 포상휴가 관광시장으로 나눌 수 있다.

① 비즈니스 관광시장은 사업을 위한 회의와 출장 관광객들로 구성되어 있다. 국제관광시장의 발전 추세를 보면 컨벤션(회의 및 비즈니스) 관광은 매년 10~20%의 속도로 증가하고 있다.

비즈니스 관광의 특징은 목적지와 업무의 내용 등에 의해 코스가 결정되며 숙박시설에 대한 요구는 관광객의 등급(회사와 근무지의 내부규정)에 의해 정해지며, 기본적으로 관광마케팅 활동의 영향을 받지 않는다. 또한 계절성과 가격의 영향을 적게 받지만 정보통신 시설에 대한 요구는 비교적 높다. 컨벤션 즉 회의를 개최하는 도시는 인지도가 높은 곳이어야 하며 풍부한 관광자원을 가지고 있어야 관광 활용률이 높고 구매력이 강하여 중요한 관광시장이 된다.

② 휴가여행 관광시장은 전통적이고 전형적인 관광시장으로 관광객의 목적은 타 민족의 사회, 문화 특징과 인류 역사의 발전과정을 이해하고 자연경관 등을 감상하는 것이 목적이다. 동 관광의 경우 세분화된 시장에서 관광객들의 특징은 관광활동 기간이 비교적 길고, 최대한 많은 관광 명승지를 찾으며, 계절성이 강하고, 개인소득과 여가시간은 관광동기에 중요한 영향을 미치며, 관광마케팅 활동의 영향을 크게 받으며 관광상품 가격에 민감하게 반응한다.

③ 가족 친지방문 관광시장은 주로 가족, 친구, 친척 등을 방문하기 위함이며, 보통 특정한 목적을 이루고자 관광을 하며 관광활동 기간이 비교적 길고, 심지어 대부분은 호텔의 객실과 레스토랑을 사용하지 않기도 한다.

④ 포상휴가 관광시장은 20세기 80년대부터 전 세계적으로 흥행하기 시작한 여행방식이다. 이는 대기업에서 직원들에게 포상 방식 중의 하나에 속한다. 이러한 포상은 물질적 혹은 금전적인 것일 수 있지만 회사에서 구매하는 관광상품은 포상을 받은 자에 의해 소비되며, 직원들은 소득공제 면제

혜택을 받을 수 있다. 포상휴가의 특징은 관광객이 집중되어 있으며 여행 기간은 비수기로 잡을 수 있다.

(2) 라이프스타일에 의한 분류

라이프스타일이란 한 개인이 특정 사회에서 형성된 가치관, 소비, 오락 등 특정한 습관과 성향을 말한다. 일반적으로 개인의 라이프스타일은 개인의 개성을 반영하며 이는 관광객들의 소비 행위를 이해하는데 도움이 된다. 관광객의 사회・경제적 지위, 문화수준, 나이, 성별, 거주지역 등의 요인과 라이프스타일은 밀접한 관련이 있으며, 라이프스타일에 따라 세분화된 관광시장은 일반적으로 다음과 같다.

① 시간을 소모하는 방식과 태도,
② 개인의 취향은 무엇이며, 일상생활에서 차지하는 비중과 지위,
③ 주위 환경에 대한 인식,
④ 성장 단계에서의 소득, 문화수준, 거주지역 등 다방면에서의 특징 등

(3) 관광객 성격과 행동에 의한 분류

관광행동은 관광객의 성격에 따라서 서로 다르게 나타난다. 플로그(S. Plog)는 자기 중심적이냐 타인 중심적이냐의 심리적 특성에 따라 자기 중심형(psychocentric), 타인 중심형(allocentric), 중간 지향형(midcentric) 세 가지 유형으로 구분하고, 성격 유형에 따른 관광행동의 특성을 설명하였다.

S. Plog는 각각의 성격 그룹이 선호하는 목적지를 확인하고 특정 목적지에 대한 인식이 시간이 지남에 따라 어떻게 변화하는지를 설명하였다. 예를 들면, 어느 특정 목적지에 대해서 처음에는 타인 중심형 관광객에게 모험을 권할만하다가 시간이 지남에 따라 중간 지향형 성향의 관광객이 모이게 되어 목적지는 친숙하고 익숙한 대중 관광지가 되어 새로운 관광지를 두려워하던 자기 중심형의 관광객들이 모이게 된다는 것이다.

표 5-2 S. Plog의 관광행동 선호 유형

자기 중심형(psychocentrics)	타인 중심형(allocentrics)
친근감 있는 관광 목적지를 선호	관광객이 찾지 않는 관광지 선호
관광지에서의 평범한 행동을 추구	타인이 방문하기 전에 새로운 경험을 맛보고자 함.
긴장완화를 위한 유흥이 있는 장소를 선택	새롭고 평범하지 않은 신기한 장소를 선택
활동량이 낮은 수준	활동량이 높은 수준
자동차 여행이 가능한 목적지 선호	비행기로 갈 수 있는 목적지 선호
큰 규모의 숙박시설, 가족식당, 레스토랑과 쇼핑 시설을 선호	좋은 음식이 제공되지만, 초현대식이거나 체인화된 대규모 호텔이 아닌 곳 그리고 관광객이 거의 없는 곳을 선호
가족적인 분위기를 선호하고 이국적인 분위기를 배제한 친숙한 유흥을 선호	새로운 사람과 만날 수 있는 곳이나 외국의 문화를 접할 수 있는 장소를 즐김
관광 일정이 꽉차고 계획되어 있는 패키지 투어를 선호	기본적인 교통수단과 숙박시설만 사전에 준비하고 비교적 자유스러운 것을 선호

자료 : Stanley Plog, 1972, 10 : 117

4) 시장세분화의 한계성

이제까지는 시장세분화의 중요성을 강조했지만 문제점과 한계성이 없는 것도 아니다. 이는 시장을 세분화함에 있어서 중요한 사항으로 시장세분화할 때 다음과 같은 점에 주의를 해야 한다.

(1) 높은 비용 부담

시장세분화의 가장 큰 한계성은 부가적으로 지출되는 비용이다.

표적시장 마다 주목 받기를 원한다면 관광서비스의 범위를 확대해야 하는데 이는 상대적으로 비용이 더 든다는 것을 알 수 있다. 그렇기 때문에 표적시장은 부가적으로 비용이 발생한다는 것이다.

(2) 완벽한 시장세분화는 불가능하다

하나의 시장을 세분화하는 것은 기준에 따라 가능하나, 그것의 근거와 기준은 각기 다를 수 있다. 궁극적으로 어떤 방법으로 시장을 세분화하여 자원을 투자하여 기업으로 하여금 높은 수익을 얻을 수 있는지 정답은 없다.

(3) 세분화된 시장 규모의 불합리성

세분화된 표적시장에서 관광기업의 인적 자원과 물적 자원 투자에 낭비를 가져다 줄 수 있으며, 만약 "두리뭉실"하게 시장이 세분화되었다면 해당 시장에 효과적인 서비스를 제공할 수 없게 된다.

(4) 세분화할 수 없는 시장도 존재한다

모든 시장을 세분화할 수는 없다. 예를 들어 특정 마케팅 부문과 광고 매체 등은 세분화된 시장은 활용할 수 없을 수도 있으며, 규모가 작은 시장이 지나치게 세분화된 시장, 변화 무상한 세분화된 시장, 그리고 대규모 관광기업의 독점적 시장 등이다.

5. 표적시장 전략

관광기업의 표적마케팅은 시장이 세분화된 후에 선택하는 단계이다. 이는 관광기업의 상품과 서비스가 관광객들의 수요를 충족시킬 수 있는지를 결정짓는 부분이기도 한다. 표적시장은 세분화된 시장에서 선택하는 것으로 세분화된 몇 개의 표적시장을 선택해야 한다.

관광기업은 모든 관광객들을 자사의 고객으로 상대할 수 없기 때문에 표적시장을 선택하는 것으로 제한된 자원과 힘을 모아 이익을 창출을 하고자 한다.

1) 표적시장을 선택하는 기준

표적시장을 선택하는 것은 관광기업이 정확한 판매촉진 전략을 결정짓는 중요한 요소로 반드시 시장세분화를 통해 정확한 평가를 해야 상황에 따른 선택이 가능해야 한다.

(1) 시장규모와 성장 잠재력

관광기업이 대상으로 하는 관광객의 시장규모 즉, 여행객의 인원수는 충분히 많아야 하며 소비능력도 크고 적당한 규모의 크기를 유지해야 한다. "적당한 규모"라 함은 상대적인 개념으로 규모가 큰 관광기업은 일반적으로 시장규모가 큰 것을 세분화하지만, 중소 관광기업은 과대하게 세분화 시장에의 진입은 꺼려한다. 왜냐하면 비교적 큰 시장을 세분화해야 세분화된 시장도 어느 정도 규모를 가질 수 있다.

한편으로는 시장세분화에 투입되는 자원이 상당하기 때문에 중소 관광기업은 현실적으로 어려운 것이 사실이다. 다른 한편으로는 큰 시장의 세분화는 오히려 대규모 관광기업들의 침투 대상이 되어 치열한 경쟁의 대상이 되기도 한다. 따라서 관광기업은 자신의 자원과 능력을 최대한 발휘할 수 있는 시장의 규모와 범위 내에서 "적당한 규모"의 세분화된 시장을 선택하여야 이익창출을 보장할 수 있다.

시장의 성장 잠재력은 관광기업의 매출과 이윤의 크기에 관계되므로, 현재 표적시장의 규모가 크지 않을 지라도 시간의 흐름에 따라 경제 환경, 정책의 변화로 인해 발전 가능성이 매우 크다. 예를 들어 자가용을 이용한 관광시장은 2003년 전까지는 매우 작은 시장이었지만, 각 가정마다 보유 차량의 수가 증가하면서 급속도로 발전하였다. 공공기관과 기업 보유 차량의 수가 늘어 난 것도 시장 세분화에 기여하였다.

관광기업은 해당 지역의 잠재 성장인자를 분석한 후 시장을 세분화해야 하는데 세분화된 시장수요를 충족시킬 수 있는지 장래 발전 가능성은 있는지 등 그리고 잠재적 가치가 있는 시장을 소홀히 해서는 안된다.

(2) 장기 이익의 가능성

세분화된 시장은 적당한 규모와 잠재적 능력을 가지고 있을 가능성이 있지만, 이익 창출이 가능한지를 놓고 볼 때 항상 매력적인 것만은 아니다. 일반적인 시장 혹은 세분화된 시장이 장기적으로 이윤 창출이 가능한지를 결정하는 것은, 포터(Michael Porter) 교수의 산업경쟁구조분석 모델(Five Fores Model)을 이용하여 해당 산업의 이익 창출의 크기를 결정할 수 있다. 그가 주장하는 다섯 가지의 경쟁 구조는 현재 시장에서의 경쟁자, 잠재적인 경쟁자, 대체 가능한 상품, 구매자, 공급자이다.

만약 세분화된 시장에서 다수의 경쟁자와 상당한 능력과 경쟁의식이 강한 경쟁자를 갖고 있을 경우 해당 시장에서 장기적인 이윤 창출의 크기는 매우 낮으며 동시에 매력성도 떨어진다. 어떠한 시장이 경쟁자에게 상대적으로 높은 매력을 가지고 있다면 경쟁자는 자원을 투자하여 시장에서 이윤을 빼앗아 갈 것이다.

만약 시장에서 기존 상품 외에 대체가능한 상품이 있다면 세분화된 시장이라고 하더라도 이미 매력을 잃었다고 볼 수 있는데, 세분화된 시장에서 소비자의 구매의지가 커 제품과 서비스에 대한 요구가 높아지고 있다고 하더라도 이 시장은 기업의 입장에서는 매력을 잃었다고 볼 수 있다. 그렇기 때문에 관광기업은 표적시장을 선택할 때 경쟁자의 위협요소를 고려 후, 경쟁자가 동일한 표적시장을 선택하지 못하도록 해야 한다.

(3) 관광기업의 목표와 자원

관광기업의 시장 규모가 비교적 적당하고 흡인력이 있을 지라도, 표적시장을 선택함에 있어서 다음과 같은 사항을 고려해야 한다.

첫째, 해당 시장에 진입할 때, 관광기업의 장기적인 발전 가능성과 적합성의 여부를 판단해야 한다. 만약 적합하지 않을 경우 해당 시장은 포기해야 한다. 관광산업은 종합적인 서비스 산업으로 관리가 매우 복잡하고, 각 부문이 서로 다른 경영목표를 가지며, 각 관광 기업의 지위가 상이하기 때문에, 이윤구조도 달라 각 관광기업이 자신만의 특색을 가지고 있다.

둘째, 관광기업이 해당 시장에 진입할 수 있는 자원과 능력이 있는가이다. 만약 능력과 자원을 구비하고 있지 않다면 포기해야 한다. 관광기업은 일반적으로 자신의 능력에 따라 관광상품을 구성하고 관광객들의 수요를 만족시키고자 하는 목적을 수행한다.

궁극적으로 관광기업은 표적시장을 선택할 때, 다양한 요소들을 고려하여 자사의 능력과 관광객들의 특징을 조사한 후, 시장 현황을 잘 파악해야 할 뿐만 아니라 관광객이 요구하는 잠재적인 시장을 예측할 수 있어야 효율을 창출할 수 있다.

2) 표적시장의 판매 전략

관광 표적시장을 선택한 후 어떻게 해야 할지는 관광기업의 관광상품 판매자들이 고려해야 하는 가장 중요한 문제이다. 관광기업의 표적시장 판매 전략은 자신의 표적시장을 관리하기 위한 다음과 같은 전략이 있다.

(1) 무차별화 판매 전략

이는 시장 세분화를 하지 않고 전체 시장을 대상으로 하는 것을 말한다. 아래의 그림과 같이 소비자를 하나의 공동 구매 의향을 가진 그룹으로 보며, 최대한 많은 소비자를 모으려고 하는 경향이 있어, 다양한 수요에 대해서 자세한 분석을 하지 않는다.

이러한 전략은 단일한 판매 전략으로 시장을 개척하여 하나의 제품과 서비스를 창출하는 것으로 동일한 가격, 동일한 판매경로, 동일한 광고와 판매촉진 전략을 갖고 있다.

무차별화 전략은 비교적 작은 자본금이 소요되고, 단일한 제품과 서비스가 제공되기 때문에 투자되는 자본금이 적으며 동시에 홍보비용 지출도 적게 소요된다.

예를 들어 단일한 광고는 비용을 절약하며, 단일한 판매경로는 판매촉진 비용과 홍보지출 비용을 감소시킨다. 이러한 전략은 동일하지 않은 세분화된 시장에 다양한 판매 전략을 세울 필요가 없어, 동시에 대량의 단일 제품과 서비스를 제공하면 판매 가능한 범위가 커져 소비자들에게 좋은 이미지를 형성할 수 있다.

무차별화 전략은 주로 다음과 같은 상황에서 사용 가능하다.

① 동질의 시장, 즉 시장 수요에 대한 차이가 크지 않은 시장
② 공급이 수요를 따르지 못하는 판매자
③ 신제품 투입시기, 즉 새로운 시장을 개척하여 제품과 서비스를 시장에 투입하는 관광기업

그렇다고 하더라도 이 판매 전략은 다수의 관광기업에는 부적합하다. 왜냐하면 소비자의 요구는 다양하기 때문에 장기간 동일한 상품이나 서비스를 요구하지는 않는다는 것이다. 만약 하나의 제품과 서비스가 모든 사람들에게 적합하다고 하더라도 관광객들은 이러한 제품과 서비스가 특별하지 못하다고 느껴 구매 욕구를 상실하게 된다.

이러한 상황은 관광객 뿐 아니라 대부분의 관광기업은 알고 있을 것으로 무차별화 판매 전략을 사용할 경우 소비자들의 수요를 제대로 만족시킬 수 없어 고객을 잃게 된다.

(2) 차별화 판매 전략

차별화 판매 전략은 시장이 세분화된 기초에서 관광기업이 시장을 두 개 또는 두 개 이상으로 세분화한 다음 서로 다른 시장에 각기 다른 판매 전략을 적용하는 것을 말한다.

이러한 전략은 각기 다른 제품과 서비스 판매를 계획하는 것으로 각기 다른 상품에 다른 가격을 책정한다. 동시에 다른 판매경로를 통해 다양한 광고와 판매 전략을 이용하여 다양한 관광객들의 요구를 충족시켜 준다.

차별화 판매 전략은 경쟁을 통해 생기는 결과물로, 소비자들의 요구는 서로 다를 수 있기 때문에 그 차이성을 토대로 다른 제품과 서비스를 구분하여 다양한 소비자들의 욕구를 충족시킬 수 있어야 한다. 결국 관광기업은 관광객들에게 다양한 제품과 서비스를 제공함과 동시에 마케팅 옵션을 통해 경쟁력을 확보하고 이윤 창출 가능성이 높아진다.

차별화 판매 전략의 장점은 시장을 세분화하기 때문에 효과적으로 관광객들의 욕구를 충족시킬 수 있으며, 세분화된 시장에서 제품과 서비스의 상대성을

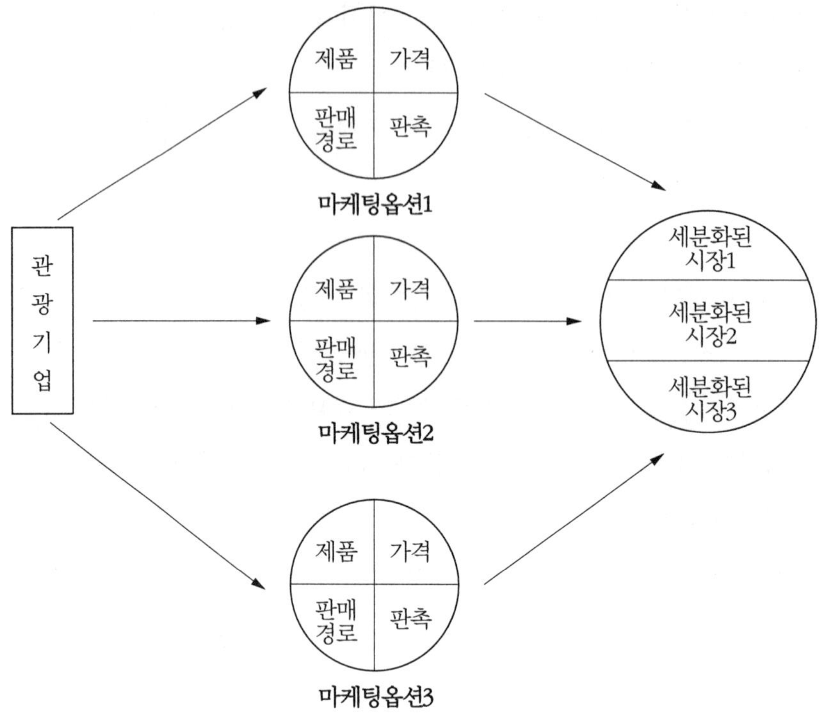

향상시켜 시장 적응능력을 증가시킨다. 더 나아가 관광기업이 상품판매에서 발생하는 위험을 분산시킬 수 있으며, 시장 점유율과 이윤을 확대할 수 있다.

일반적으로 차별화 판매 전략은 다음과 같은 상황에서 적용된다.

① 대규모 유명한 큰 관광기업과 관광기업 그룹
② 경쟁자의 능력이 상대적으로 클 때
③ 제품과 서비스가 성숙단계에 진입했을 때

차별화 판매 전략은 다음과 같은 단점도 가지고 있다.

여러 개의 세분화된 시장으로 인하여 관리비용이 증가되기 마련이다. 또한 다양한 판매 전략을 사용하기 때문에 시장선택 수의 증가로 선택의 혼잡성이 발생한다. 예를 들어 관광기업의 경우 객실의 기준을 결정하는 요인도 다양하고, 식당의 메뉴 수도 많기 때문에 다양한 선택으로 세분화된 관광객을 관리하는데 어려움이 많아지기 마련이다. 관광객들도 세분화된 시장에서 세분화된 상품 선택에 어려움이 따른다. 그래서 관광시장 관련 종사자들은 시장을 과도하게 세분화하지 않도록 해야 하고, 관광시장의 기초조사를 토대로 각각의 상품과 서비스의 생산량을 증가시키고 광범위한 시장에 적용 가능한 상품과 서비스를 제공해야 한다.

(3) 집중화 전략

집중화 전략 혹은 밀집성 전략이라고 하는 이 전략은 시장을 세분화한 다음 특정 세분시장을 상대로 인력과 자원을 집중적으로 쏟아 붓는 것을 말한다. 무차별화 전략이든 차별화 전략이든 전반적인 시장을 표적으로 하지만, 집중화 전략은 세분화된 시장 중에서도 하나의 시장만 표적으로 하나의 특정한 마케팅 옵션을 필요로 한다.

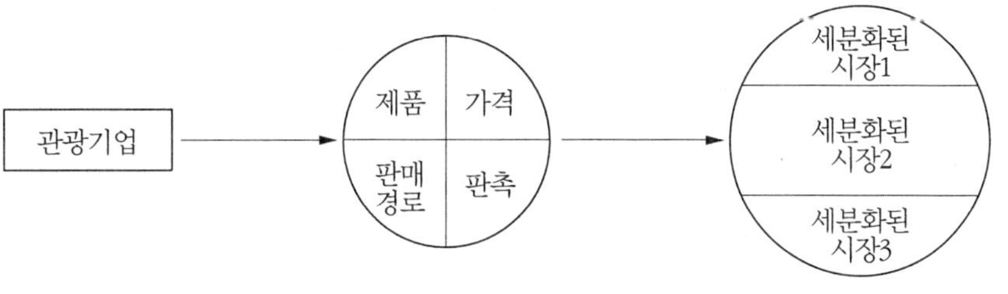

이러한 판매 전략을 선택하는 것은 비교적 규모가 큰 표적시장에서 상대적으로 위치가 낮은 것보다, 차라리 작은 표적시장에서 비교적 높은 위치에 있는 것이 나을 경우이다.

집중화 전략의 장점은 첫째, 기업의 경영 목표를 전문화시킨다. 관광기업이 특정 시장을 상대로 하기 때문에 마케팅 종사자들은 소비자들의 특성에 대해 좀 더 구체적이고 상세한 분석이 가능하여 소비자들의 욕구를 만족시킬 수 있다. 둘째, 기업의 이용 가능한 자원의 효율성을 향상시키고 투입되는 비용을 줄여 이윤 창출이 가능하다. 셋째, 기업은 표적시장에서 튼튼한 토대를 마련 할 수 있도록 하여 경쟁의 우위성을 가질 수 있다.

집중화 전략은 다음과 같은 상황에서 이용 가능하다.

① 자원과 능력이 제한적인 중소 관광기업

② 경쟁이 비교적 치열한 관광시장에서 적용 가능하다.

본 전략의 단점으로는 위험이 크다는 것인데, 기업의 주된 자원은 세분화된 시장에 집중될 수밖에 없으며, 기업의 생존과 발전은 이 시장에 의존하기 때문에 시장의 수요가 급격히 하락할 경우 기업의 영업수익도 동시에 하락되기 마련이다. 그렇기 때문에 관광기업이 세분화된 시장에서 자신만의 집중적 지위를 가지게 되었을 경우 쉽게 시장을 벗어나기도 어렵고 다른 세분화된 시장에로의 진입도 어렵다.

3) 영업촉진 전략의 선택

이미 설명한 여러 전략들은 각기 장단점이 있다. 실제로 기업이 어떤 전략을 선택할 것인가는 관광객들의 요구에 의한 것으로 결국 기업 자신의 조건에 의해 결정된다.

구체적으로 이러한 전략을 선택할 때 다음과 같은 요인들을 고려해야 한다.

(1) 인적 물적 자원에 따라

만약 관광기업이 제한적인 자원을 가지고 있고 전체 시장을 자신의 표적시장으로 영업하기 어려울 때는 집중화 표적시장 전략을 사용하는 것이 합리적이다. 만약 기업의 자원이 충분할 경우 차별화 표적시장 전략을 사용할 수도 있다.

(2) 시장의 특징에 따라

시장의 동질성이 높고 세분화된 시장에서 관광객들의 수요가 편파적이지 않고 유사할 경우에는 그리고 관광기업의 판매 전략이 비슷할 경우 관광기업은 무차별 판매촉진 전략 사용이 가능하다. 그러나 시장의 동질성이 비교적 낮고 소비자들의 요구의 차이가 비교적 클 때는 차별화 전략 사용도 가능하다.

(3) 제품과 서비스의 특징에 따라

만약 기업의 제품과 서비스가 차별화된 것으로 시장에 충분히 제공할 가능성이 있고 동시에 전체 시장 내에서도 동 제품에 대한 요구가 클 경우 차별화 전략을 선택할 수 있다. 그러나 기업이 차별화된 제품과 서비스를 제공하지 못할 경우에는 무차별화 판매 전략을 선택할 수밖에 없다.

(4) 제품생명주기에 따라

만약 기업이 시장에 새로운 제품을 출시할 때 많은 수요를 요구하면 무차별화 전략을 사용하는 것이 비교적 합당하다. 그리고 집중화된 세분 시장에는 집중화 전략을 사용해도 된다.

하나의 시장에서 어떤 제품이 성장기와 성숙기에 진입하게 되면 제품의 품종이 증가하게 되고 경쟁자도 상대적으로 증가하게 되어 기업들은 치열한 경쟁에서 살아남기 위해 차별화 전략을 사용한다. 그러나 같은 제품이 쇠퇴기에 진입하게 되면 집중화 전략을 사용해야 한다.

(5) 경쟁상대의 판매 전략에 따라

경쟁자가 무차별화 전략과 차별화된 전략을 사용하는 경우 상대 기업은 집중화 전략으로 경쟁자와 경쟁해야 한다. 경쟁상대의 능력이 약해질 때는 어떤 전략을 사용해도 된다.

(6) 경쟁자의 수에 따라

하나의 제품과 서비스를 제공하고 경쟁자의 수가 비교적 많을 때는 그 제품에 대한 호기심을 유발하고 기업에 대한 이미지 제고를 통해 경쟁력을 높이기 위해 일반적으로 차별화 전략을 사용한다. 같은 종류의 경쟁대상이 비교적 적을 때에는 무차별화 판매 전략을 사용할 수 있다.

5-4 관광시장 개발

1. 관광시장 개발의 의미

관광시장 개발은 관광객의 이동을 원활하게 하고 이를 수용하고 촉진하기 위해 이루어지는 조직적인 관광활동을 말한다. 관광시장 개발의 대상은 주로 두 가지로, 하나는 현재 시장의 잠재력을 발굴하여 시장점유율을 향상하는 것이고 다른 하나는 새로운 관광시장을 개발하는 것이다.

관광상품의 특징은 관광시장에 의존하는 경향이 매우 강하다는 것을 알 수 있다.

우선, 관광상품은 새로운 시장을 개척해야 하는 필요성을 가지고 있다. 관광산업은 서비스를 제공하는 업종으로 관광상품이 비 이동적, 비 저장성의 특징을 갖고 있기 때문에 기타 업종에 비해 시장에 의존하는 경향이 강하다.

그 다음, 시장점유율을 향상시키는 것이 관광기업의 생존과 발전 가능성을 보장한다. 관광기업은 두 개의 시장과 직접 접하게 되는데 하나는 현재의 시장이고, 다른 하나는 잠재적 시장이다.

현재의 시장이란 기업이 이미 진입하였거나 점유하고 있는 시장을 말하며 기업이 생존하려면 적어도 현재 시장의 규모를 유지하고 있어야 한다. 기업은 현재의 상황에 만족해서는 안 되며 치열한 경쟁과 새로운 시장을 개척하고자 노력하지 않으면 퇴보는 물론 현재의 시장도 잃게 된다. 그렇기 때문에 잠재적 시장을 발굴해내야 하며 마케팅을 확대하고 시장점유율을 제고해야 한다.

마지막으로 시장을 개척하는 능력은 기업 경영에 있어서 매우 중요한 내용이다. 관광시장은 경쟁이 치열하며 시중의 관광객들의 수요는 끊임없이 변화하고 경쟁 대상도 변화하고 있기 때문에 관광기업도 상당한 노력을 통해 변화·발전해야 한다. 이러한 동태적인 시장에서 기업은 새로운 제품과 시장을 개척하여 관광객들의 욕구를 충족시킬 수 있어야 한다. 만일 보수적이고 정체되고 고정불변일 경우 치열한 경쟁 속에서 살아남을 수 없으며 도태되기 마련이다. 한편 관광시장은 끊임없이 변화하고 있기 때문에 관광시장 개척의 기회와 가능성을 제공하기도 한다.

2. 관광시장 조사

끊임없이 발전하고 있는 거시적이고 미시적인 시장환경 속에서, 관광기업은 정확하게 발전 방향과 효과적인 마케팅 전략을 수립하여 관광객들의 수요를 충족시키며, 동시에 기업의 경영목적을 달성하기 위해서는 시장상황을 정확히 조사하고 시장에 대한 정보를 정확하게 파악하는 것이 매우 중요하다.

관광기업은 이러한 정보를 파악하기 위해서 일선 판매원과의 교류를 활발히 해야 할 뿐만 아니라 모든 직원과 내부 정보전달 시스템을 유지하여야 한다. 따라서 일상생활에서 정보를 수집하고 세밀하고 주도 면밀한 마케팅 조사를 해야 한다.

1) 관광시장 조사의 의의

관광마케팅 조사는 과학적인 방법으로 마케팅과 연관되는 여러 방면의 정보를 체계적, 객관적으로 판단, 수집, 분석하고 전달하는 것을 말한다.

관광 경영관리의 운영 효과는 시장의 현 상황을 얼마나 정확하게 파악하고 있는가에 달려 있으며, 이러한 조사가 시장 수요에 부응할 수 있도록 한다.

시장 조사의 주된 임무는 현재의 시장 현황과 관광기업 자체의 상황을 파악하는 것으로 관광기업과 시장의 조화 그리고 조화롭지 못한 요인들을 정확하게 찾아내는 것이다. 그래서 끊임없이 내적 자원을 조절하여 경영혁신을 이루고 시장 수요에 부응하는 경제적, 사회적 효용과 이익을 얻기 위함이다.

모든 시장은 끊임없이 변화하고 있으며 관광시장도 경제 발전에 따라 변화한다. 이러한 시장의 변화는 기회와 동시에 위기와 위험성도 포함되어 있기 때문에, 시장 추세 변동과 발전 방향을 파악할 수 있어야 하며, 발전 가능성에 대해서 정확하고 체계적인 방법으로 연구·조사를 진행해야 한다. 또한 시장의 환경변화에 대해 민감하게 반응할 수 있어야 하며, 시장의 공급과 수요의 변화를 감지하여 관광기업이 시장의 기회를 정확히 포착하고 효과적으로 경영관리를 진행해 나갈 수 있게 해야 한다.

2) 조사의 주요 내용

(1) 외부 조사

① 외부환경 조사는 정치 · 법률적, 인구 · 통계적, 문화 · 자연, 과학기술 환경 등을 말한다.

② 외부시장 조사는 시장수요의 변화 추세, 시장 전체의 경쟁자, 관광객의 구매동기 등을 말한다.

관광기업의 시장 경쟁자에 대한 조사는 비교적 복잡하여 각 관광기업의 특징과 시장 점유율, 시장 개방의 정도와 관광기업의 경영전략과 문화 등을 중심으로 조사가 진행된다.

(2) 내부 조사

관광기업은 내부 조사를 통해서 자신의 위치를 파악할 수 있으며, 자신의 조건에 부합되는 외부의 적합한 환경의 탐색과 발전 방향을 찾아야 시장에서 경쟁우위를 유지할 수 있다.

① 관광기업의 기본 상황을 파악하는 것으로 이는 관광기업의 경영전략, 이미지, 문화, 규모와 환대 능력, 주요 관광객 출신지역, 관광기업의 기계와 설비, 직원 수, 서비스의 규격과 등급 등이다.

② 관광기업의 경영방식과 경영전략은 관광기업의 체제, 조직과 기구, 관리운영 방식과 지위, 관광기업의 제품전략, 가격탄력성, 판매경로와 판매수단 등이 포함된다.

③ 관광기업의 재무 상황으로 총자산, 유동자산, 고정자산, 생산자본금, 이윤과 현금 흐름 등이 포함된다.

④ 직원의 내부적인 협조는 관리자와 노동자들의 맡은 바 업무에 최선을 다하려는 정신, 협조하는 태도, 경험, 판단, 훈련과 교육, 노사관계, 관리자의 통찰 등을 말한다.

3) 조사 유형

관광시장의 조사유형은 시장의 문제점, 목적, 성질, 형식이 서로 다르기 때문에 다음과 같은 세 가지 유형으로 분류된다.

(1) 탐문

탐문은 기업이 연구하고자 하는 문제의 일반적인 성질을 알고자 할 때 사용되는 방식이다. 연구자는 연구 초기에 연구하고자 하는 문제와 범위에 대해 아직 모호하기 때문에 정확히 어떤 것에 대해서 연구·조사를 해야 하는지 모른다. 예를 들어 어떤 호텔의 매출이 떨어지고 있는데 그 이유가 무엇인지 모를 때, 탐측하는 방식으로 문제점을 발견할 수 있다고 가설할 수 있다.

탐측조사는 일반적으로 두 가지가 있는데, 문헌조사 즉, 수집한 자료를 활용하는 것과 경험조사 즉, 상황에 대해 익숙하게 알고 있는 직원과 전문가에게 직접적으로 인터뷰하는 방법이다.

(2) 서술

서술조사란 자세한 조사와 분석을 통해 시장 활동의 어느 한 방면에 대해 객관적으로 서술하는 것을 말한다. 대부분의 시장조사는 모두 서술조사에 속한다. 예를 들어, 시장잠재력과 시장점유율, 제품의 소비군 구성, 경쟁기업의 상황에 대해 서술하는 것이다.

서술조사를 통해 연관된 각종 요인들을 발견해 낼 수 있지만 원인과 결과 이 두 개의 변수에 대해 설명하는 것은 불가능하다. 탐문조사에 비해 서술조사는 목표가 더 명확하고 연구하고자 하는 문제점이 더 구체적이다.

(3) 인과관계

인과관계에 대해 조사하는 것은 연관된 현상과 변수 사이의 인과관계를 찾고자 함에 있다. 서술조사는 어떤 현상과 변수 사이의 연관성에 대해서 서술할 수는 있지만 그 변수가 다른 변수와의 관계 변화에 대해서는 설명할 수 없다. 그렇기 때문에 그러한 인과관계를 조사해야 한다. 예를 들어 호텔 방값을 내리면 고객들이 더 많이 찾아 올 것인가? 레스토랑의 메뉴를 추가하면 더 많은 관광객을 유인할 수 있을 것인가? 인과관계 조사의 목적은 바로 증거를 찾아 가설들을 검증하는 것이다.

4) 시장조사 단계

관광기업 마케팅조사는 매우 복잡한 작업으로 반드시 계획적, 조직적, 단계적으로 진행해야 한다. 일반적으로 조사활동 중 각 작업은 자연적이고 객관적인 관계에 의해 다음과 같은 세 단계를 거쳐 조사할 수 있다.

(1) 준비단계

준비단계에서 주된 임무는 조사의 주제를 정하고 목표설정, 가설설정과 얻고자 하는 정보를 확정하고, 공식적으로 조사하는데 기초를 마련하고자 함이다. 주로 다음과 같은 절차가 포함된다.

① 상황 초기 분석 : 조사인원은 현재 보유하고 있는 자료와 관찰과 경험을 통해 초보적으로 분석을 해야 하며 관리와 경영에 있어서의 문제점들을 탐색하고 문제가 발생한 원인에 대해서 예측하고, 가설을 추리해내고 해결 가능한 방법을 탐색하는 것이다. 예를 들어 관광기업의 각종 경영 기록, 재무보고서, 관광객들이 보낸 메시지와 메모 등 내부 자료를 분석하고, 정부에서 공식 발표한 통계자료, 경쟁사 자료, 각종 정보통신 등의 외부적인 자료를 통해 현재의 문제점과 문제가 발생하는 원인을 예측해내는 것이다.

② 비공식적인 조사 연구 : 비공식적인 조사 연구를 탐색연구 조사라고도 한다. 초기 상황 분석을 통해 제기한 문제와 각종 가설에 근거하여 새로운 가설이 기존의 가설을 대체할 것인가를 결정할 수 있게 하며 문제의 원인은 무엇인지를 알 수 있게 한다. 가장 흔히 사용되는 방법으로는 관광객, 직원, 사업파트너, 심지어는 경쟁자의 의견을 구하는 것이다. 어떤 문제들은 이러한 비공식적인 조사만으로도 해결 가능하기 때문에 시장조사는 쉽

게 종료할 수 있다. 하지만 대부분의 상황에서는 단지 문제점의 범위와 깊이에 대해 개략적으로 파악만 할 수 있는데 구체적인 원인을 밝혀내려면 한층 깊은 조사를 진행해야 한다.

③ 주제 정하기 : 초기 상황에 대한 분석과 비공식적인 조사를 통해 문제의 범위를 정하여, 공식적으로 조사하고자 하는 주제를 정할 수 있으며 계획과 범위에 대한 초안을 작성할 수 있다.

(2) 공식 조사단계

① 계획 초안 작성 : 조사에 대한 계획은 시장조사에 있어서 원칙이며 조사의 규칙과 설계라고도 부른다. 주된 내용으로는 조사하고자 하는 문제의 목적, 내용, 방법, 절차와 조사에 참가하는 조사인원, 조사하는 시간의 분배, 진도, 비용의 예측 등이 포함된다.

② 계획 실행 : 계획 실행이란 조사하고자 하는 계획을 실행으로 옮기는 단계이며 조사 작업에서 중요한 단계이다. 계획 실행은 주로 조사원의 교육, 조사항목 설정과 설문지 작성, 자료수집 등이 포함된다.

(3) 정리단계

① 자료정리와 분석 : 조사를 통해 얻은 정보는 그 내용이 복잡하고 양이 많다. 조사를 진행하는 조사원들은 이러한 자료에 대해 감별, 선별, 분류, 정리, 데이터를 통계 처리해야 하며 그 다음 정리된 자료를 전면적이고 심층적이며 객관적으로 분석하여 결론을 도출해내야 한다.

② 보고서 작성 : 마케팅조사의 최종 결과는 연구 보고서를 통해 완성된다. 연구조사 보고서는 최초에 제기되었던 문제에 대해 확실한 답을 얻어내야 하며, 연구 조사 보고서 작성 양식에 따라 작성해야 하며, 경영자에게 상세하고 확실한 자료를 제공하여야 하며, 명확한 결론과 가치가 있는 제안을 해야 하며, 실제 경영관리에 유용하게 쓰여야 하며, 관광기업 경영전략과 관광기업 발전을 예측할 수 있는 근거가 되어야 한다.

5) 조사 방법과 설문지 작성법

(1) 조사 방법

조사 보고서 작성에 있어서 주의해야 할 점은 조사하고자 하는 목적과 구체적인 조사 목표에 근거하여 그에 알맞은 조사방법을 사용하여 신뢰성 있는 정확한 정보를 얻어내야 한다.

① 문서조사법

문서조사법은 간접조사법이라고도 부르며 시장조사를 할 때 가장 먼저 사용하는 방법이기도 하다. 수집한 관광기업의 내부와 외부의 각종 데이터정보를 통해 그 중에서 조사하고자 하는 주제와 연관된 내용을 추출하여 분석을 하는 방법이다. 이러한 데이터 정보는 기업 내부, 도서관, 정부기관, 산업협회, 학술정보, 대중매체 등의 경로를 통해 손쉽게 구할 수 있다는 장점이 있으나 그 내용이 거시적이고 전면적이다. 하지만 구체적인 문제점을 밝혀내는 것은 다소 어렵고, 정확성 또한 부족하기 때문에 보조 자료라고도 불리운다.

② 실지조사법

실지조사법은 직접조사법이라고도 한다. 주도 면밀한 계획과 조직 하에 조사원이 직접으로 1차적 자료를 수집하는 것을 말한다. 주로 설문법, 관찰법, 실험법이 사용된다.

설문조사방법은 자료 수집을 위한 조사방법으로 가장 대표적이고 오래된 조사기법이다. 설문조사는 조사 대상자에게 조사자가 알아내고자 하는 것을 질문하여 응답을 통해 자료를 도출하는 방법이다. 따라서 설문조사의 특징은 어떤 한 시점에서 자료가 수집되고 고정적인 일련의 질문으로 구성되어 있다. 조사원과 피조사자의 접촉 방식에 따라 개인설문, 전화설문, 우편물을 통한 설문으로 나눌 수 있다.

관찰법은 조사원이 직접 측정기를 가지고 현장에서 조사하고자 하는 대상의 행위와 동태의 변화에 대해서 기록하는 방법을 말한다. 관찰기록의 내용은 주로 소비자 인원수, 유형과 활동 유형에 관한 것이며 활동이 발생하는 시간, 장소, 빈도수와 지속되는 시간 등이 포함된다. 관찰법의 가장 큰 장점은 조사원이 직접적으로 피조사자에게 접근을 하지 않기 때문에 심리적인 부담이 적고, 객관적으로 피조사자들의 실질적인 행동과 행위를 반영할 수 있으며 진실성이 강하다. 하지만 결과물은 단순한 서술을 통한 자료에 불과하며 인과관계와 문제점의 원인을 찾기는 매우 어렵다.

실험법은 자연과학 연구를 위해 생겨난 실증적인 방법이다. 실험법은 보편적으로 한 개 이상의 독립변수와 한 개 이상의 종속변수와의 인과관계를 밝히는 고도의 조사방법으로 즉, 독립변수를 조작하여 종속변수에 대한 그 조작의 효과를 관찰하고자 측정하는 방법이다. 실험법은 보통 작은 규모의 환경 속에서 진행되며 결과물의 신뢰도가 높으며 타당성이 매우 높기 때문에 주관적인 의견과 견해를 추가하는 등의 오류를 범하는 것을 방지할 수 있다.

(2) 설문지 작성법

질문지법은 1차적인 자료를 얻기 위해 주로 사용되는 방법이며, 설문지는 가장 흔히 사용되는 도구 중의 하나이다. 설문지를 제작하는 것은 조사원들이 알아야 할 가장 기초적인 것으로 마케팅조사에서도 가장 기초적인 작업에 속한다.

① 설문지 기본 구성

㉠ 설문지 제목 : 예를 들면 "관광기업 소비자 만족도에 대한 조사"

㉡ 설문지에 대한 설명 : 설문 조사하고자 하는 목적과 의의, 작성방법, 요구사항 등

㉢ 피조사자의 인적사항 : 성별, 나이, 문화수준, 직업, 소득 등

㉣ 설문내용 : 설문지의 주된 내용이며 핵심 부분이다

㉤ 분류번호 : 정리와 통계 분석하기 용이하게 하기 위한 기호

② 질문형식(응답형식)

㉠ 개방형 질문 : 개방형 질문이란 응답에 대한 특정 구조를 제시하지 않고 응답자가 자유롭게 응답하는 것이 허용되는 질문이다. 예) "당신은

한국 관광기업에 대해 어떻게 생각하십니까?"

㉡ 폐쇄형 질문 : 폐쇄형 질문이란 연구자가 제시한 목록에서 응답자가 고르도록 하는 질문이다. 여기에는 선택형, 등급형, 서열형 등 크게 3가지 양식의 질문이 있다.

표 5-4 폐쇄형 질문유형

번호	질문유형	설명	질문 예
1	양자택일형	예-아니오 찬성-반대	기회가 된다면 다시 한번 본국(지역)을 방문하겠습니까? 1) 예 2) 아니오
2	다중택일형	세 개 이상의 항목 중에서 하나를 선택	한국 관광기업의 어떤 면이 가장 마음에 듭니까? 1) 시설 완비 2) 서비스 3) 교통편리 4) 가격이 저렴하다 5) 안전 보장 6) 음식 맛이 좋음 7) 기타
3	등급형	매우 찬성 찬성 보통 반대 매우 반대 등	안내데스크에서 체크인하는 속도에 대해 만족하십니까? 1) 매우 만족 2) 만족 3) 보통 4) 불만족 5) 매우 불만족
4	순위형	1순위, 2순위 등 순서로 나열	한국 관광기업에서 제공한 시설 중에서 마음에 드는 순서대로 나열하세요. 1) 회의실 2) 레스토랑 3) 비즈니스센터 4) 미용실, 피부관리실 5) 세탁실 6) bar 7) 클럽 8) 노래방시설 9) 사우나 10) 기타

ⓐ 선택형 : 선택형 양식에는 양자택일형(예-아니오, 찬성-반대)과 다중 택일형(세 개 이상의 항목 중에서 하나를 선택)이 있다.

ⓑ 등급형 : 등급형 양식은 주어진 질문에 대한 응답의 강도(매우 찬성-찬성-보통-반대-매우 반대)를 나타낼 수 있게 구성된 양식이다.

ⓒ 순위형 : 순위형 양식은 응답자들이 중요하다고 생각하는 정도나 좋아하는 정도를 알고자 할 때 사용되는 양식이다. 즉 여러 개의 항목들을 1순위, 2순위 등과 같이 순위를 매기도록 하는 방식이다.

3. 관광기업과 수요 예측

1) 관광기업의 수요 예측

관광수요 예측이란 관광객 추세 자료를 기초로 장래에 필요한 수요를 과학적인 방법으로 미리 측정하는 것을 말한다. 관광기업의 수요 예측은 관광기업이 시장 조사를 통해 대량의 정보를 기초로 관광기업이 미래 일정한 시기의 발전 추세에 대해 분석하고 판단할 수 있는 자료를 제공한다.

관광시장 수요 예측과 관광기업의 시장조사는 밀접한 관계를 갖고 있는데, 관광시장 수요 예측은 먼저 시장조사를 한 후 획득한 대량의 정보를 바탕으로 다양하게 진행되어야 한다. 이때 얻어낸 정보는 정량 분석과 정성 분석을 통해서 관광시장의 변화추세를 통해 수요 예측을 할 수 있다. 그렇기 때문에 관광기업의 수요 예측은 마케팅조사가 필수적으로 진행되어야 하며 관광기업 마케팅 조사의 중요한 목적이다.

2) 수요 예측 내용

관광기업 수요 예측의 대상은 관광기업 경영에 영향을 미치는 각종 요소이며 이러한 요소 중에서 정치적, 경제적 요인은 대부분 수요 예측의 배경이며, 각종 수요 예측의 기본 요소이기도 하다.

① 시장 환경 : 시장 수요, 관광객의 변화, 소비방식의 변화 등이다.

② 시장의 경쟁환경 : 시장 규모의 크기, 시장 점유율, 시장 가격, 경쟁대상 등이다.

③ 기업환경 : 환대능력, 환대량의 변화, 경영자본, 경제적 효용과 이익 등이다.

3) 수요 예측 절차

① 목표설정과 계획수립 : 우선 수요 예측을 통해 달성하고자 하는 목표가 무엇이며, 어떠한 문제점들에 대해 해결하고자 하는지 그 목표와 대상을 정해야 한다. 그 다음은 목표달성을 위한 계획을 수립해야 하는데, 예측하고자 하는 시간, 범위, 조직 기구, 업무 분담, 실행 절차, 예측 방법 등에 대한 구체적인 계획을 수립한다.

② 자료 수집과 정리 : 다양한 경로를 통해 수집한 자료와 예측 목표에 관해서는 광범위한 자료 조사를 해야 한다. 그 다음 정보의 진실성, 정확성을 판별해내고 허위적인 것과 불확실한 자료에 대해서는 과감히 버린다. 마지막으로 분류하여 정리하고 자료 검색이 용이하도록 해야 한다.

③ 관계 분석과 예측 : 정확한 분석을 위하여 자료를 정성적, 정량적 분석을 하여야 하며, 각 요소 간의 관계와 역사적 변화를 통해 시장수요를 예측을 한다. 정량적 수요 예측은 계량적인 자료들을 이용하여 관광수요를 예측한다.

④ 결과 도출과 보고서 : 수요를 예측한 결과물은 정성적인 것일 수도 있다. 그러나 최대한 정량적인 결과도출을 시도해야 한다. 예를 들어 "관광호텔 객실이용 가격 인하의 한계성"에 대해 최대한 정량적으로 해야 한다. 예를 들어 2014년말 서울시 4성급 호텔 이용 객실 수는 2만 5천 개에 달할 것이다. 그리고 결론을 도출해 낸 다음에는 보고서를 작성해야 한다.

수요 예측 보고서는 전반적인 작업의 결과물이며 연구성과를 전달하는 주요 수단이기도 하다. 수요 예측 결과보고서를 제출하고 최종적으로 관광기업 마케팅이 전략으로 채택되면 수요 예측 작업은 비로소 그 작용을 발휘하게 된다.

4) 수요 예측 방법

실질적으로 전 세계에서 수요 예측에 활용하는 방법은 여러 가지가 있다. 하지만 일반적인 수요 예측 방법으로 정성적 방법과 정량적인 방법이 주로 쓰인다.

(1) 정성적 방법

정성적 기법 또는 질적 기법은 개인의 주관이나 판단 그리고 여러 사람의 의견에 입각하여 수요를 예측하는 것으로 주로 중·장기예측에 많이 쓰인다. 이 방법은 관광수요를 결정짓는 여러 요인이 불안전하거나, 시계열이 존재하지 않거나, 신뢰성이 낮을 때, 필요한 정보가 부족할 때, 예측자의 주관적인 경험을 바탕으로 미래의 가상상태를 결정하는 것이다. 따라서 비교적 간편하고 용이한 반면, 예측자의 주관적인 판단이나 편견이 개입되어 객관성이 부족하고 미래예측의 정교함이 떨어지는 경향이 있다.

이러한 정성적 수요 예측 방법은 계량적 예측법이 갖는 한계점을 보완하기 위해 사용될 수 있다. 즉 계량화하기 어려운 사회적, 심리적 변수들을 고려할 수 있으며 예상치 못한 사회적, 경제적 상황의 변동에 따른 관광수요 변화의 범위를 산출하기 위함이다.

관광수요 예측에 도입되는 정성적 접근방법에는 역사적 유추방법, 전문가 패널, 델파이법, 시나리오 설정법 등이 있지만 그 중 델파이법(Delphi method)은 전문가들의 의견을 체계적으로 추출하여 이것을 통계적으로 분석하여 결론에 도달하는 방법으로 전문가 합의법이라고도 한다. 장점으로는 비교적 신속한 처리가 가능하고 적은 비용이 든다는 점과 기본적인 데이터가 부족하거나 계량화하기 어려운 문제에 대해 유용하다는 점에서 흔히 사용되는 방법 중의 하나이다.

(2) 정량적 방법

정량적 수요 예측 방법은 계량적인 자료들을 이용하여 통계적인 방법과 수학모델을 통해 수량의 변화와 규칙 그리고 수량 사이의 구조 관계에 대해 분석을 한다. 따라서 보통 미래의 시장수요 변화 추세에 대해 예측하는데, 정량적 수요 예측 방법에는 크게 시계열 모형과 인과모형이 있다.

정량적 수요 예측은 정성적 수요 예측의 주관적인 편견성을 극복할 수 있으며 예측한 결과는 미래의 발전 가능성에 대해 매우 명확하게 표현할 수 있으며 신뢰도가 매우 높다.

4. 관광기업 마케팅 개발 전략

관광기업 마케팅 개발 전략은 관광기업이 마케팅 개발, 경쟁상대와의 대립, 지속적인 경쟁우위를 가질 수 있도록 한다. 관광기업은 경영 전략에 입각하여 치밀한 개발 전략을 세워 치열한 시장 경쟁 속에서 지속적으로 살아남을 수 있도록 해야 한다.

1) 혁신 전략

혁신이란 지식경제시대에서 경제 발전을 촉진함에 있어서 없어서는 안 될 화두이다. 과학기술이 날로 발전함에 따라, 특히 정보통신 기술, 바이오 기술 등 산업의 고도성장으로 인해 세계 각국의 정치, 경제, 문화 등의 영역은 크게 영향을 받는다.

관광산업은 제3의 새로운 산업으로 기회와 위기가 동시에 존재하는 산업이기도 하다. 관광산업은 정보로 밀집되어 있는 업종으로 정보통신 기술의 발전은 관광기업 상품의 생산과 설계, 판매촉진 그리고 전반적인 판매활동에 결정적인 작용을 하고 있으며, 이 중 혁신은 점점 더 큰 영향으로 다가오고 있다.

관광기업의 혁신은 관광기업이 새로운 지식과 새로운 기술 등을 이용하고, 새로운 경영관리 방식과 수단 등으로 관광기업의 서비스 가치를 제고하고 관광객에게 고품질의 상품을 제공할 수 있도록 하는데, 관광기업의 혁신에는 기술혁신, 가치증대, 조직기구 혁신, 관리혁신 등이 포함된다.

(1) 기술혁신

정보통신 기술을 상징으로 한 기술혁신은 관광기업의 경쟁능력을 끊임없이 제고할 수 있다.

① 정보통신 기술을 통해 관광기업을 혁신 발전시킬 수 있다. 지능형 데이터베이스를 통해 정보통신을 중요한 전략자원으로 이용하여 관광기업의 기존 생산경영 방식을 바꾼다.

② 전자상거래는 관광기업이 핵심경쟁 능력을 제고할 수 있는 기회를 마련한다. 관광기업은 "고객관리"를 강화해야 하고, 고객을 가장 중요한 자원으로 간주하며, 관광객들의 정보를 수집·가공하여 관광객을 위한 상품을 제공할 수 있도록 해야 한다.

③ 관광객에게 제공되는 원스톱(one-stop) 서비스 외에도 더 중요한 것은 컴퓨터 기술을 이용하여 내부관리를 강화하고 자원을 보호해야 한다.

(2) 가치증대

관광기업의 가치증대는 관광기업이 마케팅 개발에 참여하는 새로운 이념이다. 가치증대란 단순히 상품의 기술 경쟁력을 제고하는 것이 아니라 더 많은 가치를 창조하여 관광객에게 제공하는 것으로, 더 많은 관광객을 유치하여 성공할 수 있도록 하는 것을 말한다.

기술혁신이 순방향의 경쟁 수단이라고 하면 가치증대는 역방향의 경쟁 전략이다. 중소형 관광기업은 가치증대의 방법을 이용하여 더 큰 경쟁상대와 직접적으로 부딪칠 수 있는 위험성을 감수해야 한다.

(3) 조직기구 혁신

조직기구의 혁신은 관광기업 혁신의 새로운 작업이다. 기존의 조직기구의 혁신이 없으면 기술혁신과 가치증대는 실현할 수 없다. 관광기업 조직의 혁신은 주로 다음과 같은 면에서 중점을 두고 착수해야 한다.

① 기존의 피라미드형 관리제도에서 벗어나, 신속한 정보 전달과 고효율적이고 원활한 수직적 기업 관리조직을 만들어야 한다.

② 조직구성원의 태도와 관계 변화를 통해 성과분배제를 개선해야 하며, 개개인의 능력을 발휘할 수 있는 충분한 기회를 제공하고 다양한 방면에서

재능을 갖춘 인력으로 조직을 구성할 수 있어야 한다.

③ 새로운 구조변화와 함께 특히 기업 내부에 마케팅 부서를 둔다.

(4) 경영혁신

경영혁신 내용은 경영의 방침, 마인드, 수단, 제도 등에 대한 혁신을 말한다. 관광기업 경영에서 인적자원, 정보통신 자원의 활용을 극대화하는 것은 기계설비의 작용을 약화시키며, 동시에 지식자원형 경영방식을 통해 기술혁신, 가치증대, 조직기구 혁신을 실현하려면 반드시 경영의 혁신부터 이루어야 한다.

2) 마케팅 개발 전략 모형

관광기업 마케팅 개발의 목표와 특징에 따라 관광기업 마케팅 전략을 다음과 같은 세 가지로 분류할 수 있다.

(1) 원가우위 전략

원가우위 전략을 저자본 개발 전략이라고도 한다. 관광기업의 원가우위 전략이란 관광기업이 동일한 제품과 서비스를 제공함에 있어서 그 원가와 비용이 기타 동일 업종의 평균보다 또는 주요 경쟁상대 보다 현저하게 낮은 것을 말한다.

① 원가우위 전략 실천을 위해서는 가격 경쟁 전략을 택할 수 있는데, 이는 시장 점유율 경쟁을 해야 하며 자사의 원가를 낮춤과 동시에 경쟁상대의 원가를 낮추도록 해야 한다. 이때 경쟁상대는 이윤을 상실하는 상황에 놓이게 되기 때문에 시장에서 퇴출할 가능성이 크다.

② 관광기업이 원가우위 전략으로 살아남기 위해서는 가격 경쟁에 참여할 수 있어야 한다. 또한 비성수기와 같은 시기에 원가를 절감하여 낮은 가격의 제품과 서비스를 제공하여 소비자들로 하여금 소비에 대한 부담을 덜게 하여 더 많은 구매의 기회를 제공하도록 해야 한다. 이때 기업은 손실을 최소화할 수 있으며 안정적인 수익을 거둘 수 있다.

③ 관광기업은 원가우위 전략을 통해 잠재적 경쟁상대가 쉽게 관광시장에 진

입할 수 없게 진입장벽을 만들어 준다.

원가우위 전략의 제약점은 다음과 같다.

① 시장에서 제품차별화를 상실할 수 있다. 만약 관광기업이 일방적으로 장기간 동안 원가우위 전략을 실행하고 과도하게 원가를 절감하게 되면 새로운 차별화된 제품을 개발하고 관광시장의 변화를 감지하는 능력을 상실하게 된다. 또한 제공하는 관광상품도 관광객들의 새로운 요구 수준에 부합할 수 없게 된다. 원가절감을 통해 일부분의 관광객들을 유인할 수는 있지만 원가절감으로 얻은 수익보다는 잃게 되는 손실이 더 클 수도 있다.
② 원가우위전략은 장기적으로 유지할 수 없다. 현대의 신속한 과학기술의 발전으로 인해 생산품의 생명주기는 날로 단축되어 가고 있으며, 기업이 기존에 의존하였던 생산기술 또한 과학기술의 발전에 따라 섬점 그 힘을 잃게 된다. 이때 기업의 원가우위 전략은 더 이상 효력을 발휘할 수 없게 된다.
③ 원가 집중화 전략 기업의 도전을 받게 된다. 원가 집중화 전략을 사용하는 기업이 증가함에 따라 원가우위의 기업에게 위협을 가져다준다.

(2) 차별화 전략

차별화 전략을 특별개발 전략 또는 제품차별화 전략이라고도 한다. 관광기업의 차별화 전략의 주된 내용과 특징은 소비자들에게 제공되는 제품이 차별화된, 특색이 있는 제품으로 경쟁상대에게는 없는 독특한 관광상품으로 시장 점유율을 확대해 나갈 수 있게 한다.

관광기업의 상품 차별화는 다양한 방면에서 나타난다. 예를 들어 관광상품의 지역특색, 관광상품의 부가적인 기능, 개성 있는 관광코스, 관광서비스의 특별화, 판매방식의 차별화, 관광상품 공급자의 지리적 위치의 우위 등이 포함된다.

관광기업은 상품을 개발함에 있어서 해당 지역 또는 그 기업만의 특색을 갖춘 상품이어야 하며, 기타 동종 업체의 상품과 비교하였을 때 차별화된 우위를 나타내는 상품으로 관광객들의 흥미를 유발하고 대신 가격에 대해서는 관광객이 민감하게 반응하지 않도록 해야 한다. 그렇기 때문에 관광기업이 실행하는 상품 차별화 전략의 기본 조건은 제품을 연구, 개발할 때 혁신적이고, 적응력, 대처능력을 최우선으로 고려하여야 한다. 또한 관광기업은 판매 능력이 뛰어나고, 정확한 표적시장이 있어야 하며, 효과적인 운영 수단과 방법을 사용할 수 있어야 하며, 제품의 품질과 기술 우위를 자랑할 수 있는 명망 높은 기업이 될 수 있도록 노력해야 한다.

그러나 차별화 전략도 제한점은 있다.

① 원가우위를 상실할 수 있다. 관광기업은 과도하게 차별화를 추구하게 되면 원가가 상승하기 마련이다. 특색이 있는 관광상품은 일반 관광상품의 가격과 차이가 나기 때문에 일부 관광객들은 구매하기를 꺼려하고 관광상품에 대한 흥미를 유발하기 어렵다. 따라서 구매 욕구가 떨어지고 기존의 시장 점유율은 떨어지게 된다.

② 소비자 요구의 변화에 적응하기 어렵다. 시장 수요는 끊임없이 변화하고 있기 때문에 소비자들의 요구 변화에 따라 차별화된 이미지와 소비자들의 호기심을 자극하고 구매 욕구를 일으켰던 매력성은 줄어들어 경쟁우위 또한 동시에 사라지게 된다.

③ 기타 모조품이 출시된다. 이윤을 추구할 수 있는 상품이라면 같은 업종의 기업에서 그 상품을 모방하여 생산하는 것을 막을 수 없는 일이다. 이는 차별화된 상품의 전략에 큰 충격을 줄 것이며 차별화된 상품의 우위를 잃게 한다.

④ 차별화 집중기업의 도전을 받게 된다. 목표 집중화 전략을 내세우는 기업은 부분 시장에서 자본금을 늘리고 차별화된 전략을 내세워 서로 경쟁을 하게 될 가능성이 있다.

(3) 집중화 전략

집중화 전략을 목표 집중화 전략이라고도 한다. 관광기업의 집중화 전략이란 관광기업이 그 역량을 전체 시장 중에서 일부분에 집중화하는 것으로 그 일부분에서 자신들의 상품을 원가 또는 차별화를 통하여 우위를 차지하는 것을 말한다. 여기에서 말하는 시장의 일부분이란 특정한 분류의 관광 소비자일 수도 있고 특정한 관광상품일 수도 있으며 또 특정한 관광지일 수도 있다.

집중화 전략은 먼저 관광시장을 세분화한 다음 자신의 조건에 따라 한 개 또는 몇 개의 세분화된 시장을 표적시장으로 선정하고, 표적시장을 겨냥하여 새로운 관광상품을 개발하는데 힘쓰는 것을 말한다. 예를 들어, 특정 관광상품을 생산할 때 관광소비자의 요구에 부합되는, 전문화된 상품을 개발하는 것이다. 또는 기업의 역량을 특정 부류의 관광 소비자들을 위해 그들이 요구하는 관광상품을 만드는데 집중하는 것을 말한다. 노인관광, 수학여행 등으로 특정 관광지의 관광 발전-유럽관광 시장 또는 중국의 홍콩, 마카오, 대만 관광시장이 해당된다.

집중화전략은 관광상품 홍보를 중요시해야 하며, 관광객들의 수요에 대해 예측하고 조사를 할 필요가 있다.

경영능력과 경험이 부족한 관광기업이 기존의 성숙단계의 시장에 진출하여 대기업과 정면승부를 할 수 있는 능력이 부족할 경우, 상대방의 약점을 캐 내거나 소비자들의 요구를 충족시키지 못하는 부분을 찾아내어, 작은 세분화된 시장에서 상대적인 우위를 차지하는 것이 유리하다.

이러한 집중화 전략의 제한점은 다음과 같다.

① 또 다른 특정 수요층을 만족시키기 어렵다. 집중화 전략을 내세우는 관광기업은 해당 시장의 범위가 매우 좁으며, 기업은 전반적인 역량과 자본을 한 개의 제품 또는 특정 시장에서 서비스를 제공한다. 그렇기 때문에 일단 표적시장의 수요에 변화가 일어나면 기업은 단기간 내에 변화된 수요에 맞추기가 어렵기 때문에 관광기업은 수동적인 국면을 맞게 된다.

② 세분화된 시장 간 격차가 줄어든다. 집중화 전략을 내세운 기업이 선택한 표적시장과 기타 시장 사이의 구별성은 뚜렷하지가 않으며 큰 차이가 없다. 따라서 소비자들이 선택할 수 있는 범위가 광범위해지기 때문에 다른

기업에게 기존의 시장 점유율을 빼앗길 수도 있다.

3) 마케팅 전략의 선정

(1) 마케팅 전략 선정 원칙

마케팅 전략의 실행이란 실제로는 마케팅에 있어서 장점은 살리고 단점은 피하는 것이며, 자신만의 경쟁우위를 앞세워 핵심 경쟁력을 창조하는 것을 말한다.

핵심 경쟁력이란 조직에서 핵심 자원과 능력을 넓히는 것이며 어떻게 하면 핵심 보유 자원과 기술능력을 유기적으로 결합할 수 있는 지를 말하는데, 이는 기업이 경쟁우위를 유지할 수 있게 한다.

마케팅 전략 선정의 기본원칙이란 기업의 내재 자원과 지식 그리고 능력을 외부 환경의 변화에 따라 조절 가능한 경쟁우위 전략을 가리킨다.

관광기업의 서비스 자원과 기술은 핵심경쟁력에서 매우 중요한 부분으로 이는 관광상품의 특수성으로 나타난다. 그렇기 때문에 어떻게 자원을 배분할 것인지 등 자원의 배분도 중요하지만 보유 핵심자원의 전반적인 효능을 제고하는 것에 중점을 두어야 한다. 기술수준은 서비스자원 중에서 중요한 부분으로 서비스 자원을 유기적으로 결합하여 물질과 인체를 통한 서비스의 효능을 발휘하는데 중요한 영향을 미치는데, 이때 합리적인 기술 운용은 관광기업의 핵심경쟁력의 중요한 요인을 형성한다. 관광기업은 현재 보유하고 있는 자원, 지식, 기술의 상황에 근거하여 우위를 내세울 수 있는 마케팅 전략을 통해 기업의 핵심경쟁력을 유지할 수 있도록 해야 한다.

(2) 마케팅 전략 선정 요인

관광기업은 마케팅 전략을 선택함에 있어서 위에서 언급한 필수조건 외에 다음과 같은 요인들에 대해서도 고려해야 한다.

① 관광기업이 선정한 표적시장의 소비수준과 소비관념 : 만약 관광기업이 선정한 표적시장의 소비수준이 비교적 높을 경우 소비는 차별화된 그리고 개성이 뚜렷하고 고급화된 것을 추구한다. 그렇기 때문에 이 경우 원가우

위 전략은 의미가 없다. 반면에 차별화된 제품 가격이 소비자들이 받아들일 수 있는 범위를 벗어나거나 소비자들이 개성화를 추구하는 성향이 뚜렷하지 않을 경우에는 차별화 전략보다 원가우위 전략이 더 효과적이다.

② 관광기업의 생산과 판매능력 : 일반적으로, 규모가 비교적 작은 관광기업의 생산과 판매능력은 작기 때문에 집중화 전략을 선택하는 것이 유용하며, 그들의 역량을 특정 소비자 집단과 특정 관광지나 특정 상품에 집중화하는 것이 용이하고 대기업과 직접적인 경쟁을 면할 수 있다. 만약 관광기업의 생산능력이 크지만 판매능력이 약할 경우에는 원가우위 전략을 고려해 볼 수 있다. 반면에 관광기업의 판매능력은 크지만 생산능력이 비교적 약할 경우, 차별화 전략을 선택하는 것이 좋다. 하지만 관광기업의 생산과 판매능력이 모두 클 경우에는 먼저 원가우위 전략을 내세운 다음 판매할 때는 차별화 전략을 이용하는 것이 좋다.

③ 관광기업이 제공하는 관광상품의 특징 : 여기에서 말하는 관광상품의 특징이란 주로 관광기업 상품의 차별화된 정도를 말한다. 관광기업이 독특한 자연, 역사, 문화, 인문 등 관광자원을 보유하고 있다면 개성이 강한 관광상품을 만들어낼 수 있는 우위를 가지고 있으며, 이때는 제품차별화 전략을 이용할 수 있다. 만약 관광기업에서 제공하는 관광상품이 기타 일반 상품과 많은 측면에서 동질성을 가지고 있다면 대체가능성이 높아 원가우위 전략을 선택하는 것이 유용하다.

④ 관광기업이 제공하는 관광상품의 생명주기 : 일반적으로 관광상품이 시장 진입 단계 또는 성장단계에 있다면 잠재적 경쟁자의 진입을 막기 위해서 원가우위 전략으로 소비자들의 구매 욕구를 자극할 수 있고, 저 비용으로 높은 시장점유율을 유지하고 고수익을 창출해 낼 수 있다. 반면에 관광상품이 성숙단계 또는 쇠퇴단계에 있으면, 소비자들의 수요가 다양하고 복잡하고 개성이 강할 경우 제품차별화 전략과 집중화 전략을 채택하는 것이 유용하다.

관광가격 전략

CHAPTER 06

6-1 관광가격의 구성과 분류

1. 관광가격의 구성

관광가격은 관광상품의 가치를 나타내는 것으로 관광상품의 가격이다. 관광상품에는 단일 관광상품과 패키지 관광상품 두 가지 종류가 있으며 이에 따라 관광가격도 두 가지 형태로 나타나는데, 단일 관광상품 가격과 결합 관광상품 가격이다. 단일 관광상품 가격이란 관광객의 수요에 의해 구매되는 소량구매 또는 중복구매 방식을 말한다. 예를 들어 호텔의 레스토랑 이용 가격, 객실 이용 가격, 기타 입장료 등을 말한다. 하지만 대부분의 관광객들은 여행사가 제공하는 각종 서비스를 꾸러미로 구매하는 경향이 대부분인데, 이때 관광상품의 가격은 패키지 관광상품의 가격을 포괄적으로 표현한 것으로 결합 관광상품 가격이라고도 한다.

1) 단일 관광상품 가격

가격은 재화의 가치를 화폐단위로 표시한 것이다. 상품가치는 일반적으로 생산 과정에서 소모되는 재료, 생산자의 개인 소비와 사회적으로 창조되는 새로운 가치 등 세 부분으로 구성된다. 상품은 생산에서부터 소비를 거쳐 최종 소비되는데, 일반적으로 유통과정을 거치게 된다. 유통과정에서 발생하는 각종 소비 지출은 화폐를 통해서 비용으로 나타나며 이러한 비용은 상품가격을 통해서 보상을 받는다. 따라서 가격은 상품가치의 화폐단위로 표시되며 다음과 같은 네 가지 요소로 구성된다.

(1) 생산자본

생산자본은 제품을 생산하는 과정에서 물질적인 소모와 노동의 대가이다. 이는 가격을 구성하는 기초이며 가격을 결정하는 근거이기도 하며 상품가격의 주요 구성부분이다. 보통 생산자본에는 세 가지 내용이 포함되는데, 관광서비스에서는 제공되는 환대시설 및 설비, 교통운송 수단, 건축물과 각종 원자재, 연료자원 등의 자본과 관광기업 종사원에게 지급되는 급여로 관광산업 종사자들이 제공하는 노동의 가치에 대한 보상이며 무형의 가치다.

관광기업의 비용은 기업이 생산 과정에서 지불해야 하는 비용이다. 같은 종류의 관광상품을 생산하는 수많은 기업 중에서 다양한 원인으로 그들이 생산해 내는 상품의 노동량은 동일하지 않으며, 이는 관광상품의 가격이 높고 낮음의 기저를 이룬다. 하지만 가격면에서 보면 생산자본은 해당 상품의 특정 시기 사회적 평균자본일 뿐이다.

(2) 유통비용

상품 유통비용이란 제품 생산에서부터 소비되는 과정까지 지불해야 하는 각종 비용을 말하며, 판매 촉진 활동에 지불하게 되는 비용을 말한다.

상품 유통비용은 상품가격을 구성하는 또 하나의 구성요소로 가격을 정확하게 정할 수 있는 필수 조건이기도 하다.

(3) 이익

이익은 기업이 존재할 수 있고, 기업의 재생산 규모를 확대하는 필요조건이다. 매출이익은 매출 총이익과 당기순이익 두 가지로 나눌 수 있는데, 매출 총이익은 매출액에서 매출원가를 뺀 금액이며, 당기순이익은 경상이익에서 특별

이익, 특별손실, 법인세를 차감한 금액이다.

일반적으로 이윤과 가격은 상관관계를 이루며 가격이 높을수록 기업에서 얻게 되는 이익은 증가한다.

(4) 세금

세금은 납세자가 법에 의거하여 납부하는 금액으로 국가 재정수입의 주요 근원이기도 하다.

2) 패키지 관광상품의 가격

패키지 관광상품 또는 결합 관광상품은 여행사가 여러 개의 단일 관광상품을 하나로 묶어서 관광객에게 제공하는 것으로 그 가격은 여행사가 관광상품을 구입한 비용과 여행사의 이윤을 합하여 결정된다. 그 중 여행사가 관광상품을 결합할 때 각각의 관광상품을 구매하는 비용의 합을 여행사이 구매자본 혹은 대행비용이라고 한다. 교통, 음식, 숙박 등의 비용은 여행사가 대량으로 구입을 한 후에 소비자들에게 제공하는 것이기 때문에 여행사가 구매할 때의 비용은 관광객 개인이 구매한 총 비용보다 낮아야 한다.

패키지 관광상품은 크게 세 가지 부분으로 구성되는데, 관광 출발지와 관광 목적지 사이의 왕복 교통비용, 관광목적지에서의 관광상품 가격, 여행사의 서비스 가격이다.

단일 관광상품이든 패키지 관광상품이든 가격 구성은 본질적으로 동일하며 모두 자본, 비용, 이윤과 세금을 합한 것이며, 접근방식과 계산방식에 있어서 차이가 있을 뿐이다. 이러한 차이는 각기 다른 종류의 관광가격으로 보편적으로 존재한다.

3) 관광상품의 비교가격

관광상품의 비교가격이란 상품 교환 과정 중에서 가격과 수량(數量)의 비율로 동일한 시장에서 같은 시기에 각기 다른 상품의 가격 비율 관계이다. 예를 들어 관광상품 중 음식, 숙박, 교통, 유람, 구매 간의 비율 관계로 교통비용이 관광상품 소비 중에서 차지하는 비율이 대부분이기 때문에 거시적으로 볼 때 관광경영의 효과와 수익을 창출해내는데 큰 몫을 한다.

2. 관광가격의 분류

관광상품의 가격 구성은 비교적 복잡하기 때문에 분류 기준에 따라 서로 다른 종류의 관광가격이 형성된다.

1) 구매 방식에 따른 분류

관광객이 관광상품을 구매하는 방식에 따라 패키지상품 가격, 선택상품 가격, 단일 관광상품 가격 등으로 나눌 수 있다.

패키지상품 가격은 관광객의 요구에 의해 여행사에서 관광코스에 의거하여 내놓은 가격을 말하며, 선택상품 가격이란 관광객이 여행사를 통하여 선택한 관광코스에 지불하는 가격을 말한다. 여기서 선택상품의 경우 관광객은 선택코스 상품의 일부분 또는 몇몇 부분에서 일회성으로 지불하게 되며, 기타 부분은 관광객의 취향에 따라 소량 구매하는 옵션 방식이다.

국외 여행에선 많은 사람들이 에어텔을 선호하는 추세이며, 관광명소 티켓, 가이드 통역팁 등 개인의 추가적인 부담은 구체적인 상황을 보고 결정하게 된다. 패키지상품 가격과 선택상품 가격은 관광객이 직접 관광상품 구매 시 발생하는 가격을 말하는데, 포괄적으로 관광객과 여행사 간의 단일성 교환활동이라 말할 수 있다. 일반적으로 패키지상품 가격의 구성은 단일 관광상품 가격의 총합과 여행사의 이윤, 관리비 등의 3개의 부분으로 구성되어 있고, 이 상품의 특징으로는 편리하며 각 상품을 여러 차례 구매하지 않아도 되는 번잡스러움이 없으며, 대량 구매 시 할인을 적용 받을 수 있는 혜택이 주어지는 반면 관광객의 요구 조건을 모두 충족시키지 못한다는 단점이 있다.

단일 관광상품 가격은 관광객이 어떠한 중개기관도 거치지 않는 소량구매 방식으로 관광상품을 구매할 수 있다. 관광객이 구매하게 되는 관광상품은 수많은 관광 부분활동 중 하나 혹은 몇 개의 단일 관광상품이다. 예를 들어 관광객이 자발적으로 차표를 구입하는 구입가격, 숙박비, 관광명소 입장권 등을 말한다. 단일 관광상품 가격은 관광기업 경영자의 원가와 이윤으로 구성되어 있어 비교적 유동적이기 때문에 관광객이 본인의 기호와 시간에 따라서 구매할 수 있는 장점이 있으나 단점으론 수속이 번거로우며 가격이 비교적 비싼 편이다.

2) 활동 범위에 따른 구분

관광객의 활동 범위에 따라 관광상품 가격은 국내관광 가격과 국외관광 가격으로 구분 가능하다. 국내관광 가격은 관광객이 국내관광에 드는 비용을 말하며, 구체적으로 국내여행 패키지 가격과 국내여행 단일 가격으로 나눌 수 있다.

국외관광 가격은 출입국 관광 가격이 포함되어 있으며, 출국가격이든 입국가격이든 일반적으로 국제 교통비용, 여행 목적지와 지역 관광상품의 가격, 관광객을 위한 서비스 비용 등의 명목 비용이 포함되어 있다.

중국의 경우 국외관광 가격 표준을 국외 관광객이 결정하도록 하였고, 국내관광의 가격표준은 내국민이 정하게 하였다. 현재 국내 비행기표, 기차표, 관광명소 입장권 그리고 숙박비의 지불은 국외관광 가격과 국내관광 가격 간 많은 차이가 있다. 왜냐하면 경제개발 수준이 관광사업 부분과 연관되어 있어 개발도상국인 중국의 관광발전 계획은 먼저 국외, 다음이 국내관광 등의 순서로 내국민의 관광수입 분배구조는 해외 관광객보다 낮으며, 관광의식 수준도 해외관광객 보다 낮다. 이러한 해결책으로 국내여행 가격을 한시적으로 국외관광 가격보다 낮게 결정하여, 경제발전 수준에 따라 관광산업의 국제화가 가속화되어 점차 이원화 현상은 사라지게 되었다.

3) 관광상품 수요에 따른 구분

관광객의 관광상품 수요에 따른 구분으로 기본 관광가격과 비 기본 관광가격으로 나눌 수 있다.

기본 관광가격은 관광 활동 중 반드시 소비해야 하는 가격으로 숙박비, 식음료대, 교통비, 관람비 등이 포함된다.

비 기본 관광가격은 여행 활동 중 지출하지 않아도 되는 수요 부분의 가격을 말하며, 예를 들어 관광객에게 제공되는 일회용품비, 의료비, 미용비, 기념품비 등이 여기에 포함되며 관광객의 지불 여부나 액수가 관광활동에 영향을 주지는 않는다.

4) 시장 관점에 따른 구분

관광시장에 따라 관광상품의 가격이 다르게 책정되는데, 서로 다른 관광상품 가격은 동일한 관광상품일지라도 구입과 판로, 판매처, 판매 기간의 차이 등으로 상품의 가격은 일정한 변동폭 내에서 변화하거나 다른 가격을 발생시킨다.

동일한 상품의 서로 다른 관광상품 가격이 발생하는 주요 내용은 다음과 같다.

첫째, 동일한 상품이라도 상품구성의 품질에 따라 가격이 다르게 책정된다.

둘째, 지역에 따라 다른 가격으로 관광지역이 다르면 다른 가격이 책정되며, 운송거리와 유통 경로의 상이로 인한 상이한 가격을 말한다.

셋째, 계절에 따른 다른 가격으로 시기상 모순으로 발생하는 가격인데, 관광상품은 성수기와 비수기에 따라 가격이 달라지게 되며 계절에 따라 상이한 가격은 관광업종에서 더욱 뚜렷이 나타난다.

관광소비는 시기에 따라 소비의 패턴이 달라 어느 계절에 관광을 하는지에 따라서 가격의 기준이 달라지게 된다. 일반적으로 성수기의 가격은 비교적 높은 편이며, 비수기의 가격은 비교적 싼 편으로 대량 구매의 가격 차이와 도매와 소매의 가격 상이를 지칭한다.

넷째, 수량에 따른 가격 차이로 수량에 따른 할인, 일정 수량과 금액을 지불하고 구입하였을 경우의 할인이나 우대 혜택을 말한다. 수량이 많을수록 가격 우대를 하고, 고객들의 구매 욕구를 증가시키며 매출을 증가시키는데 목적이 있다.

관광상품의 가격이 상이한 것은 유명 관광지, 비 유명 관광지, 성수기와 비수기 등의 수요 공급을 조절하는데 도움을 준다. 그러므로 서로 다른 관광가격을 결정하는 규범으로는 과학적이고 유동적이며 실효성이 높아야 한다. 그 이유로는 관광기업의 자금회전과 경제적 효과 그리고 외화 가득률을 제고하는데 큰 역할을 하기 때문이다.

3. 관광상품 가격의 특성

관광경영에서 관광상품의 가격은 관광기업의 수입과 이윤을 창출하는 유일한 요소이다. 관광기업은 생산 효율을 높이고, 원가를 절감하여 가격을 낮추거나 판로를 개척함으로써 경제적 이익을 극대화시킨다.

관광상품의 특성은 관광가격과 생산된 관광상품이 모두 동질적이지 않다는데 있다.

1) 종합성

관광상품은 종합적인 성격을 띠고 있는데, 관광가격의 구성도 역시 마찬가지다. 관광객들은 물질적, 정신적 수요를 충족하고자 일정한 금액을 관광 경영자들에게 지불함으로써 관광상품 교환 활동을 하게 된다.

관광상품의 가격은 각 개별 상품별 가격으로 개별 단위 관광상품의 종합적으로 관광상품 가격이 결정된다. 다만, 관광객의 가격 지불방식은 일시불 혹은 몇 개월 분납 방식으로 진행된다.

2) 복잡성

관광상품의 생산은 호텔, 여관, 여행사, 항공사, 관광지, 관광 명소 등의 다양한 부분이 관련되어 있다. 또한 각 부문과 업종은 서로 다른 경영 범위와 시장 조건, 그리고 각 기업의 원가와 이윤은 독립적으로 관광상품의 계산 단위도 서로 다르다.

교통부문은 도로와 철도의 거리로 환산하여 계산하며, 여관과 호텔은 시간으로 계산하고, 관광지와 관광 명소는 인원수에 따라 계산한다. 그래서 관광상품은 구성적인 면으로 볼 때 상당히 복잡하다는 것을 알 수 있다. 또한 관광상품은 무형의 상품으로 구매와 관광활동을 통해 유형의 형태로 나타난다.

관광가격 구성 중 서비스 부분이 많은 비중을 차지하고 있는데, 서비스의 가치는 단순한 투입 노동량과 시간으로만 결정되는 것이 아니라 서비스의 질과 종업원의 태도, 기교, 방법 등에 의해서 결정되는 경우가 많다.

3) 파동성

관광상품은 비교적 큰 파동성을 가지고 있는데, 이처럼 관광상품 파동의 주요 원인은 다음과 같이 요약할 수 있다.

첫째, 관광상품과 관광활동은 회전이 빠르며 계절과 시간의 제약을 받기 때문이다. 비 성수기에는 관광객 수의 감소로 공급이 수요를 초과하여 관광상품 가격이 낮아지게 되며, 성수기엔 관광객 수의 증가로 관광상품의 공급이 수요를 따가라지 못하여 관광상품 가격이 상승하게 된다.

특정 시기의 관광객 수의 증감에 따라 수요와 공급은 균형을 잃게 되어 관광상품 가격은 계절적으로 파동을 일으킨다. 그리고 관광 목적지 현지 상황과 관광업체들의 대책으로 파동의 폭은 각각 차이를 보인다.

둘째, 관광상품은 근본적인 취약성을 지니고 있다. 관광상품은 구성 자체가 복잡한 관련성으로 인하여 구성 요소의 비율 균형을 유지하기 힘들다. 이러한 비율 변동은 관광상품 전체의 가격파동을 야기하기도 한다.

관광상품의 취약성은 사회, 경제, 전쟁 등 외적인 요인에 영향을 받는데, 이런 요인들은 관광상품의 생산과 경영에 부정적인 영향을 초래하여 관광상품의 가격에도 큰 영향을 준다.

셋째, 관광상품은 대체성을 가지고 있다. 저개발국에서는 관광상품을 사치상품으로 선진국의 생활필수품에 비해 비교적 큰 가격 탄력성을 지니고 있다. 그렇기 때문에 관광 대체상품의 가격이 상승할 때 일반적으로 관광상품 소비를 증가시키고, 관광 대체상품의 가격이 하락했을 때 관광 대체상품 소비를 증가시켜 관광상품의 소비를 감소시킨다.

4) 독점성

일반상품의 가격과 비교했을 때 관광상품의 가격은 비교적 강한 독점성을 지니고 있다. 특히 자연독점적 관광자원을 소유하고 있다면 더욱 그렇다. 예를 들면 중국의 만리장성, 자금성, 구체구, 석림 등의 관광자원은 특수한 조건과 자연환경에서 만들어진 것이기 때문에 사회적 가치, 역사적 가치 그리고 과학적인 가치 등으로는 대체할 수 없는 특성이 있다. 그렇기 때문에 현대의 과학 기술과 노동으로는 다시 만들어낼 수 없으므로 그 가치를 추산하기가 힘들다.

결국 관광자원과 상품의 희소성과 독점성을 의미하며, 관광상품 가격 책정 시 원가는 가격형성에 영향을 주지 않는데 이는 모방, 복제와 재생산이 용이하지 않으므로 강한 독점성을 지니게 된다.

6-2 관광가격 결정

1. 관광가격 시스템

관광시장에서 관광상품의 가격은 각종 요소의 영향을 받는다. 그 요소는 기계의 부품을 조립하여 한 대의 기계를 만드는 것처럼 서로 유기적인 관계를 맺고 있다. 이러한 관광가격 시스템이 관광시장에서 기계와 같은 역할을 하며 각 요소 간 밀접한 관계를 가지고 있다.

1) 가치는 가격의 기초

가격을 결정을 하는 주요한 요소는 가치이다. 가치의 크기에 따라 가격의 높고 낮음이 결정되며 상품가치가 높을수록 가격이 높고, 상품가치가 낮을 경우 가격은 상대적으로 낮게 책정된다.

가격이 가치의 중심에서 상하 유동적으로 작용하게 되며, 일반적으로 가치와 가격은 일치성을 가진다. 관광상품 역시 예외일 수 없으며 관광상품 가격의 높고 낮음은 상품의 가치가 높은지 낮은지를 결정하는 요소가 된다. 이에 따라서 사회적으로 필요한 노동시간을 할애 배분한다.

사회적으로 필요한 노동시간이란 현재의 사회조건, 사회평균 숙련 정도와 노동의 강도에 따라 해당 상품의 사용가치에 의거 노동시간이 정해지는 것을 말한다. 노동 생산성이 높은 국가와 지역에서 만들어진 관광상품은 필요한 노동력의 소모가 적을 뿐 아니라, 관광상품에 포함된 노동가치가 비교적 적다고 볼 수 있다. 노동생산성이 비교적 낮은 국가와 지역의 상황은 앞의 상황과는 정반대로 관광상품에 내포된 노동가치가 비교적 높을 경우, 생산과정에 투입된 노동비용은 비교적 높은 상품가격을 통해서 보상받을 수 있다. 그러나 국제 관광시장에서 관광상품의 가치와 가격은 국제사회에서 필요로 하는 시간에 의해 계산되어야 한다. 높은 노동생산성을 가진 국가와 지역에 입지한 기업은 관광상품 구성에 있어서 노동시간을 국제사회에서 요구하는 시간에 비해 비교적 소량, 적게 투입하고, 관광상품의 가격은 국제사회 가치와 같은 가격으로 판매하고 있는데, 이러한 높은 가치 상품이 기업에게 높은 이윤을 창출하게 만든다. 노동생산성이 비교적 낮은 국가와 지역에 있는 기업의 노동시간과 투입량은 국제사회에서 요구하는 시간보다 다량, 높은 요소가격을 투입한다. 그러나 관광상품의 가격은 국제사회의 가치와 가격결정에 따라 결정되며, 노동투입에 대한 보상이나 기업의 이윤은 보장받을 수 없으므로 관광경영 기업들은 경영관리의 수준 개선과 노동효율의 제고에 주력하고 있다.

2) 수요와 공급은 가격 결정의 핵심

시장경제에서 수요와 공급의 관계 즉, 상품 가격은 시장 규범의 직관적 표현이라고 말할 수 있다. 상품의 공급이 수요를 따라가지 못할 때 가격은 상승하게 되며, 상품의 공급이 수요를 초과할 때 가격은 하강하게 된다.

수요와 공급의 규칙은 시장경제의 일반적인 규칙으로 수요와 공급은 가격의 변동으로 긍정적인 영향과 부정적인 영향을 서로 주고받는다. 관광상품의 가격은 수요공급의 변화에 직접적으로 영향을 미친다.

(1) 수요와 가격의 영향

1970년대 말 1980년대 초 대외 개방이 시작되면서 중국의 관광시장은 유구한 역사와 찬란한 문화, 아름다운 풍광으로 해외 관광객들을 매료시켰다. 당시 중국은 경제 낙후로 인한 호텔의 부족 등으로 호텔가격은 천정부지로 뛰어 올

랐다.

중국의 경우 1989년대 말 사회적인 요인으로 관광객들이 대폭 감소하고, 중국 국내의 4, 5성급의 호텔 방값이 10~20달러까지 떨어지기도 했다. 반면, 1990년 아시안 게임 당시 북경지역의 호텔 방값이 폭등하여 북경시 관광국은 가격제한 정책을 시행할 수밖에 없었다.

현재도 호텔의 경우 성수기와 비수기의 가격은 수요가 가격에 큰 영향을 미치고 있고, 수요에 따른 가격정책을 시행하고 있다.

(2) 공급과 가격의 영향

상품의 공급량과 고객의 수요량의 정도에 따라 가격수준은 큰 영향을 받는다. 1991년 중국의 경우 남경과 항주의 4성급 호텔의 객실은 80달러 정도로 객실 이용률이 80%일 때, 당시 서안의 4성급 호텔은 공급이 수요를 초과하여 겨우 40달러 정도에 판매되었으며, 객실 이용률은 40%까지 하락했다.

또한 호텔의 등급에 대한 균형도 깨어져 높은 등급의 호텔 공급이 수요를 초과하는 심각한 상황을 야기시켰으며 가격 역시 하락하게 되었다. 공급이 수요를 초과했을 때 원가 수준 이하의 비교적 낮은 호텔 가격은 업계에서 살아남는 것을 목표로 하였다. 반면 공급이 수요를 못 따라갈 때에는 호텔 상품의 가격이 상대적으로 높아 이윤창출을 극대화하는 것이 목표였다.

3) 시장경쟁과 가격 결정

시장에서의 경쟁이 상품의 가격 결정 시스템에 중요한 작용을 한다. 고객이 관광상품 구매 시 동일 상품일 경우 가격과 품질을 비교하기 때문이다. 품질과 서비스가 비슷하면 고객은 가격이 비교적 저렴한 상품을 선택하는 것이 일반적으로 자사 상품의 가격을 결정하는데 있어서 경쟁자 상품의 가격을 고려해야만 한다.

일반적으로 시장조사, 경쟁자의 가격 단가표와 상품 가격에 대한 구매자들의 의견을 참조할 수 있는데, 경쟁자의 가격과 상품 현황이 자사 상품의 가격을 결정하는데 참고 자료가 된다. 만약 자사의 상품과 서비스가 상대의 주 경쟁상품과 경쟁할 경우 자사 상품의 가격을 경쟁상품의 가격과 비슷하게 책정하거나 약간 낮게 책정하는 경우도 있다. 만약 자사의 상품과 서비스가 경쟁사의 상품보다 품질이 비교적 낮다면, 가격을 경쟁상품보다 낮춤으로써 경쟁상품과 차별화시킨다. 단 경쟁자는 수시로 다른 호텔의 가격을 알 수 있으므로 수시로 가격조절이 가능하다는 것을 염두에 두어야 한다.

4) 경제 정책에 따른 조정

관광지 국가는 관광시장에 대한 거시적 조절을 위하여 관광경제 발전 전략을 구사하는데, 이 정책의 핵심이 가격정책이다. 보통 시장과 소비자를 보호하고 기업경영의 유동성 확보를 위해 입장권, 기차표, 비행기표에 대한 가격 제한 정책을 실시하는데 이는 관광상품 가격 정책 중 중요한 정책이다.

이외에도 상품가격은 해당국의 화폐가치와도 관련이 있어 일반적으로 상품가치의 불변과 화폐가치의 하락은 가격을 상승시킨다. 이때 관광상품 가격의 조정은 국가의 재정수지와 화폐량의 문제를 감안해야 한다.

관광상품 가격은 관광기업 경영자가 받아들일 수 있는 가장 낮은 가격을 하한으로 두고, 관광객이 지불할 수 있는 가장 높은 금액을 상한가로 관광상품 가격 결정은 상한가와 하한가의 경계에서 시장경제와 정부정책의 작용으로 동적인 변화를 보인다.

특수한 상황일 경우 관광상품의 가격이 관광 경영자가 일반적으로 받아들일 수 있는 하한가보다 낮게 책정될 수도 있다.

2. 관광가격 결정

관광가격 정책은 하나의 목표를 가지고 있는데, 이 목표는 보통 전 분기의 기업경영 분석과 정부정책에서 나온다. 그러므로 관광상품의 가격은 관광기업 경영 목표의 연장선이라고 볼 수 있으며 기업의 존립 근거를 확립시키는 주요 목적이라 할 수 있다.

1) 매출 지향 가격

매출 지향 가격 목표는 단위 시간당 관광객을 최대로 매집하는 것을 의미하며, 가격은 이러한 목표 요구 조건을 만족시켜야 한다.

최종 목표가 매출액이든 시장의 점유율이든 경쟁은 결국 가격의 수준에 의해 결정되는 바, 결국 가격 결정 정책은 경영원가, 노동비용, 원자재 가격 등의 요소에 의해 결정된다.

관광기업이 경영효율을 어떻게 극대화시킬 것인가는 각종 자원을 최대한 한계치까지 이용한다 하여도 이윤획득에는 한계가 있다. 강한 경쟁환경 하에서는 관광가격의 파동성은 클 수밖에 없는데, 이때 관광기업이 판매량을 극대화하는 유일한 방법은 비 가격적인 요소를 활용하여 판매량을 증가시키는 방법이다.

높은 경영 효율과 매출액 증진에 노력하는 관광기업은 장기적으로 이익을 창출하고 관광객의 수요를 만족시킬 수 있는데, 그렇지 않으면 시장에서 관광상품에 대한 점유율을 잃게 되고 장기적으로 시장에서 퇴출될 수도 있다.

2) 이윤 지향 가격

이윤 지향 가격 목표는 관광기업이 당연히 추구하는 목표이며 경영과정에서 이윤을 창출하는 것이다. 관광경영의 목표는 고객을 만족시키고 이런 과정에서 창출된 이윤으로 기업은 생존하고 발전한다. 결국 이윤은 관광경영의 직접적인 수단으로, 이윤은 단기이윤과 장기이윤으로 나눌 수 있다.

매출을 중심으로 볼 때, 장기적인 측면에서 이윤은 기업의 효과와 이익의 척도가 될 수 있으나, 단기적인 경영지표로는 부적합하다. 제품의 수명기간이 비교적 짧은 신 상품이 단기에 얻은 이익은 기업의 자금회전을 빠르게 하기 때문에 보통 정가 목표 가격 정책을 취한다.

보통 규모가 큰 관광기업에서 정가 목표 가격을 취하는데, 장기적으로 시장위치와 충분한 자금력을 바탕으로 이러한 이윤 지향 가격 정책을 실시한다.

그러나 비교적 장기간 이윤 목적을 달성하기 위하여 최고가격을 책정하는 것은 불필요하다. 왜냐하면, 첫째, 관광기업의 경영은 계절성과 단계성을 가지고 있다. 장기적인 이익 창출을 위해서는 단기 이익을 포기하는 판매 전략이 필요하다. 예를 들면 기업은 시장의 지분율을 확장하거나 브랜드 가치를 높이기 위하여 서로 다른 상품수명을 가진 상품을 단계별로 투입하여 가격을 조정한다.

둘째, 관광기업은 복합적인 상품을 상호 보완적으로 제공한다. 예를 들면 숙박, 식음료, 오락, 쇼핑등과 함께 패키지(일체형)상품은 각 상품 간 상당한 영향을 미치는 특징을 가지고 있다.

이윤 지향 목표는 강한 전략성을 가지고 시장에서 인수 합병(M&A)을 쉽게 허용하지도 않지만 등한시 해서도 안되며, 판매량 증가를 통한 이윤 창출을 위해 맹목적으로 가격을 낮추어도 안된다. 결국 가격 구성요소 간 합리적인 내부 조정을 통하여 이윤을 창출하는 것이 궁극적인 목표이다.

(1) 이윤 극대화

이윤의 극대화란 한 기업이 일정한 기간 내에 얻을 수 있는 최고의 이윤을 지칭한다. 보통 관광기업이 경영을 통해 관광상품의 가치를 극대화하고 이윤을 극대화하는 것을 의미한다.

이윤 극대화 가격 결정시 유의 사항은 다음과 같다. 첫째, 이윤 극대화는 최고 상품가격을 의미하는 것은 아니다. 합리적인 가격이 수요량과 판매량의 규모를 결정하는데 중요한 역할을 하고 기업의 이윤 극대화에 기여한다. 상품이 일시적으로 높은 가격을 선점하여도 관광객의 저항과 경쟁자의 개입, 대체 상품의 출현으로 관광상품의 가격은 균형가격 수준으로 떨어지게 된다.

둘째, 이윤 극대화는 일시적인 이익의 극대화와 단기간 이윤의 극대화를 의미하지 않는다. 왜냐하면 단기간 이윤과 일시적인 이윤 극대화는 높은 가격을 오랫동안 유지시킬 수 없으며, 시장에서의 나쁜 이미지와 더 넓은 시장을 개척할 수 있는 기회를 놓치게 만든다. 그러므로 관광기업은 이윤의 극대화를 추구할 때 해당 상품이 어떠한 유리한 위치를 선점하고 있더라도 합리적인 상품 가격을 유지하는 것이 중요하다.

(2) 최대이윤

최대 이윤 창출이란 가장 높은 이윤을 창출해 내는 것을 말하며, 관광기업

주주의 이윤을 보장할 수 있다. 기업이 최대 이윤을 목표로 하는 것은 어렵고 실제로는 실현하기 어려운 이론적이며 이상적인 목표다. 실제 기업경영에서 기업 본연의 목표인 최고 이윤을 목표로 하는 경영자는 많으나 그런 이윤을 실현하기는 어렵다. 그러나 대부분의 최고 경영자들은 최고 이윤을 기업경영의 목표로 정한다.

(3) 평균이윤

관광기업의 상품, 경영능력과 관리수준 등을 고려하여 동일 업종 중 평균적인 수준 즉, 중간치기 정도에 위치하는 것을 목표로 잡을 때 즉, 평균이윤을 추구하는 것을 목표로 가격을 설정한다.

(4) 투자이윤

기업은 투자자본에 대해서 정해진 시간 내에 회수하길 기대하며 그에 내한 일정의 보수를 기대한다. 그러므로 관광기업은 상품의 가격을 결정할 때 일반적으로 투자액에 일정한 이윤율을 계산하여 단위 상품에 원금을 더해 관광상품의 가격을 책정한다. 관광기업이 위와 같은 가격 책정 방법을 목표로 할 때 이윤율은 은행의 대출금이나 예금이율보다 낮게 책정해서는 안될 것이다. 만약 투자 자금이 정부의 조달자금이라면 이윤율은 정부자금의 수익지표보다 높게 계산해야 한다. 그렇지 않으면 관광기업은 투자금을 회수할 수 없게 된다.

3) 경쟁지향 목표가격

경쟁지향 목표가격은 관광기업의 경쟁환경과 지향하는 목표가격에서 나오게 된다.

(1) 시장확대와 점유율

시장점유율은 해당 관광기업의 관광상품 판매량과 관광 수입이 동일한 관광상품 시장의 판매 총량 또는 관광기업 총수입 중에서 차지하는 비중을 뜻한다. 관광기업의 시장점유율의 높고 낮음은 시장에서의 경쟁력의 높고 낮음을 의미하며, 기업이 시장에서 어느 위치에 있는가를 나타낸다. 또한 관광객의 자사 방문은 곧 자원이며, 시장점유율의 높고 낮음은 잠재적 이윤을 나타내기도 한다. 그러므로 관광기업의 경쟁 중 이런 시장점유율을 유지하고 확대하는 것을 가격 결정의 목표로 사용한다.

관광기업의 위와 같은 목표를 위해서는 저가 정책을 통해 많은 관광소비자를 매료시키는 것이다. 이때 관광기업은 자기의 최저가격 하한선을 계산하여 그 한계를 명확히 하고 가격을 내리는 횟수 역시 빈번하지 않아야 한다. 또한 관광소비자가 가격하락에 대한 기대 심리와 함께 소비자가 저가 상품을 기다리는 등 경쟁자에게 기회를 주어서는 안 된다. 그리고 관광기업의 공급능력을 확대하는 데는 비교적 긴 시간이 필요할 뿐 아니라, 보통의 경우 수요의 가격은 탄력적이므로 이러한 점을 고려하여 시장점유율 확대를 위한 가격을 결정해야 한다.

관광기업은 관광객이 만족할 수 있도록 상품과 서비스를 즉시 관광객에게 제공해야 하는데, 그것이 곧 기업이 신뢰를 잃지 않는 길이며 기업 역시도 장기적으로 발전의 기반이 될 수 있다.

(2) 안정적인 시장

관광기업이 시장경쟁과 수급관계에서 비교적 정상적 범위 내에서 적절한 이윤과 안정적인 가격정책을 취하는 것을 의미하는데, 보통 관광기업은 안정적인 가격 유지를 원한다.

그렇기 위해서는 동일한 관광상품의 경우 동종 기업과 공동의식이 형성되어 있어야 하며 모두가 인정할 수 있는 범위의 가격을 정하고, 일정시간 가격을 변동시키지 않아야 한다. 관광기업이 이와 같은 가격을 결정하는 목적은 동종 업종의 불필요한 가격 경쟁을 피하고 안정적인 관광시장에서 일정한 이윤을 얻고자 함에 있다.

(3) 경쟁 방지

관광상품의 가격 결정은 서로 다른 능력과 규모 그리고 경쟁 지위에 직면해 있으며 경쟁 상황 역시 모두 다르다. 경쟁을 방지하기 위해서는 시장의 복잡한 경쟁 환경에 적응해야 하며, 경쟁자의 가격은 가격을 결정하는데 기본이 됨을 알아야 한다. 영세한 관광기업은 일반적으로 경쟁자의 가격을 따라 가격을 결정하는데, 이때 가격은 같거나 경쟁기업보다 낮은 가격을 정해야 한다. 시장에서 지배력이 있는 관광기업은 자유로운 범위 내에서 가격을 책정할 수 있으며, 보다 낮은 가격으로 시장점유율을 확대시킬 수 있다. 또한 가격을 현저하게 낮추어 약소한 경쟁자들을 시장에서 몰아내거나 시장에 들어 올 수 있는 잠재세력들을 미연에 방지할 수 있다.

(4) 생존 유지

관광기업이 어려움에 닥쳤을 때 선택할 수 있는 가격 결정 정책이다. 원자재 가격이 폭등하거나 수요가 부족할 때, 자연 재해와 전쟁 등 특수한 어려움에 직면했을 때 관광상품의 가격은 막대한 영향을 받게 된다. 이때 관광기업은 자금을 빠른 시간 내 회수하고, 자금의 회전을 위해 관광상품의 가격을 대폭 내려 원가에 못 미치게 손해를 보면서 관광상품을 팔아야 시장의 재 호전을 기대한다. 기업의 생존을 위해 가격을 결정하는 것은 특수한 가격 결정 방법 중 하나로 볼 수 있으며, 관광기업은 이러한 시기를 거쳐 어려움에서 탈출 하여 정상의 가격수준을 회복하게 되거나 아니면 장기적인 이익을 창출해 낼 수 없어 결국 시장에서 퇴출된다. 몇몇의 관광지와 관광 명소, 숙박업소, 호텔 등은 비 성수기에 기업 생존을 위하여 이러한 방법을 취하기도 한다.

4) 상품지향 목표 가격

상품지향 목표가격은 관광기업이 상품의 특색을 반영하고 관광객들의 만족도를 높이기 위함이다.

(1) 품질 유지

관광상품의 품질과 가격은 경영관리 수준의 중요한 척도임과 동시에 관광객이 상품 구매 시 가장 관심을 가지는 부분 중 하나이다. 관광상품이 품질이 좋지 않고 가격만 높다면 관광객은 상품의 구매를 거절할 것이다. 만약 고품질의 관광상품이라면 가격이 높게 결정될 것이며, 이때 가격이 상품에 반영이 안될 시에는 기업의 노동비용은 보상을 받지 못하여 상품의 판매를 포기하게 될 것이다. 그러므로 관광상품의 합리적인 가격은 관광상품의 가치와 사용가치를 현실적으로 보장받을 수 있어야 하며 이것이 기업 이윤의 필요조건이다.

관광시장에서 관광상품의 품질을 우선으로 가격을 결정하는데, 보통 높은 품질의 관광상품은 높은 가격으로 이어지게 된다.

(2) 품질 우위

관광기업은 자사의 상품과 경쟁자의 상품을 구분하여 자사의 상품 경쟁력을 높이고자 목표가격을 정한다. 관광기업은 관광상품의 판매와 이익을 위해 대량의 자금과 서비스를 투자하여 동 업종 중 선두의 자리를 점하려 한다. 우수한 품질의 관광상품은 일반 상품보다 구체화된 노동의 투입과 활동성을 가지고 있으므로 가격이 비교적 높다.

(3) 상품 독점

관광자원의 독점성은 독점가격을 조성한다. 예를 들면 중국의 만리장성, 구체구, 병마용 등의 가격 결정시 높은 가격은 상품의 독점성을 반영한 것이다.

6-3 관광가격 결정과 전략

관광상품은 복합적인 종합성을 가진 상품이다. 그러나 각 부문 관광상품들은 가격 결정에 있어 비교적 큰 차이를 보인다.

1. 객실가격의 결정

호텔의 경우 객실영업에서 창출되는 수익은 식음료 관련 수익을 초과한다. 그러므로 합리적 객실가격 책정은 호텔기업의 수익과 밀접한 관계를 가지며,

객실가격의 책정은 식음료의 메뉴가격을 결정하는 것보다 복잡하다.

첫째, 객실가격은 유동자본과 고정자본의 비율과 연관되어 있다.

둘째, 객실가격은 통상 호텔의 사용 기한에 의존하고,

셋째, 객실은 식음료 상품과는 다르게 저장해 놓을 수 없는 특징을 가지고 있다. 호텔기업은 객실 자체를 판매하는 것이 아니고 사용료 즉 대실(貸室)하기 때문이다. 만약 당일 고객에게 판매하지 못한 객실은 손실로 처리된다.

넷째, 객실 예약률, 계절별, 형태별 객실의 시장요소 등을 고려하여 합리적인 객실가격을 책정할 수 있다. 일반적으로 합당한 객실가격은 아래의 원칙에 따르는데, 객실가격은 각종 비용의 부담과 목표이윤을 실현하고, 목표시장에서 호텔기업이 고객의 만족을 실현할 수 있는 흡인력을 갖추고 있어야 한다.

1) 원가 기준 가격설정법(Cost-based Pricing)

원가기준 가격설정법은 상품의 원가를 기초로 가격을 설정하는 방법으로, 동용되는 원가 기준 가격설정법으로는 아래의 두 종류가 있다.

(1) 비용에 의한 가격결정법(Cost-Plus Pricing)

원가 기준 가격결정법은 제조 원가 혹은 구입원가에 판매 관리비와 일반 관리비 그리고 이익 등을 가산하여 가격을 결정하는 가장 기본적인 산정법으로 다음의 3단계로 나눠 결정할 수 있다.

첫째, 객실 단위의 변동비용으로 일일 소모품 비용을 말한다.

둘째, 객실 단위의 고정비용의 계산으로 구체적으로 고정비용의 총 액을 산출한 후 객실 판매율을 객실의 예상 표준 공급량에 따라 계산하고, 다시 표준 공급량과 매 객실에서 매일 사용되는 고정비용을 구한다.

객실 표준 공급량=객실사용 수×일 수×예상 객실판매율

각 객실의 일일 고정비용=총 고정비용/객실 표준 공급량

객실의 변동원가에다 객실의 고정원가를 더한 수치는 객실 총원가이다.

셋째, 총원가에 평균이윤과 목표이윤율 계산한 후 더한다.

이와 같은 가격결정법은 비교적 간단하고 용이하여 활용하기 쉽고, 응용범위가 넓어 호텔에서 자주 사용하는 가격결정법 중 하나이다. 하지만 원가요소에 중점을 두고 시장수요의 탄력성과 소비자의 심리 분석이 간과되고 있으며, 관광기업의 계절성을 고려하지 않고 있다. 또한 관광상품의 제품수명주기 단계의 특성, 판매 전략, 시장 경쟁 요인 등을 고려하지 않아 결함을 가지고 있다.

(2) 목표수익률 가격결정법(Target-Return Pricing)

목표수익에 따른 가격결정법은 총 원가와 예측되는 총 판매량을 근거로 목표수익률을 설정하고 가격을 결정하는 방식이다.

객실단가=(고정원가 총액+변동원가 총액+목표이윤)/예상판매량

목표수익에 따른 가격결정법은 호텔경영 부분에서 비교적 광범위하게 응용되며, 건축비 반영 요금과 휴버트 공식(Hubbart Room Rate Formula)이 있다.

건축비 반영 요금은 일명 천분의 일 경험공식이라고도 하는데, 이는 토목, 건축, 인테리어 등이 호텔 투자 총액의 60~70%를 차지하고 있기 때문에 호텔의 건설비와 객실 요금 사이의 직접적인 관계가 있다고 가정한다.

호텔이 이익을 창출하기 위해서는 객실 요금이 매 객실 평균 건설비의 천분의 일(1/1,000) 정도는 반영하여 신속하게 호텔요금을 결정하기 위한 것이다. 건축비 반영 요금은 과거 건축비용과 연관이 있으므로, 현재의 비용과 인플레이션 등의 요인은 생각하지 않는다. 일반적으로 객실 수요는 현재의 요금에 의존하므로 관광객의 입장에서는 객실요금이 적으면 적을수록 좋다. 그래서 소비의 수준에 따라서 1/800 공식을 사용하기도 한다.

건축비 반영 요금의 결점을 보안하기 위해, 휴버트 공식(Hubbart Room Rate Formula)을 사용하는데 이는 1950년대 Roy Hubbart에 의해 연구 되어 미국에서 호텔과 드라이브인 호텔에서 사용된 요금방식으로 전체 5단계로 객실가격을 산정한다.

1단계 : 각 부분의 경영비용, 자본비용, 부동산 비용과 감가상각비를 계산하고 예상 투자수익과 호텔 전체의 예상 영업 수익을 더해 결정한다.

2단계 : 가능한 투자 수익률을 결정한다.

3단계 : 예상 가능한 영업 수익 중 기타 영업부문이 얻은 영업수익을 제하고, 객실부의 연간 예상 수익을 구한다(객실 요금 중 반드시 취해야 하는 이윤+객실 관리 비용).

4단계 : 판매 가능한 객실 수와 일수를 계산한다.

5단계 : 현재 객실의 연간 경영 수익액에서 객실 판매일수를 제한 후 평균 객실가를 얻어낸다.

$$\text{평균 객실가} = \frac{\text{연간 영업수익}}{\text{제공 가능한 방의 개수} \times 365 \times \text{연평균객실 판매율}}$$

2) 수요 가격 결정법(Customer-Driven Pricing)

수요 가격 결정법은 소비자가 호텔 상품과 서비스의 사용과 승인에 의해서 가격이 결정된다. 이는 소비자의 수요와 공급에 따라 가격이 결정되는데 차이가 있으며 원가는 가격을 결정하는데 영향을 미치지 않는다.

(1) 시장조사

시장조사의 대상은 호텔의 고객으로 호텔 내에서 조사가 이루어지며 매년 정기적으로 진행한다. 가격 정책에 사용되는 통계는 3년 내의 조사 결과를 기준으로 하며, 신축 호텔의 경우 현지 지자체와 호텔기관의 통계 그리고 경쟁자의 경영 환경에 의거하여 분석한다.

시장조사는 설문조사와 직접응답 조사로 진행되는데, 설문조사는 사전에 조사 기획자와 조사 설계시 소비자의 형태, 고객의 취향에 관한 조사가 이루어져야 한다. 예를 들면 고객이 호텔에 묵은 횟수, 선택한 객실의 형태와 객실요금, 선택이유, 고객이 원하는 편익(위치, 층수, 안전, 등급 등) 의 질문의 항목이 필요하다. 이런 항목들은 단순 통계에서는 찾아 볼 수 없는 중요한 자료가 되며, 조사 기획자로 하여금 조사 설계를 하는데 있어 오류를 피해 적절한 가격 결정 정책에 도움을 준다.

(2) 수요와 공급의 차이

시장조사를 통해 얻은 결과는 수요와 공급의 차이를 나타낸다. 예를 들면, 10%의 고객은 2만 원 짜리 객실을 선택하였으며, 20%고객은 2.8만 원 짜리 객실을, 30%의 고객은 3만 원 짜리 객실을 그 외의 2개 조의 고객은 각각 20%씩 4만 원, 6만 원의 객실을 선택하였다면 호텔기업은 적절한 선호그룹의 선택가격을 가격 결정에 참고할 수 있다.

(3) 재결합 가격 구성

종합적인 시장조사 분석과 상품 분석을 통해 호텔은 자사의 능력과 조건에 따라 시장 수요에 맞는 상품 구성의 재조정이 필요하다.

첫째, 지역의 경제 발전 상황, 고객의 경제 상황과 목표 시장의 잠재력 등을 고려해 호텔가격을 책정해야 한다.

둘째, 책정된 호텔 요금이 세분화된 시장에 적합한지 재 검토해야 한다. 필요시엔 목표시장에 대한 요금 조정이 필요하다.

셋째, 목표시장 고객의 요구에 따라 객실의 분위기와 가격을 조정해야 한다. 필요시에는 객실의 분위기와 인테리어를 재단장 해야 한다.

넷째, 비 가격 수단은 자극을 통해 고객의 소비를 유도 한다.

3) 상이한 객실 요금 책정법

(1) 선불가

호텔은 빠른 현금의 유동성을 확보하기 위하여 일종의 장려성 가격정책을 취한다. 객실 요금을 선불하였을 경우 관광객에게 혜택을 부여한다. 만약 고객이 예약을 취소하였을 경우 취소에 따른 일정 금액은 환불하지 않는 것이 원칙이지만 이는 호텔이 고객의 예약 취소로 인해 발생되는 경제적 손실에 대한 보상의 일환으로 고객에게는 불이익이 가해진다는 것을 참고해야 한다.

(2) 주간가

대낮에 호텔을 이용하는 고객을 위해서 만들어진 가격으로 회의에 참석하기 위한 고객, 다음 교통편을 기다려야 하는 고객을 위해 최장 6시간까지 대실 가능하다. 보통 호텔은 하루에 2번 대실이 가능하므로 성수기에는 대실률이 100%를 초과한다.

(3) 특별가

호텔은 중요한 고객에게 스위트 룸, 개인 취향을 고려한 서비스 등 최고의 객실 서비스를 제공한다. 특별가격은 특정 세분화된 시장에 맞추어진 맞춤 가격이다. 그 예로는 비즈니스 가격과 단체 패키지 가격 등도 특별가격에 포함된다.

(4) 대기가

이 가격은 표준 객실 요금의 30% 정도의 수준으로 예약을 하지 못하고 객실을 기다리는 고객을 대상으로 밤 10시 이후 체크인을 하는 고객에 대한 혜택으로 보통 자매결연회사에게도 동일한 가격으로 서비스 하게 된다.

(5) 무료 숙박

무료 숙박은 최우수 등급의 서비스로 주요 대상은 호텔마다 각각 다른 방식의 서비스를 제공한다. 통상적으로 기자나 작가, 중립성을 띠는 홍보 관련자에게 특별 우대를 적용하며 그 외 관광 가이드, 유명인사, 여행사 관련 인사 등이 포함된다.

(6) 시즌 객실 요금

호텔 경영의 성수기, 비 성수기 등의 구분에 따라 성수기에는 최고가, 비 성수기에는 원가 유지가, 일반시즌 가격 등이 있다.

2. 관광상품 가격 전략

관광 가격 전략은 관광기업이 관광상품의 가격을 결정하는데 있어서 사용하는 방법 중 하나로 아래 같은 몇 가지 전략이 있다.

1) 신 상품 가격 전략

신 상품에 대한 가격 전략은 신 상품이 시장에서 어떠한 위치를 선점하게 되느냐, 경쟁업체에게 어떠한 영향을 주느냐가 결정이 되기 때문에 매우 중요하다. 그렇기 때문에 관광기업은 신 상품에 대한 가격을 책정할 때 주로 다음의 두 전략을 사용한다.

(1) 최고가격 전략

관광기업이 신 상품을 시장에 내 놓을 때 경쟁자가 없어 높은 가격을 책정함을 말한다. 일반적으로 관광기업은 높은 가격과 고 품질의 상품과 연계하여 시장에 진입을 하게 된다.

최고가격 전략의 장점은 첫째, 신 상품이 높은 가격으로 시장에 투입되었을 때 상품의 연구와 투자 개발비용을 신속하게 회수할 수 있다. 둘째, 소비자가 관광상품과 서비스에 익숙하지 않을 시 높은 가격은 고급 상품이란 이미지를 심어주어 대중들로 하여금 비싼 물건이 곧 좋은 품질을 의미한다는 것을 인지시킨다. 셋째, 향후의 가격 조정과 가격 경쟁의 여유를 남겨둔다.

단점으로는 첫째, 신 상품의 가격이 너무 높을 시엔 시장의 판로를 개척하는데 불리하며 소비자들의 구매가 쉽지 않다는 점, 둘째, 높은 가격은 경쟁자에게 높은 이윤을 얻을 수 있는 기회를 제공하여 시장의 진입을 허용하게 되어 이 전략은 일반적으로 단기적 사용을 권장하며, 특히 최고가격 전략은 독특성, 독점성, 상품의 고품질성, 목표시장의 고객이 가격에 대해서 민감하지 않을 때 사용하는 것이 가장 적절하다. 그리고 동 전략은 시장에서 일정한 위치를 선점하고 있어야 하며, 적극적인 마케팅 활동을 통해 목표 고객들의 심중에 좋은 이미지를 심어 주도록 하여야 한다.

(2) 침투가격 전략

침투가격 전략은 신 상품의 가격을 낮추어 시장 진입을 하는 것을 의미한다. 만약 관광기업이 해당 시장에서의 점유율을 극대화시키는 것을 목표로 한다면 이 전략을 선택하여야 한다. 장점으로는 첫째, 비교적 낮은 가격으로 시장에 진입하였기에 고객이 상품을 받아들이는데 용이하며 시장에서 판로를 빠르게 개척할 수 있다. 둘째, 낮은 가격은 이윤이 낮음을 의미하는데 잠재 경쟁자로 하여금 이익이 없다고 판단하게 만들어 경쟁자가 시장에 들어오는 것을 막을 수 있고 시장을 장기 독점하는데 유리하다.

단점으로는 첫째, 저가 상품은 품질이 낮은 상품으로 인식되어 상품시장의 우위를 점하는데 있어 도움이 되지 않는다. 둘째, 저가 상품은 낮은 이익률로 투자금을 회수하는데 비교적 긴 시간이 걸려 투자의 위험을 증대시키고 판매량을 증가시켜 원가를 확보해야 한다. 셋째, 만약 원가 상승시 관광상품의 가격을 올릴 경우 시장에서의 입지를 위협받을 수 있다.

침투가격 전략은 신 상품의 단위 상품 조합이 비교적 간단하고, 많은 경쟁자가 있거나, 고객이 상품의 가격에 대해 민감한 상황에서 사용하는 것이 좋으며 관광기업이 품질을 보장하면서 원가를 낮추어야만 이익을 확보할 수 있다.

(3) 절충가격 전략

절충가격 전략은 신 상품을 관광 시장에 내 놓는 가격의 수준이 최고가격과 침투가격의 절충가격으로 관광업계의 평균 이윤을 고려한 가격 전략이다. 이 전략은 공급자와 수요자의 쌍방 이익을 고려하고, 기업에게는 안정적인 수입과 소비자에게는 만족을 줌으로써 쌍방의 만족을 추구한다.

단지 상품의 가격이 수동적으로 능동적 시장경제는 단점으로 빠르게 변화하는 관광시장에 대해 융통성 있게 반응하기는 어렵다.

2) 할인가격 전략

관광시장 점유율을 높이기 위한 전략으로 기본가격이 변동하지 않는다는 가정 하에 가격을 할인하거나 깎아 주는 방식으로, 기업 이익의 일부분을 중개 상인과 소비자에게 되돌려주어 중개상의 판매 촉진과 동시에 소비자의 대량 구매를 적극 권장하는 전략이다. 이는 고객을 확보하고 판매를 촉진시키기 위한 전략이다.

(1) 수량 할인

관광기업이 대량 상품을 구매하는 고객에게 부여하는 할인 방법 중 하나이다. 소비자의 구매의욕을 촉진시키고, 고객과의 장기적인 관계를 성립시기기 위해서 고객의 구매수량에 의거하여 가격 할인 서비스를 제공한다. 일반적으로 수량이 많을수록 할인가격의 폭이 크며, 수량은 누계수량 할인과 비 누계 수량 할인으로 구분된다.

① 누계수량 할인 : 일정기간 소비자의 상품 구매금액이 일정액을 초과하였을 경우, 기업은 고객의 구매 총량에 따라 일정량을 할인해 주는 것을 말한다. 이 전략은 관광기업의 설립, 유지, 강화와 고객과의 업무 등에 도움을 주어 장기고객을 유치하는데 큰 밑거름이 된다.

② 비 누계수량 할인 : 일회성 관광상품 구매 시 일정액 또는 수량을 충족하였을 때 얻게 되는 우대와 할인을 의미하며, 고객이 상품을 더 많이 구매하는 것을 목표로 한다.

고객이 상품을 많이 구매할수록 기업은 유통비용을 줄일 수 있으며, 관광기업의 자금 조달도 원활하게 도와준다. 예를 들어 판매를 촉진시키기 위해서 음식업체는 종종 대량 구매를 하는 고객을 대상으로 가격 할인을 제공한다. 구체적인 예로는 회의, 단체 관광객 등을 대상으로 가격에 대한 우대를 적용하는 것을 말하며, 회의와 단체 식대는 요금에 포함하여 판매하고 관광기업은 각종 음료를 서비스로 제공한다.

(2) 현금 할인

관광기업은 요금을 선납하거나 현금으로 결제하는 고객을 대상으로 일정 금액을 할인해 준다. 현금 할인 방법을 사용하는 주요 목적은 고객의 선납을 유도하여 기업의 자금회전을 원활하게 하는데 있다. 현금 할인 시 반드시 합리적인 할인율을 정해야 하는데, 통상적으로 할인을 통해 관광기업은 수익과 은행 대출 이율과 자금회전율을 참조하여 합리적인 할인 기준을 정한다. 그 외에도 기타 미 지불 고객을 어떻게 처리할지에 대한 대책도 마련해야 할 것이다.

(3) 계절 할인

비성수기 고객에게 주는 혜택으로 관광상품은 저장이 불가능하고 실제 상품의 생산과 소비가 동시에 일어나는 특징을 가지고 있다. 보통 관광상품은 성수기에 공급이 수요에 미치지 못하며, 비 성수기에는 관광객의 수의 부족으로 인한 대책을 강구해야 한다. 성수기와 비 성수기의 수요와 공급의 균형적인 조절을 위해서 비 성수기에는 관광소비를 촉진시키고자 관광기업은 통상적으로 가격을 낮추는 정책을 활용한다. 단, 가격 책정 시 비 성수기의 할인 폭은 반드시 서비스의 원가보다 낮게 책정을 해서는 안 된다.

(4) 커미션 할인

동 업종 간 할인을 기능할인이라고도 하는데, 여행기업이 여행 도매상과 소매상에게 제공하는 할인을 말한다. 예를 들어 여행사와의 관계 강화는 호텔기업에 있어 중요하기 때문에, 호텔기업은 여행사에게 가격을 우대해 줄 뿐 아니라, 일정한 할인과 함께 커미션을 지급한다. 예를 들어 미국의 주요 호텔은 협력 여행사를 위해 24개의 방을 미리 예약 선점해주고 있으며 여행사 직원을 위해 1개의 방을 무료로 제공한다. 중국에서도 16개의 방을 빌리면 무료로 1개의 방을 제공 할인하는 방법이 통용되고 있다.

3) 심리가격 전략

심리가격 전략은 고객의 소비심리에 의거하여 관광기업이 가격을 정하는 것으로 고객 소비 심리를 자극하여 관광상품을 판매하는데 목적을 둔다.

(1) 꼬리 가격

저렴한 가격을 선호하는 심리와 가격에 비교적 민감한 고객의 심리를 이용하여 가격을 책정하는 것으로, 이 전략의 목적은 상품의 안정적인 판매량 확대와 수입의 증대라 할 수 있겠다. 예를 들어, 고객은 세 자리 숫자는 두 자리 숫자에 비해 가격이 매우 싸다고 생각하기 때문에 가격 책정 시 만약 100원의 가격을 98원으로 책정해 소비자의 심리를 움직이게 하는데, 이 전략은 비교적 높은 등급의 관광기업에서는 사용할 필요가 없다.

(2) 조정 가격

관광상품 가격 결정시 가격을 미리 정하여 책정하는 것으로 일반적으로 소비자의 구매 행위는 많은 것을 생각하고 소비하는 행위가 아니므로 가능하다. 예를 들어 고객이 음식 구매 시 음식이 만들어지는 과정, 조리 기술, 원료 현황, 원료의 적합 여부 등은 고객은 잘 알지 못한다. 또한 소비자에게는 "싼 게 비지떡"이라는 관념이 자리 잡고 있기 때문에 고객이 자기 자신이 선택한 상품에 대해 안심할 수 있도록 시용, 시음을 하게 하는 등 마케팅 방법을 적절히 활용해야 한다. 이러한 마케팅 전략을 사용함으로써 고객은 상품 구매할 시 비교적 안심하고 쉽게 구매하게 된다.

(3) 명성 가격

관광기업이 명성을 지닌 상품을 활용하여 비교적 높은 원가로 신 상품의 가격을 책정하는 것을 의미한다. 고객들은 객실의 가격이 객실의 품질의 높고 낮음을 반영한다고 생각하기 때문에 높은 가격의 객실을 구매함으로써 자기의 신분과 지위를 나타내는 상징적인 수단으로 활용한다.

관광기업 중 스위트 룸, 대통령 실 등이 명성 가격 전략을 사용해 가격을 결정한 대표적인 예라고 할 수 있다. 관광기업이 높은 가격의 객실을 보유하고 있다는 사실은 관광기업의 이미지와 밀접한 관계를 갖고 있다. 하지만 명성 가격 책정 시 고객에게 고품질의 완벽한 서비스를 보장해야 함을 유념해야 한다.

(4) 모객 가격

관광기업이 단시간 내에 소수 몇 개의 상품의 가격을 원가보다 낮게 판매하여 고객의 관심을 유도시킨 후 소비를 촉진시키는 전략을 말한다. 예를 들어 호텔의 요리부는 매일 특가의 상품을 내놓아 고객의 소비를 촉진시킨다. 일반적으로 고객은 모객 가격에 이끌려 관광 소비를 하게 되고, 이때 고객은 통상적으로 하나의 상품만을 구매하지 않고 기타 상품과 서비스를 구매하게 되므로 기타 상품과 서비스의 판매로 이익을 얻게 된다.

관광기업이 이러한 전략을 이용할 때에는 반드시 아래 3가지 점을 유의해야 할 것이다.

첫째, 모객 가격의 상품은 반드시 고객의 상품 구매의 동기와 구매를 촉진시키기 위해 고객의 진정한 흥미를 이끌어 내야 한다.

둘째, 저가 상품의 품종과 수량의 적합성을 생각해야 한다.

셋째, 모객 가격의 상품에 대한 품질은 반드시 보장되어야 한다.

4) 가격 정책

관광기업의 가격 정책은 적극적인 관리를 통해서 고객들의 구매의욕을 증가시키고 판매를 촉진시켜야 기업은 목표 이윤에 도달할 수 있다.

(1) 표시가격

가격을 결정하는 것은 상품을 정리하는 일과 같다고 볼 수 있다. 합당하지 않는 가격은 고객으로 하여금 가격이 합리적이지 못하다는 생각을 하게 한다. 하지만 가격 결정방법을 조금만 바꿔준다면 상품 판매는 물론 판매를 통한 이익을 가져다 줄 것이다.

첫째, 비교적 작은 단위의 가격을 책정하라.

판매 상품은 대량 판매와 개인에게 판매되는 단 품목 상품으로 나눌 수 있는데, 가격표시는 각 단위의 상품가격을 매 단위별로 가격화하여 고객들로 하여금 가격이 저렴하다고 느끼도록 해야 한다.

만약 제품의 가격이 10개 5,000원이라고 할 때, 표기가격을 동일하게 5,000원/10개로 표기한다면 고객들은 가격이 너무 비싸다고 생각할 것이다. 그러나 한 개 500원이라고 한다면 비싸지 않다고 판단하여 물건 구매 확률이 훨씬 높아지게 된다.

둘째, 차별 가격을 표시하라.

서로 다른 중량과 포장 상품에 이러한 방법을 사용할 수 있는데, 금액 표기 시에는 중량은 같지만 상품의 단위에 따라서 차별성을 두어야 한다. 예를 들어 한 봉지에 1,500원인 땅콩의 표시가격은 850원이고 그러나 한 봉지에 2,000원인 표시가격은 1,000원이라고 할 때, 고객은 단시간 내에 가격과 용량을 비교하여 1,500원 한 봉지의 땅콩을 850원에 구매할 확률이 높다. 이러한 방법을 사용하여 관광기업은 이윤을 증가시키고 고객에게는 편리를 제공한다.

(2) 가격의 이해

고객은 관광기업의 상품과 서비스의 가격에 따라 종종 다른 평가를 내린다. 같은 종류의 상품도 고객에 따라 합리적, 저렴, 고가 등으로 구별하여 인식하는데, 어떤 경우엔 가격 흥정을 하게 되는 경우도 발생한다. 그래서 관광기업은 고객이 가격이 비싸다고 문제를 삼을 시에 어떻게 고객을 이해시킬지에 대한 일정한 대응 전술을 가지고 있어야 한다.

첫째, 전이법 : 전이법은 고객의 주의력을 가격 이외의 다른 측면으로 유도함을 의미한다. 판매자는 고객과 직접적으로 상품 가격의 높고 낮음에 대해 이야기하지 않고, 관광상품의 서비스의 효용과 품질을 강조함으로써, 고객의 주의력을 시설, 장식, 서비스 등으로 돌려 고객이 가격에 대한 생각을 유연하게 하게끔 만든다.

둘째, 중재법 : 관광상품 가격은 매우 민감한 요소이기 때문에 관광상품 판매 시 가격의 중재를 진행한다. 예를 들어 56,000원의 객실가에는 28,000원의 음식 제공비가 포함되어 있어 사실상 고객이 구매하는 객실의 가격이 28,000원임을 고객에게 설명하는 방법이다. 또 한 가지의 예로 객실 요금에 세탁 비용, 피트니스 등 기타 무료 항목이 포함되어 있을 경우 동일하게 가격을 중재시킬 수 있다.

셋째, 비교법 : 당해 상품의 가격과 품질 성능 등의 비교를 통하여 해당 상품과 서비스의 가격이 합리적임을 주지시키는데 목적을 둔다. 해당 상품과 서비스의 품질이 비교적 낮은 동 업계의 관광기업의 상품과 우리가 제공하는 관광상품과 서비의 가격을 비교하는 것을 말한다.

(3) 가격 설득

고객에게 제공하는 관광상품과 서비스에 비해 실제 가격이 저렴함을 설득하기 위한 방법으로는 고객이 지출하는 금액 이상의 보상을 받고 있음을 느낄 수 있도록 설득하는 것으로 그 구체적인 방법은 아래와 같다.

첫째, 우수한 서비스 태도, 적극적인 말투, 친절한 미소로 고객과의 교감을 통해 고객의 가격에 대한 주의력을 분산시키며 상품의 가격을 낮아 보이게 만드는 것을 의미한다.

둘째, 특색 있는 상품과 서비스를 통해 다른 회사에서는 받을 수 없었던 혜택을 줌으로써 가격을 낮아 보이게 만드는 것을 의미한다.

셋째, 안정 보장과 낮은 가격의 혜택을 제공함으로써 상품의 안정성과 신뢰감을 고객에게 주어 상품에 대한 심리적 만족감을 증대시키고 물건이 가치 있다고 만들어 가격을 상대적으로 낮아 보이게 만드는 것을 의미한다.

넷째, 심리적 가격 전략을 이용하여 상품과 서비스의 가격을 책정한다. 이는 고객으로 하여금 심리적 만족감을 증대시키고 가치 있는 소비를 통해 만족을 느껴 가격이 낮아 보이게 한다.

다섯째, 일정 기간 사후 서비스나 구매 시 작은 우대 혜택을 제공한다. 예를 들어 음식을 구매한다면 과일, 음료, 기념품 등을 증정한다.

(4) 가격 판촉

관광기업이 판매 가격과 판매 촉진의 수단을 효과적으로 결합시킨 것을 판촉 기술이라 말할 수 있는데, 판매자의 말투, 광고내용, 대외적인 광고 등을 통해 가격에 대한 평가와 그 효과를 나타낸다.

첫째 비교 판촉법 : 관광기업 제공 가격과 고객 수요 가격이 부합하지 않을 시, 안내원은 비교가격을 통하여 가격에 대한 서로의 생각을 이해시킨다. 자신의 상품의 장점과 동종 상품의 단점을 비교해 우수함을 알린다.

예를 들어 고객이 호텔의 가격이 타 호텔의 가격에 비해 비싸다고 할 때, 안내원은 아래와 같이 대답할 수 있다. “저희 호텔은 이 지역에서 가장 최신 시설을 구비하고 있으며, 모든 위성 채널의 감상이 가능하며, 모든 객실에선 인터넷을 사용하실 수 있습니다."

둘째, 효용 촉진법 : 상품의 가격과 효과적인 사용을 접목시켜 프로모션을 진행한다.

예를 들면 가격이 비싸서 결정을 내리지 못하고 망설이고 있는 고객 응대 시 아래와 같이 설명한다.

"이 객실은 고객의 건강을 생각하여 침대와 침구류 모두 친환경 웰빙제품으로 구비하여 고객이 휴식을 취하고자 할 때 언제든 편안하게 휴식을 취할 수 있음과 동시에 각종 질병을 예방하는데 탁월한 작용을 합니다." 또 다른 설명으로는 "객실의 요금이 비교적 높다고 생각할 수 있으나, 각종 사우나 시설을 구비하고 있습니다. 한번 사용해 보시겠습니까?"라고 말해 고객의 편익을 강조하고 상품 가치의 이해도를 증진시켜, 고객으로 하여금 상품 구매 욕구를 증대시킨다.

셋째, 숫자 심리 촉진법 : 문화 중 특수한 의미를 지닌 숫자나, 길한 숫자를 사용하여 상품의 가격을 책정한다. 같은 수나 서로 다른 수를 조합함으로써 고객에게 심리적으로 다른 반응을 불러 일으킨다. 예를 들어 중국고객을 상대할 때 "168"은 중국의 발음 상 "yilufa(많은 돈을 벌다)"라는 뜻이 있으며, "188"은 "yaofafa(계속 돈을 많이 벌다)", "998"은 "jiubaba(영원히 많은 돈을 벌다)"라는 뜻을 지니고 있다. 가격에 대한 주의력과 감정을 불러 일으켜 고객의 발을 잡아 구매로 이어지게 하는 하나의 수단으로 사용된다.

관광상품 판매원과 안내원 행동, 상표의 사용 등은 고객의 감정에 영향을 주어 고객으로 하여금 상품이 가치가 있다고 느끼거나 만족을 느꼈을 때 그들은 지갑을 열어 소비를 결정한다.

6-4 관광가격 관리

시장의 가격결정 시스템은 유효한 자원을 배분하는 기본 시스템이다. 그러나 관광업은 전형적인 공공재(public goods)의 성질과 외부 효과성(external effect)을 지닌 업종으로 시장의 가격 시스템과 괴리가 있는 시장실패(market failure)

를 유발하는 분야라고 할 수 있다.

결국 관광시장은 관리가격 시스템으로 정부의 가격 관리 정책이 관광시장의 발전의 중요성에 따라 관리 방식도 다를 수 있다.

일반적으로 관광시장 발전단계에서 보았을 때 정부의 역할과 작용은 3단계로 나눌 수 있다.

제1단계 : 개척자－관광 개발의 초기 단계로 기본 설비에 대한 투자의 책임, 관광산업 발전 전략과 계획에 주력한다.

제2단계 : 규범자－관광산업의 발전과 번영시기로 정부는 법과 규범을 제정하고 그에 상응하는 의무를 관광기업에 부여하고 주어진 규범 내에서 발전을 보장한다.

제3단계 : 협력자－지역이나 국가에서 관광산업이 완성되어 가는 시기로 다양한 정책으로 관광기업을 발전시키며 동시에 관광 소비자의 이익을 보호하여 관광기업과 관광 소비자가 서로 협력하는 시스템을 만든다.

관광산업의 가격결정 시스템화 과정에서 발생하는 오류는 정부의 행위가 합리적인지 비 합리적인지는 관광시장의 문제 해결과 밀접한 관계를 가지고 있다. 일반적으로 시장의 결함은 합리적인 시장의 개입에 의해서 보완되며, 정부 주도형 전략은 합리적인 정부 행동의 밑거름이 된다. 가격관리는 정부 행위 중 중요한 구성 부분이며, 각 나라마다 개입의 정도와 방식에 차이가 있을 뿐 시장가격에 대한 일정한 개입을 하지 않는 국가는 없을 것이다.

1. 관광가격 관리

1) 경쟁적 가격 관리

시장의 중요한 지표는 상품 가격의 자유화 정도에 있다. 그러나 관광자원과 관광상품은 공공재(public goods)의 성질이 강하여 비 배타성(nonexcludability)과 비 경쟁성(nonrivalry in consumption)은 물론 외부성(externality)으로 인하여 시장의 실패로 이어진다. 그래서 정부의 합리적이고 유효한 시장관리 시스템 개입이 뒤따른다. 이 경우 효율적이고 정상적인 운영을 통해 관광기업이 공정하게 경쟁하면서 발전할 수 있도록 관리해야 한다.

정부는 관광시장제도의 정상 운영과 시장경제 시스템을 보호 육성하기 위해 관광가격 결정시스템에 어느 정도 개입을 하여야 한다.

2) 안정적 가격 관리

가격은 시장가격 결정시스템의 핵심으로 시장경제 조건하에서 가격 등락의 기복은 시장의 수요와 공급에 의해 결정된다. 시장 의존적인 경우 가격의 파동성은 맹목적인 경제 활동성을 띠기도 하는데, 실제로 시장의 수요와 공급의 변화는 많은 상황의 반영을 의미하는 것은 아니다.

특히 관광산업은 시장의 가격에 매우 민감한 업종으로 시장의 수요와 공급의 급격한 변화에 많은 문제를 야기시킨다. 그래서 시장 가격의 폭등과 폭락은 관광업의 안정적 발전에 도움을 주지 못한다. 그러므로 정부는 관광시장 가격에 대해 유효하고 안정적인 관리를 통해 관광시장의 안정을 유도해야 한다.

3) 소비자 이익 관리

관광경제에서 정부는 관광시장의 외부 불경제 효과(external diseconomy)를 완전히 책임지지 않는데, 이런 과정에 몇몇 관광기업은 이익을 취하기도 한다. 결국 이때 정부의 개입이 없다면 치열한 시장경쟁에서 몇몇의 기업은 부당한 이익을 불법으로 취할 것이다. 단적인 예로 가격 속이기, 폭리 취하기, 독점 현상 등을 들 수 있는데 정부는 관광객을 보호하기 위한 적절한 관리와 감독이 필요하다.

2. 관광가격 관리의 형태

시장경제 시스템 중 기업은 시장경제의 주체로 가격 결정의 주체이기도 하다. 객관적인 측면에서 볼 때 관광시장은 시장실패의 상황에 노출되어 있기 때문에 관광시장 시스템의 정상적 운용과 경쟁의 유지와 촉진 그리고 가격의 폭등과 폭락, 관광객의 이익을 보호하기 위하여 국가는 관광시장 가격에 대해 일정한 정책 개입이 필요하다. 이러한 개입은 관광산업의 유지와 발전을 보장하기 위하여 정부는 관광시장 가격 관리에 있어서 다음과 같이 관광가격을 조정 운용하고 있다.

1) 시장 조정가

시장 조정가란 경영자가 자주적으로 시장경쟁을 통해 결정된 가격을 의미한다.

첫째, 시장의 독립주체인 관광기업 경영자가 정하는 것이다. 이들은 동 가격에 대한 이익과 손해에 대하여 자기 자신이 책임진다. 보통의 경영자들은 생산원가와 시장의 수요와 공급의 상황을 고려해서 상품의 가격을 결정한다.

둘째, 자주적으로 정한 가격을 의미한다. 자주적이란 경영자가 자기의 의지와 조정에 의해 결정된 가격을 의미하고, 가격 결정시 생산 원가와 시장의 수요와 공급의 상황을 바탕으로 가격의 높고 낮음을 정하는 것으로 가격 결정에 있어서 누구의 간섭도 받지 아니한다.

셋째, 경쟁성을 띠는 가격이다. 경영자는 자주적인 가격 결정권을 가지고 있으며 이는 필수조건이지 충분조건은 아니다. 시장 조정가는 기업의 자원을 합리적으로 조합하고 배분하고자 함에 목적이 있고, 기업 간 충분한 경쟁 관계를 유도한다.

관광경영자의 자주권이란 본인에게 유리한 조건의 가격을 찾기 때문에 어느 정도 가격의 배타성을 생각할 수 있는데, 종종 독점가격으로 변질될 수도 있다.

넷째, 현행 공정거래법에 의거 결정된 가격이다. 관광기업 경영자는 어느 누구의 간섭도 받지 않으므로 자주적 결정권을 가지고 있으나, 국가의 법규, 규정 등 관련 가격정책을 준수하여 자주적인 결정을 해야 한다.

2) 정부 지도가

정부지도가는 정부의 가격관리 주관부서에서 가격 결정 권한과 범위, 규정, 기준가격, 가격의 폭등을 고려하여 경영자가 가격 결정을 하도록 이끌어 주는 것을 말한다.

첫째, 가격 결정이 이중적이다. 곧, 정부와 경영자가 공동으로 가격을 결정하고, 제1 주체는 정부, 제2 주체는 경영자로 한다.

둘째, 제1 결정 주체인 정부는 반드시 규정, 권한과 범위에 의거하여 기준가와 가격의 변동폭을 정한다.

셋째, 두 가격 결정 주체의 결합적 산물이라고 말할 수 있다. 정부가 정한 기준가와 가격의 변동폭의 범위 내에서 기준가와 가격의 변동폭 안에서 자주적으로 가격을 결정하게 된다.

3) 정부 정가

정부 정가는 정부가 가격 결정 주체로 결정 가격의 권한과 범위 내에서 정한 가격을 의미한다.

첫째, 결정 가격의 주체는 정부이다.

둘째, 결정 가격의 권한과 범위 내에서 결정한다.

셋째, 정부는 상품과 서비스에 대한 원가를 결정한 후 가격을 결정하는데, 이는 상대적으로 큰 강제성과 안정성을 가지고 있다.

일반적으로 자연 독점성, 자원의 희귀성 보호, 사회의 안정과 공익성 측면에서 정부 정가는 유익하다.

3. 가격 통제의 영향

정부가 가격을 통제하는 데는 최고가격과 최저가격 두 가지의 방법이 있으며 두 가격제도의 영향에 대하여 분석 정리하였다.

1) 최고가격제의 영향

최고가격제의 관광 수급과 균형에 대한 영향으로는, 만약 최고가격이 균형가격보다 높으면 최고가격이 시장가격이 되어 관광 수요와 공급에 크게 영향을 주지 않는다. 이는 시장 내에 충분한 공급과 필요한 수요가 충족되기 때문에 생산자는 잉여가 최대가 되고 생산자 이익이 실현된다. 그러나 소비자는 손해를 보게 된다. 왜냐하면 시장 균형가격보다 높은 가격을 지불해야 하기 때문이다.

반대로 최고가격을 균형가격보다 아래에 설정하게 되면 일시적으로 공급 부족이 야기되어 시장에는 높은 가격을 지불하고라도 상품을 구입하려는 품귀현상이 일어난다. 이때 장기적으로 공급량이 회복되지 않을 경우 심각한 공급부족을 초래할 것이며 단기처방으로 선착순 지급방식이나 배급제 그리고 추첨 방식으로 상품을 공급할 수는 있지만 근본적인 대책을 마련해야 한다.

2) 최저가격제의 영향

국내 관광경제의 측면에서 관광산업 발전을 위하여 통제가격 실시시 보통 최저가격제를 사용하게 된다.

만약 정부가 균형가격보다 최저가격을 높이 설정했다면 공급량에는 큰 변화가 없으나 대신 수요가 감소하여 수급의 불균형을 초래하게 될 것이다.

정부는 이 초과공급량을 어떻게 처리할 것인가를 고민해야 한다. 반면 최저가격을 균형가격보다 낮게 책정했다면 수요량의 증가에 따른 공급량의 부족을 어떻게 해결할 것인가를 또 고민해야 한다.

관광소비의 효과

CHAPTER 07

7-1 관광소비의 특징

자원의 생산, 분배, 교환과 소비는 사회적 생산 과정 연계의 시스템으로 생산은 기점이고, 소비는 종점으로, 생산과 소비는 상호 의존하고 서로의 전제가 된다.

특히 관광상품의 생산과 소비는 동시에 진행되고, 게다가 관광소비는 관광상품과 서비스에 대한 소비이기 때문에 기타 소비와 다른 몇 가지 성질과 특징을 가지고 있다.

1. 관광소비의 성격

관광소비는 동태적 의미에서 말하자면, 관광객이 화폐를 지불하여 관광상품을 구매하고 서비스를 제공을 통하여 자신의 관광 욕구를 만족시키는 행동과정을 지칭한다. 정태적인 의미로는 "관광객을 위해 생산하는 상품과 서비스의 가치"를 말한다.

WTO의 정의에 따라서 관광소비란 "관광객이 여행과정에서 자신이 향유하는 것과 욕구에 대해 만족하는 것"을 말한다. 따라서 이는 고차원적인 소비로 물질적 상품과 정신적 상품의 총화이다.

관광소비는 관광소비 의식, 관광소비 습관, 관광소비 능력, 관광소비 수준, 관광소비 구조 등으로 구성되는데, 관광소비 의식 즉, 관광소비 습관은 관광소비의 기본 동인이 되고, 관광소비 능력과 관광소비 수준은 관광소비의 객관적 조건이 된다. 관광소비 구조는 관광소비가 일정 기간까지의 결과이고 여행자가 관광상품을 소비하는 과정에서 관광상품의 질, 수량과 비율 관계를 반영하는데, 이것은 한 국가와 지역 관광산업 발전 수준을 측정하는 상징 중의 하나이다.

관광소비 활동의 내용은 복잡하고 많은 요인의 영향을 받는다. 실질적으로, 관광소비는 주로 사람의 정신 욕구를 만족시키는 비교적 고차원 적인 소비 활동으로 다음의 몇 가지의 성격을 지닌다.

1) 관광소비는 개인 소비형태에 속한다

관광소비는 개인적인 소비 범위에 속한다. 관광객은 어떤 관광소비 활동이든지 관광 소비자 개인의 관광소비 의식과 경향, 관광소비의 행동 습관, 관광소비 능력, 관광소비 수준 등에 의해 관광소비가 결정된다. 또한 관광소비 효과도 각 개인에 따라 달라진다.

2) 관광소비는 고차원적인 소비에 속한다

사람들은 기본적으로 생존적 소비, 발전적 소비, 향유적 소비 등의 소비 욕구를 가지고 있다. 가장 기본적인 생존적 소비는 개인과 가정이 최저 생활을 보장할 수 있도록 생활 자원과 서비스를 소비하는 것으로 이것은 최저한도의 소비 기준이다. 발전적 소비와 향유적 소비는 사람들이 자기 자신의 문화와 소양을 넓히기 위한 소비생활이다.

관광소비는 사람들이 기본 생활을 보장받고 난 후에 생기는 고차원적인 소비 욕구이며 소비생활이다.

3) 관광소비는 정신적인 소비에 속한다

관광소비는 일종의 개인의 소비로써 내용적으로 볼 때 정신과 물질적 소비생활로 유형의 상품 형식으로써 존재하는 물질 상품과 무형의 문화 형식으로 존재하는 정신적 소비와 환대성 서비스를 포함한다. 따라서 관광소비는 사람들이 여행 중에 얻는, 즉 향유와 발전 요구를 만족시키는 관광 물질과 정신 상품 외 관광 서비스 3가지로 물질 형태의 소비는 외재하는 형식으로 관광소비 중 극소수의 일부분이다. 관광객이 진정 소비하는 것은 정신 상품과 서비스 상품이다.

2. 관광소비의 특징

어떠한 소비든 모두 사회적 생산력 발전의 결과물로 관광 소비활동은 사람들의 수입증가와 생활 수준이 높아졌다는 것을 상징한다. 관광활동은 정치, 경제, 문화 등 광범위한 사회 영역으로 확대되었고, 내용도 음식, 주거, 생활, 여행, 구매, 오락 등을 포함한다. 따라서 일반적인 전통 상품의 소비 방식이 소비 과정과 재생산 과정을 상대적으로 구분하는 것이라면, 관광소비는 자체의 특수한 소비특성을 지니고 있어서, 관광은 소비 과정과 재 생산의 과성을 유기적으로 일체화시킨 관광소비는 일반적 전통 상품의 소비 특성과는 매우 다르다.

1) 관광소비의 종합성

관광은 연속적이고 동태적 과정으로 전체 관광활동이 관광 소비활동이다. 관광 소비활동의 구성을 보면 관광활동은 유람을 중심 내용으로 관광을 구체화시키기 위해서는 교통수단을 이용해야 하고 여행 기념품을 구매하고 숙식 문제를 해결해야 하는데, 이러한 관광활동은 하나의 관광상품으로 소비할 수 있도록 해 종합적인 소비활동이라 할 수 있다.

관광소비 대상의 관점에서 살펴보면, 소비의 대상은 관광상품이고, 관광 자원, 관광 시설, 관광 서비스 등 여러 가지의 요소로 구성되어 있는데, 물질적 요소 뿐만 아니라 정신적 요소를 포함하고, 실물 형태 뿐 아니라 살아있는 노동 형태를 가지고 있다. 따라서 관광소비의 대상은 여러 가지 요소와 항목의 종합이다.

실질적으로 소비에 참여하는 부문에서 보면, 관광소비는 각 부문의 공통적인 역할의 결과로 관광소비 활동은 많은 경제 부문과 비 경제 부문이 관광소비의 실현 과정에 참여하는데, 전자는 식음료업, 여관업, 교통업, 상업, 농업 등을, 후자는 환경 보호, 원예, 문화, 우편과 전신, 세관 등을 말한다. 결국 관광소비의 종합성을 특징적으로 말해주고 있다.

2) 관광소비의 서비스성

일반적으로 서비스는 노동활동 형식으로서 제공되는데, 이는 특수한 요구의 경제활동을 만족시키는데 기여한다. 관광객은 기본적으로 생리 요구를 만족해야 실물형태의 상품을 소비한다. 그러나 관광소비를 종합적으로 보면 서비스 소비는 주도적인 위치를 점유한다. 관광서비스 소비는 전체 관광상품 소비량에서 볼 때, 양적으로 절대적인 우위를 점유할 뿐만 아니라 그 내용은 관광객의 정주지역에서 여행지로 이동하여 다시 정주 지역으로 돌아오는 소비 과정의 처음과 끝인 것이다. 관광서비스는 관광활동의 종합으로 호텔 서비스, 교통 서비스, 가이드 서비스, 대행 서비스, 문화 오락 서비스, 상업 서비스 등을 포함한다.

관광 서비스는 노동활동의 형식으로서 나타나는데, 일반적으로 물질 상품이 소비되지 않으면 무형적인 정신 상품도 소비되지 않는다. 이것이 관광상품의 특수성으로 관광객이 관광상품을 소비할 때 관광상품의 가치도 구현되고 관광활동이 끝나면 관광 서비스의 사용 가치는 없어진다. 따라서 관광소비와 생산의 동일성과 저장 불능이라는 특성이 존재하는 관광상품은 다음과 같이 소비된다.

첫째, 관광상품은 이질적이고 비일상적이다. 관광서비스는 무형적인 것이고, 이전할 수 없다. 따라서 관광객은 상주하던 곳을 떠나 공간적인 거리를 극복해야만 비로소 관광상품과 서비스를 소비할 수 있다.

둘째, 관광소비와 생산의 동 공간 동시성이다. 즉 일반 물질적인 상품의 교환과 소비는 서로 다른 두 독립체(공급과 소비)의 교환과정이다. 그러나 관광소비 중 서비스는 반드시 관광객이 존재해야 구매를 할 수 있고 관광소비와 교환은 동일한 시간과 공간에서는 이루어진다.

세 번째, 관광소비 효과의 비 중복성이다. 관광서비스는 강한 개성과 특징을 가지고 있다. 서비스 종사자들 간에는 서비스 기능과 서비스 태도 그리고 지식 수준 등에 차이가 존재한다. 서로 다른 서비스 종사자들이 동일한 관광객에게 제공하는 서비스의 질은 각각 다르기 때문에 같은 서비스 제공자라고 하더라도 서비스 상대의 인격, 배경, 심리적 상태, 성격에 따라 서비스 요구가 다르고 제공하는 서비스의 질도 다를 것이다. 비록 같은 서비스 제공자가 다른 시간에 같은 서비스 상대에게 서비스를 제공하는 것도 서비스 시간, 장소와 제공자의 마음의 변화가 다르기 때문에 최종적인 서비스의 질에도 차이가 있다. 그렇기 때문에 관광객은 완전히 동일한 서비스의 상품을 소비할 수는 없다.

3) 관광소비의 신축성

관광객이 요구하는 관광상품의 수량과 품종 간의 차이를 지칭하는 것으로, 이는 관광상품의 소비 구성요소의 변화에 기인하는데 확대나 축소의 형태로 나타난다. 관광소비의 신축성은 관광소비의 모든 요소에 영향을 주며, 관광 수요 단계, 관광 수요의 탄력성, 그리고 여가 시간 등 여러 요소에 의해 결정된다.

(1) 관광소비는 단계성을 갖고 점차 증가한다

미국 심리학자 매슬로우(Abraham Harold Maslow)는 인간의 욕구는 단계성을 가진다고 밝혔다. 관광소비는 사람들의 기본 욕구 즉, 생리 욕구와 안전 욕구가 어느 정도의 만족을 느낀 후 더욱 높은 욕구 실현을 위해 소비하는 고급 소비 형태이다. 또한 사람들의 소득 상황과 여가시간이 서로 달라 관광소비도 저급 소비, 중급 소비, 고급 소비로 구분되어진다. 일반적으로 사람들이 국내 관광소비를 실현시킨 후에 기회가 되면 국외 관광소비를 즐기고 싶은 희망을 갖게 되고, 저급 소비를 만족한 후에는 고급 소비를 향해 가게 된다.

사회 경제가 발전하고 사람들의 소득과 소비 수준이 높아지고 여가 시간이 증가함에 따라 관광목적지 수도 증가하고, 중복 여행률도 증가하며, 전체 관광소비의 총량도 증가하게 될 것이다.

(2) 관광소비는 비교적 큰 탄력성을 가진다

일반적으로 사람들의 생존 욕구 소비의 탄력성은 비교적 적고, 향유와 자아실현의 욕구 등 고차원적 소비의 탄력성은 비교적 크다. 관광소비는 후자에 속하는데, 관광소비에 영향을 미치는 요소는, 통상적으로 말하는 가격, 수요 외에 국제 정치 · 경제, 관광객의 직업, 연령, 성별, 교육, 종교, 신앙, 취미와 여행 목적지의 사회 · 경제 발전 수준, 풍속, 습관, 관광 이미지 등이 직접 · 간접적으로 관광소비에 영향을 미친다.

(3) 관광소비는 계절성을 갖는다

일반적으로 여행은 기후, 환경 등이 양호할 때 소비하는 계절성을 나타낸다. 그렇게 보면, 관광소비는 특정 계절과 몇몇 달에 집중되어 있다. 예를 들면, 독일인의 여행은 여름 세 달 기간에 집중되어 있고, 파리 사람은 8월에 여행하는 것을 좋아한다. 그리고 특정 월과 계절 관광소비의 내용이 특정한 여행 소비 대상에 따라 집중되어진다. 예를 들면, 여름의 모래사장은 여행객으로 붐비고, 겨울에는 오히려 스키장이 붐비는 현상이 나타난다.

(4) 관광소비는 상호 보완성과 대체성을 갖는다

관광소비의 종합성은 소비의 각 부분 간 보완적인 성질로 구성되어 있다. 예를 들면 경주국제여행사가 경주에서 제주로 가는 미국 여행객 10명을 접대했다고 가정한다면, 이 10명의 여행객은 가이드 비용 외에 경주에서 제주로 가는 교통비도 지불해야 하고 제주에서의 숙식비, 물건 사는 비용도 반드시 지불해야 된다. 따라서 관광 소비는 다수의 기타 관광소비를 동반하게 되는데, 이러한 특징으로 경제적 효과를 높인다.

관광소비의 대체성은 소비 대상 간 대체적인 성질을 가리킨다. 예를 들면 어떤 관광객이 A출발지에서 B목적지 비행편을 이용했다면 동일한 노선의 기차나 선박을 이용할 수 없는 것이다. B목적지에서는 A출발지 국가나 여행사에서 제공하는 가이드 서비스를 받을 수 없을 것이다.

만약 관광객이 리조트에 투숙하면 호텔에는 투숙하지 못 하므로 관광소비의 대체성은 매우 명확하다. 따라서 관광객은 관광상품 중 어떤 코스를 선택한 후에는 다른 코스를 포기해야만 하고 이러한 대체성은 관광산업의 경쟁구도에 영향을 미치게 된다.

(5) 관광소비는 비 중복적이다

관광상품의 비 이동성과 강한 시간성은 관광 소비자가 소비의 비 중복성을 가진다. 관광상품을 구성하는 자원, 관광 시설과 설비 그리고 관광객에게 제공되는 각종 서비스는 일반상품과는 다르게 A지역에서 B지역으로 이동하여 판매할 수 없다. 즉 관광상품은 이동이 불가능하여 관광객이 직접 관광상품이 있는 곳에 가서 구매·소비해야 한다. 관광객은 관광상품을 소비하는 과정에서 체험과 감상을 통해 관광 명승지의 독특한 향취를 즐기면서 관광 서비스 소비를 늘리게 된다. 예를 들어 호텔 이용시의 객실, 식당, 교통수단 이용, 오락시설과 유람 이용 등 관광객은 관광상품에 대해 시간적으로 사용권만 가지는 단기적 점유권이므로 관광상품의 소유는 관광 공급자의 소유다.

관광활동이 끝난 후 사용 가치는 소비자의 입장에서 말하자면 손실이다. 왜냐하면 일반 상품은 구매와 동시에 소유권이 이전되므로 중복해서 사용할 수 있다는 점과는 다르다.

관광상품이 가지고 있는 무형적인 부분인 관광 서비스는 시간성이 매우 강하다. 관광객은 화폐지불과 함께 관광 서비스를 사용할 때 비로소 서비스는 상품으로 구성되는데, 관광 서비스와 일반 상품은 다르다. 일반 상품은 물체화된 형식의 상품으로 존재하여 저장할 수도 있고, 사용 가치는 소실될 수 없고, 중복하여 사용할 수 있다. 그러나 관광상품 중 관광 서비스는 현장에서 소비할 때 동시에 제공되고 관광객의 관광소비 활동이 끝난 후 관광 서비스 소비도 끝나고, 동질의 서비스를 중복 소비할 수 없는 특징을 지니게 된다.

3. 관광소비의 역할

관광은 일종의 고급 소비의 형태로서 인간의 심신의 발전을 촉진하고, 노동의 질을 제고하고, 노동 생산성과 경제 발전 등을 촉진시킨다.

이와 같은 관광소비 활동은 아래와 같은 중요한 역할은 물론 다양한 형태로 나타난다.

1) 사회 재 생산 과정의 중요한 과정이다

소비는 국민 경제 순환 과정에서 승수효과를 통해 국민경제 내에서 활력을 촉진시킨다. 생산, 교환, 분배, 소비 이 네 가지 과정 중 생산이 기점이고 소비가 종점이다. 만약 사회 재 생산을 연속적인 순환 과정으로 본다면 소비는 바로 첫 번째 생산 과정의 종점인 동시에 두 번째 생산 과정의 기점이 된다.

관광소비는 관광객이 물질적 상품에 대한 소비뿐만 아니라 정신적 상품의 소비를 포함하는데, 관광상품 소비를 통해서 상품의 사용가치를 실현시키고 다른 한편으로는 정신 상품의 재 생산에 대해 새로운 요구를 제시한다. 관광 생산과 소비는 서로 의존적이고 전제적인 관계로, 관광소비의 확대는 기존의 관광 기업 상품의 규모나, 수량 증가뿐 아니라 서비스를 제공하는 기타 부문과 업종도 상호 발전하여 전체 사회 경제의 발전과 번영을 촉진시킨다.

2) 관광 욕구 만족을 실현하는 필요조건이다

관광소비 활동은 잠재 소비와 현실 소비로 구분할 수 있다. 미래에 실현될 수 있으나 현재는 조건적인 관광소비를 갖추고 있는 것을 일컬어 잠재 관광소비라고 하고, 현재 조건에서 소비 가능하거나 이미 실현된 관광소비를 현실 관광소비라고 부르는데, 문제는 잠재적인 관광소비를 현실 관광소비로 전환시켜야 한다.

한편으로는 관광소비의 적극적인 조건을 개발해야 하고 다른 한편으로는 조건이 구비되었을 때 잠재적 관광소비 욕구의 실현은 물론 소비를 통해 만족을 얻을 수 있을지 등 여건을 마련해야 한다. 또 잠재적인 관광소비 욕구를 현실 관광소비 활동으로 전환시키고 관광객이 관광소비에 적극 참여하려는 의지가 관건인데 이것은 관광 수요가 실현되는 필요조건이다. 그래서 관광 기업은 적극적으로 신상품 개발을 하고, 관광객이 관광소비를 할 수 있도록 제도와 환경을 완비하고, 소비를 통해 관광 경제의 발전을 유도해야 한다.

3) 관광상품 가치가 실현되는 수단이다

관광상품과 서비스의 가치는 관광소비를 통해 실현될 수 있다. 왜냐하면 첫째, 관광소비는 관광 생산의 목적으로 생산은 소비의 욕구에 의해서 결정되고, 관광소비는 관광발전을 좌우한다. 말하자면 소비 욕구와 소비 수준은 생산의 발전 속도를 결정한다. 둘째, 관광소비는 관광상품의 가치를 실현시키는 최후의 행동이다. 예를 들어 관광소비가 없으면 관광상품은 판매할 수 없고, 관광상품의 가치를 실현시키기 어렵다. 셋째, 관광소비는 관광상품의 최종 결과물이다. 만약 관광상품이 소비 욕구에 부합하지 않는다면, 관광상품의 소비는 지체되어 관광 자원은 방치되어 관광자원은 재고품으로 낭비될 것이다. 따라서 관광소비는 관광상품의 수량, 질, 다양성 등 관광소비 욕구에 부합할 수 있도록 관광 경제의 구조가 합리적이며, 효과가 이상적인지가 관광산업을 건강하고 지속적으로 발전할 수 있는지를 검증할 수 있는 기준이 된다.

4) 관광 경제 발전의 동력이다

관광산업은 산업 간 연관성이 매우 커서 더 산업발전의 연관 작용이 비교적 강한 산업이다. 관광산업은 직접적으로 제 3차 산업 가운데 금융업, 보험업, 교통 운수업과 통신업 등의 발전에 많은 역할을 할 뿐만 아니라, 관광산업이 국민경제의 신 성장산업으로 1차 산업, 2차 산업의 발전에도 큰 영향을 미쳐 한 나라의 산업 구조를 고도화시킨다.

관광산업은 노동 집약형 산업이어서 많은 노동취업 인구를 흡인한다. 그래서 관광소비를 자극하여 관광 경제 발전을 통해 취업 난제를 해결하고 국민경제 발전과 사회안정을 촉진시키는데 유리하다. 동시에 개발 도상 지역의 관광 자원은 현지 주민의 소득, 생활 방식과 질을 개선할 수 있고 경제 성장 속도를 가속화시키고 지역발전을 통해 지역경제의 격차를 해소시킨다.

대부분의 나라에서 지자체는 관광산업 발전에 아주 많은 관심을 보여, 관광 관련 입법, 지역의 관광 계획과 관광업종 관리를 통해 관광산업을 기반 산업 또는 주력 산업으로 육성 발전시킨다. 이것은 관광소비의 촉진과 관광산업의 성장을 통해서 지역 경제 이익을 얻을 수 있게 된다.

관광소비에 대한 욕구와 소비의 수준은 관광 생산품 · 규모 · 속도 뿐만 아니라 관광상품 거래의 내용과 수량 그리고 관광 소득의 수입과 분배의 규모에 의해 결정되었다. 따라서 관광소비는 관광 경제의 기본 동력이 된다.

7-2 관광소비의 구조

관광소비 구조는 관광 경제의 주요한 내용 중 하나인데, 관광소비에 영향을 미치는 요소에 대한 연구와 발전 추세를 예측하여 관광객의 소비 욕구에 부합하는 소비 형태를 찾아낸다. 또한 국민 경제의 관광 경제와 관련 있는 각 생산요소 투입 정책을 수립하는 데 도움을 준다.

관광산업의 발전 계획을 세우기 위한 그 규모와 속도 그리고 관광상품 생산의 합리적인 조합을 통해 관광시장에서 관광객의 욕구를 충족시킨다. 또한 관광소비 구조를 개선하고 합리화하여 관광산업의 경제 효과를 제고하는 데 유리하다.

1. 관광소비의 구조 분류

관광소비 구조는 관광객이 관광 활동 중 소비하는 각종 유형의 관광상품과 소비의 비례적인 비율관계이다. 관광소비 구조는 다양한 각도에서 분류되어진다.

1) 소비 단계에 따른 분류

관광객의 욕구단계 만족에 따라 생존 소비, 향유 소비, 자아발전 소비로 나누고 구체적으로 음식, 오락, 여행, 숙박, 교통 등의 소비를 통해 욕구를 충족시킨다. 이 중 음식, 숙박, 여행은 생리적 욕구의 소비를 만족시키는 것이고, 감상, 오락, 학습 등의 소비는 정신적 향유와 지적 욕구의 소비를 만족시키는 것이다. 이 두 가지의 소비는 서로 뒤섞여 있고, 두 욕구 간의 경계선을 긋기가 몹시 어렵다. 관광객은 생존 욕구를 만족시키는 과정에서 향유와 자아발전 욕구는 충족되고, 자아발전 욕구와 생존 욕구는 혼합되어 있다.

2) 소비 형태에 따른 분류

관광객 소비 형태에 따라 물질 소비와 정신 소비 두 가지로 나누어 볼 수 있다. 물질 소비는 관광객이 관광 활동 중 소모하는 물질 상품, 즉, 객실 용품, 음식물, 음료와 기념품 구매, 일용품 등의 실물적인 구매 소비를 말한다. 정신 소비는 관광객에게 감상, 오락을 제공하는 산수와 명승고적, 고적, 문화, 전통 등의 정신적 산물을 말하며 한편 관광활동의 각 단계에서 향유하는 서비스적인 정신 산물 모두를 포함한다. 이 모든 분류는 상대성을 가지는데, 예를 들면 물질 소비는 관광객이 만족감을 피부로 느낄 수 있도록 촉매제 역할을 하는 반면 정신적 즐거움을 느낀다. 비록 정신 소비가 정서적 욕구를 만족시키지만 그 중 적지 않은 수가 물질 형태로 존재하고 있다.

3) 소비의 내용에 따른 분류

관광소비의 내용에 따라 일반적으로 기본 관광소비와 비 기본 관광소비로 나눌 수 있다. 기본 관광소비는 관광활동 과정에서 필수적이고 기본적인 소비를 말한다. 예를 들면 숙식, 식료, 교통, 여행 등의 소비다. 비 기본 관광소비는 관광활동이 아닌 소비로 비교적 탄력성이 큰 소비를 가리킨다. 예를 들면 여행시의 물건 구매, 의료, 통신비 등을 말한다.

4) 소비의 형식에 따른 분류

관광소비의 구체적인 형식은 음식, 숙박, 여행, 구매, 오락 등으로 분류할 수 있다. 관광소비의 과정 중 개인의 관광 목적, 취미, 자유, 소득, 여가 시간 등의 제약 때문에 서로 다른 비중의 식대, 객실비, 교통비, 여행경비, 물건 구매비, 오락비 지출은 다를 수 있다.

2. 관광소비 영향 요소

관광소비는 인류 생존의 필수적인 소비가 아니고, 고차원적 향유와 자아발전 욕구 소비에 속한다. 따라서 관광소비의 탄력성은 탄력적이고, 많은 요소들이 관광소비의 수량과 질에 영향을 미친다. 국제적인 정치, 경제, 환경 그리고 기후, 문화 등의 영향 외에 관광객의 소득 수준, 연령, 성별, 직업, 교육 받은 정도와 풍속, 습관, 취미 등은 관광소비에 영향을 미친다. 그 밖에 관광은 국가나 관광지 서비스 수준과 범위, 서비스 항목, 서비스 질과 태도는 협력적 공급능력을 제공하고, 사회 치안 등도 관광소비에 영향을 미친다. 일반적으로 관광소비에 주로 영향을 미치는 것은 아래의 몇 가지이다.

1) 경제 발전 수준

경제 발전 수준은 직접적으로 관광객의 여가 시간과 소득 수준 향상은 관광객의 관광 욕구와 관광소비 수준에 영향을 미친다. 일반적으로 국민경제의 발전 수준이 높아짐에 따라 개인의 소득과 여가 시간은 점점 증가하게 된다. 이 두 필요조건은 관광 욕구 수준을 크게 자극하고 관광소비 수준을 제고시킨다. 따라서 경제 발전 수준은 관광소비 구조에 가장 크게 영향을 미친다. 예를 들면 선진국의 관광객과 후진국의 관광객을 비교해 보면 음식, 숙박, 여행, 구매, 오락의 비중이 큰 차이를 보인다.

2) 소득 수준

관광소비는 관광객의 고차원의 소비 욕구를 만족시킨다. 소득의 대부분을 생활비에만 소비하는 것 외에 일정 부분 자유롭게 소득을 관광소비에 지출할 때, 관광의 잠재 욕구는 비로소 현실 욕구로 전환된다. 관광객의 소득 수준이 증가할수록 관광상품 소비증가와 함께, 관광경제의 기초도 튼튼해진다. 따라서 소득 수준은 소비 수준을 결정하고 욕구의 만족 정도를 결정하고, 따라서 소비 구조를 변화시킨다. 결국 관광객의 소득이 증가하면 관광잠재 욕구는 충족되어 질 수 있다. 이러한 소득증가는 관광객의 관광소비 수준을 고급 단계로 발전하도록 촉진작용을 한다. 예를 들면 국제 관광객 중 고급 공무원, 대기업 임원, 학자, 교수, 의사의 소득이 비교적 높은데, 그들은 외국을 관광할 때 고급 호텔에서 머물고, 고급 식당에서 식사하고, 일등석 비행기를 타고, 관광지에서도 자가용 등을 타려고 할 것이다. 물건을 사고 여행을 하면서도 비교적 많은 비용을 지출한다. 그러나 소득 수준이 비교적 낮은 젊은 층은 총소득 중 관광에 지출하는 지출도 적어, 유스호스텔 이용, 도시락, 기차, 심지어 자신이 준비한 텐트에서 숙박을 한다든지 도보 여행을 한다.

3) 관광객의 구성

연령, 성별, 문화, 직업, 풍속, 습관, 취미도 관광소비 구조에 영향을 미친다. 일반적으로 청년들은 먹고 자는 데에 소비가 비교적 적은 편이고 오락과 여행에 비교적 많은 투자를 한다. 장년들은 숙박, 음식, 교통 상품의 질에 비교적 높은 소비를 하고, 부녀의 구매 소비는 전체 관광소비 중에서 차지하는 비중이 비교적 많다. 그리고 고급 공무원, 대기업 임원, 회의에 참석하는 관광객은 현대화된 관광시설과 설비, 고품질의 음식과 서비스 그리고 현대화된 회의 시설을 요구 할 것이다. 관광객의 소득과 유급 휴가의 일수가 관광객의 체류 일수 증가와 함께 관광소비에 영향을 미치고, 관광객의 문화, 풍속은 취미와 기호에 영향을 미쳐 관광상품의 내용과 질에 영향을 미친다. 이 밖에 관광객의 출신지 즉, 고향과 지역 등의 요인도 관광소비 구조에 영향을 미칠 것이다.

결론적으로 관광객의 다양한 요소들이 정도의 차이는 있지만 관광소비의 변화에 영향을 미친다.

4) 관광상품의 구조

한 나라의 생산력은 국민소득을 결정하고 그리고 소비 수준을 결정한다. 관광객에게 제공하는 숙박, 음식, 교통, 여행, 오락, 구매 등 각 관광상품이 호혜적으로 그 구성과 비중이 적당한지 등은 관광소비에 영향을 준다. 만약 국민 경제 중 관광산업에서 제공하는 서비스 산업의 구조가 취약하다면 관광의 여타 산업과 상생 발전이 어려워 새로운 산업의 발전도 어려울 것이며 관광상품의 구성도 불균형을 이루어 관광 요소산업도 불균형을 야기할 것이다. 따라서 관광객의 욕구를 만족시키지 못할 뿐만 아니라 관광시장에서 수급의 불균형을 야기하여, 관광산업 전체의 발전을 저해하는 결과를 초래할 것이다. 예를 들어 교통수단 부족과 항공편의 결항은 관광객의 출입국을 제한하고 입국과 출국은 했지만 관광목적지 교통수단의 부족은 관광목적지까지 가지 못하는 경우가 생긴다. 그리고 관광 시설과 설비가 부족하고 관광지에서 오락을 즐길 자원이 부족하면 관광객은 떠날 것이고 다음 목적지로 떠나지 못하게 되면 관광 자체가 단조롭고 무미건조하여 관광 자원의 매력은 없어진다. 이러한 상황은 관광상품이 경쟁력을 잃게 되고 관광객을 잃게 된다. 따라서 관광상품 구조는 관광소비 구조를 결정하고, 관광객의 소비 수준과 소비 수량을 결정한다.

5) 관광상품의 품질

관광산업의 발전은 일정량의 관광상품 뿐만 아니라 고품질의 관광상품을 필요로 한다. 만약 관광상품의 수량이 관광객이 요구하는 수량에 부합되지만 상품의 품질이 낮고 사용 가치가 떨어진다면 관광객의 소비 욕구를 만족시킬 수 없어 소비의 구조와 만족도에도 영향을 미칠 것이다.

관광상품의 품질은 세 가지 측면에서 다음의 요소를 포함해야 한다. 하나는 관광객에게 만족감과 합리적인 관광상품을 제공해야 한다. 즉 제공하는 관광상품의 판매량, 적합한 시간, 합당한 가격이어야 한다. 두 번째는 관광서비스로 숙련된 종업원에 의해 세련되고 민첩하게 제공되어야 하는데, 이는 관광객에게 시간을 절감하고 편리성을 제고한다. 세 번째는 관광서비스의 태도로 종업원의 예의, 친절, 주도 면밀함이 요구되는데, 이는 관광상품의 질을 제고하고 관광객이 물질적 정신적인 면에서 충분한 만족을 얻게 하여 소비 수준을 제고하고 관광소비 구조가 체계를 갖추도록 한다.

6) 관광상품의 가격

관광상품 가격은 관광객의 수와 소비 구조에 영향을 준다. 관광상품은 일반적으로 가격 탄력성이 크기 즉, 가격 탄력적으로 관광상품의 가격이 오르면 관광소비를 다른 대체 상품의 소비로 전환할 것이기 때문에 이는 관광객 수에 많은 영향을 준다. 오히려 관광상품 가격이 하락하거나 불변하여 상대적으로 관광 구성 상품의 내용이 늘어날 때 다른 상품의 소비를 감소하는 대신 관광상품 소비를 증가시킬 것이다. 단일 관광상품의 상대적인 가격변화는 관광소비 지출에도 변화가 생길 것이다. 따라서 관광상품의 가격 변화는 관광소비의 구조 변화에 영향을 줄 뿐만 아니라 관광 수요량의 변화에 영향을 준다.

7) 관광객의 심리

관광객의 소비 습관, 구매 경험, 주위 환경 등도 각각 다른 관광소비 선택, 관광소비 행태에 영향을 주어 소비 구조에도 영향을 미친다. 소비 방식의 규범성과 관광객의 대중심리도 관광소비 지출에 영향을 끼친다. 예를 들면 역사상 유명한 온천 여행의 붐, 해변 관광과 문화, 여가 여행 붐 등이다.

3. 관광소비의 합리화

관광소비 합리화는 동태적인 과정으로 소비 구조가 불합리한 상태에서 합리적인 상태로 변화되어 가는 과정을 가리킨다. 이 과정은 관광 수요와 밀접한 관련이 있을 뿐 아니라 관광상품 구조와도 관계가 있다. 관광 수요는 시장가격과 소비욕구의 변화과정으로 이는 관광의 소비 성향에도 변화를 발생시키게 된다. 예를 들면 관광 수요는 관광상품에 문화적인 측면을 가중하는 추세여서 관광소비가 정신적 향유와 지적인 발전 방향으로 나아가는 성향이 있다. 한편 관광객의 환경 보호 의식이 강화되면서 관광소비도 점차 생태 관광과 지속가능한 관광발전에 초점이 맞춰져 있다.

관광 공급 측면에서 관광상품은 계속 변화하고 있는데, 관광 수요에 대응하기 위해서는 관광 목적지 국가나 지역의 관광기업의 조건과 능력에 근거해야 한다. 관광시설과 자원에 근거하여 장점은 부각시켜야 한다. 예를 들면 어떤 지역에서 출시한 여행상품, 그리고 유명한 특색 음식 등은 관광객의 관심을 끌고 관광 공급에도 영향을 미친다. 결국 관광소비의 합리화는 수요자와 공급자가 상호 작용하는 동태적 과정이다.

관광소비 구조의 합리화는 이론적이며 실제적 문제로 이론적으로 실질 수요를 합리적인 소비 기준에 따라 규정하고, 실제 상황과 결합·조정하는 것이다.

각국의 관광소비 구조는 국제적인 관광 수요의 발전 추세와 다음의 요구들을 만족시켜야 한다.

1) 관광객의 심신 건강에 유익함을 주는 관광상품을 만든다

합리적인 관광소비는 관광객의 심신 건강에 유익함을 주는 것을 포함하고 있는데, 이는 관광소비 합리화의 출발점이 된다. 따라서 합리적인 관광 소비는 외설적인 것, 도박, 마약 등의 관광상품 생산과 제공은 제외시켜야 한다.

2) 관광시장의 균형을 실현시켜야 한다

관광소비 증가에 따라서 공급 능력은 일정 시기에 상대적 안정성을 가지고 있다. 따라서 합리적인 관광소비 구조를 구축하는 데는 비수기와 관광객의 방문이 뜸한 지역의 소비를 보장해야 해야 하는데, 이는 관광 시설의 활용률을 증가시키고 관광소비가 경제 발전의 촉진제 역할을 할 수 있게 한다. 다른 한편으로는 관광 성수기와 관광객 방문이 많은 지역은 관광소비 수준과 관광 공급 능력이 상호 균형을 이루도록 한다.

3) 사회적 효용에 기여한다

관광산업은 경제산업이면서 사회·문화산업이기도 하여, 경제 기능은 물론 사회의 효용 증대에 기여해야 한다. 따라서 합리적인 관광소비 구조는 국가, 지역, 관광 기업, 관광지 등이 국민의 이익과 결부되어야 하는데 이것이 외부에서 온 관광객을 도울 뿐 아니라 지역과 국민 복지에 기여하는 것이다.

4) 환경 보호에 기여한다

여기에서의 환경은 자연 생태 환경과 인문·사회 환경 두 가지를 포함하는데, 우수한 생태 환경과 사회 환경은 중요한 관광자원으로 관광객을 유인하는 데에 기여하고 지역사회와 국민의 이익을 창출한다. 환경 파괴는 현지 주민에게 손실을 초래하게 하는 반면, 합리적인 관광소비는 관광지의 환경을 보호하고 개선하는데 기여한다.

5) 최적화는 유익한 소비 구조이다

관광소비의 최적화는 관광 목적지 국가 또는 지역의 유익한 사회경제 환경을 만든다. 관광소비의 각 부분을 적당하게 조정하고, 상호협력 시스템을 구축하여 관광객이 증가하는 소비의 과정을 만드는 것이다. 관광소비의 합리화는 동태적 과정이기 때문에 서로 다른 시기와 단계에서 서로 다른 구성 요건이지만 소비를 통해 최적화로 나아간다.

따라서 관광소비 합리화는 상대적인 것으로 국제 관광시장도 이러한 합리화 속성을 가져 관광 목적지 국가나 지역은 수요 상황과 시기에 따라 관광상품의 생산과 공급을 조직화하여 소비 수요를 선도하는 등 소비 구조를 조정함으로 관광소비의 합리화에 이르게 된다.

7-3 관광소비의 효과

관광소비 효과는 투입과 산출 간의 대비적 관계를 가리킨다. 관광소비는 일정량의 물질 상품과 서비스를 소비해야 하는데, 이것이 관광소비의 “투입”이다. 그리고 관광소비를 통하여서 사람들의 체력과 지적 능력을 회복 · 발전시키고 정신적으로 만족하게 하는 것이 관광소비의 “산출”이다.

관광소비의 과정에서 투입과 산출, 소비와 성과, 소비 지출과 소비 목적에 도달하는 것의 관계는 곧 관광소비의 효과이다. 그것은 두 단계의 함축적 의미를 갖는데, 하나는 관광소비자의 입장에서 소비지출 즉 화폐, 시간, 체력, 정신력과 같은 소비의 관계로 소비지출과 소비 욕구 간의 비교이다. 둘째는 관광목적지 국가와 지역 그리고 관광기업의 입장에서 이들 주체들이 제공하는 관광상품을 통해 소비자의 욕구를 만족시키는 관계를 가리키는 것으로 관광상품과 서비스의 공급과 관광객 만족도 간의 비교이다.

1. 관광소비 효과의 분류

1) 연구 대상에 따른 분류

관광소비의 연구 대상에 따라 거시적 관광소비 효과와 미시적 관광소비 효과로 나눌 수 있다. 거시적 관광소비 효과는 일정한 시기 관광객의 관광 총소비로, 경제적인 측면에서 관광소비는 내수를 부양하고, 경제 구조를 개선하고 외환 수입을 증가시켜 정부 세수 증대를 통해 국민 경제 발전을 촉진하기 때문에 관광 목적지의 국가와 지역을 연구한다.

사회적인 측면에서는 관광소비가 국민의 생활의 질을 개선하고 사회 생산력과 재생산에 영향을 미치고 국가 간 지역 간의 경제 · 문화 · 정보 교류 등의 측면에서 교류를 촉진시키는 역할을 하기 때문에 관광소비를 연구한다.

미시적인 관광소비 효과는 관광객 개인의 입장에서 관광기업이 관광객에서 제공하는 상품과 서비스가 예상하는 효과의 수준인지 그리고 관광객이 만족하는지, 만족한다면 만족 정도는 어떤지 그리고 어떻게 하면 관광 관광객을 최대로 만족시킬 수 있는가를 분석하고 연구한다.

2) 관계 정도에 따른 분류

일정한 소비 투입과 산출 관계 정도로 구분하면 관광소비 효과는 직접적 소비 효과와 간접적 소비 효과로 나눌 수 있다. 직접 관광소비 효과는 관광소비 지출을 통해 직접적으로 얻는 소비 만족을 가리킨다. 예를 들면 돈을 내고 차를 타면 공간 이동이 실현되는 것과 돈을 내고 음식을 구입하면 굶주림이 해소되는 것과 같다.

간접 관광소비 효과는 관광소비를 통해 나타나는 보이지 않는 성과를 말하는데, 이러한 관광소비 효과는 직접적으로 드러나지 않는다. 예를 들면 돈을 내고 산수를 구경하고 정신을 수양하고, 성지를 방문하여 애국심을 느끼는 것과 같은 것이다.

3) 시기에 따른 분류

관광소비 효과는 현재의 관광소비 효과와 장래의 관광소비 효과로 나눌 수 있다. 현재 관광소비 효과는 관광객이 일정한 소비지출을 통해 관광상품 소비기간에 얻는 성과를 가리킨다. 즉 현재시간 관광 목적지에서의 행사, 여행, 숙박, 식사, 구매, 오락 등을 즐기는 것이다. 장래의 관광소비 효과는 소비자가 관광지를 떠난 후에도 나타나는 관광 이익을 가리킨다. 예를 들면 관광지에서 획득한 식견과 여행 과정 중의 경험 등이 생활과 일에서의 도움과 인생을 살아가면서 도움이 되는 이익들로 이런 효과는 여행 후 일정한 시간이 지난 후에 나타난다.

2. 관광소비 효과의 측정

관광소비 효과의 측정은 일반적으로 관광 수요 공급에 근거하여 두 단계로 나눈다. 하나는 관광 수요를 통해 측정하는 것으로 소비자의 관광소비 만족 정도를 측정하는 것이다. 두 번째는 관광 공급을 통해 측정하는 것으로 이는 관광목적지 국가나 지역이 관광객에게 상품을 공급한 후에 얻는 관광 수입의 효과를 측정하는 것이다.

1) 소비 효과의 측정

관광객이 관광상품 소비를 결정할 때 예측되는 만족의 정도와 실질적으로 관광상품 소비 후 만족도를 평가하는 것으로 하나는 소비를 결정할 때 만족도이고 다른 하나는 관광상품 소비 후 만족의 정도이다.

(1) 소비의 최대 만족

관광객이 관광상품 소비를 결정한 후 관광객은 최대 만족을 얻는데 목적이 있다. 소위 소비의 최대 만족은 관광객이 관광활동 기간 중 일정 시기와 비용 조건하에서 지불하는 소비지출에서 얻는 정신적, 물질적으로 만족하는 주관적인 욕구와 부합하는 정도를 말하는데, 경제학 관점에서 보면 관광객의 관광상품 소비 선택은 이성적인 선택이다.

일반적으로 사람들은 생리적인 욕구를 충족한 후 문화생활을 향유하고 보다 수준 높은 고급 소비선택을 하게 된다. 그렇게 함으로써 자기발전을 추구하는 경향이 있다. 이성적인 소비자는 어떻든 본인의 수입과 소득에 영향을 받게 되며, 관광상품의 소비에도 주어진 가격을 기준으로 관광상품 소비를 통해 최대 만족을 얻으려 할 것이다. 가령 관광객이 편안한 관광을 하고자 할 때, 관광선택에 소비되는 비용은 개별 관광상품 구입가격이 20원이라고 하자. 그리고 관광코스의 하루 평균 관광소비액은 150원이며, 관광객은 전체 900원을 관광소비에 지출가능하다고 가정할 때, 이때 개별 관광상품 구매와 관광코스를 선택함에 있어서 어떤 선택을 하는 것이 가장 합리적이고 최대의 만족을 얻을 수 있을까?

관광소비자의 이번 여행에서 지출가능 금액은 900원 밖에 안되기 때문에 이성적인 관광객의 지출은 제한적으로 마음껏 소비할 수가 없다. 결국 관광소비자는 900원의 지출을 통하여 최대만족을 얻는 선택을 해야 한다.

이러한 제약 하에서 가능한 소비선택을 보면 다음과 같다.

표 7.1 관광객의 지출가능한 관광상품

관광상품	A	B	C	D
관광코스 / 개	6	4	2	0
관광상품 / 수	0	15	30	45

경제학의 이론에 의거하면 관광객이 지출가능한 금액이 900원인 경우 관광객은 관광상품 선택에서 B 관광상품을 선택할 것이다. 관광코스가 4개(4×150=600)이고 동시에 15개(15×20=300)의 개별 관광상품을 구매할 때 가장 합리적인 지출(600+300=900)로 최대의 만족을 얻게 된다. 보다 구체적인 만족과 선택의 과정은 7-4 관광소비자 만족에서 설명하고 있다.

(2) 소비의 만족도

관광객이 관광상품 소비를 통해 실제적으로 느끼는 만족도는 관광소비 효과를 측정하는 중요한 변수이다. 관광상품 소비 과정에서 관광객이 관광 목적지 국가와 지역 그리고 관광기업이 제공하는 관광 명소의 환경, 교통 시설, 숙박 시설, 오락 시설의 안전, 편리성의 정도, 여행사, 가이드, 관광 호텔 종업원들의 서비스와 태도, 서비스 기능 등에 얼마나 만족하는지가 전체적인 평가 항목이 될 것이다. 관광 설비와 시설의 안전성과 쾌적성이 높을수록 종사원들의 서비스 태도와 기능 그리고 서비스 관련 지식도 관광객의 만족도 증가와 관광소비 효과에 좋은 영향을 미칠 것이다. 그렇지 않으면 관광객의 만족도도 나빠지고 설비 시설의 만족도도 낮아져 전체적으로 관광소비 효과는 떨어질 것이다.

관광객 만족도와 관련하여 관광기업이 관광객에게 제공하는 각종 관광상품 중 서비스의 품질이 높고 낮음은 밀접한 관련이 있다.

미국학자 A. Parasuraman, V. A. Zeithaml, L. L. Berry는 1985년 연구논문에서 서비스 품질을 평가할 때 주로 사용하는 10가지 요소를 다음과 같이 지적하고 있다.

① 유형성 : 서비스의 실물적인 특징을 가리킨다.
② 신뢰성 : 약속한 서비스를 믿을 수 있고 정확하게 수행하는 정도
③ 대응성 : 서비스맨들이 신속하게 서비스를 제공하고자 하는 의지
④ 능력 : 고객을 상대하는 종업원이 가지고 있는 지식과 기능
⑤ 예절 : 서비스맨의 정중함, 예의, 존중, 배려, 호의
⑥ 신빙성 : 신의, 성실, 마음속에 고객을 생각하는 마음
⑦ 안전성 : 신체적 안전, 재정 안전, 신임의 정도, 위험 의심의 가능성이 없는 것
⑧ 가용성 : 접근하기에 용이하고 연락하기에 편리함을 포함한다.
⑨ 소통성 : 고객이 알아들을 수 있는 언어로 표현하고 인내심으로 고객의 소리를 들어준다.
⑩ 고객의 이해 : 고객의 욕구를 이해하는데 최선을 다한다. 예를 들면 고객의 특수한 요구를 이해하는 것에서부터 개별적인 관심 등 역지사지(易地思之)로 고객을 생각하고 고객에 대해 특별한 관심을 갖는다.

A. Parasuraman이 개발한 SERVQUAL 모형에서 서비스 품질구성 요인을 10개의 요인으로 도출하였으나 이를 다시 5개의 요인으로 요약하였다.

표 7.2 SERVQUAL 모형의 품질구성 요인

No.	영 역	의 미
1	신뢰성	약속한 서비스를 믿게 하며 정확하게 제공하는 능력
2	확신성	서비스 제공자들의 지식, 정중, 믿음, 신뢰, 제공능력
3	유형성	시설, 장비, 사람, 커뮤니케이션 도구의 외형
4	공감성	고객에게 개인적인 배려를 제공하는 능력
5	대응성	기꺼이 고객을 돕고 즉각 서비스를 제공하는 능력

이 항목들은 서비스 기대 측정, 서비스 경험 측정 2가지로 구분하고 7점 리커트형 척도로 전자를 먼저 측정한 후, 후자를 측정하여 기대와 성과와의 차이 즉 격차(Gap)로 서비스 품질을 평가한다.

표 7.3 인지된 서비스 품질의 결정 요인

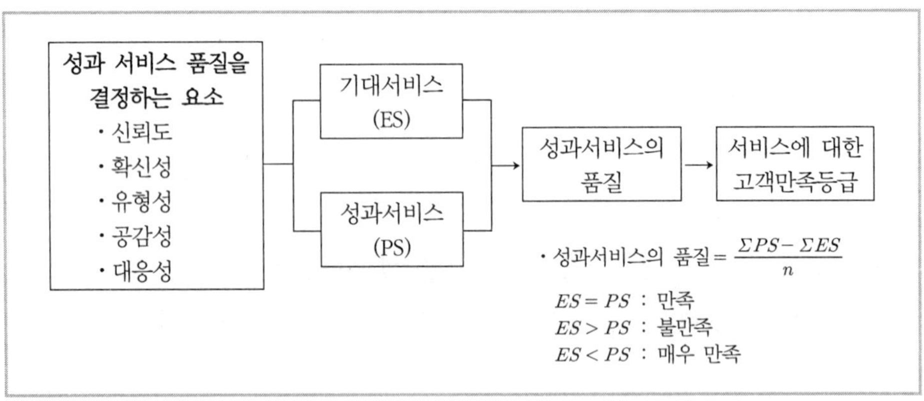

관광목적지 국가와 지역 그리고 관광객의 만족도에 대해 이상의 요소를 충분히 고려하여, 서비스의 질을 개선하고, 좋은 상품과 기업 이미지를 확립할 때 관광객의 소비 효과를 극대화할 수 있다.

2) 효과의 측정

일정 기간 관광지에서 관광객의 관광소비가 많아질수록 관광 목적지 국가나 지역의 소득도 많아진다. 따라서 거시적으로 관광객의 관광지에서의 관광소비 분석을 통해서 관광소비 효과를 측정한다.

통상적으로 관광객 소비지출의 지표는 총 관광소비, 평균 관광소비, 관광소비율과 관광소비 구성으로 총 관광소비는 일정 기간 관광객이 관광지 국가나 지역에서 관광활동 중 지출하는 화폐 총액으로 관광상품 소비의 총량이다. 관광산업이 종합 산업이기 때문에 교통, 숙박, 요식업, 오락, 쇼핑, 관광 등 다 방면의 소비 총량을 말한다. 따라서 총 관광소비의 계산에는 추상적 조사와 공식적 통계를 적절히 조합하는데, 즉 추상적 조사를 통하여서 평균 관광소비액을 추정하고, 공식적 통계의 관광객 수를 원용한다.

평균 관광소비는 일정 기간 관광객이 관광 목적지 국가나 지역의 관광 활동 중 관광객이 지출하는 평균적인 화폐 금액을 가리킨다. 이것은 관광객이 선호 관광지 관광소비 수준을 반영하고, 또한 관광기업 경영자는 새로운 관광시장을 개척하고 상품을 개발하기 위한 중요한 근거를 마련한다. 이는 일반적으로 추상적 조사를 통해 추정하며 이미 알고 있는 총 관광소비와 방문객수를 통해 계산할 수 있다.

관광소비율은 일정한 기간 한 국가나 지역의 총 소비지출액 중 관광소비 지출액의 비율로 표시하는데, 한 국가나 지역의 일정 기간 관광객의 관광소비의 강도와 수준을 나타낸다.

관광소비의 구성은 관광객이 관광활동 과정에서 음식, 숙박, 여행, 쇼핑, 오락 등에 대한 소비의 비율로 관광객 소비의 상황과 특징을 반영할 뿐만 아니라 관광 목적지 국가나 지역의 관광 자원과 요소의 배치, 관광상품의 조합을 위한 과학적 근거를 마련해 준다.

3. 효과의 평가

관광소비 효과를 평가하는 것은 국가와 지역 뿐 아니라 관광기업도 매우 필요한 것이다. 전자의 경우 관광소비 효과를 제고하는 것은 대외적으로 국제적인 이미지를 개선하고 소비 시장을 확대시켜 주고, 대내적으로는 지역 경제의 발전을 촉진시킨다. 후자의 경우 경영 관리수준을 개선하고 소득과 수입을 증가시키는데 도움을 준다. 그러나 관광소비 효과를 평가하기 전에 먼저 관광객의 소비 심리, 소비 욕구, 소비 행동, 소비 수준, 소비 만족도 등에 대해 심도 있는 조사를 실시해야 한다.

관광소비 효과는 관광객이 물질적 욕구에 대한 만족 뿐 아니라 정신적 욕구에 대한 만족이기도 하다. 일반적으로 관광소비의 특징에 따르면 정신적 욕구의 만족을 위하여 물질적인 소비를 먼저 결정하는데, 이는 보통 사람과 사람 간의 상호 관계를 통하여 소비하는 특징이 있다. 관광소비 중 물질 상품의 소비 외에 관광객에 대한 관광서비스, 존중과 우의 등도 관광소비 효과에 결정적인 역할을 한다.

따라서 관광소비 효과를 평가할 때 다음의 원칙을 지켜야 한다.

1) 가격과 사용 가치의 일치성

시장 경제의 조건에서 관광상품은 소비자원으로서 소비 영역에 포함된다. 또한 상품소비는 인간의 소비 욕구를 만족시키고, 사용 가치를 통해 물질과 정신적인 즐거움을 추구한다. 가치적으로는 사회적 필요 노동시간의 객관적인 요구에 적합해야 하고, 외래 관광객의 관광상품의 가치는 국제 사회가 필요로 하는 노동시간의 요구에 적합해야 한다.

관광상품 가격은 관광상품의 가치를 정확히 반영할 수 있어야 하고 동일한 관광상품은 동일한 가격이어야 하고, 국제 관광상품과 같아야 할 뿐만 아니라, 관광객이 지불하는 화폐와 상응되는 물질 상품과 정신 상품을 제공할 때 관광소비자는 최대 만족을 실현할 수 있다.

2) 관광소비 효과의 일치성

거시적인 관광소비 효과는 미시적 관광소비 효과를 기초로 하고 미시적 관광소비 효과는 거시적 관광소비 효과를 근거로 하는데, 이들 효과는 서로 연계되어 있으면서 모순적이다. 미시적인 관광소비 효과를 반영하고 있는 것은 개인의 주관적인 평가이다. 그것은 관광객의 개인적 특징—연령, 성별, 습관, 문화수준, 성격과 취미, 종교적 신앙—이 결정한다. 따라서 서로 다른 관광객의 소비 요구를 만족시키려면 관광시장의 연구와 예측을 통해 관광객의 심리 경향을 연구 분석해야 하고, 특성에 따라 관광상품을 적절히 배분해야 한다. 그렇게 해야 관광객들에게 참신하고, 쾌적하고, 아름답고, 건강한 느낌으로 열정적인 생활을 자극하고, 이상을 추구하고, 분발하게 하며, 학습과 노력하는 정서를 제공할 수 있다. 이런 과정을 통해서 관광객의 개인적인 소비 효과를 높일 뿐 아니라 관광 일정을 연장하도록 유인하고 중복 여행률을 높이게 함에 따라서 충분한 관광소비가 이루어지도록 한다. 또한 관광소비가 사람들의 정신 수양과 문화의 질을 제고하는데 기여함으로써 거시적인 관광소비의 효과를 제고시킨다.

3) 생산 효과와 사회 효과의 통일

관광소비의 대상은 무어라 해도 성과와 결과물이다. 관광상품 생산의 경제적인 성과는 소비 효과에 직접적인 영향을 주고 소비 효과도 생산의 경제 효과에 도움을 준다. 만약 어느 지역에서 새로 개발하는 관광상품이 있다면 그 소비 효과는 좋을 것이나 관광상품의 경제 효과는 오히려 떨어지게 될 것이다. 그렇다고 소비 효과를 강조하고 생산의 경제 효과를 포기하게 되는 것은 문제가 있다. 관광소비 활동은 물질적 정신적 효과를 요구하는 경제 행위이며 동시에 사회 행위이기 때문에 관광소비 효과의 평가는 사회 효과의 평가에 유의해야 한다. 예를 들면 관광활동 중 경품의 경우, 비록 소비의 경제 효과가 있다고 할지라도 사람들의 심신 건강과 사회에 해를 끼칠 수도 있으므로 철회해야 한다.

7-4 관광소비자 만족

1. 한계효용과 관광상품

1) 효용의 함의

사람들의 욕망은 다양하다. 먹는 것, 입는 것, 자는 것 등의 기본적인 욕망에서 오락을 즐기고 문화생활을 향유하고자 하는 욕망을 가질 것이다. 또 다른 사람을 사랑하기도 하고 사랑을 받고 싶은 욕망도 있다. 이러한 다양한 욕망의 대부분은 상품과 서비스를 소비함으로써 어느 정도 충족된다고 할 수 있다.

취직을 하고 싶은 욕망도 결국 대학생활을 통해 많고 다양한 상품과 서비스 소비(책을 사서 공부를 한다거나 강의를 들음으로써)를 통해 가능할 것이며, 사랑과 여행도, 기본적으로 시간이라는 서비스를 소비해야 가능할 것이다. 결국 '시간이 돈이다'라는 것은 시간이 희소한 자원이자 상품으로 취급하고 있다.

궁극적으로 효용(utility)이란 상품이나 서비스를 소비함으로써 느끼는 만족은 사람마다 다르다. 똑같은 여행코스라고 하더라도 A가 느끼는 만족과 B가 느끼는 만족이 다르며 상황과 시간에 따라서 만족의 정도가 다르다. 이처럼 효용은 주관적인 것이긴 하나 효용을 길이나 무게처럼 정량적으로 측정할 수 있는 것으로 가정한다.

그러면 왜 이런 가정을 할까? 아무리 터무니 없는 가정일지라도 가정을 바탕으로 이루어지는 관광 소비자 이론은 관광 소비자들의 현실 소비형태를 그럴듯하게 설명한다는 점이다. 비록 가정이 비현실적일지라도 모형의 예측과 현실 경제현상이 합치되는 것으로 검증되면 그 모형은 의미있는 모형이다.

결국 만족을 정확하게 측정할 수 있다는 가정은 각 관광상품 소비에서 얻는 만족의 정도를 정확하게 비교할 수 있다는 뜻으로 해석할 수 있다. 즉 어느 관광상품 소비자가 관광기념품 한 개의 소비에서 얻은 효용이 10이고 소비에서 얻은 효용이 5라면, 이 소비자는 관광기념품 한 개의 소비에서 얻는 효용이 관광 음식점의 냉면 한 그릇에서 얻는 효용보다 정확하게 2배 크다는 것을 뜻하는 것이다.

2) 효용(만족)함수

인간의 생활은 실로 많은 상품과 서비스의 소비를 통해 가능하다고 해도 과언이 아니다. 즉 여러 가지 상품과 서비스의 조합, 즉 소비 다발(consumption set)의 내용이 달라지면 효용의 크기도 달라질 수 있다. 관광 소비다발의 내용이 달라짐에 따라 관광소비자의 효용이 어떻게 변하는가를 효용함수(utility function)로 나타낸다. 효용함수란 일정기간에 관광소비자가 각각의 관광상품 소비 다발에서 얻을 수 있는 효용의 크기를 말한다.

관광소비자가 소비하는 상품이나 서비스가 X상품, Y상품 둘만 있다고 하면 효용함수식(혹은 총효용함수)은 다음과 같이 나타낸다.

$$U = U(X, Y)$$

여기에서 앞의 U는 관광소비자의 효용을 그리고 뒤의 U는 함수를 나타내며 X, Y는 구체적인 X상품, Y상품의 소비량을 나타낸다. 결국 X상품, Y상품 중 어느 한 상품의 소비량이 증가하면 소비자의 효용은 대체적으로 증가한다. 이를 총효용(TU : total utility)이라고도 하는데, 이는 전체 관광소비를 통해서 얻는 효용이기 때문이다.

3) 총효용과 한계효용

어느 한 관광상품의 소비량을 고정시켜 놓고 다른 관광상품의 소비량을 증가시킴에 따라 소비자의 효용수준은 어떻게 변할 것인가를 보여주는 개념이 한계효용(MU : marginal utility)이다.

$$X\text{상품의 한계효용}(MUx) = \frac{(\text{총})\text{효용의 변화분}(\Delta TU)}{X\text{상품의 소비량의 변화분}(\Delta x)}$$

$$Y\text{상품의 한계효용}(MUy) = \frac{(\text{총})\text{효용의 변화분}(\Delta TU)}{Y\text{상품의 소비량의 변화분}(\Delta y)}$$

만약, 소비량의 변화분이 1단위라고 한다면 소비량을 한 단위 증가시킬 때 총효용에 추가되는 효용 또는 소비량을 줄일 때 줄어드는 효용을 한계효용이라고 한다.

표 7-4는 어떤 소비자가 일정기간 관광식당에서 백반을 소비할 경우 나타낼 수 있는 총효용과 한계효용을 나타내고 있다. 제(1)열은 백반의 소비량을, 제(2)열은 총효용을, 제(3)열은 한계효용을 나타내고 있는데, 예컨대 백반 3그릇을 소비할 때의 총효용은 100임을 나타낸다.

제(3)열의 경우 백반의 소비를 1그릇에서 2그릇으로 증가시키면 총효용은 80으로 증가하나 2그릇 째의 한계효용은 [80－50(효용)/2－1(그릇)]=90으로 나타나고 있다.

표 7-4에서 백반의 소비량을 증가시킬 때 5그릇까지는 총효용이 증가하고 있고, 5그릇 이상을 먹으면 오히려 효용이 감소함을 알 수 있다. 이때 총효용이

표 7-4 총효용과 한계효용표

백반소비량(그릇) (1)	총효용 (2)	한계효용 (3)
0	0	
1	50	50
2	80	30
3	100	20
4	110	10
5	110	0
6	100	10
7	85	15

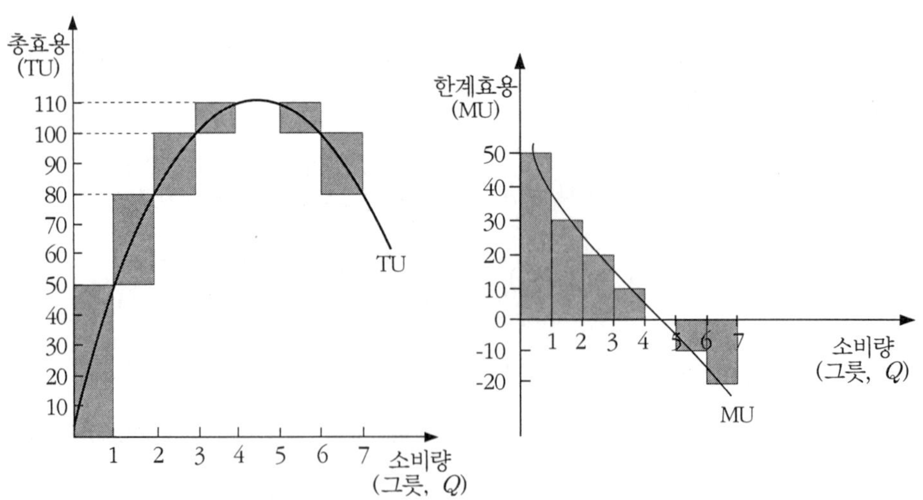

그림 7-1 총효용과 한계효용

극대가 되는 점을 포화점(saturation point)이라고 한다. 결국 표 7-4와 그림 7-1에서 총효용과 한계효용 간에는 다음과 같은 관계가 성립함을 할 수 있다.

첫째, 상품 n까지의 총효용은 n단위까지의 각 단위의 한계효용을 모두 합한 것과 같다. 즉, 백반 4그릇 소비시 총효용은 110으로 나타내고 있는데, 이는 각 단위의 한계효용을 합한(50+30+20+10)것과 같다. 결국 총효용은 한계효용의 누계로 나타낼 수 있음을 알 수 있으며, 총효용표나 한계효용표 중 어느 하나만 주어지면 다른 하나를 계산할 수 있음을 시사한다.

둘째, 상품의 소비량을 증가시켜 나갈 때 한계효용이 양(+)이면 총효용은 증가하고, 한계효용이 음(−)이면 총효용은 감소하며, 한계효용이 0이면 총효용은 극대가 된다.

4) 한계효용체감의 법칙

한계효용체감의 법칙(law of diminishing marginal utility)은 다른 상품의 소비량이 고정된 상태에서 한 상품의 소비량이 증가할수록 그 상품의 한계효용이 감소하는 것을 말한다.

상품의 소비량이 증가할수록 한계효용이 체감한다는 것은 소비량이 증가함에 따라 총효용은 증가하더라도 점점 조금씩 증가하는 것을 의미한다. 일반적으로 소비량이 일정수준에 달하기까지는 한계효용이 증가하는 경우로 생각할 수 있지만, 궁극적으로는 한계효용이 체감하는 것은 우리 일상생활에서 발견할 수 있는 일반적인 현상이다. 예를 들면, 유명 관광명소에 처음 방문했을 때의 만족은 클 것이다. 몇 번의 반복 방문은 새로운 탐험의 기회를 증가시켜 한계효용도 증가하면서 총효용이 늘어날 것이다. 그러나 계속적인 반복 방문은 오히려 피로감을 더하게 되며 총효용을 감소시키는 결과가 초래될 것이다.

5) 관광소비계획과 선택

관광 소비자들의 관광상품 소비에 대한 욕망은 무한하지만, 그 욕망을 충족시킬 수 있는 수단인 소득이 제한적인 것이 현실이다. 만약, 소득의 제한이 없다면 관광 소비자는 그가 원하는 관광상품을 한계효용이 0이 될 때까지 소비함으로써 최대의 효용을 얻을 것이다. 그러나 소득이 제한되어 있기 때문에 소비자는 제한된 소득으로 최대한의 효용을 얻기 위해서는 일정 소득을 관광상품과 서비스 구입에 합리적으로 배분해야 하는데 이것이 "소비계획과 선택"의 문제이다. 만약 총효용의 증가폭이 점차로 감소한다면, 다시 말해 한계효용이 체감한다면 어떤 원리에 따라 자신의 소득을 배분하는 것이 총효용을 최대화시키는 것이 될까?

소비하고자 하는 각 관광상품과 서비스 소비에 지출하는 비용 1원어치의 한계효용이 서로 같도록 소비하여, 어떤 상품과 서비스를 덜 소비하고 다른 상품과 서비스를 더 소비함으로써 총효용을 증가시킬 여지가 없을 때에 소비자의 총효용은 극대화가 된다. 이러한 소비자의 총효용 극대화 조건이 달성될 때 관광소비자의 소득은 최적 배분되며 그리하여 관광 소비자의 관광 소비행위는 균형에 도달하게 된다.

X상품의 가격을 Px, X상품의 한계효용을 MUx, Y상품의 가격을 Py, Y상품의 한계효용을 MUy라 하면, X상품 1원어치의 한계효용은 MUx/Px로 나타낼 수 있고, Y상품 1원어치의 한계효용은 MUy/Py로 나타낼 수 있다. 따라서 한계효용균등의 법칙을 수식으로 나타낸다면 다음과 같다.

$$\frac{MUx}{Px} = \frac{MUy}{Py}$$

그런데 관광 소비자는 누구든 자기의 소득수준에 제약을 받는다는 것이다. 이는 관광 소비자에게 총효용을 가져다 주는 상품이 X와 Y 뿐이라면 X상품과 Y상품의 구입에 사용된 총 지출액이 소비자의 가용소득 혹은 지출능력과 같아야 한다는 것이다. 가용소득을 I, 상품구입량을 각각 X, Y라 한다면 예산제약 하에서 식은 다음과 같이 표시된다.

$$PxX + PyY = I$$

이를 일반화하여 나타내면 다음과 같이 표시할 수 있다.

$$\frac{MUx}{Px} = \frac{MUy}{Py} = \cdots\cdots = \frac{MUn}{Pn}$$

$$PxX + PyY + \cdots\cdots + PnN = I$$

이상에서 살펴본 바와 같이 각 소비자가 총효용을 극대화 즉 만족을 최대화하기 위해서는 일정한 소득 내에서 각 관광상품 1원어치의 한계효용을 같도록 각 관광상품의 구매량을 결정해야 하는 것이다.

앞에서 소비자가 일정한 소득을 가지고 효용을 극대화하기 위해서는 각 관광상품에 지출되는 마지막 화폐단위에서 얻어지는 한계효용이 균등하게 되도록 소득을 배분해야 한다는 것을 알았다. 즉 관광 소비자가 효용을 극대화하기 위해서는 한계효용균등의 법칙에 따라야 한다는 것이다. 소비자가 언제나 이러한 합리적인 행동을 한다면 이 사실에서 관광 소비자의 개별수요곡선을 유도할 수 있다. 즉,

$$\frac{MUx}{Px} = \frac{MUy}{Py} = \cdots\cdots = \frac{MUn}{Pn}$$

으로 표시되는 효용극대화의 원칙에 따라 어떤 관광소비자의 균형이 이루어져 있을 대 X상품의 가격 Px가 하락한다면,

$$\frac{MUx}{Px} > \frac{MUy}{Py} = \cdots\cdots = \frac{MUn}{Pn}$$

으로 된다. 그러면 효용극대화를 위해서는 X상품의 소비량을 늘려서 X상품의 한계효용을 감소시킴으로써 한계효용균등의 법칙이 다시 성립하도록 만들어야 한다.

따라서 X상품의 가격하락으로 인한 Y상품의 수요량 증가는 한계효용체감의 법칙에 따라 X상품의 한계효용을 감소시켜 결국,

$$\frac{MUx}{Px} = \frac{MUy}{Py} = \cdots\cdots = \frac{MUn}{Pn}$$

가 될 때까지 계속될 것이다. 이처럼 관광 소비자의 소득과 다른 관광상품의 가격이 일정하다고 가정할 때 어떤 관광상품의 가격하락은 그 관광상품의 수요량을 증가시킨다. 따라서 앞에서 살펴본 것과 같이 우하향하는 수요곡선을 유도

할 수 있게 된다. 즉 한계효용체감의 법칙은 수요의 법칙을 성명할 수 있는 기반을 제공해 준다고 볼 수 있다.

2. 무차별곡선이론

1) 무차별곡선

(1) 무차별곡선과 무차별 지도

한계효용이론은 소비자의 효용이 측정될 수 있다는 것을 전제로 하고 있다. 그러나 실제로 상품과 서비스에 대한 만족감(효용)을 수치로 측정한다는 것은 쉬운 일이 아니다. 그리하여 무차별곡선이론은 서수적(序數的) 효용을 전제로 한다. 즉, 관광소비자는 합리적인 소비행위를 하는데 있어서 각 상품과 서비스의 효용을 구체적인 수치로 알 필요는 없으며, 단지 각 상품 다발의 만족도에 따라서 여러 가지 상품 다발을 서열화 할 수 있으면 충분하다는 것이다.

즉 소비자는 X상품과 Y상품이라는 두 상품만을 구입한다고 가정하자. 이때 두 상품과 서비스의 특정 수량으로 구성된 하나의 상품 다발은 X상품 소비량과 Y상품 소비량을 나타내는 두 직교 좌표상의 한 점으로 나타낼 수 있다. 예를 들어, X상품 3단위와 Y상품 4단위로 이루어진 상품 다발은 그림 7-2 (a)의

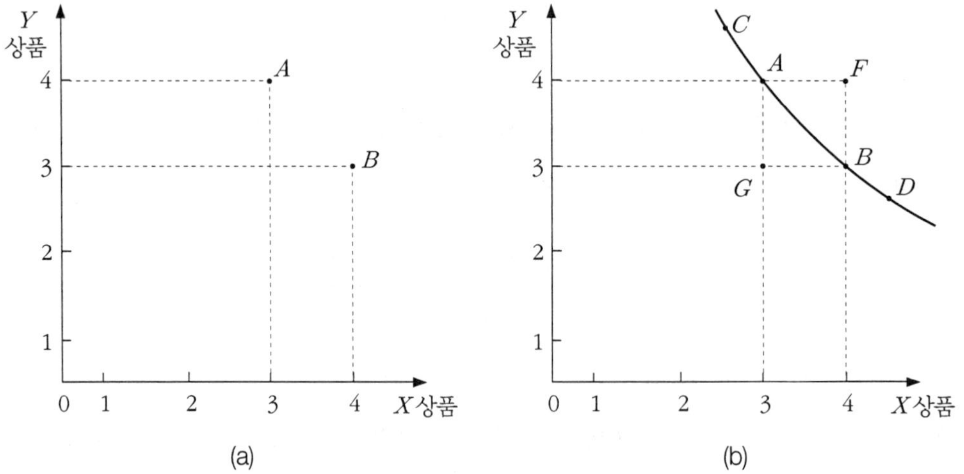

그림 7-2 상품 다발과 무차별곡선

A점으로 표시되며, 마찬가지로 B점은 X상품 4단위와 Y상품 3단위로 구성된 하나의 상품 다발을 표시한다. 여기서 만약 상품 다발 A가 상품 다발 B보다 소비자에게 더 큰 만족을 준다면 A는 B보다 선호된다고 한다. 그리고 A와 상품 다발 B가 소비자에게 무차별한 경우를 생각해 보자. 소비자에게 A점과 똑같은 만족을 주는 상품 다발은 B점 이외에도 무수히 많은 점을 찾아내어 그 궤적을 구해 볼 수 있는데, 그것은 그림 7-2의 (b)와 같이 A점과 B점을 통과하는 곡선이 된다. 이 곡선을 무차별곡선(indifference curve)이라고 하며 보통 I로 표시한다. 다시 말하면, 무차별곡선은 소비자에게 동일한 만족을 주는 상품 다발들의 집합을 그림으로 나타낸 것이다. 어떤 무차별곡선보다 우상측에 있는 점들은 그 무차별곡선상에 있는 점들에 비해 더 큰 만족을 준다. 예를 들어 그림 7-2 (b)의 F점은 A, B, C, D점들보다 더 큰 만족을 주는데, 그 이유는 다음과 같다. F점은 A점에 비해 X상품을 1단위 더 소비하기 때문에 분명히 A점보다 더 큰 만족을 준다. 그런데 B, C, D점은 A점과 동일한 무차별곡선상에 있기 때문에 A점과 똑같은 만족을 준다. 따라서 F점은 A점뿐만 아니라 B, C, D점 등 무차별곡선상의 모든 점들에 비하여 더 큰 만족을 주는 것이다. 마찬가지로 논리로 어떤 무차별곡선보다 좌하측에 있는 점들은 그 무차별곡선상에 있는 점들에 비해 더 작은 만족을 가져다준다.

무차별곡선은 하나만 존재하는 것이 아니라 만족수준에 따라 무수히 많이 존재한다.

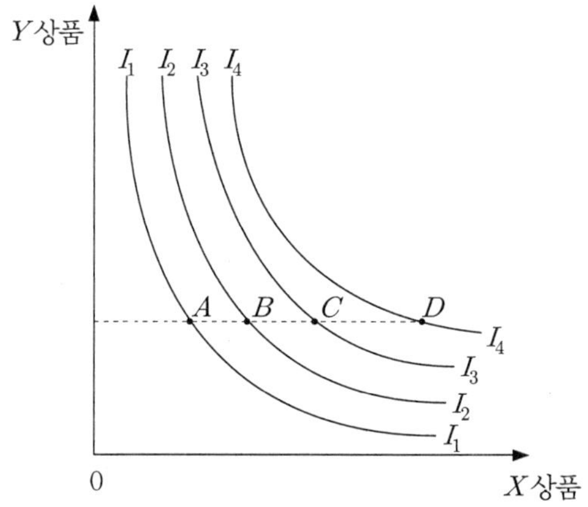

그림 7-3 무차별지도

그림 7-3과 같이 만족의 수준이 서로 다른 무차별곡선들을 동일한 직교 좌표상에 무수히 많이 그릴 수 있는데, 이것들이 마치 지도의 등고선과 같다고 하여 무차별지도(indifference map)라고 부른다. 무차별지도의 무차별곡선들 중에서 원점에서 멀리 떨어진 무차별곡선일수록 그것이 관광소비자에게 주는 만족도는 크다. 그 이유는 '더 많을수록 더 좋다'는 공리를 염두에 두고 A, B, C, D점들을 비교해 보면 알 수 있을 것이다.

(2) 무차별곡선의 성질

일반적으로 무차별곡선은 다음과 같은 네 가지 성질을 가진다.

첫째, 무차별곡선은 우하향하는 기울기를 갖는다. 설명의 편의를 위해 그림 7-4 (a)의 A점과 무차별한 점, 즉 동일한 만족을 주는 점의 위치를 찾기 위해 X상품 구입량이 한 단위 많으면서 동일한 만족을 주는 점은 B, C, D점의 세 가지로 대별된다. 여기서 B점은 A점에 비해 X상품 뿐만 아니라 Y상품도 더 많은 양을 포함하는 점이다. 따라서 B점은 A점보다 만족도가 크며 C점은 A점에 비해 Y상품의 양은 같으나 X상품의 양이 1단위 더 많다. 따라서 C점도 A점보다 만족도가 크며 A점보다 X상품 구입량이 1단위 더 많으면서 A점과 동일한 만족을 주는 점은 C점은 아래에 위치하는 어떤 점 D점일 수 밖에 없

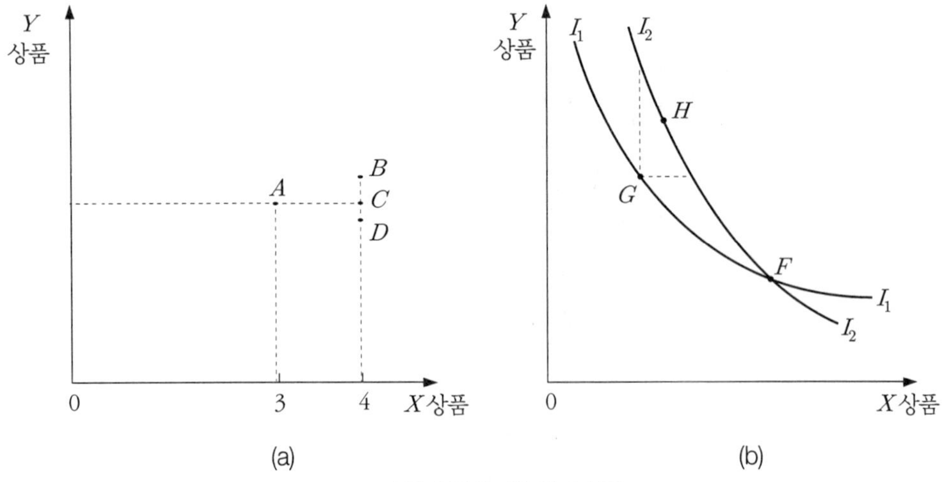

그림 7-4 무차별곡선의 성질

다. 이러한 사실은 무차별곡선이 우하향할 수밖에 없다는 사실을 의미한다.

둘째, 무차별곡선은 원점에 대해 볼록한 형태를 취한다. 우하향하는 형태는 다시 원점에 대해 볼록한 형태, 오목한 형태 및 우하향하는 직선 형태의 세 가지로 대별된다. 무차별곡선은 이 중에서 원점에 대해 볼록(凸)한 모양을 가지며 이는 한계대체율이 체감한다는 것이다.

셋째, 무차별곡선은 서로 교차할 수 없다. 일단 그림 7-4의 (b)와 같이 두 개의 무차별곡선이 서로 교차한다고 가정해 보자. 이 경우 무차별곡선의 정의상 I_1상의 점 F와 G는 무차별하고 I_2상의 점 F와 H도 서로 무차별하므로, 결국 점 G와 점 H가 서로 무차별하다는 논리가 성립된다. 이것은 결코 성립될 수 없는 논리이다. 왜냐하면 점 H는 점 G에 비해 더 많은 두 상품 다발로 명백히 점 G보다 만족도가 크기 때문에 무차별곡선은 서로 교차할 수 없다.

넷째, 무차별곡선들 중에서 원점에서 멀리 떨어진 무차별곡선일수록 더 높은 만족수준을 나타낸다. 그 이유는 앞에서 무차별지도를 언급하면서 이미 설명하였다.

(3) 한계대체율

어떤 무차별곡선을 따라서 관광상품 구매량을 변화시킨다는 것은 만족수준을 동일하게 유지한다는 것을 의미한다. 이 경우 X상품 수량을 증가시키려면 Y상품 수량은 감소시켜야 하는데, 그때의 X상품의 증가분(ΔX)에 대한 Y상품의 감소분($-\Delta Y$)의 비율($-\frac{\Delta Y}{\Delta X}$)을 Y상품로 표시한 X상품의 한계대체율(MRS$_{XY}$: marginal rate of substitution of X in terms of Y)이라고 하고 MRS_{XY}로 표기한다. 즉 〈그림 7-5〉에서 A점에서 B점으로 갈 때의 한계대체율은 다음 식과 같이 정의된다.

$$MRS_{XY} = \frac{-\Delta Y}{\Delta X}$$

MRS_{XY}는 효용을 동일한 수준으로 유지한다는 전제하에서 Y상품 감소분을 X상품 증가분으로 나눈 것이다. 따라서 그 값은 X상품을 한 단위 증가시킬 때, 종전과 동일한 효용수준을 유지하기 위하여 감소시켜야 하는 Y상품의 수

량을 의미한다. 그림에서 A점과 B점 사이의 거리가 무한히 짧아서 ΔX가 거의 0에 가깝다면 한계대체율($\frac{-\Delta Y}{\Delta X}$)은 A점에서의 접선의 기울기의 절대치라고 할 수 있다.

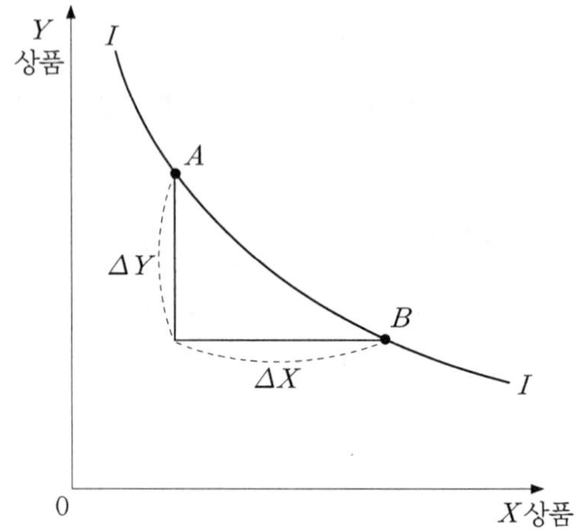

그림 7-5 한계대체율

예를 들어 MRS_{XY}가 3이라고 하면, 관광소비자가 현재가지고 있는 상품 다발에서 X상품 1단위를 더 얻는 대신에 Y상품 3단위를 포기해도 총 만족은 동일하다는 뜻이 된다. 바꿔 말하면, 소비자는 현재의 상품 다발에서 X상품을 1단위 더 얻는 대신에 Y상품를 3단위까지 포기할 용의가 있다는 것이다. 그러므로 MRS_{XY}는 소비자가 X상품 1단위와 기꺼이 교환하려고 하는 Y상품의 양, 다시 말하면 소비자가 현재의 상품 다발에서 주관적으로 평가하는 X상품의 가치라는 것이다. 여기서 X상품의 가치는 물론 Y상품의 단위(양)로 나타낸 것이다.

한계대체율에 관한 이상의 논의를 요약하면 다음과 같다.

$$MRS_{XY} \equiv \frac{-\Delta Y}{\Delta X}$$

≡무차별곡선의 기울기의 절대치

≡관광소비자가 주관적으로 평가하는 X상품의 1단위 가치

(단, Y상품의 양으로 표시됨)

무차별곡선이론에서 효용수준을 일정하게 유지하면서 Y상품을 계속 X상품으로 대체해 감에 따라 MRS_{XY}는 점점 작아지는 것이 일반적인 현상이다. 이를 한계대체율체감의 법칙이라고 한다. 한계대체율이 체감하는 이유는 다음과 같이 설명될 수 있다.

일반적으로 관광소비자는 어떤 상품과 서비스에 대한 소비량이 증가하면 그 상품과 서비스의 중요성을 상대적으로 낮게 평가하고 소비량이 감소하면 그 상품과 서비스의 중요성을 상대적으로 높게 평가하는 경향이 있다. 이 경우 Y상품을 X상품으로 계속 대체해 감에 따라, 소비량이 증가하는 X상품은 그 중요성이 점점 낮게 평가되고 소비량이 감소하는 Y상품은 그 중요성이 점점 높게 평가된다. 따라서 X상품의 상대적 중요도인 MRS_{XY}는 무차별곡선을 따라 오른쪽으로 갈수록 점점 작아지는 것이다.

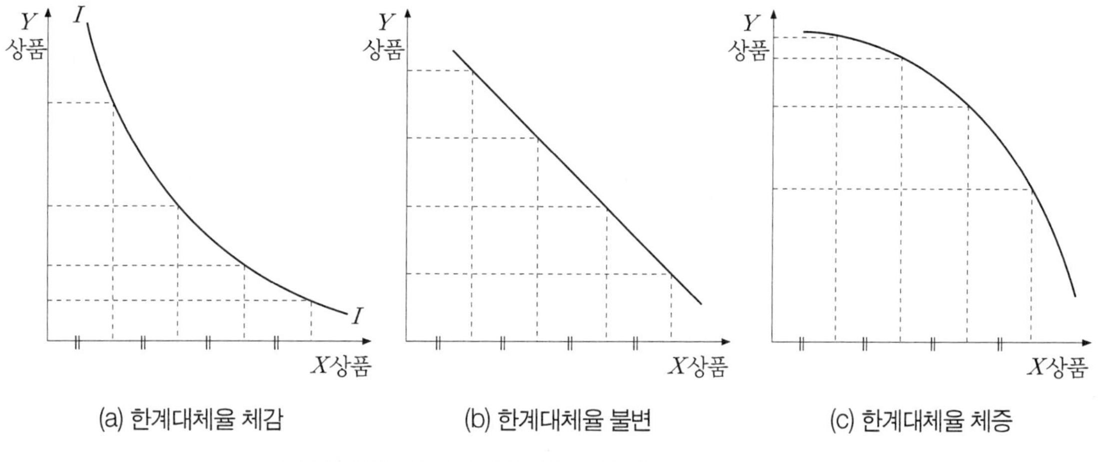

그림 7-6 한계대체율의 변화와 무차별곡선

한계대체율체감의 법칙을 그림으로 나타내면 그림 7-6의 (a)와 같이 원점에 대해 볼록(凸)한 모양을 가지는 무차별곡선을 얻는다. (b), (c)는 각각 한계대체율이 불변이거나 체증하는 예외적인 경우의 무차별곡선을 나타내고 있다.

2) 가격선

(1) 가격선의 개념

관광소비자는 각 상품과 서비스를 얼마만큼 구입해서 소비할 수 있는가? 그것은 관광소비자의 소득과 각 상품과 서비스 가격에 따라 다르다. 우리는 이미 한계효용이론의 예산제약에 대한 분석을 통해서 관광소비자가 자기의 소득 전부를 두 상품과 서비스 지출에 사용하며, 다음과 같은 식이 성립한다는 것을 알고 있다.

$$Px \cdot X + Py \cdot Y = I$$

여기에서 I와 Px, Py가 일정한 상수로 주어졌다고 가정하면 미지수는 X와 Y뿐이다. 이 식을 미지수 Y에 관해 풀면 다음과 같은 일차방정식을 얻는다.

$$Y = -\frac{Px}{Py}X + \frac{I}{Py}$$

위의 식을 그림으로 옮기면 그림 7-7의 (a)와 같이 Y축 절편이 $\frac{I}{Py}$이고 기울기가 $-\frac{Px}{Py}X$인 직선을 얻는데, 이를 관광상품과 서비스의 가격선(price line) 또는 예산선(budget line)이라고 부른다. 즉 상품과 서비스의 가격과 소득이 일정하게 주어진 상태에서 관광 소비자가 주어진 소득을 전부 사용했을 때 구입 소비할 수 있는 상품 다발들의 집합을 그림으로 나타낸 것이다.

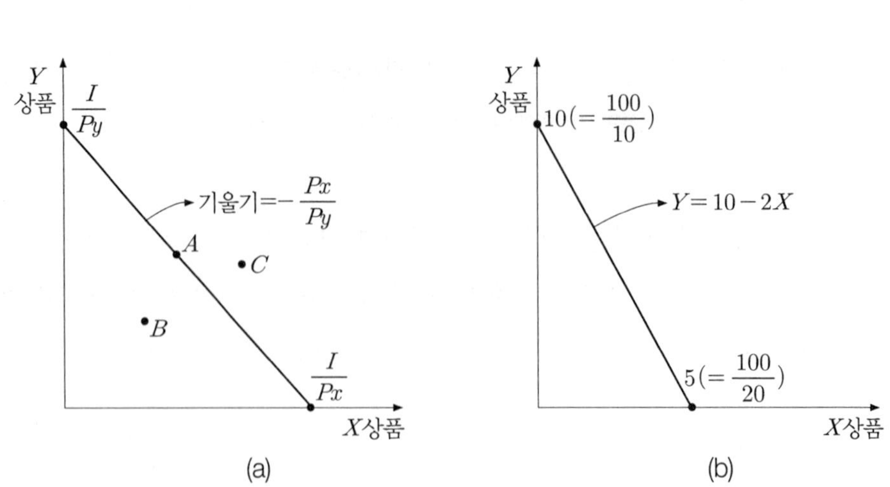

그림 7-7 가격선

그림 7-7 (a)의 A점과 같이 주어진 가격선상에 위치하고 있는 점들은 위의 식을 만족시킨다. 따라서 A점은 현재의 가격 하에서 주어진 소득을 전부 지출해야만 구입이 가능한 상품과 서비스의 다발을 나타낸다. 반면에 B점과 같이 가격선 보다 좌하측에 있는 점들은 현재의 가격 하에서 주어진 소득을 전부 지출하지 않고 구입이 가능한 상품과 서비스의 다발을 나타낸다. 그리고 C점과 같이 가격선보다 우상측에 있는 점들은 현재의 소득으로는 구입이 불가능한 상품과 서비스의 다발을 나타낸다. 한편, 가격선의 Y축 절편 $\frac{I}{Py}$는 주어진 소득을 전부 Y상품의 구입에 지출할 때 살 수 있는 Y상품과 서비스 수량을 나타내고, X축 절편 $\frac{I}{Px}$는 소득을 전부 X상품과 서비스 구입에 지출할 때 살 수 있는 수량을 나타낸다. 그리고 이 두 절편을 연결하는 직선이 가격선이다. 따라서 우리는 두 상품과 서비스의 가격과 소득이 구체적인 수치로 주어질 때, 가격선의 방정식을 도출하지 않더라도 두 절편만을 구함으로써 가격선을 직접 그릴 수 있다. 예를 들어 $Px=20$원, $Py=10$원, $I=100$원일 경우의 가격선은 X축 절편 $\frac{100}{20}=5$와 Y축 절편 $\frac{100}{10}=10$을 연결한 직선인데, 이것이 그림 7-7의 (b)에 그려져 있다. 물론 이 가격선의 구체적인 식은 $20X+10Y=100$ 또는 $Y=10-2X$로 구해진다.

가격선의 기울기는 그림 7-7에서 보는 바와 같이 $-\frac{Px}{Py}$이고 절대값으로 나타내면 $\frac{Px}{Py}$로 두 상품과 서비스의 가격비와 같다. 가격선의 기울기의 절대값이 가격비 $\frac{Px}{Py}$라는 것은 어떤 경제적 의미를 가지고 있을까? 예를 들어 $Px=20$원이고, $Py=10$원이면 시장에서 X상품 1단위는 Y상품 2단위와 맞바꿀 수 있는데, 이 비율이 가격비 $\frac{Px}{Py}=2$이다. 결국 $\frac{Px}{Py}$는 시장에서 X상품 1단위와 교환되는 Y상품의 수량으로 X상품의 상대가격이라고도 한다. 이것은 소비자가 시장에서 X상품 1단위를 더 구입하려면 Y상품 2단위를 포기해야 된다는 것을 뜻한다. 그러므로 가격비는 소비에서의 X상품의 기회비용이라고도 할 수 있으며, 시장에서 평가되는 X상품 1단위의 가치를 Y상품 단위로 표시한 객관적인 교환비율이라고도 할 수 있다. 가격선의 기울기에 관한 이상의 논의를 요약하면 다음과 같다.

가격선의 기울기의 절대치= $\frac{Px}{Py}$(가격비)

=관광시장에서 X상품의 1단위와 교환되는 Y상품의 수량

=X상품의 상대가격

=소비에서의 X상품의 기회비용

=관광시장에서 객관적으로 평가되는 X상품 1단위의 가치

(2) 가격선의 이동

이미 I, Px, Py가 일정한 상수로 주어졌다고 가정함으로써 구체적인 하나의 가격선을 도출할 수 있었다. 따라서 일정한 상수로 주어졌던 I, Px, Py 중에서 어느 하나라도 변하면 가격선은 이동하게 된다.

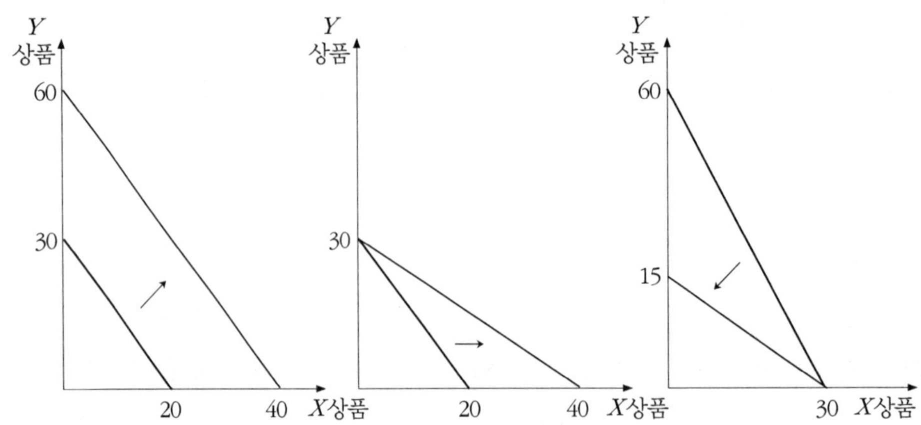

(a) 소득의 증가 (b) X 상품가격 하락 (c) Y 상품가격 상승

그림 7-8 가격선의 이동

① 소득의 변화

그림 7-8의 (a)의 굵은 실선과 같이 주어진 상황에서, 가격은 종전과 동일한데 소득만이 120에서 240으로 증가하였다고 하자. 그러면 X축 절편도 종전의 2배로 되고, Y축 절편도 종전의 2배가 된다. 따라서 가격선은 얇은 실선과 같

이 우측으로 평행이동하게 된다. 이와 같이 가격은 불변이나 소득이 증가하면 가격선은 우측으로 평행이동하고, 반면에 소득이 감소하면 가격선은 좌측으로 평행이동한다.

② X상품과 Y상품의 가격의 변화

X상품와 Y상품의 가격이 변화하면 가격비가 변하게 되고, 따라서 가격선의 기울기가 변한다. 예를 들어, 가격선이 그림 7-8 (b)의 굵은 실선과 같이 주어진 상황에서 X상품의 가격만이 12원에서 6원으로 하락했다고 하자. 이 경우 Y축 절편은 불변이고, X축 절편은 종전의 2배가 된다. 따라서 가격선은 그림 7-8의 (b)에서와 같이 Y축 절편을 회전축으로 하여 우측으로 회전한다.

반면에 그림 7-8의 (c)는 Y상품의 가격만 이를 테면 4원에서 8원으로 상승하는 경우의 가격선의 이동을 나타내고 있다. 이 경우 X축 절편을 회전축으로 하여 좌측으로 회전하는 것이다. 이상에서 가격선 이동의 몇 가지 대표적인 예를 살펴보았는데, 이 밖의 여러 가지 경우에도 마찬가지의 논리를 적용할 수 있을 것이다. 예를 들어, 두 재화의 가격 및 소득이 동일한 비율로 증가하거나 감소하는 경우 가격선은 전혀 이동하지 않는다.

3. 관광상품 소비와 균형

지금까지 우리는 관광 소비자의 주관적인 선호를 나타내는 무차별곡선과 관광소비자의 구매 가능영역을 나타내는 가격선에 대하여 각각 살펴보았다. 이제 무차별곡선과 가격선을 이용하여 합리적인 관광 소비자의 행동원리를 알아보기로 하자.

그림 7-9는 무수한 무차별곡선과 가격선을 한 평면에 같이 표시한 것이다. 가격선이 MN으로 주어졌을 때 관광 소비자는 어느 점을 선택해야 만족을 극대화할 수 있을까? 우선 소비자는 가격선의 우상측에 있는 점(예를 들어 A점)들은 선택할 수 없다. 왜냐하면 그러한 점들은 현재의 가격 하에서 주어진 소득으로는 구입이 불가능한 점들이기 때문이다.

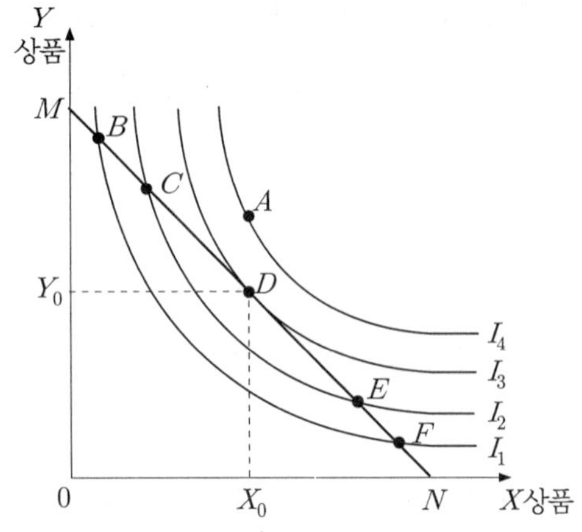

그림 7-9 관광소비자의 균형

따라서 소비자들의 선택은 가격선 MN상의 점들과 가격선의 최하측에 있는 점들이 된다. 그러면 현명한 관광 소비자는 무차별곡선 I_1상의 B점을 선택하지 않을 것이다. 왜냐하면 가격선을 따라 C, D점으로 점차 이동하면 더 큰 만족 수준을 나타내는 무차별곡선에 도달하기 때문이다. 마찬가지의 이유로 I_1상의 F점도 선택하지 않을 것이다.

결국 가격선 MN과 무차별곡선이 접하는 D점이 현재의 소득과 가격 하에서 관광 소비자에게 가장 큰 만족을 주는 점이 된다. 관광소비자는 D점이 나타내는 상품과 서비스 다발, 즉 X상품를 OX_0만큼 소비하고 Y상품을 OY_0만큼 소비함으로써 극대만족을 얻을 수 있는 것이다. 가격선과 무차별곡선이 접하는 D점을 소비자 균형점(equilibrium of consumer point)이라고 부른다. 이와 같이 효용극대화는 가격선과 무차별곡선이 접하는 D점에서 이루어지고 이 소비자균형점 D에서 두 곡선의 기울기가 같으며, 따라서 두 곡선의 기우기의 절대치도 같다. 결국 무차별곡선의 기울기의 절대치는 한계대체율이고, 가격선의 기울기의 절대치는 가격비를 나타낸다. 그러므로 가격선과 무차별곡선이 접하는 D점에서는 다음과 같은 관계가 성립된다.

$$MRS_{XY} = \frac{Px}{Py}$$

위 식은 바로 무차별곡선이론에서의 관광 소비자 균형조건이다. 이제 위 식이 관광 소비자 균형조건이 되는 이유를 보자.

먼저 그림 7-9의 B점에 대한 설명으로, B점에서는 무차별곡선 기울기의 절대치가 가격선 기울기의 절대치보다 크다. 따라서 B점에서는 한계대체율이 가격비보다 크다. 이것은 관광소비자가 주관적으로 평가하는 X상품 1단위의 가치가 시장에서 객관적으로 평가되는 X상품 1단위의 가치(기회비용)보다 크다는 것을 의미한다. 쉽게 말하자면, 소비자는 X상품 1단위를 더 얻기 위하여 Y상품 3단위를 기꺼이 포기할 용의가 있는데, 실제로 시장에서는 Y상품 2단위를 포기하면 된다는 것이다. 이 경우 소비자는 Y상품 2단위를 포기하는 대신 그 돈으로 X상품 1단위를 더 구입함으로써, 추가적인 소득지출을 하지 않고서도 만족을 종전보다 증가시킬 수 있게 된다. 그러므로 한계대체율이 가격비보다 큰 현재의 B점은 관광소비자 균형점이 될 수 없다.

이와 유사한 논리로 F점 또한 소비자 균형점이 될 수 없다. 즉 한계대체율이 가격비보다 작은 F점에서는 X상품 1단위를 포기하는 대신 그 돈으로 Y상품를 더 구입함으로써 소비자는 만족을 증가시킬 수 있는 것이다. 이와 같이 한계대체율과 가격비가 같지 않은 경우, 관광 소비자는 총지출액을 증가시키지 않고도 상품 간 소비의 비율만을 변화시킴으로써 만족을 증대시킬 수 있는 것이다. 반면에, 한계대체율과 가격비가 일치하는 D점에서는 소비자가 주관적으로 평가하는 X상품 1단위의 가치와 시장에서 실제로 교환되는 X상품 1단위의 가치가 일치한다. 이 경우 소비자가 주어진 소득 하에서 상품 간 소비의 비율을 변화시킴으로써 만족을 증대시킬 여지는 더 이상 없으며, 따라서 관광 소비자의 효용극대화가 달성된 상태이다.

1) 소비자 균형의 이동

(1) 소득소비곡선과 가격소비곡선

이상에서 관광소비자 균형은 주어진 가격선과 무차별곡선이 접하는 점에서 달성된다. 이때 만약 관광소비자의 소득이나 상품과 서비스의 가격이 변하여 가격선이 이동하게 되며 소비자 균형점도 이동하게 될 것이다. 소득이 변화함에 따라 관광 소비자 균형점이 어떻게 이동해 가는가를 보여주는 곡선을 소득

소비곡선이라 하고, 한 상품의 가격이 변화함에 따라 소비자 균형점이 어떻게 이동해 가는가를 나타내는 곡선을 가격소비곡선이라고 한다.

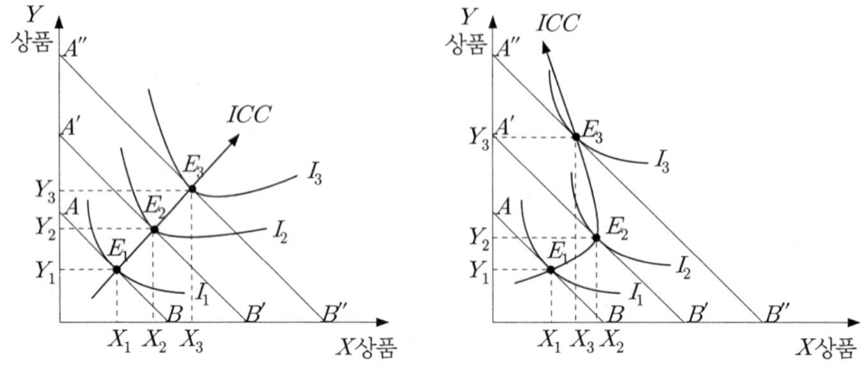

(a) 정상상품의 소득소비곡선 (b) X 상품이 열등상품인 소득소비곡선

그림 7-10 소득소비곡선

그림 7-10 (a)에서 가격선 AB와 무차별곡선 I_1이 접하는 E_1점이 최초의 균형점이었다고 하자. 이제 두 상품의 가격은 불변인데 소득이 증가하면, 가격선은 원점에서 먼 쪽으로 평행이동하게 된다. 즉 소득이 증가하여 가격선이 AB에서 $A'B'$로 평행이동하였다고 하자. 그러면 E_1은 더 이상 소비자균형점이 되지 못하고, 새로운 가격선 $A'B'$와 무차별곡선 I_2와 접하는 E_2점이 새로운 소비자균형점이 된다. 이와 같이 소득을 조금씩 변화시키면 E_1, E_2, E_3와 같은 수많은 소비자 균형점들을 찾을 수 있는데, 이러한 점들의 궤적을 소득소비곡선(ICC : income-consumption curve)이라고 한다. 그림 7-10의 (a)에서는 소득이 증가함에 따라 X상품과 Y상품의 구입량도 증가하고 있어 X상품과 Y상품은 정상재이다. 그러나 상품 중에는 소득이 증가함에 따라 그 구입량이 감소하는 상품도 있는데, 이러한 상품을 열등재 또는 열등상품이라고 한다. 그림 7-10의 (b)는 X상품이 열등상품인 경우의 소득소비곡선을 나타내고 있다. 결국 X상품은 정상상품이고 Y상품은 열등상품인 소득소비곡선(ICC)을 나타내고 있다.

한편, 소득(I)과 Y상품의 가격(P_y)은 불변인데 X상품의 가격(P_x)만 계속

하락한다면, 가격선은 그림 7-11에서와 같이 Y축 절편을 회전축으로 하여 우측으로 회전하게 된다. 이에 따라 소비자균형점도 $E_1 \rightarrow E_2 \rightarrow E_3$로 이동하게 되는데, 이러한 점들의 궤적을 가격소비곡선(PCC : price-consumption curve)이라고 한다.

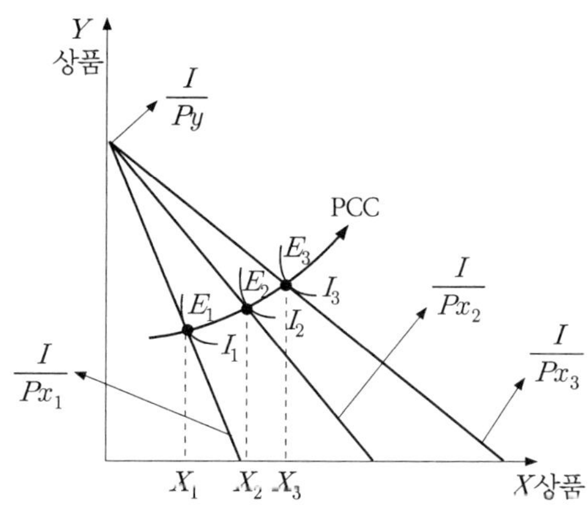

그림 7-11 가격소비곡선

(2) 대체효과와 소득효과

한 상품 가격의 변화가 그 상품의 수요량에 미치는 효과를 가격효과(price effect)라고 한다. 앞에서 살펴본 가격소비곡선은 이와 같은 가격효과를 나타내는 것으로, 사실 두 개의 서로 다른 효과의 합작품이다. 예를 들어 X상품의 가격이 하락하였기 때문에 생기는 X상품 수요량의 변화는 X상품이 다른 상품에 비해 상대적으로 싸졌기 때문에 생기는 X상품 수요량의 변화와 X상품의 가격 하락으로 인해 소비자의 실질소득이 증가했기 때문에 생기는 X상품 수요량의 변화의 합(合)으로서 이해될 수 있다. 이를 달리 표현하면, 가격효과는 대체효과와 소득효과의 합이라고 할 수 있다.

대체효과(substitution effect)란 실질소득이 불변인 상태 하에서 상품 가격비(상대가격)의 변화가 X상품 수요량에 미치는 효과를 말한다. 반면에 소득효과(income effect)란 가격비가 불변인 상태 하에서 실질소득의 변화가 X상품 수요량에 미치는 효과를 말한다. 단, 여기서 실질소득을 효용수준으로, 즉 만족수준이 불변이면 실질소득도 불변이라고 간주하는 것이다. 대체효과와 소득효과를 그림으로 나타낸 것이 그림 7-12이다.

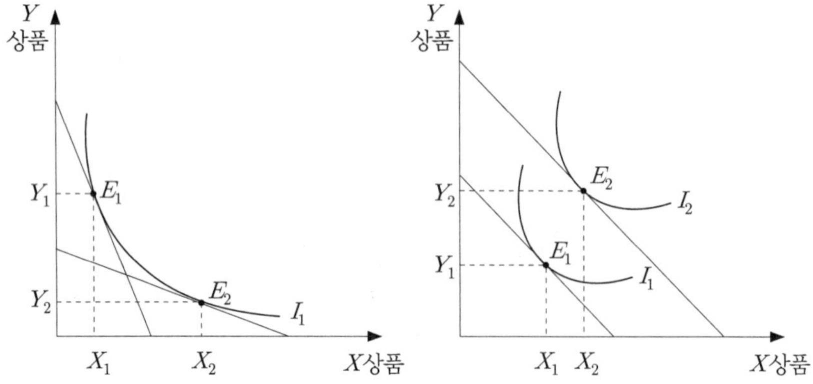

(a) 대체효과 (b) 소득효과

그림 7-12 대체효과와 소득효과

가격효과는 대체효과와 소득효과의 합이라고 하였는데, 가격효과를 대체효과와 소득효과로 분리하는 과정이 그림 7-13이다. 그림에서 최초 균형점은 가격선 AB상의 E_1점이다. 그런데 X상품 가격이 하락하면 가격선은 AC로 이동

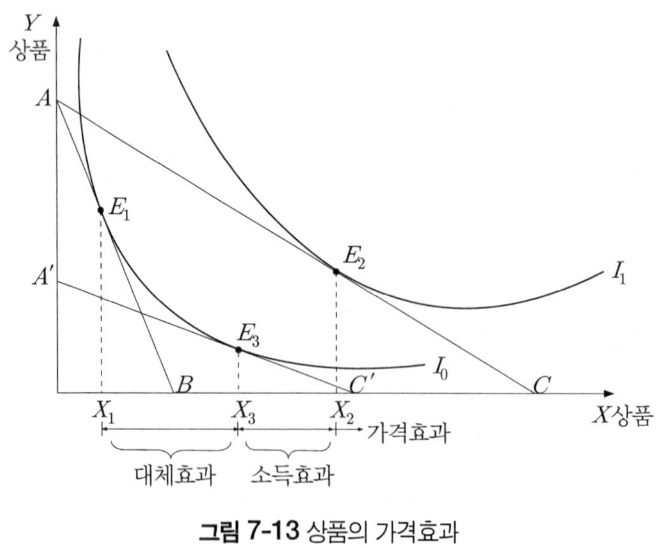

그림 7-13 상품의 가격효과

하고 이에 따라 균형점은 E_2로 이동한다. 이때 X상품 수요량은 X_1, X_2 만큼 증가하는데, 이것이 X상품 가격하락으로 인한 가격효과이다.

이제 가격효과 X_1, X_2를 대체효과와 소득효과로 분리하기 위해 새로운 가격선 AC를 평행이동시켜 원래의 무차별곡선 I_0에 접하는 가상적인 가격선 $A'C'$를 그려보자. 그러면 최초의 가격선 AB가 $A'C'$로 이동했다가 다시 AC로 이동한 것으로 생각할 수 있으며, 이에 따라 균형점도 $E_1 \rightarrow E_3 \rightarrow E_2$로 이동한 것으로 간주할 수 있다. 이 중 E_1에서 E_3로의 이동은 효용수준은 불변인 채 가격비의 변화에 의한 이동이다. 그러므로 이때 X상품 수요량 증가 X_1, X_3는 X상품 가격하락으로 인한 대체효과이다. 반면에, E_3에서 E_2로의 이동은 가격비는 불변인 채 실질소득의 변화에 의한 이동이다. 그러므로 이 E_0의 X상품 수요량 증가 X_3, X_2는 X상품의 가격하락으로 인한 소득효과이다.

대체효과가 수요량을 변화시키는 방향은 언제나 가격의 변화 방향과는 정반대이다. 즉 어떤 상품과 서비스의 가격이 하락할 때(↓) 상대적으로 싸진 그 상품과 서비스에 대한 수요량을 증가시키고(↑), 가격이 상승할 때(↑) 상대적으로 비싸진 그 상품과 서비스에 대한 수요량을 감소(↓)시킨다. 이와 같이 대체효과가 가격의 변화 방향과는 항상 반대의 방향으로 나타난다는 의미에서 대체효과는 항상 음(−)이다. 그러나 소득효과는 상품과 서비스의 종류에 따라 그 부호가 달라지는데, 정상상품의 경우 가격하락(↓)으로 인해 실질소득이 증가하면 그 수요가 증가하여(↑) 소득효과도 대체효과와 마찬가지로 가격의 변화 방향과 반대 방향으로 나타난다. 즉 정상상품의 경우 소득효과는 음(−)인 것이다. 반면에, 열등상품의 경우 가격하락(↓)으로 실질소득이 증가하면 그 수요가 오히려 감소하기(↓) 때문에 소득효과는 가격의 변화 방향과 같은 방향으로 나타나 열등상품의 경우 소득효과는 양(+)이다. 정상상품의 경우 가격효과는 항상 음(−)이다. 왜냐하면 가격효과는 대체효과와 소득효과의 합인데, 정상상품의 경우 대체효과도 음(−)이고 소득효과도 음(−)이기 때문에 가격효과는 음(−)으로 나타난다. 가격효과가 음(−)이라는 말은 가격과 수요량이 서로 반대 방향으로 변화한다는 의미로 이것은 수요의 법칙이 성립된다는 것을 뜻한다.

열등상품의 경우 음(−)의 대체효과와 양(+)의 소득효과의 합인 가격효과는 두 효과의 크기에 따라 달라진다. 만약, 양(+)의 소득효과가 음(−)의 대체효과보다 그 절대치가 크다면 가격효과는 양(+)이 될 것이다. 이것은 수요의 법칙이 성립되지 않는다는 것을 뜻한다. 이와 같이 열등상품 중에서 소득효과가 대체효과보다 크게 나타나 결과적으로 수요의 법칙에 위배되는 재화를 기펜상품(Giffen's goods)으로 열등상품 중에 특이하게 나타나는 현상이다. 그러나 현실에서는 찾아볼 수 없는 재화이며 이상의 논의는 표 7-5와 같이 요약할 수 있다.

표 7-2 상품의 가격효과

구 분	대체효과	소득효과	가격효과
정상상품	−	−	−
열등상품	−	+	−
기펜상품	−	+	+

그러나 관광상품시장에서의 소비적 특성으로 인하여 선택관광의 경우 즉 단일 관광상품의 선택시 관광소비자의 상품선택과 효용의 극대화 원칙은 적용될 수 있으나, 패키지 관광상품의 경우 일단 관광상품 구매가 이루어지면 구성상품의 변화가 불가능하여 각각의 구성상품의 효용을 극대화하기 보다는 선택된 패키지상품의 각 구성상품의 효용의 합이 최대가 될 수 있도록 해야 할 것이다. 물론 패키지상품의 선택시에는 A여행사의 甲 패키지, B여행사 甲 패키지 등의 선택시 종합가격과 소득범위 내 효용극대화 선택은 위의 이론을 적용할 수 있다.

관광 기업과 경영

CHAPTER 08

8-1 관광 기업의 분류

1. 관광 기업의 개념

신 고전경제학 원리에 의하면 관광 기업은 생산과 경영의 중요한 의사 결정체로 사람과 자본 그리고 정보의 결합체다. 관광 기업은 영리를 목적으로 관광상품과 서비스 제공을 통해 최대의 이윤을 취득하고자 하는 기업이라고 정의할 수 있다.

그 이유는 다음과 같다. 첫째, 이윤의 극대화가 관광 기업이 존재하는 이유다. 둘째, 상대적으로 이윤이 큰 관광 기업이 다른 기업을 경쟁에서 배제시킬 수 있다. 셋째, 관광 기업은 이윤 획득을 위해 노력하지 않으면 경쟁기업에 인수 합병될 수 있다. 넷째, 경영자는 주주들의 이익을 위해 이윤을 추구한다.

본질적으로 관광 기업은 일반 기업의 속성을 가지나 관광 기업은 경영에 있어서 특이성을 가지고 있다. 관광 기업은 관광상품의 생산과 소비가 동시에 이루어지고, 관광객의 관광 활동의 참여와 관광상품은 오락성이 있어야 한다는 것이다. 따라서 관광 기업의 존재는 내재적 원인과 외부 사회의 수요 두 가지 측면에서 존재 이유를 설명할 수 있다.

1) 내재적 요인

기업이 존재하는 원인에 대해 로널드 코즈(Ronald Coase)가 거래 비용 이론을 제시하였다. 이 이론에 따르면 시장에서의 거래 비용을 고려할 때, 기업이라는 체제를 사용하는 것이 시장 기구를 사용하는 것보다 경제적일 수 있기 때문에 기업이 존재한다는 것이다. 다시 말해서 기업 조직을 통해 생산하는 것이 그렇지 않은 경우보다 거래 비용이 더 적게 든다는 것이다.

한편, 관광 기업은 여러 가지 생산 요소들을 조합한 후 새로운 상품자원으로 전환하는 능력을 가지고 있다. 관광 기업은 시장시스템과는 달리 자원 분배 시스템으로 볼 수 있는데, 경영 기능을 활용하여 요소자원을 분배하고 자체의 경영 활동을 통해 높은 생산력과 낮은 자본 비용으로 높은 이윤을 창출할 수 있다.

관광 기업은 시장의 기능을 대체할 수 있는 조직으로, 1845년에 토마스 쿡(Thomas Cook)이 여행사를 개설한 것이 이정표로 평가받고 있다.

2) 외부적 수요

기업은 사회에서 인정을 받아야 살아남을 수 있는데, 여기에는 두 가지 의미를 가진다. 첫째, 사회가 관광 기업의 경영권을 인정하고 관광 수요를 충족하기 위해 관광상품과 관광 서비스를 요구하는 것은 관광 기업이 존재하는 기본 임무와 동시에 사명이다. 예를 들어, 사회 · 경제의 발전으로 지역 간의 교류가 증가하면서 사회는 관광 기업에게 숙박, 음식과 교통 그리고 상품과 서비스 제공을 요구한다.

유럽의 경우, 최초의 숙박업소는 고대 로마시대부터 있었으나, 1778년 미국 보스턴에서 300개 정도의 객실을 가진 현대적 호텔이 생겼고, 1765년 파리에서 전통적 특성을 가진 호텔이 그리고 1930년대 말 유럽 각 도시에서 선박 회사가 정기 여객선의 운항을 시작하였다. 한편, 휴가와 여행의 수요를 위해 18세기 영국의 연합객실회사가 관광 기업으로 영업을 시작했고, 1822년에는 선적을 대리하는 기업을 설립하였다.

한국의 경우 최초의 호텔기업은 1889년 인천에 세워진 대불호텔로 당시 인천항을 이용하던 외국인에게 숙소로 제공되었다. 이후 1902년에 근대식 호텔인

손탁호텔은 서울의 주한 외국인들과 개화기 인사들의 사교장이었다.

관광 기업이 관광 욕구를 만족시킬 수 있을지는 최종 수요의 주체인 사회에 달려 있으며, 관광 기업의 경영 성과는 관광객의 평가에 달려 있다.

2. 관광 기업의 분류

관광 기업의 분류 방법은 다양한데, 관광 기업의 규모, 관광 기업의 소유방식, 관광 기업의 조직과 업무 구성 등 여러 측면에서 구분할 수 있다. 여기서 관광 기업 조직과 업무 구성 두 측면에서 관광 기업의 유형을 설명해보자.

1) 관광 기업 조직

현실 경제에서 관광 기업의 조직은 보통 세 가지가 있는데 개인회사(Proprictorship or Singlc Proprictorship), 합명회사(Partnership), 주식회사(Corporation)이다.

일반적으로 개인회사와 합명회사의 규모는 비교적 소규모이고, 주식회사는 규모가 대규모의 형식을 취한다.

(1) 개인기업

가장 간단한 관광 기업 조직으로 '부부 가게'로 부르기도 하는 전형적인 관광 기업으로 한 사람의 재산권 소유자만 존재한다. 기업은 개인 재산이고 직접 운영하며, 기업주 즉, 사장이 소득 전부를 소유하고 채무에 대한 모든 책임을 진다. 경영에 실패하고 채무가 자산을 초월하는 상황이 오면 기업주가 자신의 개인 재산으로 채무를 청산해야 된다.

개인회사는 관광 기업의 규모가 작고 구조가 간단하며, 전문적인 경영 관리 시스템이 없으며, 영업의 규모와 매출액도 작아, 소규모 여행사의 형태로 한 달에 한 건의 영업을 할 수도 있으며, 개인의 역량과 노력이 필요하다.

개인관광 기업의 평균 수명은 비교적 짧은데 이는 다음과 같은 근본적인 한계를 가지고 있기 때문이다. 자본금의 한계와 지급 능력의 제한으로 대출 능력도 낮아 대규모 자금이 필요한 관광 경영 활동을 하기는 어렵다. 대부분의 개인 관광 기업의 자본금은 자신의 예금과 친척이나 친구에게서 차용한 자금으로 경영자체가 개인 의존적이라 개인의 사망으로 기업의 업무가 중단될 수도 있다. 따라서 이러한 유형의 기업은 여행 중개, 교통, 개별 식당, 관광 쇼핑 등 작은 여행사, 개별운송, 공예품 가게, 가정 식당 및 작은 기념품 가게 등이다.

그러나 이러한 개인기업의 장점으로 기업 설립과 폐쇄 절차가 간단하고 재산권을 자유롭게 처리할 수 있으며, 융통성이 있고 의사결정이 빠르며 경영자와 재산권자가 직접적 면밀하게 계획하고 부지런하고 알뜰하게 경영한다는 장점을 가지고 있다.

(2) 합명회사

합명회사는 두 명 이상의 개인 재산으로 경영하고, 합명회사의 책임사원은 기업의 소득과 채무에 대해 공동의 책임을 진다. 합명회사 형태의 관광 기업은 서로 다른 능력을 가진 사람들의 재능을 조합할 필요가 있을 때 이를 테면, 서로 다른 전공의 회계사, 요리사, 지배인 등이 무한책임지고 경영하는 회사 조직이다.

합명회사 조직의 관광 기업의 장점은 첫째, 여러 명의 책임사원이 공동적으로 자금을 조달할 수 있으므로 자본금의 규모가 개인기업보다 크다. 공동 책임사원이 채무에 대해 공동책임으로 대출의 위험성과 자금조달 능력은 개인기업보다 우수하다. 둘째, 합명회사의 책임사원은 기업의 이득과 손해에 대해 무한 책임을 지기 때문에 책임감이 더 강해지고 기업의 이미지를 높일 수 있다.

그러나 합명회사는 다음과 같은 단점도 가지고 있다. 첫째, 합명회사는 무한책임사원의 협의로 설립한 것이다. 원래 책임사원이 퇴사 때는 새로운 구성원으로 협력 관계를 이루어야 하는 문제점이 있다. 새로운 파트너를 받아들이는 협상 절차와 법적 절차가 매우 복잡하고 아울러 자본금 투입은 소수의 책임사원에 한정되어 있어 자본금 조달도 한정될 수밖에 없다. 게다가 모든 책임사원이 기업 대표로 중대한 의사결정에 책임사원 모두의 동의를 받아야 하기 때문에 신속한 의사결정에 문제가 발생할 가능성이 있다. 둘째, 모든 책임사원이 관광 기업의 채무에 대해 무한 책임을 진다. 만약 기업경영이 실패할 경우 다른 무한 책임 사원이 보상할 능력이 없다면 그 부분에 대해서도 공동 책임을 진다. 즉 채무를 청산할 때까지 나머지 책임사원의 재산으로 변제할 의무가 있다는 것이다.

(3) 주식회사

주식회사 조직의 관광 기업은 법인 조직체로서 법인의 명의로 민사상 권리와 책임을 가지며 각종 계약을 체결하고 권리 의무에 대응할 수 있다. 회사의 재산권은 주주들에게 분배되고 회사의 수익도 주주 분배권을 가진다.

합명회사 조직의 관광 기업과 달리 주주들이 회사의 채무에 대해 무한한 책임의 필요가 없고 자신이 투자한 자본금의 범위 내에서 채무에 대한 책임이 있을 뿐이며, 자신의 주권을 타인에게 양도할 수도 있다.

주식회사는 현대의 사회적 대량화 생산의 요구와 시장 정세의 요구에 직응할 수 있는 중요한 기업 조직으로 성장했는데, 내용에서 보면 주식회사는 다음과 같은 특징을 지닌다.

① 재산권 관계 : 소유권과 경영권은 철저히 분리하고 법인 재산은 독립시키며 투자자의 투자금으로 형성된 법인이 모든 재산권을 가지게 되며 민사상의 권리와 책임을 가지는 실체다.

② 기업 경영 방식과 손익 : 기업은 법인의 재산으로 자주적으로 경영하고 손익을 스스로 책임을 지며, 장기적으로 채무가 자산을 초월하여 파산 시 법인은 채무에 대해 법인 자산의 범위 내에서 일정한 책임을 진다.

③ 투자자 권리와 책임 : 투자자는 투입한 자본금에 따라 주주 권리와 회사 채무에 대해 일정한 책임을 진다.

④ 기업 관리 기구 : 기업 소유자-주주, 의사결정-이사회, 경영자-총지배인의 삼위일체의 법인 관리 구조로 필요시 감사실을 둘 수 있다.

⑤ 급여 제도 : 기업은 자주적 경영으로 분배하고 경영자와 직원의 수입은 월급과 보너스로 구성된다. 주주들은 투자액에 배당을 받게 된다.

⑥ 인사 제도 : 최고 경영자는 초빙제 혹은 공모제를 실시하며, 직원과 법인의 관계는 노동 계약 관계다. 직원이 주식을 가지는 제도—종업원 지주제—를 실시하면 직원이 주주와 노동자의 이중 신분을 가지게 된다.

⑦ 자산의 성질 : 주식회사의 자산가치는 양도하거나 이동이 가능하며, 특히 주식회사의 주식은 처분할 수 있고, 유한책임회사의 주식도 주주 간 양도양수가 가능하며, 기타 한정적인 양도도 가능하여 회사의 채권도 자유롭게 양도할 수 있다.

합명회사 조직과 비교해 보면 주식회사 조직의 관광 기업은 주주들이 기업 채무에 일정한 책임을 진다는 것이다. 즉, 소유 주식의 범위 내에서 기업의 채무에 대해 책임을 진다. 회사의 채무가 수익을 초월한다고 하더라도 채권자가 주주들의 주식 이외의 자산으로 회사의 채무 변제를 요구할 권리가 없다. 주식회사의 주주들의 위험성은 합명회사의 무한책임 사원보다 위험성이 적다고 할 수 있다. 한편 주식회사제도는 일시에 대량 자본을 조달할 수 있는 기업 조직으로 독립적인 생명력을 가지므로 파산이 아니면 생존 번영하는 조직으로 생명력이 강하다.

관광회사를 주식회사 형태로 설립하면, 주주의 사망이나 주권의 양도로 조직의 업무가 계속성을 유지하고, 의사결정 측면에서는 다수의 주주 동의가 필요하다. 아울러 주식회사의 주주들이 경영의 의사결정권을 가지거나 경영권한을 가지지 않는다. 주주총회를 통해 이사회를 구성한 다음 법인 재산의 관리를 이사회에 위탁한다. 한편 이사회는 사장과 대표이사 등 전문경영인을 채용하여 정관의 규정에 따라 직무권한과 임무를 부여한다.

주식회사 조직의 단점으로는 회사를 성립하는 절차가 복잡하고, 개별 회사처럼 수시로 설립하고 폐업할 수 있는 것이 아니고, 회사 법인의 지위 인정은 정부 기관의 허가를 받아야 되며 폐업도 일정한 법적 절차를 따라야 할 것이다. 그리고 주주들이 주식을 구매하는 것은 단지 투자수익을 얻기 위한 것일 뿐, 개인기업과 합명회사처럼 혈연 관계로 이루어져 있지 않아 전문경영자는 주주가 아닐 뿐 아니라 기업의 이익 관계도 합명회사처럼 밀접하지는 않다.

2) 관광 업무 구성

(1) 여행중개업

여행중개업은 중개상이라 부르기도 하는데, 관광상품 생산자들에게서 관광상품과 서비스, 예를 들어 숙소, 교통, 보험 등을 주문하고 이를 다시 다른 관광경영자나 관광객에게 판매함으로써 중개 수수료를 취하는 형식이다. 여행중개업이 다른 경영자를 상대하므로 여행상품 도매와 소매 대리 판매로 나눌 수 있다.

여행상품 도매상은 관광상품 중 분리되어 있는 관광상품을 하나의 상품으로 조합하여 패키지 형식으로 관광 소매 업체를 통해 판매하는 것이고, 여행상품 소매 기능은 소비자에게 여행상품과 코스를 직접 제공하는 것이다.

여행상품 중개는 세계적으로 관광상품과 서비스를 판매하는 널리 알려져 있는 형식으로 여행 업체의 존재는 관광상품의 생산자, 소비자 모두에게 다음과 같은 이익을 가져다 줄 수 있다.

첫째, 관광상품 생산자들은 자신이 상품을 판매하지만 그 위험은 여행사에게 돌아간다.

둘째, 관광상품 공급자는 관광상품 거래를 통해 판촉 비용을 줄이고 대신 소비자에게 직접적 판매를 피할 수 있다.

셋째, 관광객이 단체로 관광상품을 구매함으로써 정보를 수집하고 기타 사항을 처리할 시간과 비용을 줄일 수 있다.

넷째, 관광상품 소비자는 관광 경영자에게서 관광 전문 지식을 배우고 여행 중의 불확실한 요인을 최소로 줄일 수 있다.

다섯째, 여행상품 도매상은 가격을 흥정할 능력을 가지고 관광객들이 저렴한 가격으로 관광상품을 소비할 수 있도록 한다.

(2) 관광 운송업

관광 운송업은 관광객들이 주거지에서 관광 목적지 간의 왕복은 물론 각 관광 목적지 내의 공간적인 서비스 수단을 제공하기 위한 기업으로 관광지 내에서의 운송서비스는 공공성을 띠고 있다. 이는 관광 소비자나 비 관광 소비자의 요구를 모두 충족시켜야 하므로 대중교통이라 부르고, 관광지에서 운송서비스를 제공하는 대상이 비교적 명확하므로 이러한 서비스를 관광 운송업이라고 한다.

관광 운송업의 구분은 운송 도구에 따라 관광객들의 시간성·효율성·편리성·공간과 가격 등 다양한 요구를 만족시킨다.

구체적으로 다음과 같이 구분할 수 있다.

첫째, 도로 운송업 : 자동차를 사용해서 목적지까지 수송하고 관광의 편의를 제공하며 전세버스회사, 택시회사 등이 그 예가 될 수 있다.

둘째, 철도 운송업 : 철도는 운송량이 많고 가격이 저렴하며 지속성이 특징이다. 고속도로의 발전과 대중 교통수단의 발달은 대체 운송수단으로 등장하고 있어 철도 운송서비스를 개선하는 등 다양한 서비스를 제공해야 한다.

셋째, 항공 운송업 : 비행기를 운송 수단으로 하는 항공운송은 속도가 빠르고 광범성이 특징이다. 비즈니스 관광객들은 시간을 절약할 수 있으나, 투자 규모와 운송 비용이 매우 높고 서비스와 기술적인 요구도 비교적 높은 편이다.

넷째, 수상 운송업 : 수상 운송업은 관광객들의 수상 공간의 문제를 해결하는 산업이다. 예를 들어 선박회사와 해운회사는 관광객의 장거리 운항의 효율성과 기후 등의 제한적 요소로 인하여 여객을 운송하는 업무는 다른 운송 수단들이 대신하게 되었다. 그러나 휴가 관광상품과 운송 수단이라는 이중적 비즈니스를 통해 탄생한 관광상품인 크루즈라는 상품은 유럽 선진국에서는 점차 수익을 창출하고 있다.

(3) 관광 숙박업

관광 숙박업은 흔히 말하는 식당과 호텔을 가리키며, 이는 고객을 위해 숙박과 기타 서비스를 제공하는 기업이다.

점차 사회 발전에 따라 숙박 상품의 기능과 시설은 다양해지고 있다. 종래의 단순한 객실 판매에서 식당, 쇼핑, 파티, 회의, 통신, 오락과 헬스 등 다양한 서비스를 포함한다.

숙박 상품은 등급에 따라 그리고 기능에 따라 비즈니스, 휴가, 컨벤션, 회의 등의 유형과 경영 관리의 특징에 따라 개별 호텔과 체인형 호텔로 나눌 수 있으며, 규모와 등급에 따라 구분할 수도 있다.

(4) 기타 관광업

관광의 동기는 거주지를 떠나 관광지에서 비일상적인 즐거움을 얻는데 있다. 따라서 관광상품은 다양한 관광객의 요구를 만족시킬 수 있어야 하는데, 이는 결국 사람들을 관광지로 끌어 모으는 원인이기도 하다. 기타 관광상품은 여러 가지로 나눌 수 있는데 일반적으로 다음과 같이 정리할 수 있다. 물론 이러한 관광상품도 이익을 얻을 수 있는 구조여야 한다.

문화 자원	자연 자원	행사	휴가	오락 활동
역사유적지, 고고유적지, 건축물, 향토음식과 요리, 기념관, 공업단지, 박물관, 소수민족거주지, 음악회, 극장, 성지 등	산수, 바다, 공원, 산, 식물군, 바닷가, 섬, 호수 등	대형행사, 마을행사, 기념일, 종교행사, 스포츠행사, 상품박람회, 기업행사 등	관광, 골프, 수영, 테니스, 소풍, 자전거타기, 스키 등	테마공원, 오락시설, 이벤트, 영화관, 쇼핑시설, 예술 공연, 헬스장

대표적인 관광 시설업으로 테마 공원을 예를 들어보면 가장 성공적인 Disney Land, 그리고 홍콩과 마카오의 카지노, 엔터테인먼트로는 복합 영화관, 클럽, 각종 기념공원과 행사, 컨벤션센터의 전시회, 박람회, 골프 클럽, 스포츠 회사, 관광 쇼핑 회사와 대형 백화점의 관광상품점 등이 있다.

8-2 관광 기업 분석

관광 기업이 이윤 극대화를 추구할 때, 기업은 경제 행위의 주체로 시장 메커니즘을 통해 경제적 자원 배분의 과정에 참여하게 된다. 시장 메커니즘은 관광 기업의 가격기능에 따른 의사결정의 기준이 되는데, 실제로 관광 기업은 복잡한 내부 구조를 가지고 있으나, 시장 메커니즘에 의해 자원배분이 이루어지는 하나의 조직체이다.

관광 기업은 경영 과정을 통해 각종 생산 요소의 투입을 산출로 전환하고 이윤 극대화를 실현한다.

1. 관광 기업의 선택

영리 추구는 대부분의 영리 기업과 관광 기업이 받아들이는 가설이다. 따라서 관광 기업은 상품 생산을 위해 기술과 자본을 효과적으로 조합하고 선택함으로써 극대 이윤을 얻는다.

1) 생산 기술의 선택

관광상품 생산은 일련의 요소 투입을 산출물로 전환하는 과정이다. 관광 기업은 일정한 기간 내에 연속적으로 각종 요소 투입량으로 생산품을 최대로 생산할 수 있도록 한다. 투입-생산의 관계는 최소 투입과 최대량의 표현 방식으로, 그러나 일정 기간 관광 기업은 기술적 제약을 고려해야 한다.

Q, L, K, N, E는 생산량과 각종 요소 투입의 관계를 표시하며 노동, 자본, 토지와 기업가의 능력으로 다음과 같이 나타낼 수 있다.

$$Q = f(L,\ K,\ N,\ E)$$

위 생산 함수는 관광 기업이 어떠한 상품을 생산할 때 최적의 요소를 어떻게 선택하는지, 요소 간의 조합 비율을 찾는 데 있다. 따라서 관광 기업은 생산 기술에 대한 선택을 다음과 같은 원칙에 따라 의사결정을 한다.

첫째, 단일 생산 요소 투입의 경우 한계생산력(marginal product)은 점차 감소하는 경향을 가지고 있다. 다시 말해서 다른 요소 투입량이 변하지 않는 상황에서 요소 투입을 연속적으로 증가하면 생산량이 극대치에 달한 후 점차 감소될 것이다.

둘째, 두 가변적인 요소를 투입할 경우 두 요소가 서로 대체할 수 있는 상황이라면 기업은 저렴한 요소를 더 많이 사용함으로써 총 생산비를 최소로 하는 방법을 선택할 것이다.

셋째, 기업 생산 규모의 확대는 일반적으로 규모와 보수가 점점 증가하고 극대점에 달한 후 다시 감소한다. 관광 기업은 적정한 규모와 보수에 달할 때 가장 경제적이라고 판단할 수 있다.

2) 생산 요소의 선택

각종 생산 요소 투입량 가치의 총화가 자본이다. 관광 기업은 목표 설정을 위한 의사결정 시 반드시 자본의 요소를 고려해야 한다. 투입 자본은 산출량에 따라 변동될 수 있으며, 보통 생산량이 일정하다면 최소 자본으로 그리고 투입 자본이 제한적이라면 최대의 산출량을 추구할 것이다.

결국 투입 요소 중 두 가변 요소를 투입할 때 산출량 극대화를 위한 요소 투입은 요소의 상호교체 비율, 즉 한계기술대체율(Marginal Rate of Technical Substitution)에 있다고 할 수 있다. 결국 관광 기업은 생산의 한계기술대체율(MRTS)을 투입 요소의 가격 비율과 동등하게 해야 한다.

3) 이윤 극대화

생산과 자본 요소를 분석한 다음에 얼마나 생산해야 하는지에 대한 선택 문제를 고려해야 한다. 관광 기업의 목표는 이윤이므로 기업 의사결정의 핵심은 어떤 상품의 생산이 이윤 극대화를 실현할 수 있는가의 문제이다.

수학적으로 보면 이윤은 총수입과 총비용의 차액이다. 총수입은 생산량과 가격의 관계로 총비용은 생산량의 함수로 결국 이윤은 총수입에서 총비용을 뺀 것이다.

결국 수학의 극대값 계산 원리에 따라 한계비용(MC) 한계수입(MR)이 같을 때 생산량은 극대값으로 즉 MR=MC의 관계가 성립한다.

4) 가격 결정

관광 기업은 이윤 극대화 생산량과 가격을 어떻게 결정할 것인가? 서로 다른 유형의 기업에 따라 다음과 같이 분석할 수 있다.

첫째, 완전 경쟁 시장에서 가격은 다수의 생산자와 다수의 소비자가 공동적으로 가격을 결정하고 개인관광 기업은 결정된 가격에 따라 생산량을 조절한다.

둘째, 독점적 경쟁 시장에서 관광 기업은 시장가격에 대한 어느 정도의 독점력을 가지고 있으므로 가격을 조정함으로써 더 많은 이윤을 얻도록 한다.

셋째, 과점 시장에서는 기업마다 가격에 대해 상호 민감하게 반응하여 서로 조절력을 가진다. 이런 시장조건에서는 기업 모두가 가격 경쟁을 하지 않으려고 하는데, 보통 가격을 고정시키는 점착성 가격정책을 취하는데, 산업 내 선도기업이 가격 경쟁을 시도하고 시장을 분할 후 자기 시장영역 획득을 시도한다.

반면 독점 기업은 가능한 한 높은 이윤을 얻기 위해 동일한 제품에 대해 차별적 가격으로 서로 다른 소비자들의 욕구를 충족시키고자 한다.

2. 관광 기업의 경영

앞에서 언급한 개인기업과 합명회사는 소유와 경영이 결합된 조직으로 기업의 소유자는 의사 결정권과 경영권 모두를 가진다. 주식회사 조직은 재산 중심의 구조로 주식은 다양한 불 특정 주주에게 소유권이 주어지며, 주주총회에서 선출된 이사회들에게 경영권이 주어져 경영자가 되고 소유권은 분리된 형태이다. 결국 관광 기업의 소유자와 경영자 사이에는 서로 다른 이익 구조를 가지고 있다.

현대의 기업 경영 구조는 경영자는 주주의 이익을 목표로 하게 되는 특유한 구조로 되어 있으며, 그러나 최고경영자는 경영전문가로서 일정기간 경영의 자율성을 보장받고 경영자는 효율적인 경영을 통해 투자자를 위한 성과를 산출해야 하는 부담도 있다.

1) 관광 기업 구조

(1) 관광 법인 기업

관광 법인 기업 재산은 주주들이 투자한 주식을 자본으로 설립된다. 주식회사의 자본금은 형성되기만 하면 독립적인 조직과 생명력을 가지므로, 관광 기업의 이익과 손실은 법인 재산의 증가와 감소로 나타난다.

주식회사 즉, 법인 재산은 결국 주주들의 재산이기는 하지만 주주 개인의 재산과는 차이를 보인다.

첫째, 관광 법인 기업의 재산과 주주의 출자금 외의 재산 사이에는 서로 관계가 없다.

둘째, 관광 법인의 기업 재산은 민사적 책임을 진다. 회사가 파산하게 되면 주주의 기타 개인 재산과는 전혀 관계가 없다.

셋째, 주주는 개인 신분으로 관광 기업에 투입한 자본에 관해 직접적으로 지배할 수는 없고, 법인 조직의 일원으로서 정해진 법과 절차에 따라 회사 재산의 통제에 참여할 수 있다.

(2) 관광 기업의 관리

주식회사와 유한회사는 주주의 투자로 형성된 법인 재산을 바탕으로 한 법인 조직이다. 기업 투자자 즉, 그렇다고 모든 주주가 직접 경영에 참여하는 게 아니라 정관에 규정된 주주의 이익을 유지·보호할 수 있는 소수의 사람들이 경영에 참여한다. 소유와 경영이 분리되어 소유자와 전문경영자 간 서로의 권리와 책임, 이익의 균형 관계를 구분하는 제도적 장치가 바로 관광 법인 기업의 경영 구조다.

구체적으로 관광 기업 경영 구조는 소유자, 이사회와 최고경영자, 즉 대표이사와 기타 관계자 간의 권한 배분의 제도적 장치이다. 주주총회, 이사회, 감사와 전문경영자의 직책과 기능을 명확하게 확정한 기업 조직구조로 볼 수 있다. 본질적으로 기업의 경영 관리 통제권과 영업 잉여를 분배하는 체계적인 법률적 장치로, 누가 어떠한 권한과 책임을 가지고 경영하고 위험과 수익은 어떻게 나누는지 등 기업의 생존과 발전의 문제를 결정한다.

관광기업 경영에는 두 가지 큰 관점이 있다. 하나는 외부 관리 시스템으로 제품, 자본과 노동 시장 등 시장 시스템이 기업의 이익과 관련된 수익에 미치는 작용과 영향을 말하는데, 특히, 인수·합병과 경영 통제권을 가리킨다.

다른 하나는 내부 관리 시스템으로 기업 조직의 정해진 절차에 따라 소유자, 이사회와 최고경영자 등 이익 관련자 간의 권력 분배와 균형 관계를 말한다. 즉, 회사의 경영 관리 구조나 법인조직 관리 구조를 가리킨다.

이론적으로 보면, 두 관점 모두 관광기업 경영 구조라는 제도적 장치를 결정한다. 대리 문제, 특히 현대의 회사경영 중에서 존재하는 소유자와 전문경영인의 관계로, 조직원 간의 이익이 충돌할 수 있기 때문에 대리 문제를 해결할 수 있는 권한 부여와 제약에 관한 제도적 장치가 필요하다.

첫째, 관광기업이 효율적으로 운영될 수 있도록 제도를 마련하여 주주, 이사회, 최고경영자, 감사의 권리, 책임과 이익 관계를 명확히 구분해야 한다. 나아가 이들 간의 효과적인 권한과 책임의 배분과 균형 관계를 형성할 수 있다.

① 주주는 기업의 소유자로서 주주 총회에서 주권을 행사하고 총회에서 이사회 후보를 결정하고 이사를 추천하여 선발하거나 하지 않을 권리를 가진다. 그러나 이사회에 이사선출 권한이 주어지지만 일단 이사가 선출되면 이사회의 운영에 간섭하면 안된다.

② 이사회는 회사의 법인 대표로 회사를 책임진다. 전문경영인에게 일상적인 경영 관리를 위임하고 책임경영의 권리를 갖는다. 그러나 이사회는 최종적으로 주주에게 책임을 져야 한다.

③ 대표이사는 이사회에서 임명한다. 대표이사는 회사의 법적 대리인으로서 기업의 일상적 경영 관리와 사무를 처리하고 이사회의 권한 부여 범위 내에 의사결정을 할 권리를 갖는다. 대표이사의 경영 권한과 대리 권한은 이사회가 부여한 권한 범위를 초과해서는 안된다. 대표이사의 경영 성과도 이사회의 평가를 받아야 한다.

④ 주주총회에서 임명하는 감사는 매우 큰 권리를 갖는다. 회사의 조직은 물론 이사회, 대표이사를 감사하고 회사의 효율적 운영을 위해 감사한다.

둘째, 일반적으로 효과적 이상적인 회사 조직은 다음의 내용을 포함해야 한다.

① 경영자에게 충분한 경영권한을 부여함으로써 기업을 자유롭게 책임경영할 수 있어야 한다. 전문 경영자는 능력을 발휘하고 창조적 경영활동을 위한 충분한 공간을 주어야 한다.

② 경영자에게 회사를 경영하고 관리하는 권리를 보장해야 한다. 주주들이 이익을 보장 받을 수 있는 지, 기대치는 실현되고 있는지 등 다양한 판단 정보가 필요하다. 만약 주주들이 이익을 보장받을 수 없거나 기대치가 실현

되기 어렵다고 판단되면 조치를 취할 수 있는 주주로서의 권리를 갖는다.

③ 주주들은 기업의 경영과는 독립적으로, 주식을 자유롭게 매매하고 투자의 독립성과 유동성 권리를 가지고 있다.

이러한 이상적 기준은 모두 실현되기는 어렵겠지만, 결국 관광 기업 경영 관리는 충돌과 모순 속에서 동적인 균형을 모색해가는 과정이다.

2) 관광 기업의 유형

관광 기업 유형에 관해서는 영국과 미국을 대표하는 시장 지향형(Market-oriented), 독일과 일본을 대표하는 네트워크 지향형(Network-oriented)으로 나눌 수 있다.

다른 하나의 분류 방식은 통제하는 주체에 따라 '삼분법'으로 나눌 수 있는데, 가족관리, 내부관리, 외부관리로 그 특징과 차이는 다음 표와 같다.

표 8.1 관광 기업 유형별 특징 비교

패턴 항목	가족 관리	내부 관리	외부 관리
주권과 자본구조	관리권한 집중적이고, 가족이 가지고 있음. 부채비율이 비교적 높음.	상대적으로 집중적이고, 법인이 주식을 가지고 있음. 은행 대출은 기업의 주요한 자금 조달 경로, 부채비율이 비교적 높음.	개인과 법인이 주식을 가지는 비율이 상대적으로 분리되어 있고, 제한적임. 증권시장을 통한 자금 조달은 기업의 주요 자본이고 부채비율이 비교적 낮음.
외부시장의 작용	시장 체계가 완벽하지 않고 거의 외부시장에 기대지 않음.	외부시장에 기대는 경우가 아주 적음.	각종 시장이 잘 완비되어 있고, 외부시장 의존 정도는 아주 높음.
법의 작용	가족 내부적 협상으로 문제를 해결하고 거의 법률을 따르지 않음.	주주 간의 협상을 통해 문제를 해결함. 완벽한 법률적 보호는 비교적 적음.	완벽한 법적 보호 기대
의사결정 방식	개인 또는 가정 의사결정	단체적 의사결정	개인 의사결정 경향
경영권에 대한 장려와 제약	장려와 제약은 문제로 삼지 않고, 혈연으로 연결된 가족 구성원 내의 권리 분배와 제약.	이사회의 직접 감사와 제약이 명확함. 은행이 실제로 감시에 참여하나 내부 지배인의 이동은 일정한 통제 작용을 함.	경영권은 결정적 장려와 제약을 발휘하고, 외부 지배의 효율적 운영은 업적이 좋지 않은 경영자에게 지속적 대체 위협을 함.
문화적 특징	가족 전통	단체주의	개인주의

3) 관광 기업의 제약

경영 관리자의 자극과 제약은 전문 경영인의 기업가적인 적극성을 결정하는데, 이는 기업을 지속적으로 개선하고 경영을 효율화함으로써 관광 기업의 성과를 개선하는 데 도움이 된다.

현대 관광 기업 경영을 위해 경영자에게 직접적인 영향을 미칠 요소를 보수체제, 경영통제 체제, 기업의 이미지와 시장 경쟁체제 등 네 가지 측면으로 나눌 수 있다.

3. 관광 기업의 경쟁

관광 기업 경쟁은 다수의 기업이 각자의 목표 달성을 위해 자원과 정책과 수단을 사용해서 상대 기업과의 경쟁에서 이기는 것을 말한다. 이때 관광 기업들은 경쟁자에게 미치는 영향과 경쟁자의 반응을 고려한 후 의사결정을 하는데, 이를 전략적인 의사결정이라고 하며 항상 시장에서의 상대를 고려하지 않은 선택은 경쟁에서 기업의 생존을 불확실하게 하는 중요한 문제이다.

1) 관광 기업 경쟁의 특징

현실적으로 관광 기업의 경쟁은 다음과 같은 몇 가지으로 정리할 수 있다.

(1) 최소 두 기업 참여

관광 시장에서 한 기업만 있다면 독점으로 경쟁이 존재하지 않는다. 경쟁에 참가하는 기업의 수, 규모, 구조 등 경쟁의 기본 구조를 구성하고 기업의 행동양식에 영향을 미친다.

(2) 목적의 명확성

관광 기업 경쟁의 목적은 기업 자체의 목표 뿐 아니라, 기업이 처한 환경과도 관련이 있으며, 다른 경쟁 기업과도 연관이 있다. 예를 들어, 관광 기업이 일정한 시장 점유율을 유지하면서 경쟁시장에서의 지위와 경쟁 상황을 유지하려고 하는 것이다.

(3) 장기 균형

관광 기업은 장기적인 경쟁 과정으로, 다시 말해 관광 기업 간의 경쟁은 끝이 없는 시합이라 할 수 있다. 이 과정에서 경쟁 기업이 처한 상황은 다양한 변화의 과정으로 나타날 수 있다. 첫째, 기업의 목표를 실현하고 경쟁상대를 이기는 것이고, 둘째, 목표를 실현하지 못하고 실패하거나 도태하는 것, 셋째, 치열한 경쟁 후에 시장의 경쟁환경이 비교적 안정적인 상황으로 환경과 조건이 변화하는 것으로 이러한 환경은 다시 경쟁환경으로 변화될 수 있다.

(4) 경쟁의 전방위성

관광 기업의 경쟁은 다면적으로 기업 활동의 모든 영역에 영향을 미치게 된다. 기업의 경쟁은 생산 제품 경생뿐난 아니라 요소 경쟁까지, 예를 들어, 생산 요소에 대한 획득과 통제를 위한 기술, 정보, 인재, 서비스와 자원 경쟁도 해야 한다.

경쟁의 전방위성의 두 번째는 관광 기업 경쟁은 업종의 제한이 없다. 비록 대부분의 경쟁부문은 여행 상품이나 노동 영역에서 나타나지만 다른 영역과 업종에서도 그리고 아주 광범위한 영역에 까지 폭넓은 경쟁이 일어난다.

관광 기업 경쟁은 업종 제한이 없으며 다른 업종 간 경쟁이 존재할 수도 있다는 것이다. 소비 고객들의 유한한 구매력을 자신 영역의 제품을 구입하도록 만들어야 한다. 예를 들어, 관광객의 제한된 소득의 구매력을 다른 제품 구입에 투입 소비한다면 긴 시간 동안 여행 상품을 구매할 수 없게 되기 때문이다.

2) 관광 기업 경쟁 분류

관광 기업 경쟁의 방식은 다양한데, 이는 기업 경쟁에 대한 이해를 제공하고 분석 방향을 제시해주기도 한다.

(1) 적극적 경쟁과 비 적극적 경쟁

경쟁의 사회적 효과는 산업의 발전을 촉진시킨다는 것이다. 경쟁은 사회에 필요한 다양하고 많은 상품을 개발하고 양질의 서비스를 제공하여 관광 기업의 자본 절약과 사회 자원의 절약을 추구하는 것은 적극적인 경쟁의 결과이다.

한편 비 적극적 경쟁 즉, 파괴적 경쟁은 사회적으로 유익하지 않으며 불필요한 대가를 지불해야 하므로 사회적으로 간섭과 통제가 필요하다. 예를 들어, 어떠한 관광 기업이 자신의 이익을 위해 환경을 파괴함으로써 관광 자원을 약탈적으로 개발을 하는 경우로 시장의 신호와는 배치되는 행동으로, 자원에 대한 이해가 부족해서 관광상품에 대해 맹목적으로 투자한 나머지 공급의 과잉을 초래하고 자원을 낭비하게 된다.

(2) 직접 경쟁과 간접 경쟁

직접 경쟁과 간접 경쟁은 관광상품 간의 대체성으로 볼 수 있다. 동일한 상품이나 대체성이 높은 상품 간의 경쟁은 직접 경쟁 상품이고, 다른 상품이나 서로 대체할 수 없는 상품 간에는 간접 경쟁이 존재한다. 직접적 경쟁과 간접적 경쟁의 다른 점은 동일한 업종에서의 경쟁이 직접적이고 표면화되어 있는 반면, 서로 다른 업종 간의 경쟁은 드러나지 않는 반면 매우 복잡하다.

(3) 관광 시장의 구조

관광 시장 구조는 경쟁 구조와 밀접한 관련이 있다. 이 분류 방식은 경쟁의 특징과 강도를 구분하는 데 초점을 두고 있는데, 경제학 이론에서 세 가지 경쟁 유형으로 완전 경쟁, 독점적 경쟁, 과점의 형태 등이다.

(4) 시간 요소 경쟁

미국의 경영전략이론가 Alfred Chandler(1918~2007)는 기업이 재고, 판매와 생산 속도를 높이고, 자금과 자원의 사용률을 높이고 생산요소를 줄임으로써 속도 경제성을 실현할 수 있다고 한다.

속도 경제성은 관광 기업을 하나의 자원 전환 시스템으로 보면, 관광 기업의 경제 효율은 전환 자원의 수 뿐만 아니라 전환 자원의 시간과 속도에 의해 거래의 속도를 높이고 자본 비용을 줄일 수 있다. 제품의 생명 주기를 줄이고, 선제적으로 전략적 우세를 획득하는 것도 시간 경쟁을 통한 속도 경제성의 중요한 요인이다.

(5) 가치 사슬 분류

미국의 유명한 산업경영 학자 Michael Porter 교수는 기업의 생산 경영 활동은 가치를 창조하는 경제 활동이라고 지적한다. 서로 다르면서도 관련이 있는 생산 활동들이 가치를 창조하는 동적인 과정을 구성하는 가치 사슬이다. 가치 사슬 활동은 기초적 활동과 보조적 활동 두 가지로 나눌 수 있는데, 관광 기업 경쟁의 경우 기초 활동 경쟁과 보조 활동 경쟁으로 구분할 수 있다는 것이다.

3) 관광 기업 경쟁 지위

관광산업의 시장 구조와 경쟁 영역에서 관광 기업이 우세를 가지는지의 여부를 판단하여 관광 기업이 경쟁에서 가지는 지위를 다섯 가지로 나눌 수 있다.

(1) 지배 지위

지배적 지위에 있는 관광 기업은 세력이 비슷한 경쟁 상대가 존재하지 않는다. 이는 기타 관광 기업의 영향을 받지 않고 경영 활동의 각종 전략도 다른 관광 기업에 영향을 미치거나 지배적 역할을 할 수 있다. 예를 들어, 호텔 체인점 King-Candent는 경영 규모나 객실 예약 시스템에 있어서든 세계 최고라 할 수 있다.

(2) 우세 지위

우세 지위에 있는 관광 기업은 장기적이고 안정적인 시장 지위를 유지할 수 있고 경쟁상대의 영향을 받지 않으며 독립적인 행동과 장기적으로 지위에 위협을 받지 않는다.

우세 지위에 있는 관광 기업들은 높은 경쟁력을 갖거나 몇 가지 분야에서 우세를 갖지만, 다방면에서 종합적인 우세를 갖지 않는다. 예를 들어, 디즈니랜드는 테마 공원분야에서 우세를 가지고 있다.

(3) 유익한 지위

유익한 지위에 처하는 관광 기업은 경쟁 능력에 있어서 평균 수준보다 높고, 어떤 면에서 우세한 지위를 가지면서 사업의 많은 기회가 존재한다. 예를 들어, 어떠한 정책 조치를 통해 경쟁적 지위를 얻도록 한다.

(4) 유지 지위

유지 지위에 있는 관광 기업은 경쟁 능력에 있어서 평균 수준보다 낮지만 경영 활동을 계속할 수 있는 것을 말한다. 이러한 기업들은 전략 경영을 통해 시장에서 자신의 지위를 개선할 기회가 별로 없고 생존 문제에 직면하게 된다.

(5) 불리한 지위

불리한 지위에 처하는 관광 기업은 현재의 경영환경과 경영 활동이 만족스럽지 못하여 개선할 기회가 있으며 보통 단기적 생존 위기에 처하는 경우가 다수다.

8-3 경영 통합

1. 경영 통합의 개념

결합 혹은 경영 통합은 기업의 업무를 확대하는 중요한 수단으로 일반적으로 통합 확장 전략이라고 부른다. 경영 통합 전략은 수직 통합과 수평 통합 두 가지 전략으로 나눌 수 있다.

수직 통합 전략이란 업무와 산업의 사슬의 방향을 말하는 것으로, 기업의 업무 영역을 확장하여 산업 간 거래 비용을 줄이는 방식을 통해 기업의 시장 지위와 경쟁 우위를 강화하는 전략을 말한다.

수평 통합 전략이란 현재의 고유 업무 영역과 경쟁하거나 보완 관계에 있는 업무 영역을 확장하는 것을 말한다. 예를 들어, 항공 회사가 호텔을 경영한다든지 여행사를 설립하는 등 업무 영역을 확장하는 전략을 말한다.

수직 통합 전략은 기업 경영에 불리한 영향을 미칠 수도 있는데, 많은 자본 수요가 기업의 재무 자원의 부족을 초래할 수 있다. 비교적 고액의 고정 자본 투자와 퇴출 장애 등은 새로운 설비의 도입에 어려움을 가져올 수 있고 심지어 장비의 노후화를 가중시킬 수 있다.

기업 활동은 산업 사슬 간의 능력과 균형의 문제와 연관되어 있는데, 수평 통합 전략은 기존의 기업이 새로운 영역에 침투할 때 위험성을 감수해야 하고 항상 새로운 영역에는 장점만 있다고 장담할 수 없다. 기업의 활동은 여러 부문과 연결되어 있기 때문에 결국 균형을 잃을 수도 있다는 것이다.

그럼에도 불구하고 기업은 지속적으로 성장하고 어떠한 방법으로든지 발전해야 한다. 어떤 방법으로 발전 전략을 세울 것이지는 기업 경영의 업무 유형, 핵심 경쟁 영역, 기업 규모와 전략적 목표 등과 관련이 있으며, 기업은 자신이 직면할 환경에 따라 자신과 맞는 성장 발전 전략을 선택할 것이다. 일반적으로 기업 통합의 형식은 인수 합병, 회생, 연합 퇴출 등을 포함한다.

2. 수직 통합

1) 수직 통합의 개념

관광 기업 경영에 있어서 수직 통합은 기존의 기업이 현재 업무 외의 영역으로 확장하는 것으로서 다른 단계에 있는 업무를 기업 내부 업무로 만드는 생산 과정의 상호적인 통합을 말한다. 어떤 항공 회사가 예하에 여행사와 호텔 등을 설립한 것을 그 예로 들 수 있다. 영국의 Thomsom Travel Group는 관광 체인 소매점인 Lunn Poly회사를 소유하는 동시에 Britannia Airway를 경영하고 있다.

수직 통합은 이미 많은 관광 기업이 기타 관련 업무와 관광 업무 영역을 확장하는 중요한 방법이 되었다.

2) 수직 통합의 유형

수직 통합의 유형은 후방 통합과 전방 통합으로 나눈다.

(1) 후방 통합

후방 통합은 기업의 제품이 유통 시장에서 뚜렷한 장점을 가지고 있어 생산을 확대하고 판매를 증가시킬 수 있으나, 협력 업체의 원자재, 공급 능력이 부족하거나 자본 비용의 과다 등의 이유로 모 기업의 발전에 영향을 미치는 경우, 모 기업은 자신의 힘으로 경영 규모를 확대하여 자신이 직접 원자재나 부품을 생산 후 공급자를 인수·합병하거나 공급자와 같이 기업 연합체를 만들어 기업을 통합시키는 방법이다.

(2) 전방 통합

물자를 이동하는 방향에서 보면, 전방 통합은 후방 통합의 반대 방향으로 발전·성장하는 것으로 일반적으로 원자재나 반제품을 생산하는 기업을 가리킨다. 시장 수요와 핵심 생산 기술을 가진 원자재, 반제품 시장에서 장점과 잠재력을 충분히 활용해서 제품을 생산하거나 다른 기업을 인수·합병하여 경제적 연합체를 만들어 기업의 지속적 성장과 발전을 추구한다.

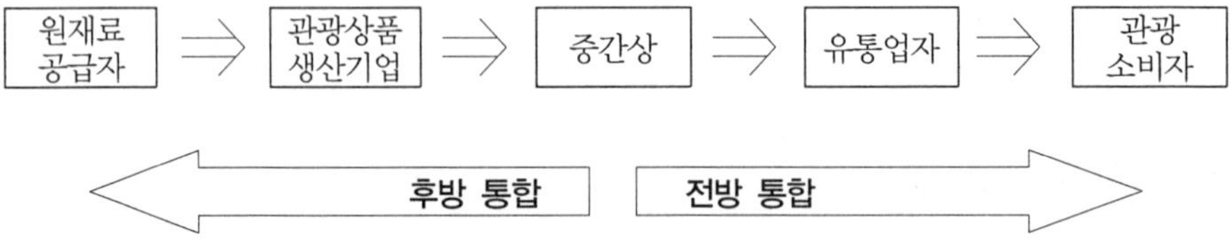

그림 8-1 관광 기업의 경영 통합

3) 수직 통합의 의의

(1) 거래 비용 절감과 수익 제고

관광 기업의 수직 통합은 산업 사슬 간의 거래 비용을 줄일 수 있고 규모 경제의 효과와 수익을 창출할 수 있는데, 이는 주로 다음과 같은 이점이 나타날 수 있다. 첫째, 수직 통합 경영을 통해 경영의 상하 간 연결을 실현시켜 내부 통제와 협력을 효과적으로 발휘할 수 있어 생산 효율성을 높일 수 있다. 둘째, 통합 경영은 시장 정보 수집 총비용을 줄일 수 있다. 셋째, 자본거래 비용을 절약할 수 있다. 즉, 시장 거래의 판매와 협상에 따른 자본거래 비용을 줄일 수 있다. 내부 거래 과정에서 가격을 흥정할 수도 있으나, 시장 거래 비용보다 낮다. 그리고 내부 거래의 경우 마케팅이나 별도의 구매부서가 필요 없고, 광고비용도 들지 않기 때문이다. 넷째, 안전한 경제 관계를 맺는다. 상·하 생산 단계에서 구매와 판매 관계가 안정적이고, 효과적인 전문화 경영전략을 수립할 수 있다. 상급 생산기업이 자사 제품의 품질을 조금 조정함으로써 하급 기업의 특수한 요구를 만족시킬 수 있으며, 하급 생산기업이 상급 생산기업의 특징에 맞추어 자신을 조절할 수도 있어 관광 기업 전체의 효율성을 높일 수 있다.

(2) 생산 요소 확보

수직 통합은 관광 기업이 관광상품의 공급이 부족할 때 공급을 확보하거나 수요가 저조할 때 공급 방법을 확립하는 것이다. 그러나 통합을 통해서 하급 기업이 상급 기업의 생산량을 수용할 수 있는 것을 전제로 해야 한다. 하급 기업의 수요가 적으면 판매량도 적어 내부 공급의 생산량에 대한 수요도 저조할 것이다. 따라서 통합 전략은 기업의 거래 중지 등 불확실성을 줄이는 방향으로 진행되어야 한다.

수직 통합을 통해 공급과 수요의 불확실성을 줄일 수 있고, 제품 가격의 파동성을 피할 수 있다. 그러나 이러한 통합은 내부 거래를 통해 시장 변동 가격을 반영하지 않아 통합 기업 내부에서는 제품이 하나의 부서에서 다른 부서로 흘러가는 형식이다.

(3) 거래비용 상승 억제

관광상품 공급자가 고객과 거래를 할 때 강한 가격 협상 능력을 가지고, 투자 수익이 자본의 기회 비용을 초과하더라도 통합이 유리하다. 통합을 통해 가격 협상 능력과 공급 비용 감소로 가격을 상승시킬 수 있을 뿐만 아니라, 강한 능력을 가진 공급자나 고객이 가치 없는 협상을 포기함으로써 경영 효율성을 제고할 수 있다.

가격 협상 능력을 감소시키는 후방 통합의 장점은 투입 요소의 공급 이윤을 내부화시킴으로써 투입 비용 절감을 통한 최종 생산제품의 가격을 조절함으로써 기업의 총 이윤을 높일 수 있다는 것이다. 결국은 하급 기업이 생산 과정에 필요한 여러 가지 투입 요소의 조합을 바꿈으로써 통합 기업의 효율성을 제고한다.

(4) 고수익 보장

수직 통합은 기업이 새로운 고수익 산업의 영역에 진입하는데 유리하다. 예를 들어, 많은 항공사가 자신의 항공 업무를 바탕으로 수직 통합을 통해 관광 업무 영역인 호텔, 여행사 경영에 진입한다. 일반적으로 기업은 수직 통합을 통해 총 투자 수익률을 높일 수 있으며, 생산을 통해 자본의 기회 비용보다 높은 투자 수익률 구조를 만들 수 있다.

관광 기업은 산업 간 연관성이 높으므로 국민경제의 많은 부문에 영향을 미치게 된다. 그래서 많은 기업들이 성장 과정에서 관광산업 영역에 진입하게 된다. 동시에 관광 기업은 성장과 발전을 위해 고유 업무를 바탕으로 수직 통합을 통해 업무 영역을 적극적으로 상·하로 연장시켜 관련 산업 영역에 진입하는 등 관광 기업의 규모를 확장한다.

4) 수직 통합의 문제

(1) 자본 수요의 증가와 재무 자원

관광 기업의 수직 통합은 많은 자본과 자원을 지출해야 된다. 일반적으로 기업은 내부에서 기회 자본을 가지고 있다가 자본으로 투자한다. 수직 통합은 기업 투자 자금의 유연성을 감소시키기도 하는데, 수직 사슬에 있는 경영 주체들은 서로 의존적이다. 따라서 기업이 한계 산업에 투자한다면 전체를 유지할 뿐, 다른 부문에 자본을 분배하지 못할 수밖에 없다. 관광 기업이 수직 통합 경영에서 문제가 생긴다면 자본 수요의 증가로 재무자본의 부족을 초래할 수 있을 것이다. 이는 관광 기업의 정상적 운영뿐 아니라 원래 핵심 영역의 발전에 상당한 영향을 미칠 수 있다.

(2) 업무 범위 확대와 활성화 저하

관광 기업의 수직 통합은 경영 업무 영역을 확대하도록 하는데, 이는 내부 공급자와 고객의 경쟁 능력에 달려 있다고 할 수 있다. 기술적 변화, 제품 설계, 전략 실패, 관리 문제 등 내부 공급자의 고 자본 낮은 품질이나, 부적절한 제품과 서비스를 제공하여 시장 지위를 잃게 할 수 있다. 따라서 시장 경쟁이 새로운 변화를 나타낼 때 관광 기업의 업무의 범위가 넓은 이유로 조정하지 못할 수 있고 조정이 가능하더라도 핵심 업무를 포기하지 못하므로 추가된 업무를 무시할 수도 없어 경영 불안을 초래할 수 있기 때문이다. 본래 업무가 생산적인 관광 기업이 수직 통합 경영을 하면서 유연성을 상실하여 시장 기회를 파악하지 못하고 경영 목표를 실현하지 못하였다는 경우가 있나.

(3) 규모의 확대와 관리

관광 기업이 수직 통합 과정에서 수직적 관계는 존재하지만 경영구조, 사용기술, 그리고 관리방식은 다르다고 할 수 있다. 이렇게 다른 특징을 가진 기업을 어떻게 통합 관리할 것인가는 수직 통합 후 직면할 중대한 문제다. 일부분 수직 사슬을 잘 관리할 수 있는 관리자도 기타 부분을 효율적으로 관리할 수 있는 것은 아니다. 따라서 수직 통합 관광 기업의 관리는 새로운 도전으로 기업의 관리자에게 있어서는 새로운 업무 영역이며 본래의 경영관리 지식과 패턴이 그대로 적용되는 것은 아니다. 이는 관광 기업들이 수직 통합 과정에서 관리자에게 연수를 시키고 적당한 시기에 새로운 인재를 도입하여 경영관리 수준을 높임으로써 통합 경영관리에 따른 인재의 부족을 보완하도록 해야 한다.

3. 수평 통합

1) 수평 통합의 개념

수평 통합이란 기존 시장에서 제품과 노동 투입을 확대하여 원래 업무 영역보다 더 큰 규모와 시장 지배 능력을 형성하는 것을 말한다. 예를 들어, 두 명의 관광 기업 경영자가 두 개의 관광 대리점을 합병이나 인수를 통해 하나로 합칠 수 있다. 현재 수평 통합은 관광 기업의 규모를 확대하는 중요한 방법이 되었다.

수직 통합에 비하면 수평 통합의 속도가 빠른 편이다. 예를 들어, 관광 호텔 그룹이 인수·합병 등 방식을 통해 기업 규모가 작은 호텔을 짧은 시간 내에 흡수하여 규모를 확대할 수 있다.

관광 기업의 수평 통합은 다음의 세 가지로 이루어진다. 첫째, 원래 제품의 생산과 판매를 확대하기 위하여 기존 시장에 자본을 침투하는 방식으로 시장 지배력을 확대한다. 둘째, 원래 제품에 관련된 기능이나 기술적인 확장이다. 예를 들어, 부동산 기업이 관광 부동산으로 확장하여 테마공원 경영을 통해 자신의 관리 패턴과 문화를 경영관리에 침투시켜 확장을 이룬다. 셋째, 새로운 시장을 개척해 나간다. 새로운 시장을 개척하는 것은 관광 기업 확장의 중요한 내용이다. 즉 관광 기업이 자본 운영, 투자 등의 방식을 통해 새로운 관광시장을 개척하여 관광 기업 규모를 확장해 나가는 것이다.

2) 수평 통합의 의의

(1) 규모 경제와 수익 창출

관광 기업의 수평 통합은 같은 업종의 기업을 인수·합병함으로써 규모를 확장하는 것이다. 이는 규모의 경제 효과가 현저한 산업에서 충분한 규모경제 이익을 그리고 비용을 줄이면서 경쟁의 우위를 획득하는 데 도움이 된다. 동시에 인수·합병을 통해 다른 기업의 기술 특허, 브랜드 명칭 등 무형의 자산을 얻을 수 있다. 예를 들어, 많은 호텔 그룹이 규모를 확장하는 과정에서 수평 통합의 발전 전략을 취한다. 이는 시장을 빨리 점유할 수 있을 뿐만 아니라 인수·합병을 통해 새로운 호텔 브랜드를 얻을 수 있다.

(2) 시장 통제 능력 제고

수평 통합은 일종의 인수·합병하는 성장 전략이다. 수평 통합은 경쟁상대의 수를 줄일 수 있고 산업 내 상호 경쟁을 줄일 수 있어, 기업의 발전을 위해 우호적인 산업 환경을 창조해 낸다. 예를 들어, 인수·합병은 빠른 시간 내에 자신의 능력을 향상시킬 수 있다. 효율적인 자산과 자원 재 통합으로 경쟁력 향상과 시장에 대한 조절 능력을 향상시킴으로써 격렬한 시장 경쟁 환경에 원만히 대처할 수 있다.

(3) 위험성 대처능력 향상

개인 소유 관광 기업은 제한적이고 경쟁력이 약하므로 위험성도 비교적 크다. 수평 통합을 통해 규모의 확장을 실현할 수 있으며 경쟁력도 향상시키고 위험성도 효과적으로 피할 수 있으며 외국의 관광 기업과 경쟁을 전개할 수도 있다.

(4) 기업 확장의 효과적 실현

관광 기업의 성장 과정에서 수평 통합은 비교적 간단하고 쉬운 방법으로 짧은 기간에 효과적으로 기업의 규모를 확장할 수 있다. 통합 경영을 통해 자본, 이미지 등 다방면에 우위를 형성하게 되며 기업의 능력을 향상시키고 효과적인 확대·성장을 이룬다. 예를 들어, 세계적으로 유명한 호텔경영 그룹들이 일반적으로 이러한 수평 통합의 방법을 통해 확대·성장을 실현하고, 짧은 기간에 규모를 효과적으로 확장시켰다.

3) 수평 통합의 문제

(1) 경영 관리 문제

관광 기업이 수평 통합을 통해 인수·합병한 후 모·자회사 간 경영관리의 문제가 생기게 된다. 모·자 회사가 역사적 배경, 인원 구성, 업무 스타일, 기업문화, 관리 시스템 등 여러 면에서 큰 차이가 존재하므로 협조가 어렵다. 이는 관광 기업이 수평 통합 과정에서 직면하게 되는 가장 큰 문제라 할 수 있다. 먼저 관리 시스템에 관한 문제로 짧은 시간 내에 관리 시스템을 통합·정리하고 통합기업이 정상적으로 운영될 수 있도록 하는 것이 수평 통합 효과이다. 다음으로는 경영 패턴, 경영 문화 등 심층적인 협력과 통합의 문제로 이 문제는 향후 규모 확장의 우위와 경쟁력을 강화할 수 있는 데 도움이 되기 때문에 세심하게 처리하여야 한다.

(2) 법적 문제

수평 통합은 경영의 법적 문제와 관련이 있다. 수평 통합은 산업 내의 독점 구조를 초래하기 쉬우므로 각국의 법은 이에 대해 제한을 두고 있다. 기업의 합병 여부를 판단할 때 다음과 같은 요소들을 고려해야 한다. 산업 내의 집중도를 방지하고 합병은 경쟁 우위를 가져올 수 있는지, 목표한 업종 진입에 문제는 없는지, 동종 업종에 합병의 경향이 존재하는지, 합병될 기업의 경제적인 능력과 제품에 대한 수요가 증가할 수 있는지 등을 검토해야 된다. 특히 관광 기업의 국제적 인수 합병은 반드시 상대국의 관련 법적 문제에 대해 깊이 있게 연구해야 한다.

(3) 통합 문제

격렬한 시장 경쟁에서 규모가 큰 기업이 반드시 경쟁력이 강하다고 할 수 없다. 관광 기업은 수평 통합에서 기업의 내부적 통합 문제가 있을 수 있다. 통합에 성공하면 관광 기업의 능력을 증가시킬 수 있을 뿐 아니라 $1+1>2$의 역할을 발휘할 수 있으며 기업의 경쟁력을 향상시키고 수평 통합의 목적을 달성하도록 한다. 통합이 성공하지 못하면 $1+1>2$의 역할을 발휘하지 못할 뿐만 아니라 가끔 $1+1<2$의 경우가 생길 수 있다. 이는 관광 기업의 수평통합의 목적과 반대가 된다. 따라서 관광 기업이 수평통합의 경우 내부적 통합 문제도 중시해야 한다. 예를 들어, 자산의 재구성, 재무 통일, 인원 재배치, 경영 문화의 협력 등이 있다.

8-4 국제 관광 경영

1. 국제 관광 경영의 의의

1) 국제 경제의 발전

신 경제체계는 글로벌 경제체제로 세계 경제는 단일화 속도를 높이면서 모든 기업들이 글로벌 경제 환경에 들어가 있다. 관광 기업이 장기적이고 안정적인 비교 우위를 획득하려면 세계적인 관광 시장을 마케팅 대상으로 요소와 자원을 종합적으로 운영해야 이윤 극대화라는 경영 목표를 달성할 수 있다. 세계 경제의 발전은 관광 기업이 세계 시장에서 국제적 경영을 적극적으로 추진해야 한다. 외국의 관광 기업 그룹, 특히 호텔 그룹은 일찍 세계적 전략을 실시하고 국제적인 경영을 전개하였다.

2) 경영 이념과 의식 전환

국제 경영 과정에서 국제적인 생산 요소와 경영 기능을 활용하면 구성원의 의식과 관념에 대한 변화이다. 진보적인 의식과 관념은 관광 기업의 행위 패턴을 결정하게 되고 이런 변화가 관광 기업의 혁신을 가져오게 한다. 예를 들어, 관광 기업 경영이 정부 주도형에서 시장 주도형으로 전환되고, 생산 중심에서 고객 만족 중심으로 전환되며, 전통적 서비스 이념에서 현대적 서비스 이념으로 변화하는 것이다.

국제 시장에서 마케팅 관념이 전통 시장의 관념을 대체하고 목표 시장의 수요 특징을 충분히 이해하고 특성과 장점을 분석하여 업무를 전개함으로써 생존과 발전의 새로운 방향을 잡도록 한다.

3) 핵심 경쟁력 배양

외국의 많은 관광 기업들이 수십 년 심지어 수백 년의 경영 관리 경험은 최고의 서비스 수준과 진보적이고 성숙한 경영 관리 패턴을 가지고 있다. 국제적인 고품질의 경영 관리 수준에 비해 관광 기업들의 국제적인 경영관리에 대한 이해가 부족한 면이 많다. 그래서 관광 기업의 경영 관리 수준도 향상시키고 내부적 경영시스템과 조직 기능도 국제적 기준에 맞추어야 된다. 그러나 많은 관광 기업들이 선진 관광경영 관리 패턴을 구축하지 못한 상태다. 따라서 국제 경영은 자국의 관광 기업이 외국 관광 기업에서 배우고 상대방의 장점을 취하고 자신의 부족함을 보완함으로써 관광 기업 자체의 핵심적 경쟁력을 키우도록 해야 장차 국제 시장에서 경쟁적 우위를 구축할 수 있다.

4) 경영 관리 수준 향상

국제 경영은 관광 기업이 외국의 선진적 관광 기업을 통해 배울 기회를 제공한다. 국제 경영을 통해 선진 경영 관리 경험을 배움으로써 관리 수준을 제고할 수 있다. 외국의 선진적 관광 기업과 비교해 서비스 수준, 경영 관리 수준 등에서 일정한 차이가 존재한다. 자국의 관광 기업이 국제적 경영을 통해 부족함을 보완할 수 있으며 외국의 선진적 경영 경험과 운영 시스템을 도입함으로써 관광 기업의 현대화와 과학화를 추진해야 한다. 예를 들어, 어떤 호텔 경영 그룹이 국제 경영 과정에서 선진국 호텔의 경험과 경영 패턴을 배움으로써 호텔 경영 수준을 효율적으로 촉진할 수 있다.

5) 그룹화 경영

관광 기업은 국제 경영을 실행하기 위해 '작고 분산된 그리고 약하고 동떨어져 있음'의 국면을 개선해야 한다. 적극적으로 도전하고, 국제 경영의 기초를 마련하며 규모화 경영으로 전환하고 집단화 전략을 실시하여야 한다. 특히 자본, 경영, 이미지, 인재 등 여러 방면에서 국제적 관광 그룹은 장점을 가지는데, 더 중요한 것은 대부분의 국제 관광 기업은 장기적으로 관광 경영 관리분야에서 풍부한 경영 경험을 쌓아 경험 곡선의 법칙처럼 산업 내에서 우위를 누리고 있다.

국제적인 경쟁력을 갖추기 위해서는 국내의 많은 관광 기업들이 정부의 주도나 관광 기업들의 자발적인 주식, 합자, 임대, 인수·합병, 직접 투자 등의 방식을 통해 관광 기업의 그룹화를 추진하고 핵심 기업을 중심으로 자산과 생산 요소의 결합을 통해 최적 자원배분과 경쟁력이 있는 관광 기업 그룹을 만들도록 해야 한다.

2. 국제 경영 방식

관광 기업의 국제 경영은 단순히 외국 관광 기업이 '들어옴'을 나타내는 것은 아니다. 외국의 관광 기업들이 들어 올 수 있게 하는 제도적인 시스템의 마련도 중요하다.

일반적으로 국제 경영은 '내향'과 '외향'으로 구분할 수 있다. '나감'의 외향적 국제 경영에 비해 내향적 국제 경영은 외국 자금, 외국의 생산 요소와 선진 경영 관리 기능을 활용하여 국내 관광 산업을 발전시키고 국내 관광 기업을 국제적인 경쟁에 참여하게 하는 것이다.

1) 내향적 국제 경영

관광 기업의 '내향적' 국제 경영은 자금, 기술, 경영 경험과 고급 인재를 외국에서 도입함으로써 관광 기업의 규모를 확대하고 위험성을 줄여 관광 기업의 경영 효과와 수익을 향상시키도록 한다. 따라서 효과적인 '내향적' 국제 경영 방식을 선택하는 것이 관광 기업의 국제 경쟁력 제고 후 세계로 향하여 국제 시장의 경쟁에 참여하도록 한다.

'내향적' 국제 경영은 주로 다음과 같은 방식으로 나눌 수 있다.

(1) 합작 경영

합작 경영이란 국내 관광 기업이 외국 기업과 공동 투자, 공동 경영, 이득과 손해를 공동으로 담당하고 위험을 공동으로 감당하는 유한책임회사를 설립하는 것을 말한다.

(2) 공동 경영

공동 경영은 협력자와 협상을 통해 협의나 계약에 의해서 상대방의 권리와 의무를 명확히 규정함으로써 형성되는 일종의 관광기업 국제 관광 기업 경영방식이다.

(3) 특허 경영

특허 경영이란 특허권한을 가진 자 즉, 권한 소유자가 피소유자에게 어떤 권리를 부여함으로써 피소유자가 소유자의 명칭, 시스템이나 기술을 사용하여 피소유자의 상품 품질 조절과 전문 지식을 전수받는 반면 협의에 따라 일정한 비용을 소유자에게 지출한다.

특허 경영은 호텔의 '내향적' 국제 경영의 중요한 방식이자 세계적으로 유명한 국제적 관광 기업, 특히 호텔 경영 그룹 등이 대외적으로 사업을 확장하는 방식이다.

(4) 외주 경영

외주 경영이란 관광 기업이 비 핵심적인 업무를 국제적인 기업에게 맡김으로써 외래 자원을 이용해 통합하고 보완하도록 하는 것을 말한다. 대체적으로 외주 경영의 목적은 경쟁에서 기업의 한정적인 자원을 활용할 수 있도록 하는 데에 있다. 예를 들어, 국내의 호텔들이 설비의 유지를 국제적인 호텔 관리 그룹에 맡긴다.

여행사도 외국 여행사와 협력 관계를 맺어서 그들의 마케팅 능력과 인터넷을 이용해서 경영을 하는 방식이다. 동시에 규모가 작은 여행사들이 전문적 우위를 가진 외국 여행사의 대리인이나 소매인이 되는 경우가 많다.

2) 외향적 국제 경영

'외향적' 국제 경영은 국내관광 기업이 외국으로 진출하는 경영 전략으로 적극적으로 자본, 서비스, 기술, 인력 자원 등을 외국 시장에 직접 투자하고 생산하거나 서비스를 제공함으로써 경제 효과와 수익을 얻는다.

(1) 주재 사무실 설립

외국에 지사를 설립하지도 않고 외국 관광 기업에 자금을 투자하지도 않았지만, 국외 관광 시장과의 연결 방식은 사무실이나 대리점을 설립하는 것이다. 외국의 대리점을 통해 마케팅 관련 업무를 추진한다. 예를 들어, 많은 여행사들이 외국 시장에 진출할 때 사무실을 설립하는 형식을 취한다. 이를 통해 관광객을 유치하고 외국의 시장 환경을 익히게 되며 장차 지사 등 대외적 협력을 위한 기초를 마련한다.

(2) 지사 설립

관광 기업이 외국의 관광 시장 환경에 대해 비교적 잘 알고 있다고 판단할 때 외국에 지사를 설립할 수 있는데, 즉 관광 기업이 타국에 직접 투자하고 지사를 설립하는 것이다. 이때 지사는 여행사일 수도 있고, 호텔, 관광지 등 현지에서 서비스하는 관광 기업일 수도 있다. 이들이 현지 나라에서 서비스를 하는 동시에 관광객들을 자국으로 유치함으로써 자신의 경제 효과와 수익 그리고 이윤을 제고한다.

(3) 외국 기업과 협력

외국 관광 기업과의 협력은 일반적으로 '외향적' 국제 경영 방식이다. 외국 관광 기업은 상대국의 관광 시장 환경에 대해 잘 알고 있기 때문에 일정한 우위를 가지고 있다. 즉 한 나라의 관광 기업이 외국 관광 기업과 계약을 맺음으로써 협력을 진행한다. 이로써 국외 관광객들을 유치하고 공동으로 자금을 투입하여 관광 기업을 설립하여 관광지, 고객 유치, 관광 시장 개발 등을 공동으로 경영한다.

(4) 전방위 경영 전략

관광 기업이 국제적으로 영업을 할 때 직접 투자만 하는 게 아니라 합자, 임대, 인수·합병, 비 자본적 경영 계약, 특허경영, 동맹, 그룹화 등 여러 가지 수단을 종합적으로 활용하여 전방위적이고, 대규모적으로, 고 속도적으로 세계 관광 시장에서의 자사의 시장 점유율을 제고하는 전략이다.

3. 관광 기업 동맹 전략

관광 기업 동맹 전략이란 두 개 이상의 관광 기업이 특정한 전략 목표를 실현하기 위해 상호적 협력, 위험의 공동 부담, 이익의 공동 배분을 통해 장점을 배우고 단점을 보완·분담하여 협력하는 장기적인 협동·협력 전략을 말한다. 이는 기업과 시장 조직 간, 기업과 기업 간의 협력 형식이므로 각 관광 기업은 독립적으로 자신의 경영 자주권을 가지고 유사한 관광 기업 간의 동맹을 통해 상호 보완적 관광 기업 간의 협력도 포함한다.

관광 기업들이 전략적으로 협력 관계를 맺는 동기는 주로 네 가지로 나눌 수 있다.

첫째, 동맹체 간 서비스, 경영 이미지 등을 보완하고 전략적 동맹을 통해 개개 관광 기업의 서비스와 관리 수준을 개선할 수 있으며, 규모 경제와 범위 경제 효과를 통해 수익을 얻을 수 있다.

둘째, 인터넷 등 자원을 공동으로 사용함으로써 공동 컴퓨터 예약 체제를 통해 해외시장에 진출하는 데 목적을 두고 시장 점유율을 높인다.

셋째, 지역 경제 집단을 형성하고 보호 무역주의와 국가의 간섭으로 일부 나라와 지역, 특히 개발도상국 지역의 관광 시장에 진입하는 것이 어려울 수 있다. 이 경우 전략적 동맹 관광 기업 전략이 국제 경영과 국제 관광 시장에서 중요한 역할을 하게 된다.

넷째, 선진 국가와 지역의 국제 관광 기업들이 국제 관광 시장에서 더 큰 경쟁 우위를 얻기 위해 동맹 전략을 하거나 전략적 협력을 하는 것이다.

따라서 관광 기업 동맹 전략은 관광 기업들의 국제 경영을 하는 중요한 방식 중의 하나다. 외국 관광 기업과 동맹을 통해 선진 경영 관리 경험을 배울 수 있고, 외국 관광 기업의 이미지와 마케팅 네트워크 등 자원을 이용할 수 있다. 한편, 전략적 동맹을 통해 관광 기업 간의 협력을 향상시키고 보완함으로써 관광 기업의 경쟁력을 높일 수 있다.

자국 관광 기업의 해외 진출을 위한 기초를 마련하고 관광 기업 간의 전략적 동맹은 비교적 광범위한데, 관광지, 여행사, 여행 소매상과 도매상, 호텔, 항공사 등 기업 간 협력과 동맹으로, 현재 전략적 동맹은 항공사, 여행사와 호텔 간에 존재한다.

정보화 기술이 발전하면서 경제의 세계화로 국제 관광 기업들이 광범위한 동맹체를 만들기 시작하였고, 관광 산업과 다른 업종 간 비 경쟁적 동맹체를 진행하고 있다. 예를 들어, 관광산업과 문화산업의 동맹이다.

일반적으로 전략적 동맹을 통해 관광 기업이 자신의 장점을 부각하고 부족함을 보완하기 위해 전략적 동맹체를 만든다. 그러나 전략적 동맹을 하는 과정에서 관광 기업은 몇 가지 문제를 유심해야 한다. 예를 들어, 경쟁과 협력 관념의 전환, 상호이익에 대한 의식 전환, 동맹할 파트너를 신중하게 선택하고 서로 믿어야 한다는 것들이 있다.

4. 다국적 전략과 세계화 전략

다국적 전략과 세계화 전략은 국제 경영에서 헷갈리기 쉬운 개념이다. 양자의 차이는 다음 표 8.2와 같다. 다국적 전략은 각 국가의 시장의 차이점을 충분

표 8.2 다국적 전략과 세계화 전략

구 분	다국적 전력	세계화 전략
전략 지역	몇 개 목표 국가와 전략 지역을 선택함.	대부분 국가들이 제품의 핵심적 시장임.
업무 전략	특수한 전략을 세움으로써 모든 주재국들의 구체적 형식을 적응하도록 함. 국가 간의 협력이 아주 작거나 거의 없음.	세계적 범위 내에서 기초 전략을 실시하고, 국가와 지역 간의 조정과 변동이 필요하지만 아주 작음.
제품 라인 전략	조정을 함으로써 현지 수요에 맞춤.	세계적 범위로의 속성, 모형, 스타일과 종류는 거의 같음.
제품 전략	생산이 많은 주재국에 분산되어 있음.	생산의 배치는 경쟁 우위를 기초로 함.
원자재와 부품 공급 전략	주재국의 공급을 우선적으로 활용함.	세계 어디든 상관없이 매력이 있는 공급을 함.
마케팅과 판매	주재국마다 습관과 문화에 의해 조정을 하도록 함.	세계적 조정이 더 많음. 필요한 경우에 주재국의 상황에 대해 비교적 작은 조정을 함.
회사 조직	회사를 설립하고 주재국의 경영을 관리함. 지사들이 모두 부분적이고 자주적으로 운영함으로써 주재국의 환경에 적응하도록 함.	중대한 의사결정은 세계의 본사에서 엄격히 조정하도록 함. 회사가 세계적 조직을 통해 각 국가의 경영을 통일시킴.

히 고려하여 서로 다른 전략을 채택한다는 것을 말하며, 세계화 전력은 각국 시장의 통일성을 전제로 전략들이 비교적 동일한 통일성을 가지고 있다.

서로 다른 국가들 사이에는 문화 환경, 경제 환경, 정치 환경과 경쟁 환경 등 다방면에서 차이가 존재하므로 다국적 전략을 선택하는 것이 그리고 국제 시장의 다양성이 크면 클 수록 다국적 전략의 필요성이 클 것이다.

다국적 전략의 상황에서 관광 기업들이 특별한 전략을 채택함으로써 해외 시장 환경에 적응해야 한다. 일반적으로 다국적 전략을 채용하는 기업들은 나라마다 다른 변화된 전략이 필요할 것이다. 이로써 관광객의 수요를 만족시키고 경쟁 상대에 비해 자신의 위치를 갖도록 할 것이다. 어떤 국가에서는 폭 넓은 시장 목표를 찾아야 하나 다른 국가에서는 특정 시장에 초점을 맞출 수도 있다.

다국적 전략은 통제적 지위를 갖고 있는 업종에 가능하고, 세계화 전력은 세계적인 경쟁 업종에 적용되는데, 세계화 전략은 모든 국가에서 경쟁 전략이 동일하다. 비록 주재국의 구체적 시장환경을 고려할 때 전략적으로 조그마한 변화는 있을 수 있으나, 근본적으로 기업의 기본적인 전략은 동일하다.

세계화 전략은 크게 두 가지 내용으로 첫째, 세계적인 경제 범위 하에서 회사의 전략 행동을 통일하고 조정한다. 둘째, 많은 나라와 지역에 제품이나 서비스를 판매한다.

다음은 다국적 전략과 세계화 전략을 비교한 결과로 기업이 국제 경쟁에 직면하게 될 가장 중요한 전략 문제는 두 전략 중 어느 것을 택할 것인가의 문제다.

세계화 전략은 각 국가 간 통일성과 협력성이 강하므로 자원의 장점을 이용하여 국내 경쟁상대 보다는 국제 경쟁상대와 지속적으로 저 비용과 차별화를 바탕으로 한 우위를 얻을 수 있다. 국가 간의 차이가 아주 작으면 다국적 전략이 아닌 세계화 전략을 우선적으로 채택해야 하는데, 이는 세계적 경쟁의 범주에서 경쟁상대가 쉽게 모방하지 못하는 가치성 있는 제품 생산이 가능하기 때문이다.

5. 관광 기업의 국제 경영

관광 기업들이 국제 경영을 하기 위해서는 일정한 조건을 갖추고 경영 관리 방식이 선진 국가에 비해 큰 차이가 있어 큰 도전에 직면하는 것이 사실이다.

1) 국가 간 자본 비용

임금률, 노동생산성, 인플레이션, 에너지, 세율과 정부 관리 등의 영향으로 국가 간 자본 비용이 다르다. 특히 저 자본 비용은 큰 우위를 가져올 수 있다. 투입 자본 비용이 낮고(특히 노동력 자본), 잘 정비된 정부 관리 능력, 독특한 자연 자원 등이 그것이다. 이러한 상황에서 자본 비용이 낮은 나라가 주요한 생산지가 될 것이며 생산된 제품은 대부분 세계 다른 지역으로 수출된다.

결국 비용이 최저인 입지 기업이 경쟁 우위를 갖는데, 이는 저렴한 제조 비용과 저 자본국이나 지역에서 가장 뚜렷하게 나타난다. 그러나 경영 관리범위가 세계적인 업종에서 기업들의 국제적 지위를 아주 중요시 하는데, 결국 저 비용 생산자가 되는 것이 큰 경쟁 우위를 얻을 수 있다.

저 비용 지위를 얻으려면 높은 제조 점유율을 가지고 생산 제품 중 몇 가지는 고 효율성 공정을 가지고 있어야 한다.

2) 환율의 변동

환율의 다변성은 지역 자본의 우세를 복잡하게 만든다. 환율이 20~40% 로 변동하게 되면 저 자본 우위를 완전히 없앨 수 있다. 환율의 경우 관광산업에 대한 영향력이 뚜렷하여 큰 국제 관광 수입의 감소를 초래할 수 있을 뿐만 아니라 자국의 관광상품이 국제 시장에서의 경쟁력, 주로 가격 경쟁 측면에서 큰 충격을 가져올 수도 있다. 예를 들어, 1997년 아시아 금융위기 동안 동남아 일부 국가의 화폐 구매력이 떨어져 국제 관광에 큰 충격을 초래했었다. 여기에 대해서는 10장에서 상세히 설명할 것이다.

3) 무역 정책

정부가 수입 관세를 부과하여 외국 기업이 국내에서 생산하는 제품에 대해 국내 판매 시 관세율로 통제할 수 있으며, 외국 기업의 기술 기준, 제품 증서, 투자 항목의 허가와 관련 사항도 통제할 수 있다. 또 자국 기업에 대한 저리 이자 대출로 자국 기업을 도와 외국 기업과 경쟁을 유도할 수도 있고, 외국 기업이 국내에 새로운 생산 공장을 설립하고 노동 기회를 제공하는 경우 보통 다음과 같은 방식으로 외국 기업을 돕는다. 예를 들어, 세제 혜택, 시장 진입 혜택과 기술적 협조 등이 있다.

4) 다국적 경쟁과 세계적 경쟁

업종 간의 국제 경쟁 방식은 많은 차이를 보이는데, 극단적인 것은 다국적 경쟁으로 다른 국가의 관광객들은 자국의 관광객들과는 다른 기대와 선호를 가지고 있어 국내 관광 시장과는 독립적이며 경쟁 구조도 다르다. 다른 하나는 세계적인 경쟁으로 국가 간 가격은 물론 경쟁 환경이 서로 다르다. 이때 관광 기업은 한 나라에서 경쟁 지위가 다른 국가의 경쟁에 영향을 미치는 동시에 상대 외국 시장으로부터 영향을 받는다. 경쟁 상대 간의 경쟁이 다른 나라에서도 나타날 수 있으며 국가적으로 현저한 경쟁력을 가지는 관광 기업이 관광산업에서 세계적인 지위를 가지는데 이는 전략적인 의의를 말한다.

관광과 국민경제

CHAPTER 09

9-1 관광경제 구조의 특징

1. 관광경제 구조의 개념

국민경제는 큰 경제체계로 여러 개의 하위 체계로 구성되어 있다. 경제 구조란 국민경제의 각 하위 체계의 비율과 구성 그리고 체계 간 상호 작용의 내적인 형식과 상황을 가리킨다. 경제 구조는 협의와 광의의 두 가지로 나눌 수 있는데, 두 경제 구조를 분석함으로써 국민경제의 내재적 특징을 파악하고 운영 과정을 분석하여 최종적으로 국민경제의 규칙성과 발전 추세를 탐색하는 것이다.

협의의 경제 구조란 보통 생산과 관련된 생산력의 구조를 말하는데, 즉 사회적 생산 과정은 사회의 물질적 생산력에 알맞은 생산 관계를 형성하며, 이러한 생산 관계의 집합이 바로 사회의 경제 구조를 이룬다.

마르크스의 경제 구조에 대한 정의는 생산력과 생산관계의 상호작용으로 생산관계의 집합인 경제 구조를 연구한 것으로, 구체적으로 소유제 구조, 재산권 구조, 사회계층 구조 등이다. 생산력 구조는 산업 구조와 생산 요소의 구조 그리고 기술 구조로 사회 생산력의 경제적인 비율과 관계를 나타낸다.

광의의 경제 구조란 생산력과 생산관계를 통합한 사회 경제 구조를 말한다. 마르크스가 언급한 바와 같이, 즉 생산 담당자와 자연과의 관계, 상호간의 관계 그리고 생산과정의 관계 집합으로 사회 경제구조 측면에서 보는 것이다. 여기서 경제 구조는 생산 관계 뿐만 아니라 생산력도 포함하는 것으로, 국민경제 체계를 구성하는 분야, 계층, 요소, 특징 간에 어떤 관계를 가지고 있는지를 나타낸다. 이외에도 국민경제 체계의 운영과 변화, 형식, 규칙 그리고 원동력을 나타내기도 한다.

2. 관광경제 구조의 개념

관광경제는 국민경제의 부분으로 국민경제 체계의 하위 체계로 관광업의 발달 수준에 알맞은 경제 구조를 지니고 있다. 앞에서 언급한 개념에 따르면 관광경제 구조를 다음과 같이 정의할 수 있다. 즉 관광 경제 구조란 관광산업 경영에 따른 하위 체계의 비율과 상호작용을 가리킨다.

관광업 경제구조의 개념은 다음을 의미한다.

① 관광경제 구조는 국민경제의 중요한 부분으로 국민경제의 발전을 촉진시켜야 한다.

② 관광경제 구조가 국민경제 구조와 종속 관계를 맺고 있다. 그러나 경제 구조의 구성으로 볼 때 관광경제 구조는 자기만의 독립성을 지니고 있다.

③ 관광경제 구조가 주로 음식, 숙박, 교통, 관광, 쇼핑, 오락 등 여섯 가지의 요소를 중심으로 각 요소 간의 연관성과 동반 성장 관계를 가지고 있다. 이 여섯 가지 요소의 비율은 관광산업의 발전과 관광경제의 효용과 이익 수준에 영향을 미치기도 한다.

3. 관광경제 구조의 특징

국민경제의 다른 산업 분야에 비해 관광산업은 자기만의 독특한 특징을 지니고 있다. 그러므로 국민경제 체계 중의 다른 하위 경제 체계에 비하여 관광산업의 경제 구조가 가지는 전형적인 특징은 다음과 같다.

1) 종합성

관광산업은 종합산업으로 주로 음식, 숙박, 교통, 관광, 쇼핑, 오락 등의 요소로 구성된다. 각 요소가 관광산업의 한 분야로 서로 다른 특징을 가지고 있다. 각 요소의 성격과 특징이 달라서 어느 요소든 독단적으로 관광경제 체계를 구성할 수 없다. 그래서 관광경제 체계는 각 요소를 단순히 수평적으로 합치는 것이 아니라 요소 간의 관계, 상호 작용, 운영 규칙을 감안해서 합리적인 비율과 구성을 가질 때 관광경제의 종합적인 기능을 발휘한다.

2) 기능성

관광산업의 기능과 구조가 상호 밀접한 관계를 맺고 있는데, 이러한 경제 구조가 관광경제의 기능을 결정한다. 이러한 구조와 기능이 관광경제의 체제를 변화·발전시켜 경제적인 효용과 이익을 산출한다.

3) 발전성

관광에 대한 수요는 지속적으로 변하기 때문에 관광경제 체계의 각 요소와 상호 관계도 변화하고 있는데, 이러한 구조의 양적인 변화는 관광경제 규모의 성장 비율 변화로 나타난다. 그래서 관광경제의 양적인 변화는 관광경제 발전 규모와 속도가 적합한 구조인지를 알아낼 수 있다.

한편 질적인 변화는 관광경제의 효용과 이익의 수준으로 나타나는데, 결국 양적인 지표로 구현되어 관광 발전과 경제적인 효용을 가져온다.

4) 연관성

주지하는 바와 같이 관광은 산업 간 연관성이 매우 큰 산업이다. 관광의 구성 요소인 음식, 숙박, 교통, 관광, 쇼핑, 오락 등 어느 요소든 자기의 역할을 제대로 하려면 다른 요소와의 협력이 필요하다. 그래서 관광산업의 경제 구조는 큰 연관성을 지니고 있어 요소 중 어느 한 요소의 발전이 이루어 지지 않으면 경제 전체의 운영과 규모, 효율과 이익 수준에 큰 영향을 미친다.

9-2 관광경제 구조의 내용

1. 관광상품의 구조

관광상품이란 관광객에게 제공하는 물질적 상품과 서비스를 말한다. 관광상품에는 관광지, 교통시설, 숙박, 음식, 쇼핑 등이 있으며 그 규모는 물론 구조, 단위 등에 차이가 있다. 그러나 서로 다른 관광 단위 상품의 조합으로 하나의 관광상품이 된다. 이러한 관광상품은 보통 물질적 상품과 서비스에 일정한 차이가 있는데, 요소, 조합, 유형의 세 가지로 볼 수 있다.

1) 관광상품의 요소

관광상품의 요소란 관광상품이 종합성을 지닌다는 것으로 음식, 숙박, 교통, 관광, 쇼핑, 오락 등의 개별 단위 관광상품을 말한다. 관광상품의 요소는 관광지역, 관광시설, 관광서비스와 관광상품의 발전을 중심으로 규모, 수량, 수준, 비율 구조 등을 분석하고, 각 요소의 특징과 공급능력을 파악하여 관광상품을 개발하는 데, 각 요소의 조합 비율도 간과하면 안 된다. 즉 관광지역의 자연풍경과 인문경관의 유기적 조합, 각종 관광시설과 서비스의 조합과 배분 비율, 여러 프로그램의 합리적인 일정 배분 등으로 이러한 조합을 통해 종합적인 관광상품을 구성하여야 관광객의 수요를 만족시킬 수 있다.

2) 관광상품의 조합

관광상품의 조합이란 수요와 공급 조건에 의하여 개별 단위 관광상품을 유기적으로 결합하여 관광 소비의 구조를 형성하는 것을 말한다. 그래서 관광상품의 조합은 관광코스의 개발과 개별 단위 상품의 유기적 결합을 연구함으로써 관광객에게 경쟁력이 있은 종합 관광상품을 제공할 수 있다. 이는 관광상품 조합의 중요한 내용으로 관광 수요가 다양해짐에 따라 합리적으로 조합된 관광상품이 관광객의 수요를 충족시킬 수 있는 중요한 요소다.

3) 관광상품의 유형

관광상품의 유형은 특징과 기능 그리고 개발 정도, 판매 방식 등에 따라 관광상품을 분류하여 여러 가지 유형으로 나눈 것으로 관광상품의 유형은 특징과 기능에 따라 나눈다. 예를 들면 관광상품의 특징에 따라 단순 관광상품, 문화 관광상품, 휴가 관광상품으로 나눌 수 있으며, 관광상품의 기능에 따라 건강 관광상품, 탐험 관광상품, 특색 관광상품으로 나눌 수 있다. 대체로 관광상품 유형의 완성도가 관광상품의 다양성과 관광자원 개발의 정도를 결정한다.

2. 관광시장의 구조

일반적으로 시장을 소비시장과 생산요소 시장으로 나눌 때 관광상품은 소비제품이지만 관광상품 생산에는 자본과 노동력 그리고 토지와 같은 생산 요소가 필요하다. 소비시장을 볼 때 관광 시장의 구조란 관광 수요와 공급의 규모와 비율을 말하는데, 이러한 시장 구조는 관광 목적지 즉, 관광지와 관광객의 거주지 간의 공급과 수요의 비율을 말한다. 그러나 생산요소 시장 측면에서는 생산 요소의 공급과 수요 구조도 추가로 고려해야 한다.

1) 관광 수요 구조

관광의 수요란 관광객이 일정한 시기에 일정한 가격 하에 구매하고 싶은 그리고 구매할 수 있는 관광상품의 수량을 말하는데, 이는 여러 가지 요소의 영향을 받고 있다. 예를 들면 관광객의 소득 수준, 관광상품의 가격, 여가 시간, 관광객의 선호 등이 그것이다. 이때 관광객을 사회 인구와 지리적, 심리적 특징에 따라 여러 가지로 나눌 수 있으며, 서로 다른 유형의 관광객은 수요에 대한 특징이 달라 다른 관광 수요의 구조를 이룬다.

관광 수요의 구조를 분석할 때, 국내 · 외 관광 시장의 수요 구성과 분포 양상을 분석해야 한다. 개별 관광객 수요의 특징을 분석하는가 하면 계절에 따른 관광 수요의 특징과 구조도 분석해야 한다. 이러한 결과들이 새로운 관광상품의 개발과 관광객의 수요를 만족시키는 데 중요한 근거를 제공한다.

2) 관광 공급 구조

관광 공급이란 관광 경영자가 일정한 시기에 일정한 가격 하에 관광 시장에 제공할 수 있는 관광상품의 수량을 말하는데, 이는 숙박, 교통편, 음식, 관광지, 쇼핑, 오락 시설 등이다. 관광상품이 종합 상품이어야 관광 수요를 양적으로 만족시키는데 이는 공급시스템이 잘 구비되어야 하며 그래야만 관광객에게 만족스러운 관광 서비스를 제공할 수 있다. 결국 양적으로 충분한 관광상품 공급을 위한 시스템과 규모, 수준 등이 종합적으로 구축되어야 관광객을 환대하는 종합적인 수준을 유지·향상시킬 수 있다.

3) 생산 요소 공급과 수요

국제 표준화 기구(ISO)에 따르면, 관광 기업에게 중간 제품을 제공하고 관광 상품을 개발하는 곳은 공급자와 분업자로 이들은 관광상품 공급자 중의 한 부분이다. 관광 기업의 자본이란 상품을 만들어 내는 데 지불해야 하는 비용으로, 생산 요소의 교환은 상품의 생산을 늘리기 위한 것이므로 관광 시장의 공급과 수요의 구조는 생산 요소 시장의 공급과 수요 구조와 밀접한 관련이 있다. 예를 들면 생산 요소 가격의 인상은 관광상품의 가격도 상승시키며 관광상품의 공급과 수요에도 막대한 영향을 미치게 된다.

3. 관광기업의 구조

관광기업의 구조란 관광기업의 하위 체계와 규모를 말하는데, 관광기업의 유형과 규모를 말한다.

1) 관광기업의 유형

관광기업의 유형은 보통 관광기업의 업무 유형에 따라 나눈다. 예를 들면 전통적인 업무 유형에 따라 여행사, 관광호텔, 관광지, 관광운송, 차량, 선박 등으로 나눌 수 있다. 관광 기업이 점차 발전하면서 관광기업의 업무 유형도 다원화되고 있는데, 많은 관광기업들이 고유의 업무 외에 여타 다른 분야에 진입하여 관광기업의 그룹화를 추진하고 있다.

2) 관광기업의 규모

관광기업의 규모는 구조의 크기 비율과 그룹화 양상을 나타낸다.

(1) 관광기업의 규모는 객관적인 조건에 의해 결정된다. 이는 시장 경쟁의 결과 점차 안전한 규모의 기업으로 변해 가는 과정을 거친다.

(2) 시장 경쟁에 따라 규모 경제와 집약 경영으로 규모가 큰 그룹으로 형성되어 간다. 예를 들면 호텔그룹, 여행그룹 등으로 관광기업의 그룹화가 기업의 경쟁력과 경제적 효용과 이익을 향상시킬 수 있으며 관광기업의 그룹화 방식은 다음의 세 가지 방식이다.

① 시장 성장형

시장 성장형이란 그룹의 핵심 기업의 경제적인 능력 향상으로 다른 기업을 합병하여 보다 규모가 큰 그룹을 이룬다. 이러한 그룹화는 다음과 같은 몇 가지 장점을 가지고 있는데, 즉 그룹 내 각 기업 간에는 자금은 연대하지만 재산권은 명확히 구분하고, 관리방식도 다르며, 각 기업의 효용과 이익에도 차이가 있다. 반면에 그룹의 핵심 기업이 자기 성장의 과정이 길어져 치열한 국제 경쟁에 적합하지 않다는 단점도 있다.

② 정부 주도형

정부 주도형이란 정부 기관이 행정 수단으로 기업을 경영하며 기업 구성원들은 정부의 행정 직원으로 구성되며 지시와 명령이 기업 운영의 원동력이 된다. 이는 정부의 영향력으로 단기간에 그룹을 확대시킬 수 있다는 장점을 가지는 반면에 여러 가지 기업 관리의 문제점으로 기업 경영에 있어서 정부의 명령을 받게 되어 진정한 기업 운영방식이 아니며 문제점과 단점도 많다.

③ 혼합 추진형

혼합 추진형이란 시장 경쟁으로 그룹화를 추진하며 정부는 해당 정책과 법률을 통해 기업의 운영을 지원한다. 이는 정부와 시장 그리고 기업이 서로 조화를 이루며 앞의 두 가지 유형의 장점을 유지하고 단점을 보완하게 된다.

표 11-1 관광 기업 그룹화 발전 유형

발전 유형	주요 특징	장 점	단 점	발전 방향
시장 성장형	핵심 관광기업이 시장을 주도하고 인수·합병을 통한 그룹화	소유권 명확, 규범에 맞는 권리, 협동의 효율성	성장주기 장기, 장기간의 투자, 시장기회 쉽게 잃음.	자본과 브랜드 관리를 통한 그룹화
정부 주도형	정부의 간섭과 명령을 받음.	자원조정 효율 빠름. 그룹 능력의 급속한 발전	소유권 불명확, 관리가 규범적이지 못함, 정부의 제한을 많이 받음.	자본의 재정비, 소유제도의 개혁, 시장 성장형으로 발전
혼합 추진형	정부와 시장 그리고 기업의 결합	위 두 가지 유형의 장점을 취함	정부, 시장, 기업 간의 조화에 문제가 발생할 수 있음.	자본, 브랜드 가치의 창조로 시장 성장형으로 발전

4. 관광산업의 구조

관광산업의 구조란 관광의 경제 운영과정 중에 형성된 관광 분야의 비율 관계를 말한다. 관광이 여행자의 음식, 숙박, 교통, 여행, 쇼핑, 오락 등의 수요를 만족시키는 종합적인 산업으로 이는 국민경제의 관광과 연관된 여러 분야와 기관으로 이루어져 있으며, 주로 여행사, 관광호텔, 관광 교통과 관광지이다.

1) 여행사

여행사는 법적으로 설립하여 여행업 운영을 할 수 있으며 독립적인 기업이다. 여행사는 관광의 매우 중요한 한 부분이며 여행상품의 개발과 여행 정보 전달, 관광객 접대 등의 역할을 한다. 그러므로 여행사의 규모와 경영관리 수준 그리고 여행업이 차지하는 비율이 관광경제 구조에 매우 큰 영향을 미친다.

2) 관광호텔

관광호텔은 두 가지의 기본적인 역할을 한다. 즉 숙박과 음식으로 이외에도 관광객에게 비즈니스, 휴가, 회의 등의 서비스도 제공한다. 그러므로 관광호텔은 관광객에게 숙박과 음식을 제공하는 중요한 곳일 뿐만 아니라 한 국가와 지역 관광의 중요한 물질적 기반이다. 관광호텔의 보유량과 등급, 규모가 관광객을 환대하는 수준을 측정하는 중요한 근거다. 그리고 관광호텔의 경영 수준과 서비스의 질, 브랜드 이미지 등이 그 지역 관광의 종합적인 서비스 수준을 반영한다. 그렇기 때문에 한 국가나 지역의 관광호텔의 발달 수준이 그 지역의 관광 발달 수준을 나타내며 관광호텔의 규모와 구조도 관광경제 구조에도 매우 중요한 영향을 미친다.

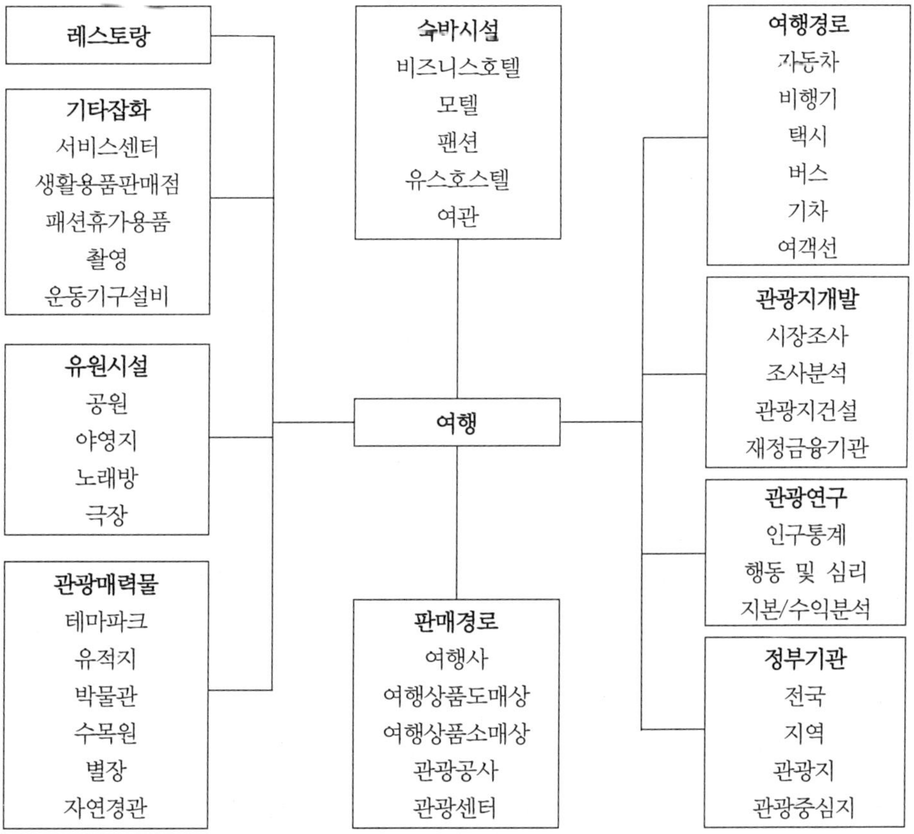

그림 11-1 여행업의 연관도

3) 관광 교통업

관광 교통업은 관광 발전의 중요한 기반이다. 이는 주로 공항시설, 철도시설, 도로시설이 포함되는데, 보통 관광 교통업으로는 비행기, 기차, 자동차, 선박 등으로 관광객의 안전과 편의를 만족시켜야 하기 때문에 교통편의 시설, 운송방식, 운송서비스 등 고 품질의 서비스 수준을 요구한다. 관광 교통업의 발달 수준도 관광의 발전에 매우 큰 영향을 미치고 있다.

4) 관광지

관광지란 관광객에게 관광서비스를 제공하는 자연 자원과 인문 자원을 가리키며 지역의 여러 관광 명승지와 관광 활동을 포함한다. 인기가 많은 관광지는 관광상품의 중요한 내용으로 관광지는 관광의 핵심 내용이다. 그래서 관광지에 대한 과학적인 설계와 개발을 통하여 다른 분야의 발전과 조화를 이루고 합리적인 관광 구조를 형성해야 한다.

5. 관광지의 구조

1) 관광지의 개념

관광지란 각 국가나 지역의 관광지구가 그 지역의 경제나 관광에서 차지하는 지위와 자원의 배치를 말한다. 각 지역마다 자연, 사회, 경제, 역사, 정치, 문화 등이 다르고 특히 관광자원과 경제발전 수준에 차이가 있기 때문에 관광지의 발달 수준이 다른 양상을 나타낸다.

관광지의 구조는 관광요소 지역의 구조와 관광경제 지역의 구조로 나눈다. 관광요소 지역은 주로 여행사의 구조, 관광호텔의 구조, 관광교통의 구조, 관광상품의 구조, 관광자원의 구조, 관광시장의 구조 등으로 각 관광요소의 분포와 구조, 기능으로 이러한 요소는 지역과의 연관성을 가지고 있다.

관광지의 구조는 특정한 지역을 중심으로 관광지 개발과 관광목적지를 구성하는 중요한 부분이다.

2) 관광지의 구조

관광지의 구조는 관광 생산력의 구조라고 하는데 이를 통해 관광 생산력을 효과적으로 배치하는 것을 말한다.

첫째, 각 지역의 관광 자원, 경제 자원, 노동력을 효율적으로 활용할 수 있어 지역의 관광경제를 발전시킬 수 있다.

둘째, 제한된 투자로 관광지가 최적의 조합을 이루어 각 관광지의 협력을 촉진시키며 관광경제의 종합적인 효율과 이익을 높인다.

셋째, 환경과 생태계를 보호하여 지역 주민의 질 좋은 생활 환경을 보장할 수 있으며 자연 자원을 보호함으로써 관광산업의 지속적인 발전을 유지할 수 있다.

넷째, 시장경제 체제 하에서 거시적인 조정 역할을 하여 관광지역의 경제 정책을 만들어 냄으로써 각 지역의 발전 단계에 맞는 관광 발전을 유도할 수 있다. 각 지역으로 하여금 그 지역의 자원과 연결하여 적절한 관광사업 계획을 세우게 한다.

3) 관광지 구조의 내용

(1) 관광지 시장의 구조

관광지 시장의 구조는 국제와 국내 그리고 다른 지역의 관광 수요와 공급을 말하는데, 각 지역의 관광 수요의 특징과 규모 그리고 수준을 분석하여 관광 시장에 알맞은 관광상품을 제공함으로 관광객의 관광 수요를 만족시킨다. 뿐만 아니라 각 지역의 관광 수요와 공급을 분석함으로 공급과 수요 괴리를 조절하여 공급과 수요의 균형을 유지한다.

(2) 관광지 구조의 특징

각 관광 지역의 특징과 발전 방향을 분석하여 그 지역의 기능과 개발에 중점을 둔다. 그리고 각 관광지 간의 관계나 특징 등 관광지 구조체계를 밝힌다.

(3) 관광산업의 구도

관광지의 구도에 영향을 미치는 요소를 찾아내어, 관광산업의 합리적인 내용과 방법을 모색하며 합리적인 지역 관광산업 계획을 통하여 해당 지역 관광산업의 종합적 생산 능력을 향상시킬 수 있다.

9-3 관광경제와 능률

1. 관광경제의 능률

관광경제의 능률이란 관광경제 구조의 합리적인 고도화를 말한다. 관광경제 구조의 합리화란 현재의 경제 발전 수준을 기반으로 관광경제의 각 구조가 강한 협력 관계를 유지함으로 현대 경제 발전에 알맞은 성장 구조를 갖추는 것으로 관광산업의 지속적인 발전을 보장하게 한다.

한편 관광경제 구조의 고도화란 합리적인 경제 구조를 기반으로 하여 과학기술을 활용함으로써 생산요소를 효율적으로 사용하는 것을 가리킨다. 이는 여행상품의 부가가치를 창출하여 관광산업의 경제인 효율과 이익을 극대화할 수 있다.

2. 관광경제 능률 조절

관광경제의 능률 조절에는 합리화와 고도화가 있는데, 이는 관광경제 구조 조절의 중요 내용이자 목표로 서로 연관되어 있지만 각자 특징을 지니고 있다.

1) 합리화가 고도화의 전제와 기초다

관광경제 구조의 합리화는 관광경제 활동 중 각 요소들이 양과 규모에서 동적인 조화를 이루어 관광경제 발전에 도움이 되는 것을 말한다. 한편 관광경제의 고도화는 과학기술을 기반으로 하여 지속적인 창조와 발전의 동적인 과정으로 합리화를 전제와 기반으로 해야 한다. 만약 관광경제의 합리화가 없으면 고도호도 조화로운 발전을 이루지 못할 것이며 균형에 혼란을 일으켜 관광경제 발전에 걸림돌이 될 수도 있다.

2) 고도화가 합리화의 방향과 목표다

관광경제 구조 합리화는 경제 발전에 발 맞추어 경제의 구조를 촉진함으로 관광객의 관광 수요를 만족시키는 것을 목표로 한다. 사람들의 생활 수준이 높아짐에 따라 관광에 대한 수요도 증가하고 있다. 그러므로 관광경제 구조의 고도화를 목표로 하지 않으면 관광 수요를 만족시키지 못할 것이며, 관광경제의 구조도 합리화를 이루지 못할 것이다. 그래서 관광경제 구조의 합리화는 동적인 발전 과정이며 고도화를 발전의 목표로 하여 과학기술을 활용함으로 관광경제의 발전을 촉진시킨다.

3) 합리화와 고도화의 상호 작용

관광경제 발전의 단계와 시기에 따라 관광경제 구조의 합리화와 고도화의 목표가 다르다. 관광경제 발전 속도가 늦어지고 구조적인 모순이 나타날 때 관광경제 구조를 합리화해야 하는데, 이는 결국 산업 내에 구조적인 모순을 완화시켜 관광경제의 지속적인 발전을 유도한다. 반면에 관광경제 구조가 조화를 이루고 있으나 관광 수요의 구조에 큰 변화가 일어날 때 구조 고도화를 추진해야 한다. 그렇게 함으로써 관광경제 구조의 전환 능력을 향상시켜 관광경제의 빠른 발전을 촉진할 수 있다. 따라서 관광경제 구조의 합리화와 고도화는 구분되기는 하지만 관광경제 발전에 상호 관련성을 가지고 각자의 역할을 해 나간다.

3. 관광경제의 능률 지표

관광경제 구조의 능률 조절은 추상적이 개념이 아니라 구체적으로 측정 가능한 지표이다. 비록 각 국가들의 관광경제 발전 수준과 구조가 상이하여 국가들 간의 관광경제 구조의 능률 지표에 차이가 있지만, 관광경제 구조가 하나의 객관적인 경제활동으로서 능률 지표가 보편성을 지니고 있다.

1) 관광 자원의 효율성

관광경제에 있어 관광 자원의 부족과 관광 수요의 증가가 객관적으로 존재하는 모순이다. 그래서 관광 자원 배치의 효율성이 관광경제 구조의 능률 조절의 기본적인 지표이다. 보통 합리적인 관광경제 구조는 관광 자원, 노동력, 자금, 물질적 자원을 효율적으로 활용하는 것으로, 관광 자원의 최적 배분을 통하여 관광 자원의 보호와 적절한 개발을 유지함으로 지속적인 발전을 이룰 수 있다.

2) 관광상품의 다양화

관광객의 관광 수요가 상이함에 따라 관광상품이 다양해지고 있다. 관광산업이 생겨난 처음에는 관광상품이 단순 관광 위주의 상품이었지만, 경제의 발전과 관광객의 생활의 질 향상에 따라 관광 수요도 단순 관광에서 벗어나 휴가, 건강관리, 과학 탐험, 비즈니스 등으로 변했다. 그러므로 관광상품도 다양해져야만 관광객의 다양해진 수요를 만족시킬 수 있다.

3) 관광산업의 조화

관광산업의 합리화와 고도화가 관광경제 구조의 능률 조절의 중요한 지표이다. 이 지표를 통해 관광산업 내부의 각 분야와 기관으로 하여금 합리적인 비율관계를 유지하게 할 수 있다. 뿐만 아니라 상호 협력을 하면서 관광산업의 생산, 유통, 배분, 소비의 과정이 순조롭게 진행될 수 있다.

4) 관광지 배치

어떤 방식의 관광경제 활동이든 일정한 공간 내에서 이루어진다. 그러므로 관광지 배치의 합리성도 관광경제 구조를 평가하는 데 중요한 지표로 합리적인 산업 구조가 경제발전의 객관적 요구를 수용하여 관광지, 명승지, 경제지역의 합리적인 배치를 이룬다. 그래야만 국가나 지역의 관광경제 효율과 이익을 증가시킬 수 있다.

5) 과학기술의 적용

현대의 관광경제는 해당 산업 분야 뿐만 아니라 과학기술에 대한 의존도가 매우 높다. 각 산업 분야가 발전을 도모하기 위해서는 과학기술에 의지하며 여행사, 관광호텔, 교통, 쇼핑, 등이 발전된 과학기술을 적용한다. 또한 관광 홍보와 교육, 기획, 개발, 경영관리도 정보통신 기술에 대한 의존도가 높다.

6) 발전의 지속성

좋은 생태환경이 경제의 지속적 발전을 위한 전제와 기반으로 관광경제 구조의 중요한 지표이다. 합리적인 관광경제 구조가 생태 환경의 보호와 개선을 촉진하면서, 자연자원과 생태환경을 보호하여 상호 조화적인 발전을 도모한다.

4. 관광경제 구조

1) 능률이 관광경제 발전의 목표

전통적인 경제 체제에서는 경제 총량의 증가와 속도를 경제발전의 목표로 삼는다. 그래서 관광경제 발전의 전략 수립 시 지표와 성장 속도를 지나치게 강조하여 경제 구조와 효율을 간과하게 된다.

실제로 관광경제 총량의 증감과 성장 속도가 생산력의 증감을 반영하지 않는 반면에 경제 구조가 생산력의 증감과 경제 효율을 창출한다. 즉, 단순히 관광산업의 양적인 성장과 확대만이 경제 효율과 이익을 향상시키는 것이 아니며 이는 도리어 투자의 증가와 구조의 불균형을 초래할 수 있다. 반면에 질적으로 효율과 이익을 추구하는 성장은 기술의 발전과 경제 구조가 합리적이고 능률적일 때 경제의 성장 속도는 물론 경제 효율과 이익을 함께 얻을 수 있다.

2) 조정과 생산력 체계 형성

생산 경제학에 따르면 사회의 생산력은 생산요소에 의존적이며 제한을 주고받는 각종 요소로 이루어져 있다. 각 요소들이 질적으로는 서로 조화롭고 양적으로는 적당한 비율로 조정되어야 하는데, 그렇지 못하면 합리적인 구조를 이루지 못하여 유효한 생산력을 형성하지 못한다.

관광산업은 종합적인 경제산업이므로 각 기관의 협조와 요소의 발전 규모와 속도 등이 조화롭지 못하면 관광 생산력의 체계를 이루지 못하여 충분한 기능을 발휘할 수 없다. 따라서 관광경제의 발전을 촉진하려면 관광산업이 생산력 체계를 갖추어야 하는데, 이는 관광경제의 구조를 합리화해야 한다. 그래야만 관광산업의 생산력은 물론 관광경제의 효율과 이익을 향상시킬 수 있다.

3) 국민경제 선 순환

관광경제의 선 순환은 주체와 요소들의 조화에서 나타나는데, 만약 각 요소의 비율이 조화를 잃게 되면 경제의 악 순화를 야기시킬 수 있다. 그래서 관광경제의 불 균형을 해소하기 위해 경제구조를 능률적으로 조정해야 한다. 그렇게 해야 경제적 효율과 이익을 얻을 수 있고 관광경제도 지속적으로 발전할 수 있다.

4) 효율과 이익

관광경제 구조의 능률적 조정이 관광 자원의 합리적인 발전과 공급체계의 개선으로 결국 경제 효율과 이익의 극대화를 근본적인 목적으로 한다. 그래서 관광경제 구조 조정의 목표와 내용이 합리적으로 조정되어야 하는데, 이는 관광상품의 구조, 시장 구조, 산업구조, 관광지 구조의 조정 등이 관광경제 구조 합리화에 중요한 역할을 한다.

9-4 관광경제 구조 조정

1. 관광상품의 구조

1) 관광상품 구조 조정 목표

관광상품 구조 조정의 목표란 여러 가지 관광상품의 규모, 수량, 유형, 등급 등이 조화를 이루는 것을 의미하는데, 이는 관광상품 간 양적으로 합리적 비율을 유지하는 것을 비롯하여 동일한 관광상품이 다른 관광 소비자에게도 합리적 비율 관계를 유지해야 한다.

2) 관광상품 구조 조정 방법

(1) 관광상품의 개발

대부분의 관광상품이 단일 상품 유형으로 존재하여 단일 상품의 부족이 관광 상품 구조에 영향을 미친다. 그래서 단일 개별 품목의 상품이라도 상품 개발에 결코 소홀해서는 안 되며, 특히 관광지 개발은 중요한 품목으로 이때 관광지 개발은 전체 관광상품의 판매량에도 영향을 미칠 수 있다.

(2) 관광상품 다양화

관광상품의 구조는 정태적 구조가 아니라 동태적 변화 과정이다. 관광객의 수요 증가와 함께 수요가 다양해짐에 따라 관광상품의 종류와 등급에 대한 요구도 다양하게 늘어난다. 예를 들어 단순 관광 수요에서부터 휴가 관광의 수요로 관광 수요가 변화하고, 더욱 편하고 고급스러운 교통편을 요구하는 것도 그것이다. 그래서 관광 수요의 정확한 예측으로 수요에 적합한 관광상품을 개발해야 한다. 이외에도 현재 판매 중인 상품에 대해서 판매기간을 늘려 보완하는 등 적절한 상품 구조를 유지해야 한다.

(3) 관광 브랜드 육성

명품 브랜드 관광상품이 관광상품 구조의 핵심으로 매우 중요하다. 따라서 관광상품 개발 시 이색적인 관광상품 개발을 중시하며, 특히 명품 브랜드의 관광상품 개발에 많은 힘을 써야 한다. 결국 다양하고 질 좋은 관광상품을 개발해야 경제 수익을 얻을 수 있을 뿐만 아니라 생태환경의 보호에도 도움이 된다.

2. 관광 시장의 구조 조정

1) 관광 시장 구조 조정 목표

관광 시장 구조 조정의 목표는 관광상품의 공급과 수요가 균형을 유지하면서 관광 시장의 규모를 확대하여, 고 소비층의 관광객을 통하여 외환수입은 물론 총 수익을 증가시키는 것이다.

2) 관광 시장 구조 조정 방법

관광 시장 구조 조정은 고 품위 관광객을 발굴 · 유지하는 것이 주된 내용이다. 고 품위 관광객이란 고급의 수요, 고급소비, 높은 소양을 지닌 관광객을 의미한다.

(1) 고 품위 관광객의 발굴 · 유지

① 고급 수요 관광객

고급 수요 관광객은 다양한 관광상품과 고급 서비스를 요구하는 관광객들로 점차 개인적인 서비스를 요구하는 관광객들도 많아지고 있다. 경제의 발전과 개인의 소득이 증가함에 관광상품 수요도 다양화, 고급화하고 있는데 이러한 수요 만족을 위해 관광상품의 개발에 노력을 해야 한다.

② 고급 소비 관광객

고급 소비 관광객은 관광 목적지에서의 경제적인 능력과 고급 관광상품을 소비하는 관광객을 말한다. 일반적으로 관광객의 소비 수준은 관광상품의 내용과 서비스의 질에 의해 결정되는데, 휴가 관광, 보양 관광, 비즈니스 관광, 과학탐험 관광 등의 관광상품 소비가 증가하는 것으로 알려져 있다. 따라서 다양한 관광상품을 개발하고 서비스의 질을 향상시켜야 관광상품 소비를 증가시키고 경제적 수입도 증가시킬 수 있다.

③ 소양 있는 관광객

소양 있는 관광객이란 교양이 있고 생태환경과 문화유산을 보호하는 의식이 강한 관광객을 말한다. 이러한 관광객을 발굴함으로 관광지의 생태환경 보호에 도움이 될 뿐만 아니라 관광 소비도 증가시킬 수 있으며 관광산업의 지속적인 발전을 유도할 수 있다.

(2) 생산요소의 거시적 조정

생산요소 공급과 수요가 생산요소 가격에 영향을 미치고, 생산요소의 가격 변화가 관광상품의 가격에 영향을 준다. 따라서 생산요소 시장의 공급과 수요가 균형을 유지하기 위해서 관광시장의 성숙기에는 요소의 공급과 수요의 거시적인 조정을 해야 관광상품 시장이 안정을 유지할 수 있다.

3. 관광산업 구조 조정

1) 관광산업 구조 조정 목표

관광산업 구조 조정의 목표는 관광산업의 각 분야가 양적으로 상호 적절한 비율적 관계를 유지하는 것을 말한다. 이는 관광산업의 종류와 규모, 발달 수준 등 산업구조의 합리화도 포함한다.

2) 관광산업 구조 조정의 방법

(1) 시장 가격의 조정과 거시 조정을 통해 유기적으로 결합시킨다

관광산업의 구조 조정은 거시적 조정과 시장 가격 조정으로 각 부문은 나름의 장점을 지니고 있다. 거시적 조정은 국가가 불합리한 관광 경제 구조를 행정적으로 조정하는 것으로, 투자예산, 가격, 이윤, 세율 조정 등의 거시적 방법으로 조절하여 시장가격의 균형과 조화를 보장해 준다.

(2) 주요 산업과 관련 산업의 사슬 형성

관광산업에 있어서 여행사가 관광산업의 하위 산업 분야 중 가장 중요한 위

치에 있다. 따라서 여행사의 역할을 강화하여 연관된 산업분야와 합리적인 관계를 유지하도록 해야 한다. 동시에 관광 시장의 발전 추세를 분석하여 관광 수요 변화에 따른 해당 산업의 공급과 수요를 적기에 조정해야 하는데, 이런 과정을 통해 관광산업이 합리적인 산업 구조를 유지한다.

(3) 관광기업 그룹화 촉진

관광기업 그룹화가 관광산업 구조 고도화의 중요한 내용이다. 세계적으로 볼 때, 종합관광 그룹이 관광산업의 경쟁력을 강화하는 유력한 방법으로 관광 시장의 투자 위험성을 낮출 수 있다. 그러나 관광기업의 그룹화 시 유의해야 할 점도 있다.

첫째, 규모가 큰 그룹을 만들어 관광상품 개발, 운영, 관리의 합리적인 체계를 형성한다. 둘째, 경제적인 소유제 구조를 만들고 합리화 한다. 셋째, 그룹을 과학적 방법으로 관리하여 경제적 효율과 이익을 향상시킨다.

4. 관광지 구조

1) 관광지 구조의 목표

관광지 구조는 각 관광 자원과 경제 발전의 차이에 의거 관광 생산력을 합리적으로 배치하여 관광상품의 수량, 규모에서 적절한 관계를 유지하는 것이다.

2) 관광지 구조 조정 방법

(1) 관광 중심도시 개발

지역 경제발전 이론에 따르면 관광지 배치는 지역관광 발전의 중점을 부각하여 관광중심도시, 관광 코스의 개발을 통해 관광, 휴가, 문화 등의 기능을 지닌 관광중심 도시를 기반으로 주변의 다른 도시의 발전을 유도한다. 이때 잠재력과 경제 효율은 물론 수익이 높은 지역이나 관광상품의 발전을 촉진시킨다.

(2) 점—축—바퀴의 규칙

점—축—바퀴의 발전 규칙이란, 지역경제 발전 과정에서 국제 관광 중심 도시를 기반으로 주변에 있는 다른 도시로 개발을 확산시키는 발전 방식을 의미한다.

국제 관광 도시를 선정하여 다양한 개발을 통해 새로운 경제 성장점이 생기면 도시로 확산시켜 최종적으로 규모가 큰 관광 경제지역을 만들어 전체 지역의 경제 발전을 촉진시킨다.

(3) 지역 간 협력 강화

관광지의 배치는 각 지역 간 경제력 격차를 서로 보완해 특색을 부각시키고 서로 협력하는 원칙을 따라야 한다.

첫째, 각 지역이 자원과 지역 특색에 따라 관광 수요에 알맞은 관광상품을 개발하고 다른 지역과 합리적인 협력을 이루어야 한다.

둘째, 각 지역의 특색을 부각하는 동시에도 다른 지역과 생산요소를 보완하여 활용함으로 경제적 효율과 이익을 증가시켜야 한다.

(4) 관광지 간 협력

관광산업이 개방적인 경제산업이므로 폐쇄적이면 발전을 이루지 못한다. 따라서 개방의 폭을 확대하여 지역 간의 협력을 강화해야 한다.

첫째, 지역경제 이론에 의해 각 지역 간 협력을 강화하여 일정한 규모, 발달 수준, 특징적인 관광지역을 조성하여 관광지의 경쟁력을 향상시켜야 한다.

둘째, 개방의 폭을 확대하여 국제적 협력을 촉진함으로 국제 관광 시장에서 새로운 발전의 길을 모색해야 한다.

9-5 관광산업의 연관성

관광산업이 제조업과는 달리 동일한 상품을 생산하는 기업의 집합이 아닌 다른 산업의 일부나 노동력의 다중적 집합이다. 그러므로 관광산업이 다양성, 사회성 그리고 공중성의 특징을 지니고 있다. 또한 관광산업이 여행사, 호텔, 관광지구, 운송회사를 기반으로 하여 원예, 박물관, 교통운송, 공업, 농업 그리고 금융업과 연관된 산업이다. 다른 산업에 비하여 관광산업과 직접 또는 간접적으로 연관된 산업이 많고 연관성도 비교적 높다.

관광산업 발전의 연관효과로 인하여 많은 국가와 지역이 관광산업을 발전시키려는 열정이 높아지고 있다. 그래서 관광산업과 관련된 산업 간의 관계를 밝힘으로써 관광산업의 빠른 성장에 도움이 될 뿐만 아니라 해당하는 다른 산업 내지 국민경제의 발전도 촉진할 수 있다. 관광산업과의 연관성을 분석함으로써 관광경제의 효율과 이익을 평가하는 데 새로운 시각을 제공할 수 있으며 관광산업이 국민경제에서 처한 지위와 역할을 정확히 인식시킬 수 있다. 이를 기초로 한 국가 또는 지역의 경제 발전 수준과 목표에 근거하여 과학적이고 합리적인 관광 정책을 만들어 낼 수 있다.

1. 관광산업의 연관성

관광산업 연관성이란 관광산업이 다른 산업과의 관계 기초이며 이는 산업 간 연관의 실질적 내용이다.

1) 제품과 노동력

사회 재생산 과정에서 어떤 산업 분야가 다른 산업 분야에 제품과 노동력을 제공하거나 또는 동일 산업 분야에서 각 부문들이 상호 제품과 노동력을 제공한다. 결국 제품과 노동력은 산업의 가장 기본적인 관계인데, 첫째, 각 산업 간 서로 다른 관계구조이다. 예를 들면 기술, 자격, 취업 등의 관계는 제품과 노동력의 관계에서 파생된 관계구조다. 둘째, 각 산업 분야의 조화로운 발전이 제품과 노동력의 균형을 유지한다. 셋째, 노동 생산성과 경제적인 효율의 증가는 각 산업 분야에 고 품질의 제품 생산이 가능하다. 관광산업의 발전은 교통 운수, 정보 기술 등의 분야에도 작용하며 동시에, 음식, 오락, 쇼핑, 숙박 등 요소 간에도 제품과 노동력을 공급하는 관계를 가진다.

2) 생산 기술

각 산업 분야는 생산 기술에 대한 요구가 다르며 제품의 구조, 성능도 각기 다르다. 그래서 생산 과정에서 한 산업 분야가 다른 산업 분야의 제품과 노동력을 차용하는 것이 아니라, 각자의 생산 기술의 특징, 제품 구조 특성에 따라 필요한 제품과 노동력을 선택하는 것으로, 제품의 품질과 기술 성능을 보장하는 데 매우 중요하다. 그렇기 때문에 해당 산업 간 생산 공정, 기술 등은 필연적인 관계를 갖게 된다.

일반적으로 생산 기술과의 관계는 각 산업 분야의 제품과 노동력의 공급과 수요가 긴밀한 관계를 맺고 있는데, 생산 기술이 산업 간 연결의 중요한 근거로 제품과 노동력의 공급과 수요의 양에 영향을 미칠 뿐만 아니라 각 분야의 의존도를 변화시킬 수도 있으며, 기술의 발전이 산업 관계를 발전시키고 촉진하는 효과적이고 적극적인 요소다. 예를 들면 정보와 인터넷 기술의 발전에 따라 관광산업의 정보산업에 대한 의존도도 점점 높아지고 있다.

3) 가격

각 산업과 가격의 관계는 제품과 노동력의 화폐 가치의 관계다. 제품과 노동력의 관계는 제품을 공급할 때 일어난 생산적인 지출과 수요의 상호 작용으로 나타난다. 상품 경제에서 이러한 산업 간 투자와 산출의 관계는 화폐를 매개로 한 교환 관계로 구체적으로는 다음과 같다. 우선 가격이 각 산업 간 품질이 다른 제품과 노동력을 가격으로 판단하고 비교할 수 있게 하는데, 이는 계량화 연구에 아주 유리하다. 또한 각 분야의 가격이 제품 간 대체성을 지닌 산업에 경쟁 관계를 유발시키고 원가의 절약과 노동력의 효율 증가에 유용하다. 그리고 가격으로 각 산업 관계를 판단하는 것이 산업의 구조 변동 분석, 산업 간 비율 분석 등에 유용한 계량화 방법을 제공해 준다.

관광산업이 여러 산업 분야와 관계가 있는 산업으로 종합성을 지니고 있어 제품과 노동력에 가격이 포함되어 있으며 상호 긴밀한 영향을 주고 받는다. 예를 들면 항공권의 가격 변화가 여행사의 상품의 가격을 변화시킬 수 있고 각종 원자재, 노동력, 정보통신 등의 가격 변화도 관광상품의 가격 변화에 영향을 미칠 수 있다.

4) 취업

광범위한 생산이 산업 분야 간의 발전을 서로 견제하기도 하고 촉진하기도 한다. 어떤 산업의 발전이 다른 산업의 발전에 의지하고 다른 산업의 발전을 촉진시키기도 하는데, 이를 산업 발전의 연관 효과라고 한다. 이 연관 효과 때문에 산업 간 취업에도 필연적인 관계를 가지게 된다. 이는 해당 산업의 발전이 해당 산업 자체의 취업을 촉진할 뿐만 아니라 여타 산업의 발전을 가속화하여 여타 산업들의 취업 기회도 늘릴 수 있다. 관광산업이 국민경제 체계 내에서 여러 산업 분야와 일정한 의존 관계를 맺고 있으므로 관광산업의 발전이 다른 산업의 발전에 견인되는 면도 있지만, 연관 효과로 여타 산업의 발전을 촉진하거나 제약할 수도 있다.

관광은 전형적인 서비스산업으로 노동력의 집약도가 높아 많은 취업자에게 직접적으로 취업 기회를 줄 수 있으며 연관 효과로 인하여 간접적으로 다른 산업의 취업 기회를 늘릴 수도 있다.

5) 투자

사회 재생산은 산업 분야의 제품이나 노동력의 일정한 비율로 공급과 수요의 기초이다. 국가경제의 발전이 한 산업 분야의 발전에 의해서만 이루어질 수 없고 여타 산업 분야가 조화롭게 발전해야 가능하다. 한 산업의 발전은 당해 산업에 대한 투자를 필요로 할 뿐만 아니라 관련된 다른 산업에 대한 투자도 확보해야 된다. 다시 말하면 산업 분야 간의 균형 있고 조화로운 발전은 일정한 양과 비율의 투자가 보장되어야 한다. 어느 한 산업에 대한 직접적인 투자가 해당 산업에 대한 투자를 증가시키는데, 이는 산업 간의 투자 관계로 투자승수 효과로 반영된다. 즉 일정한 소비 추세 하에서 한 산업에서의 투자 증가는 승수효과를 거쳐 총 소득 증가를 가져올 수 있다는 것이다. 총 소득 증가는 당해 산업의 투자에서 그리고 나머지는 여타 산업의 투자 증가에서 창출된다.

관광산업의 발전이 연관성이 강한 산업으로 투자의 승수효과가 매우 높다.

그렇기 때문에 각 국가나 지역에서 관광산업을 신 성장 동력산업으로 지정하고 관광산업에 대한 투자를 장려한다. 예를 들면 교통과 숙박 시설에 대한 투자는 건설 원자재, 부동산, 교통 등의 산업 발전을 촉진시키고 이로 인한 연관 효과도 다른 산업분야에서 나타나는데, 다시 말하면 관광산업의 투자승수 효과가 매우 뚜렷하다는 것이다.

2. 관광산업의 연관성 분석

관광산업의 산업 정체성에 대해서는 세계 여러 국가 간에 의견이 분분하다. 심지어 관광산업을 비 독립적인 산업으로 보는 관점도 나오고 있다. 그러나 서구 선진국의 관광산업 육성에 성공한 경험이나 이론 연구의 성과에 따르면, 관광산업이 국민경제에서 중요한 역할을 한다는 것이 의심할 여지가 없으며, 많은 국가들이 관광산업 발전을 중요시해 왔다. 관광산업과 타 산업 간의 연관성을 분석하기 위해서는 관광산업에 대한 과학적이고 합리적인 범위를 확정 하는 것이 중요하다.

관광산업과 직접적이거나 간접적으로 관련된 산업 분야는 주로 다음과 같다. 건설, 공업, 금융, 보험, 교통운수, 신문방송, 교육, 농업, 임업, 정보통신, 서비스, 원예, 문화사업 등으로 동 산업들의 관광산업과의 연관성 크기가 달라 상호 다른 영향을 미친다.

1) 관광산업과 건설업

관광산업 발전의 기본적인 시설이나 관광객이 좋아하는 여러 가지 스타일의 건축물이 중요한 역할을 하는데, 기본적인 건설과 시설은 건설업의 종합적 기술 수준에 의존한다. 예를 들면 상수도, 전기, 에너지, 가스 등의 공급 시스템, 폐기물, 폐수 등의 처리 시스템, 그리고 도로, 공항, 항구 등의 건설은 비교적 고도의 건설 기능과 보수 능력이 필요하다. 호텔, 별장, 휴양지, 음식점, 골프장, 영화관, 박물관 등의 관광산업 서비스 시설은 고도의 건설기술이 요구되기 때문에 관광산업의 발전과 동시에 국가와 지역의 건설업도 발전시키므로 동반 성장하게 된다.

2) 관광산업과 공업

공업은 국민경제 체계 중 중요한 산업분야로 여타 산업 발전의 기초 역할을 하고 있으며, 관광산업의 발전도 공업의 발전에 의지할 뿐만 아니라 공업의 발전을 촉진시키는 역할도 하고 있다. 자연 자원의 개발과 활용, 정보통신 시스템과 교통운송 시스템의 보완 등이 직접적이나 간접적으로 공업 생산품에 의존한다. 공업 관광은 현대의 새로운 관광프로그램으로 관광객이 공업에 관한 지식을 이해하려는 요구를 충족시킬 뿐만 아니라 공업 관광을 통해 일부의 수입을 공업 생산에 돌려줄 수도 있는데, 이러한 선 순환을 통해 공업 생산자들이 생산품을 생태환경 보호와 결합하도록 노력하게 한다.

3) 관광산업과 교통 운송업

관광상품의 특징 중에 하나는 가진입성으로, 이는 관광객이 관광목적지에 진입하는 난이도 정도를 말한다. 이는 구체적으로 관광지와 서비스 시설 그리고 관광활동 참여에 소요된 시간과 비용으로 나타난다. 장거리 비행기, 지하철, 고속철도, 고속도로, 철도시스템과 해 · 육 · 공 교통시스템 등의 현대적 교통 수단의 보유량과 완성도가 여행의 거리를 단축할 뿐만 아니라 관광객에게 편리하고 즐거운 여행을 제공할 수 있다.

현대인의 생활은 매우 빨라져 시간의 가치를 소중하게 여겨진다. 만약 교통수단의 보유량이 적고 성능이 떨어져 관광객의 불편이 초래되면 여행에 대한 열정이 자연스레 사라질 수밖에 없어, 관광의 세계화와 대중화 그리고 현대화에 악 영향을 미치게 되어 교통운송 수단도 관광상품에 포함될 수 있다. 교통편 자체가 관광객의 관심을 끌 수 있기 때문에 관광활동의 과정에 사용하는 교통편에 대한 만족도가 관광상품 전체의 평가에 영향을 미칠 수 있다.

4) 관광산업과 금융보험업

관광활동이 타지성의 특징을 지니고 있으며, 관광상품 소비는 일반 상품의 소비보다 소비 수준이 높아 관광상품 소비에 많은 비용을 지불해야 한다. 소비 수준이 다양한 관광객에게 금융업에서는 서로 다른 등급으로, 즉 여행자 수표, 현금 카드, 신용카드 등은 이미 세계 각국에 보급되어 있어 관광산업 발전을 촉진하고 있다. 교통수단의 발달로 관광객의 출발지와 목적지가 장거리화 되고 관광지의 생활습관이나 문화의 차이가 커서 관광 도중 신체나 소지품에 손해를 입을 가능성이 있는데, 보험업은 이러한 불안과 우려를 해소해 준다. 보험은 관광객의 신체와 재산 안전에 가장 적절한 보장 방법으로, 보험의 업무 내용이 관광상품의 안전성 추구와 일치함으로 관광산업의 발전이 보험 업무를 다양화시킬 것이다. 예를 들면 오지여행, 사막 도보여행과 같은 보험 여행상품이 등장하여 관광객의 다양한 수요를 충족시키고 있다.

5) 관광산업과 신문방송

관광객의 여행 동기 중 하나가 희귀성을 추구하는 것이나. 일반적으로 관광객은 뉴스와 매체를 통해 타지에 있는 관광 자원, 이색 상품, 교통 편의성 등에 근거하여 여행 목적지를 선택한다. 각 국가와 지역이 관광산업을 발전시키는 과정에서 정부 주도 즉, 관광공사의 여행 홍보 프로그램과 관광협회를 통해 관광상품이 홍보된다. 관광상품 소비자층의 구조가 확정된 상태에서는 관광회사에서 여러 매체를 활용해서 특색있는 여행 상품을 홍보하여 시장을 확대해 나가는데, 이 모든 것이 TV, 영화, 라디오, 신문, 잡지 등을 통해서 홍보하므로 신문 방송도 발전이 될 수 밖에 없다.

세계의 통합화 추세는 관광산업의 국제 교류와 합작을 통해 신문 방송산업의 발전에도 아주 강한 원동력이 될 것이다.

6) 관광산업과 정보통신업

지식경제 시대의 도래와 함께 관광 경제의 발전도 정보 통신에 의지할 수밖에 없다. 정보 통신기술의 발전으로 관광객의 출발지와 관광 목적지 간의 정보 소통과 관광지에 대한 이해와 관광기업 간의 협의도 편해지고 기업 운영의 효율도 높아져 보다 활발한 비즈니스가 가능하게 되었다. 이는 관광객의 관광상품에 대한 선택의 폭이 넓어져 검색의 비용을 줄여 준다. 한편 관광업체도 실시간으로 시장 수요의 변동 추세를 한 눈에 알 수 있어 관광 수요에 따라 새로운 관광상품 개발을 할 수 있다. 그리고 정보통신기술의 발전으로 교통편과 호텔의 인터넷 예약으로 정확성과 효율성도 높아진 게 사실이다. 이처럼 정보 통신기술의 발전이 관광 업무의 중간 단계와 비용을 대폭 줄이며 속도를 높이고 관광산업 발전을 촉진시키고 있다. 그리고 관광산업의 발전도 정보 통신기술의 활용에 넓은 공간을 제공해 주어 정보 통신기술 성과의 실용화 효율을 높이고 긍정적인 영향을 미친다.

이외에도 관광산업의 발전이 농업경제, 원예, 관광교육, 문화와 위성산업 등을 발전시키기도 한다. 관광산업의 지속적인 발전이 해당 산업의 조화로운 발전을 의미하며 타 산업의 동반 성장을 유도한다. 만약 관광산업에 필요한 고급 인재나 관광 전문 종사원과 서비스 종사원, 문화와 고적의 발굴과 연구, 보존에 대한 정책이 결여되면 관광상품의 품질 하락으로 관광산업의 건전한 발전이 불가능해진다. 이는 결국 관광산업이 타 산업 분야와 상호 의존과 촉진 관계에 있음을 설명해 준다.

관광과 국제수지 그리고 환율

CHAPTER 10

10-1 관광과 국제수지

1. 국제수지의 의의와 구성

1) 국제수지의 의의

지구상의 모든 개별 국가는 다른 나라들과 여러 가지 형태의 경제거래를 하며 또 그러한 거래를 체계적으로 기록하게 된다. 국제수지(balance of international payments or balance of payments)란 일정기간 동안에 어떤 한 나라와 다른 모든 나라들과의 사이에 이루어진 모든 경제적 거래로, 국제수지표(balance of payments : BOP)로 정리된다. 국제수지표는 모든 경제적 거래를 복식부기의 원리에 따라 체계적으로 작성한 통계표라 할 수 있다.

여기서 일정 기간이란 흔히 1년을 말하며 또한 국제수지가 유량(flow)의 개념을 가진다는 것을 의미한다. 한편, 저량(stock)의 개념을 가지는 국제대차(balance of international indebtedness)는 어떤 한 시점에서 한 나라가 다른 나라에 대해 가지고 있는 채권 · 채무의 잔고를 말한다.

모든 경제적 거래란 재화 및 서비스, 자본, 외환의 거래 및 국가 간에 이루어진 증여 등 일체의 대외거래를 포함하는 것을 의미하며, 복식부기의 원리에 의한다는 것은 모든 거래는 국제수지표상의 수치란과 지급란 양쪽에 똑같은 금액이 동시에 기록되어 국제수지표 전체로는 양변의 합계가 항상 일치한다는 것을 뜻한다.

또한 국제수지상의 거래라고 할 때는 한 나라의 거주자(가계, 기업 및 정부)가 세계의 기타 모든 국가들의 거주자들과 행한 모든 경제적인 거래를 말하는데, 한 나라의 거주자로서는 그 나라에 거주하고 있는 외국인이나 외국기업도 포함하는 것이다. 그러나 다른 나라에 있는 자국의 해외근로자, 해외지사나 현지법인 등은 거주자에 포함되지 않는다.

2) 국제수지의 구성

국제수지는 어떤 거래를 집계하느냐에 따라 여러 가지로 구분된다. 우선 국제수지를 전체적으로 종합한 것이 종합수지(overall balance)이며, 이는 또 경상수지(current balance)와 자본수지(capital balance)로 크게 구분된다.

(1) 경상수지

경상수지란 재화나 서비스를 수출하고 수입한 결과 벌어들인 돈과 지급한 돈의 차액을 말한다. 경상수지는 상품수지, 서비스수지, 소득수지 및 경상이전수지로 구분된다.

상품수지(commodity balance)는 재화의 수출과 수입의 차이를 말한다. 수출은 수취란에, 수입은 지급란에 기록되며, 수출총액이 수입총액보다 많으면 상품수지가 흑자라 하고 반대인 경우에는 상품수지가 적자라 한다.

서비스수지는 외국과 서비스를 거래한 결과 벌어들인 돈과 지급한 돈의 차이를 말하는데, 서비스란 구체적으로 운송, 보험, 관광, 교육, 통신 등을 말한다.

소득수지(income balance)에는 우리나라 기업이 해외투자를 함으로써 벌어들이는 이익과 외국 기업이 국내투자를 통해 가져가는 이익의 차액, 우리나라가 외국에 돈을 빌려준 대가로 받는 이자와 반대로 우리나라가 외국으로부터 돈을 차입한 대가로 지급하는 이자의 차액, 해외에서 일하는 우리나라의 근로자가 벌어들인 임금을 국내로 송금한 금액과 외국 근로자가 우리나라에서 일한 대가로 벌어들인 임금을 자국으로 보낸 금액의 차이 등을 말한다.

경상이전수지란 아무런 대가없이 한쪽에서 다른 한쪽으로 이루어지는 일방적인 재화, 서비스, 현금 등의 거래를 말한다. 정부의 무상원조, 민간의 무상증여, 기부 등을 말한다.

한편, 일반적으로 국제수지라 할 때는 경상수지를 의미하며 국제수지의 핵심을 이루고 있다. 경상수지에서는 특히 상품수지, 서비스수지 등이 중요한 반면 이전거래는 무시할 수 있을 정도로 비중이 적다. 상품수지, 서비스수지 등이 특히 중요한 것은 이들이 일국의 부가가치, 즉 국민소득을 증가시키는 데 있어서 중요한 역할을 차지하고 있기 때문이다. 가령 수출실적이 좋아서 외국으로부터 벌어들이는 외화가 수입으로 인해 지급하는 외화보다 크다면 상품수지가 흑자를 이룬다. 또 우리나라의 교육환경이 좋아 많은 외국인들이 우리나라에 유학을 온다면 서비스 수지가 흑자를 이루게 되면서 생산증가, 고용증가, 국민소득증가, 경기활성화 등의 효과가 나타날 것이다. 반대로 경상수지가 적자이면 경기가 나빠지고 국민소득과 일자리도 줄어든다. 따라서 경상수지가 어떤 상태인가를 보면 그 나라 경제가 어떤 상황인지 한눈에 알 수 있다.

경상수지	상품수지 : 수출, 수입
	서비스수지 : 운송, 보험, 관광, 교육, 통신, 오락 등
	소득수지 : 투자이익금, 이자, 근로소득
	경상이전수지 : 원조, 증여, 기부 등

(2) 자본수지

자본수지는 자본거래에 있어서 수취와 지급의 차액을 말한다. 국제수지표에서 말하는 자본수지의 자본은 외화라는 뜻으로 사용된다. 자본거래는 거래주체에 따라 민간부문, 공공부문, 통화금융기관의 자본거래로 나눈다. 또 거래기간에 따라 1년을 기준으로 장기자본거래와 단기자본거래로 구분한다.

장기자본거래는 외국인 직접투자 · 외국인증권투자 · 공공차관 · 상업차관 등이 이에 해당한다. 외국인 직접투자는 외국인이 경영참여를 목적으로 우리나라에 행한 투자를 말한다. 외국인 증권투자는 외국인이 우리나라 증권시장에서 주식이나 채권을 사는 것을 말한다. 공공차관이란 공공기관이 돈을 빌리거나 빌려주는 주체인 경우를 말하며 그 주체가 민간인 경우 상업차관이라 한다. 단기자본거래에는 원유와 같은 상품의 외상수입에 수반된 단기무역신용이 주종을 이루고 있다.

자본수지	장기자본거래 : 직접투자, 증권투자, 차관, 차입 등
	단기자본거래 : 외상수입 및 수출 등에 따른 무역신용

한편, 통화금융기관이 취급하는 자본거래는 장기와 단기에 관계없이 금융계정에 기록한다. 자본거래를 통해 통화금융기관의 자산과 부채가 얼마나 변동했는가를 보여주는 것이 금융계정(financial account, official settlements account)인데, 이렇게 통화금융기관을 별도로 구분하는 이유는 소비 · 투자 · 수출 · 수입 등 실물경제활동을 민간부문과 공공부문이 주도하고 있는 데 대해 통화금융기관은 실물경제활동에 수반되는 금융거래상의 자금의 과부족을 조정하는 역할을 한다고 보기 때문이다.

또한 국제수지표는 복식부기의 원리에 의해 하나의 거래를 수취란과 지급란에 동시에 기록하므로 항상 양변의 합계는 일치하고 경상수지와 자본수지의 합계는 제로가 되어야 하나 현실적으로는 그렇지 못한 경우가 많다. 이는 대외거래에 관한 자료가 사후적으로 수집 · 분류 · 정리되면서 통계자료의 출처 및 고래를 포착하는 시점 등이 상이하기 때문이다. 따라서 오차 및 누락이라는 항목을 성정하여 경상수지와 자본수지의 합계가 제로가 되도록 조정하고 있다.

(3) 기초수지와 종합수지

기초수지(basic balance)란 경상수지에 장기자본수지를 합한 것이다. 가령 경상수지에서 적자가 발생하였다면 통화금융기관을 제외한 민간부문과 정부 등 공공부문이 장기자본도입으로 그러한 적자를 어느 정도 보전할 수 있느냐를 보여주는 것이다. 따라서 기초수지는 한 나라의 장기적인 대외지급능력을 나타낸다.

종합수지(overall balance)란 기초수지에 단기자본수지를 합하고 오차 및 누락 항목까지 합하여 조정된 것이다. 종합수지는 통화금융기관을 제외한 국민경제의 각 부문이 일정기간 동안 대외거래를 한 결과 외화가 얼마만큼 남았거나 모자랐는가를 나타낸다. 종합수지는 해외부문을 통한 통화공급과 직결된다. 가령 우리나라의 종합수지가 31억 달러 흑자라는 것은 민간 및 정부가 대외거래로 인해 수취한 외화가 지급한 외화보다 31억 달러가 많다는 것을 뜻한다. 그러면 이 31억 달러는 대부분 통화금융기관에 매각되어 원화가 민간과 정부에 공급된다.

한편, 통화금융기관이 수취한 31억 달러는 외화자산을 늘리거나 외화부채를 줄이는 데 사용될 것이므로 통화금융기관의 순외화자산(외화자산－외화부채)은 31억 달러만큼 증가하게 된다. 결국 종합수지 흑자는 원화 공급을 늘리고 통화금융기관의 순외화자산이 그만큼 증가하는 것으로 나타나는 것이다. 반면, 종합수지가 적자이면 금융기관의 순외화자산은 그만큼 줄어들고 원화 공급도 줄어든다.

표 10-1 우리나라의 국제수지 요약표

I 경상수지(1+2+3+4)	1. 상품수지 2. 서비스수지 3. 소득수지 4. 경상이전수지
II 장기자본수지	차관 및 외국인 투자, 기타
III 기초수지(I+II)	
IV 단기자본수지	
V 오차 및 누락	
VI 종합수지(III+IV+V)	
VII 금융계정	1. 부채 2. 자산

경상수지적자 ➡ 통화금융기관을 제외한 민간과 정부의 장기자본도입으로 보전
종합수지적자 ➡ 통화금융기관의 보유외화사용 및 외자도입으로 보전

한편, 실제로 많은 사람들이 이야기하는 국제수지는 흔히 경상수지를 말하며 국제수지를 구성하는 항목 중에서 가장 중요하게 취급한다. 그 이유는 국민소득의 증가라는 것은 곧 국민들의 부가가치의 증가를 의미하는 것인데 국제수지 항목에서 국민들의 부가가치활동과 관련된 항목이 바로 경상거래활동이기 때문이다. 따라서 경상수지의 흑자로 상품의 수출이 늘어나고 국내생산이 증가하기 때문에 국민소득 역시 증가하게 된다. 또한 이러한 흑자로 인해 외화자산이 늘어나게 되면 외채를 갚을 수도 있고 안정적인 원자재의 확보나 무역마찰을 피하기 위해 해외에 직접 투자를 할 수도 있다. 뿐만 아니라 국제수지의 흑자는 대외거래에 여유를 주기 때문에 경제정책의 선택의 폭이 넓어져 국민경제를 보다 건실하게 운영할 수 있게 해준다. 그러나 이러한 국제수지의 흑자가 항상 좋은 것만은 아니다. 경상수지의 흑자는 국내의 통화량 증가를 가져와 인플레이션을 일으킬 수 있으며 무역상대국의 수입규제를 강화시킬 수도 있다.

한편, 경상수지의 적자는 우리 상품의 대외경쟁력 약화로 인한 수출의 감소와 수입의 증가를 의미하므로 이로 인해 국내생산은 감소하고 국민소득이 줄어들어 실업이 발생하게 된다. 또한 국제수지의 균형을 유지하기 위해 외화부채를 가지게 되면 원리금의 상환부담이 증가하게 되고 이러한 것들은 국민경제의 안정을 해치게 된다. 뿐만 아니라 국제수지의 적자는 경제정책의 폭을 좁히게 되며 건실한 국민경제의 운영에 커다란 장애요인으로 작용하게 된다. 그러므로 이러한 이유에서 많은 국가들은 국제수지를 되도록 균형상태로 유지하거나 또는 흑자로 만들기 위해 노력하는 것이다.

2. 관광위성계정

관광산업은 경제통계에서 사용되는 표준산업분류(SIC)에 명시되어 있지 않으며, 이러한 관계로 관광산업을 분류하고 통계를 집계하는 데도 불편함이 많다.

이미 지적한 바 관광산업은 종합적인 성격을 가지고 있으므로 산업분류의 여러 면에 걸쳐 있다. 숙박, 음식, 교통, 서비스, 운송 등 그래서 한 나라의 경제를 포괄적으로 제시하는 국민경제시스템(SNA : System of National Accounts)도 직접적으로 관광사업을 파악하지 못하고 있다.

1980년대 이후 국제적으로 관광산업이 세계무역 증가액보다 빠른 속도로 발전하게 되자, 소득 · 부가가치 창출, 민간과 정부투자 확대, 외화 획득, 고용 증대 등의 측면에서 관광산업의 중요성이 부각을 받기 시작했다. 이러한 상황에 부응하기 위해서 국제적으로 관광산업 규모를 파악하기 위해서 현재 관광위성계정(TSA : Tourism Satellite Account) 확립을 위한 집중적인 노력이 경주되고 있다.

관광위성계정(TSA)란 종래와 같이 산업을 생산량 베이스로 파악하는 것이 아니라 관광객의 재화와 서비스 구입(수요)을 구입 상품별로 공급방법과 대비시키는 방법이다.

이 방법은 관광을 특징적으로 나타내는 상품과 서비스로 정의한 다음 수요 또는 생산액에서 관광 이외의 것을 제외해야 하지만 현실적으로 관광과 관련된 재화와 서비스를 정의하고 개별 산업에서 관광에 포함되는 비율을 설정해야 하는 등의 과제가 남아 있다.

3. 국제수지 균형의 의미

한 나라의 국제거래가 건전하가 그렇지 않은가를 파악하는 데는 국제수지표가 이용된다. 국제거래의 건전성의 판정기준으로 국제수지의 균형 · 불균형 또는 국제수지 흑자 · 적자 등이 있다. 수취와 지급이 일치할 때를 균형이라 하고 그렇지 못할 때는 불균형이라 한다. 그리고 지급보다 수취가 많을 때는 국제수지흑자라 하고 수취보다 지급이 많을 때는 국제수지적자라 한다. 일반적으로 국제수지가 흑자를 나타낼 때 그 나라의 국제거래가 건전하다고 말하고 반대로 적자를 나타낼 때 불건전하다고 말한다. 그리고 국제수지의 적자가 누적되어 가는 것을 국제수지가 악화된다고 말하고 흑자가 누적되어 가는 것을 국제수지가 호전된다고 말한다.

그런데 국제수지표 전체를 보면 수취화와 지급이 항상 일치하기 때문에 흑자 · 적자가 없다. 그러나 항목별 수지에는 일반적으로 흑자 또는 적자가 있기 마련이다 그러므로 국민경제의 건전성 여부는 국제수지상의 항목별 수지에서 찾아볼 수 있다. 국제수지가 흑자 또는 적자라고 할 때는 어떤 항목에 대해서

하는 말이지 국제수지 전체를 두고 하는 말이 아니다.

1) 경상수지의 불균형에 의한 건전성 판단

이것은 경상수지가 균형을 이루면 국제수지가 균형을 이룬다고 보는 것이다. 그러므로 이 견해에 따르면 경상수지가 흑자이면 국제수지가 흑자라고 하고 경상수지가 적자이면 국제수지가 적자라고 말한다. 따라서 단기자본의 도입이나 장기자본의 도입에 의하여 경상수지의 적자를 보전하는 것은 국제수지가 건전하지 못하다고 판단한다.

2) 기초수지의 불균형에 의한 건전성 판단

국제수지의 각 항목은 거래의 성격으로 구별하여 자발적 거래와 유발적 내지 보정적 거래로 나눌 수 있다. 자발적 거래(autonomous transaction)란 다른 국제 거래와는 무관하게 그 자체로 독립적인 동기에 의해 이루어진 거래를 말한다. 경상 거래(상품과 서비스 거래 이전 거래)와 장기자본 거래가 곧 그것인데, 이 자발적 거래를 달리 말하여 기초수지라고 한다. 보정적 거래(induced or compensatory transaction)란 자발적 거래로 인하여 유발된 국제거래를 의미한다. 단기자본거래, 화폐용 금의 거래, 정부 및 중앙은행의 대외자산 및 부채의 증감 등이 그러한 것이다. 이러한 거래는 자발적 거래의 결과 나타나는 불균형을 사후적으로 조정하기 위해서 이루어진 거래이다.

4. 국제수지 안정화 정책

국제수지 안정화 정책이란 넓은 의미로는 국제수지의 누적적 흑자에 대한 정부대책과 누적적 적자에 대한 정부대책을 모두 일컫는 말이다. 그러나 협의의 국제수지 안정화 정책이란 국제수지의 누적적 적자에 대처하는 정부정책을 의미한다. 왜냐하면 국제수지 흑자는 일단 자국의 입장만 고려한다면 직접적으로 큰 문제가 되지 않을 수도 있는 반면 국제수지 적자는 자국의 대외지불능력의 감소로 나타나면서 이것이 누적될 경우에는 경제적인 측면에서 자국의 대외신용을 떨어뜨리기 때문이다.

국제수지가 적자가 되면 그 나라는 자신이 보유하고 있는 금 또는 달러 등의 외화준비고, 즉 국제유동성 준비로써 적자를 보전하든가 아니면 해외로부터 단기자본을 차입해서 충당해야 한다. 그러나 국제수지 적자가 장기적이고 대폭적이면 그와 같은 단순한 대책으로는 불충분하다. 따라서 국제유동성 준비가 계속적으로 줄어들고 단기 외채가 늘어나면 경제적인 측면에서 대외신용이 떨어져서 무역이나 자본거래를 할 수 없게 되어 그 나라는 국제경제사회에서 고립된다.

국제수지 안정화 정책은 크게 나누어 경상수지대책, 자본수지대책, 국내정책 및 외환정책으로 나눌 수 있다.

1) 경상수지 대책

경상수지 대책으로는 무역수지 대책과 무역외수지 대책으로 나누어 생각할 수 있다. 무역수지 대책으로는 수입의 통제, 외환의 할당, 관세율 인상 등 수입억제 정책과 수출보조금 지급, 해외시장 개척 촉진, 수출자금 우선융자 등 수출촉진 정책으로 구성된다. 무역외수지 대책으로는 해외여행 제한, 해외로부터의 관광객 유치, 해운수지 개선, 해외에 대한 증여 삭감, 해외에 노동력 수출, 해외에 대한 정부지출 삭감 등이 있을 수 있다. 한편, 이상과 같은 직접 통제는 자유경쟁을 해치며 무역자유화에도 위배되기 때문에 다른 나라들로부터 보복조치를 받을 수 있다. 그러나 경제력이 약한 개발도상국들은 부득이 이와 같은 직접통제를 취하지 않을 수 없다.

2) 자본수지 대책

자본수지 대책으로는 해외자본의 도입과 해외투자의 제한으로 나누어 생각할 수 있다. 해외자본의 도입은 국제금융기관이나 외국으로부터 공공차관의 도입이나 직접 또는 간접 투자형태의 외국민간 자본의 도입 등이 있다. 하지만 특히 단기자본의 도입은 가까운 시일 내에 원리금 상환이란 국제수지의 적자요인을 내포하기 때문에 장기적인 국제수지의 안정화 대책이 되지 못한다.

3) 국내정책

국내정책은 국내경제에 자극을 주어서 국제수지를 호전시키고자 하는 정책이다. 그러므로 국내정책은 국제수지에 대한 직접적인 대책이 아니고 간접적인 대책이라고 볼 수 있다. 국내대책으로는 한편에서는 수출산업을 육성하여 수출을 증대시키고 한편에서는 수입대체 산업을 육성하여 수입품을 국내에서 생산함으로써 수입을 억제하여 국제수지를 호전시키는 대책이다.

4) 외환정책

자국화폐의 평가절하로써 수출을 촉진하고 수입을 억제하려는 것이다. 환율을 인상하면 수출은 촉진되고 수입은 억제되어 국제수지가 호전될 것이다. 그러나 환율을 인상하게 되면 수출은 늘어날 수 있지만 경우에 따라서는 수출단가가 저하되고 수입단가가 상승하기 때문에 상품수지가 개선되지 않을 수도 있다. 그러므로 환율인상에 따라 상품수지가 개선되기 위해서는 상대국의 수입수요의 가격탄력성이 1보다 커야 한다. 즉 환율이 상승하는 것에 비해서 수출이 상대적으로 크게 확대되어 수출의 총 수입이 전보다 증가해야 함을 의미한다.

10-2 외환과 환율

1. 외국환거래

미국의 달러화나 일본의 엔화 등과 같이 외국의 화폐를 외화(foreign currency)라 하며 외화를 청구할 수 있는 권리를 외환(foreign exchange)이라 하는데, 이들의 매매가 이루어지는 시장을 외환시장(foreign exchange market)이라 하고 간단하게는 은행이 이에 해당한다.

외환시장에서 특정한 화폐를 사고 판다는 것은 외환의 수요와 공급을 나타내는 것이며 이는 외환의 균형가격 형성과 밀접한 관계가 있다. 우선 외환시장에서 형성된 외환의 균형가격이란 한 나라의 화폐가 다른 나라의 통화와 어떻게 교환되는가를 나타내는 것이며 이것을 환율(exchange rate)이라 한다. 즉 환율이란 통화 대 통화 간의 교환비율을 나타낸다.

환율은 두 가지 방법으로 표시할 수 있다. 하나는 외국화폐 1단위에 대한 자국화폐의 교환 비율로 표시하는 방법이다. 흔히 1달러에 1,200원 등으로 표현된다. 다른 하나는 반대로 자국화폐 1단위에 대한 외국 화폐의 교환비율을 표시하는 방법이다. 위의 경우 1원에 1/1,200달러로 표현될 수 있다. 전자의 경우를 자국통화 표시환율이라 하고 후자를 외국통화 표시환율이라고 한다. 일반적으로는 자국통화 표시환율이 널리 이용되고 있으며 또 중요하게 취급되므로 앞으로 환율에 관한 모든 논의는 자국통화 표시환율로 하기로 한다. 자국통화 표시환율로 환율이 지난달에는 1달러에 1,200원 하던 것이 이번 달에는 1,300원이 되었다고 하자. 그러면 우리는 환율이 올랐다라고 하며 이러한 환율의 상승은 우리 원화가 달러화에 비해 그 가치가 떨어졌음을 의미한다. 이처럼 자국통화가 다른 나라의 통화에 비해 그 가치가 떨어진 경우를 평가절하(depreciation)라 한다. 반대로 환율이 1달러에 1,200원에서 1,100원으로 떨어졌다면 이는 달러화에 대한 원화의 가치가 상승한 것을 의미하며, 이처럼 자국의 통화가 다른 나라의 통화에 비해 그 가치가 상승한 경우를 평가절상(appreciation)이라 한다.

표 10-2 자국통화 표시환율

1＄ : 1,000원	
1＄ : 1,200원	1＄ : 800원
· 환율의 상승 · 환율의 평가절상 · 자국통화가치하락 · 자국통화평가절하	· 환율의 하락 · 환율의 평가절하 · 자국통화가치상승 · 자국통화평가절상

한편, 환(exchange)이란 서로 멀리 떨어진 곳에 있는 사람들끼리 현금을 보내는 불편과 위험을 피하기 위하여 제3자인 은행을 이용하여 지급을 위탁하는 방식으로 자금을 결제하는 수단이다. 이 중 국내에 있는 사람들 간의 거래를 결

제하기 위한 환을 내국환이라고 하며, 서로 다른 국가에 있는 사람들이 국제거래의 결제를 위해 사용하는 환을 외환 또는 외국환이라고 한다. 즉 외환이란 국제 간의 채권과 채무를 결제하는 수단을 말한다. 이러한 외환에는 외국통화·환어음·수표 등이 있다. 국제 간 거래에서 자금결제가 필요한 경제행위를 살펴보면 상품을 교환하는 무역거래를 비롯하여 무형의 재화인 금융·운송·보험·기술 등과 관련된 무역거래 및 자본의 이동을 필요로 하는 자본거래 등이 있다. 이러한 국제 간 거래는 모두 그 결제를 위하여 외환을 수단으로 이용한다.

우리나라의 외국환관리법 제3조에서는 '외국환이란 대외지급수단, 외화증권 및 외화채권'으로 정의하고 있다. 이 중에서 대외지급 수단이란 외국통화나 외국통화로 표시된 지급수단 또는 기타 표시통화에 관계없이 외국에서 사용할 수 있는 은행권, 구화, 우편환, 환어음, 약속어음 등을 말한다. 이처럼 외환은 넓은 의미로는 외화와 외환어음을 포함하고 있다. 그러나 외화와 외환어음은 다음의 점들에서 차이점을 가진다.

첫째, 외화와 외환어음은 모두 유가증권으로서 지급수단으로 이용된다. 그러나 외화는 발행하는 정부나 중앙은행에 의하여 법적으로 지위가 정해져 표시금액도 규격화되는 데 반하여 외환어음은 개인이나 법인에 의하여 발행된다. 둘째, 외환어음은 환어음의 당사자들의 채권·채무관계를 나타내지만 외화는 대외적인 자산을 나타낸다. 달리 말하면 외화는 채무자가 채권자에게 외화를 지급함으로써 채무가 소멸하는 데 반하여 외환어음은 일정기간이 지난 후 약속이 이행되지 않으면 법에 의하여 이행을 청구할 권리가 있다는 종이에 불과하다. 셋째, 외화는 유동성이 가장 큰 자산이나 외환어음은 상대적으로 유동성이 낮다. 외환어음은 배서에 의해서만 통용이 가능한 반면 외화는 배서가 없어도 법적으로 통용이 보장되어 있다.

한편, 외환거래는 국가 간에 재화나 용역을 매매하거나 자본거래를 하는 경우 은행이 국제거래의 결제를 위해 고객들의 의뢰에 따라 외환을 수취하는 일반적인 상거래와는 달리 다수의 거래당사자로 구성된다. 외환거래의 당사자는 송금 또는 추심 의뢰인, 송금 또는 추심은행, 지급은행, 수취인 또는 지급인 등으로 구성된다.

한편, 외환업무란 외국통화화 외국통화로 표시된 수표, 환어음, 약속어음, 우편환 및 기타 지급지시서를 매매하거나 발행하여 국내와 외국 간에 발생한 금전대차에 대해 대외지급수단의 지급과 추심 및 이에 따르는 업무를 말한다. 이러한 업무를 수행하는 기관을 외국환은행이라고 부른다. 은행의 경우 외환업무는 예금 및 대출업무와 함께 중요한 은행업무 중의 하나이다.

외환거래와 외환업무의 차이점은 외환업무의 주체는 은행이며 외환거래의 거래의 주체는 거주자와 비거주자로서 이들 간의 발생한 대차관계는 외환거래를 통하여 결제된다.

외국환은행은 국가 간의 송금인과 수취인의 채권과 채무를 은행 간의 채권·채무로 바꾸고 은행 간의 환거래 계약에 따라 자금을 결재함으로써 외환거래에서 중요한 역할을 맡고 있다. 그러므로 이를 위하여 외국환은행은 세계각지에 환거래계약체결은행(correspondent bank)을 두고 있다.

2. 환율의 결정

외환시장에서는 외환의 수요와 공급이 일치하면서 균형환율이 결정된다. 가령 우리나라 외환시장, 즉 은행에서 외환의 수요, 예를 들어 미국 달러화에 대한 수요는 우리나라 사람이 미국의 상품과 서비스 등을 수입함으로써 발생하며 달러화에 대한 공급은 미국사람이 우리나라의 상품과 서비스를 수입함으로써 발생하게 된다. 다시 말해 외환에 대한 수요는 외국의 상품과 서비스를 수입하고자 할 때 외에도 외국의 금융자산이나 기타 외국의 실물자산(부동산, 골동품) 등에 대한 수요가 증가하면 역시 외환에 대한 수요가 증가하게 되며, 외환의 공급은 상품과 서비스의 수출, 해외차관의 도입 및 기타 해외로부터 외환의 수취 등에 의해서 결정된다.

이제 환율이 이전보다 오른 경우를 가정하자. 즉 환율이 지난달에는 1달러에 1,200원 하던 것이 이번 달에는 1,300원이 되었다고 하자. 환율이 상승하면 우리나라 사람이 외국의 상품과 서비스를 수입하는 경우 지급해야 하는 상품과 서비스의 대금은 이전보다 비싸진다. 예를 들어 10,000달러짜리 미국산 자동차를 수입하는 경우 환율이 1,200원일 때는 12,000,000원을 지급하면 되지만 환율이 1,300원으로 상승하면 13,000,000원을 지급해야 함에 따라 단순히 환율의 변동만으로 우리나라 사람은 1,000,000원을 더 지급해야 한다. 이는 우리나라 사람의 입장에서 달리 생각하면 미국산 자동차의 값이 1,000,000원 더 오른 것과 같다고 할 수 있다. 그러면 우리는 수요의 법칙을 생각할 수 있다. 우리의 입장에서 환율이 올라 외국상품과 서비스의 가격이 상승하게 되면 그 수요량이 감소하고 외국상품과 서비스에 대한 수요량의 감소는 그 나라 통화, 즉 외환에 대한 수요량의 감소로 나타날 것이므로 결국 다른 조건이 일정하다면 환율의 상승은 외환에 대한 수요량을 감소시킨다. 같은 논리로 환율의 하락은 외환에 대한 수요량을 증가시킨다. 즉 환율을 종축, 외환거래량을 횡축으로 하는 좌표에서 외환수요곡선은 우하향한다.

한편, 외환공급곡선은 우상향한다. 환율이 상승하면 우리나라 사람이 지급해야 하는 외국상품과 서비스의 가격은 비싸지는 반면 외국사람이 지급하게 되는 우리나라 상품의 가격은 싸진다. 예를 들어 120만원 하는 우리나라 TV는 환율이 1달러에 1,000원인 경우 미국의 수입업자는 120달러를 지급해야 하지만 환율이 올라 1달러에 1,200원이 되면 100달러만 지급하면 되기 때문에 미국 수입업자의 입장에서 보면 단순히 환율의 변동만으로 우리나라 TV의 값이 싸진 결과가 되므로 역시 공급의 법칙에 따라 우리나라 상품과 서비스의 가격이 싸지면 다른 조건이 일정할 때 해외시장에서 우리나라 상품과 서비스에 대한 수요량이 증가한다. 이는 수출의 증가를 의미하면서 외환의 공급량이 증가하게 된다. 결국 외환시장에서 우하향하는 외환수요곡선과 우상향하는 외환공급곡선이 만나 균형환율과 균형외환수급량, 또는 균형외환거래량이 결정된다.

한편, 환율이 이처럼 외환시장에서 순순히 외환의 수요와 공급에 의해서만 결정된다면 한 나라의 종합수지는 균형을 이루게 된다. 종합수지는 통화금융기관을 제외한 국민경제의 각 부문이 일정기간 동안 대외거래를 한 결과 외화가 얼마나 남았는지 모자랐는지를 나타낸다고 하였다. 외화가 남았다는 것은 외화의 초과공급이 있다는 말이다. 외화가 모자란다는 것은 외화의 초과수요가 있다는 말이다. 따라서 통화금융기관은 실물경제 활동을 주도하지 않는다는 전통적인 가정을 받아들이면 균형환율 수준에서 종합수지가 균형, 즉 제로가 된다.

환율이란 외환시세 또는 외환의 매매가격이므로 일반상품의 가격결정과 같이 외환의 수요·공급이 일치하는 데서 결정된다. 한 나라의 외환수급은 대체로 그 나라의 수출과 수입 등 실물거래에 의존한다. 수출은 외환을 국내에 공급하는 것이며, 수입은 외환을 국내에서 매입하여 상대국에 보내는 것이므로 외환의 수요가 된다. 환율이 상승하면 수출이 잘 되어 외환의 공급이 많아질 것이고 반대로 환율이 하락하면 수출이 잘 되지 않아서 외환의 공급이 적을 것이다. 그러므로 외환의 공급곡선은 〈그림 10-1〉에서와 같이 우상향하는 *SS*곡선으로 나타날 것이다. 한편, 환율이 상승하면 수입이 억제되므로 수입을 위한 외환의 수요가 감소할 것이고 반대로 환율이 하락하면 수입이 촉진되므로 수입을 위한 외환수요가 증가하게 될 것이다. 그러므로 외환의 수요곡선은 우하향하는 *DD* 곡선이 될 것이다.

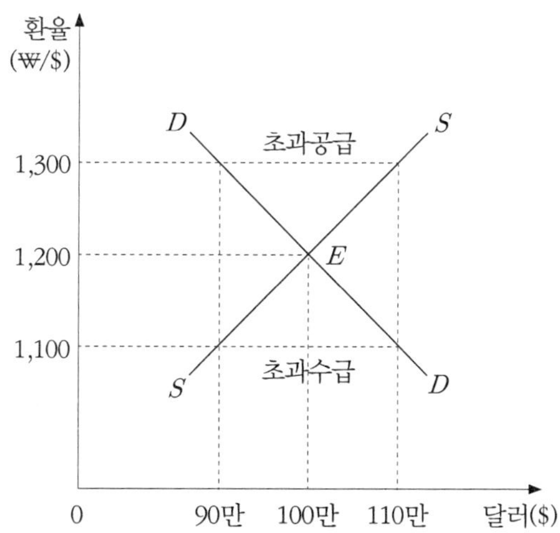

그림 10-1 균형환율의 결정

이상과 같은 외환의 수요·공급곡선이 주어진다면 균형환율은 두 곡선이 상호 교차하는 점에서 결정될 것이다. 만약 환율이 1＄ : 1,100원이면 수출이 잘 되지 않아서 외환의 공급은 적은데 수입은 촉진되어 외환의 수요는 많을 것이다. 따라서 외환의 초과수요가 발생하여 환율은 상승한다. 만약 환율이 1＄ :

1,300원이면 수출이 촉진되어 외환의 공급은 많아지는데 수입은 위축되어 외환의 수요는 감소한다. 그러므로 외환의 초과공급이 발생하고 환율은 하락한다. 그러므로 결국 수요곡선과 공급곡선이 일치하는 E점에서 외환수급은 균형을 이루게 되며 따라서 균형환율은 1＄ : 1,200원이 된다. 만약 수출산업의 발달로 인하여 외환의 공급곡선이 우측으로 이동한다면 균형환율은 하락할 것이다. 만약에 공급곡선은 변동이 없는데 국민소득의 향상으로 인하여 수입이 증가한다거나 국민들의 수입품에 대한 기호의 변화로 인하여 수입품에 대한 수요가 증가함으로써 외환의 수요곡선이 우측으로 이동하게 된다면 환율은 상승될 것이다.

3. 환율변동의 요인과 효과

1) 환율변동의 요인

외환의 수요곡선이나 공급곡선도 다른 요인들이 변하면 이동한다. 외환의 수요곡선이나 공급곡선을 이동시키는 요인들은 여러 가지가 있다. 그 중 중요한 것 몇 가지를 들면 자국의 물가(P)와 해외물가(Pf), 자국의 총소득(Y)과 해외의 경기수준, 자국의 이자율(r), 경제정책 등을 들 수 있다.

(1) 자국의 물가

자국 물가가 오른다는 것은 모든 상품의 가격이 비싸진다는 것이므로 수출품 가격도 당연히 비싸진다. 따라서 비록 환율이 변하지 않더라도 우리나라 물가가 오르게 되면 외화로 표시된 우리나라의 수출품 가격은 비싸진다. 해외시장에서 외화로 표시된 우리나라의 수출품 가격은 비싸진다. 해외시장에서 외화로 표시된 우리나라의 수출품 가격이 비싸지면 외국사람들의 우리나라 상품에 대한 수요량이 감소할 것이고 따라서 우리나라의 수출도 감소할 것이다. 수출이 감소하면 외환의 공급량이 감소한다. 그러므로 우리나라 물가가 오르면 외환공급곡선이 왼쪽으로 이동한다.

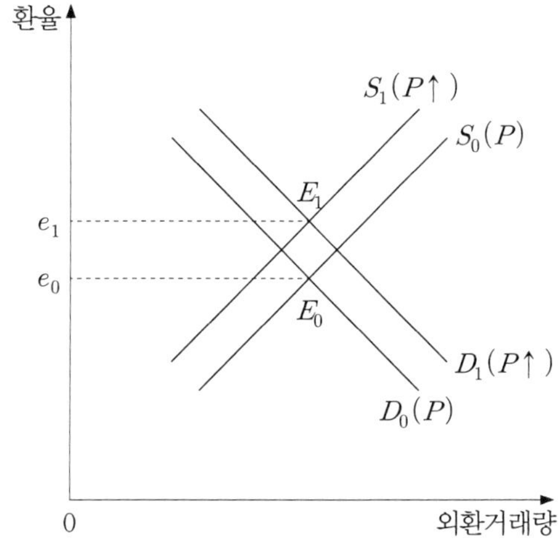

그림 10-2 자국의 물가상승과 환율

한편, 우리나라 물가가 오르면 수입품 가격은 상대적으로 싸진다. 따라서 우리나라 사람들의 수입품에 대한 수요량이 늘어나게 되므로 외환에 대한 수요를 증가시킨다. 즉 외환수요 곡선이 오른쪽으로 이동한다.

결국 우리나라 물가가 상승하면 〈그림 10-3〉에서 보는 바와 같이 외환공급 곡선을 왼쪽으로 이동시키고 외환수요곡선을 오른쪽으로 이동시켜 환율을 상승시킨다. 그러므로 국내물가와 환율은 같은 방향으로 변동한다. 이 때 외환거래량의 변동방향은 확실히 알 수 없다. 이것은 외환수요 곡선과 외환공급 곡선 중 어느 쪽이 많이 이동했느냐에 따라 그 방향이 달라진다.

(2) 해외물가

다른 나라의 물가가 내리면 우리나라 수출품은 해외시장에서 상대적으로 비싸지고 다른 나라의 수출품은 국내시장에서 상대적으로 싸지므로 이는 우리나라의 물가가 상승한 것과 똑같은 효과를 가진다. 그러므로 해외물가가 하락하면 외환수요 곡선이 오른쪽으로 이동하고 외환공급 곡선이 왼쪽으로 이동하여 환율이 상승하는 것이다.

반대로 해외물가가 상승하면 정반대의 현상이 일어나 환율이 하락한다. 즉 해외물가가 상승하면 우리나라 수출품은 해외시장에서 그 가격이 상대적으로 싸지고 다른 나라의 수출품은 국내시장에서 상대적으로 비싸지므로 이는 우리나라의 물가가 하락한 것과 똑같은 효과를 가진다. 그러므로 해외 물가가 상승하면 외환수요 곡선은 왼쪽으로 이동하고 외환공급 곡선은 오른쪽으로 이동하여 환율이 하락하게 된다.

이상의 분석을 바탕으로 우리나라 물가와 해외 물가를 함께 묶어서 이야기할 수 있다.

해외물가↓ ➡ 수출가격↑, 수입가격↓ ➡ 수출↓, 수입↑ ➡ 환율↑
해외물가↑ ➡ 수출가격↓, 수입가격↑ ➡ 수출↑, 수입↓ ➡ 환율↓

우리나라 물가가 해외물가에 비하여 상대적으로 오르면 우리나라는 수입이 수출에 비하여 상대적으로 증가하여 환율이 오른다. 반대로 우리나라 물가가 해외물가에 비하여 상대적으로 내리면 우리나라는 수출이 증가하고 수입은 감소하여 환율이 떨어진다.

(3) 구매력 평가

가령 원화 대 미국 달러의 환율(e)이 1＄＝800원이며 미국시장에서 바나나 1kg의 가격(Pf)은 3달러라고 하자. 미국과 우리나라 사이에 관세가 없는 자유무역이 이루어진다면 수송비를 무시 못 할 경우 우리나라 시장에서 바나나 가격(P)은 2,400원이 될 것이다. 그런데 현재 우리나라의 바나나 1kg 가격이 2,400원보다 높다고 하자. 이럴 경우 수입업자들은 바나나를 수입하여 팔면 팔수록 이윤이 증가할 것이므로 수입업자들은 경쟁적으로 바나나를 수입할 것이다. 그 결과 우리나라는 바나나 시장에 초과공급이 발생하여 바나나 가격은 2,400원 수준으로 떨어질 것이다. 반대로 우리나라 시장에서 바나나 가격이 2,400원보다 밑에 있다면 수입업자들은 수입을 중단하거나 감소시킴으로써 바나나 가격은 2,400원 수준으로 회복될 것이다. 결국

$$국내가격(P)=해외가격(Pf)\times환율(e)$$

이 성립한다. 위 식을 구매력평가(purchasing power parity)라 한다.

한편, 바나나 1kg의 가격이 2,400원이면 원화 1원의 구매력은 1/2,400kg의 바나나이다. 그러므로 식을 다시 쓰면

$$e = P/Pf = (1/Pf)/(1/P)$$

가 된다. 이것은 환율이 국내상품의 가격을 해외상품의 가격으로 나눈 값, 즉 외국통화 1단위에 대한 국내통화의 비율로 표현된다는 것이며, 또한 달리 표현한다면 외환의 구매력과 원화의 구매력의 비율로 표현된다는 것이다. 그런데 무역상품이 많을 때에는 P는 국내물가로, Pf는 해외물가로 해석할 수 있다.

(4) 국민소득

우리나라 경기가 호황이어서 국민소득이 증가하면 소비수요와 투자수요가 늘기 때문에 수입이 증가하게 되는데, 이에 따라 외환에 대한 수요곡선이 오른쪽으로 이동하여 환율이 오른다. 국민소득이 증가하면 수입이 증가하면서 경상수지는 악화된다.

국민소득↑ ➡ 수입수요↑ ➡ 환율↑
해외국민소득↑ ➡ 수출수요↑ ➡ 환율↓

그런데 경상수지를 개선시키기 위해서는 수출이 증가하거나 수입이 감소해야 하므로 환율은 상승하게 된다. 그러므로 환율은 국내물가는 물론 국민소득과도 같은 방향으로 변한다. 반면에 해외의 경기가 좋아 외국의 국민소득이 상대적으로 증가하면 우리나라 상품에 대한 수요가 증가하게 되므로 외환공급곡선이 오른쪽으로 이동하여 환율은 떨어진다.

(5) 이자율

국내 이자율이 오르면 소비수요와 투자수요가 줄고 이에 따라 재화의 수입도 감소하게 되므로 외환의 수요는 감소하게 되고 외환수요곡선은 왼쪽으로 이동

하게 되면서 환율이 떨어진다. 그러므로 환율은 이자율과는 반대방향으로 움직인다. 이자율은 화폐의 사용을 포기한 대가이다. 따라서 국내 이자율이 오르면 다른 조건이 불변일 경우 우리나라 돈의 가치가 다른 나라 돈의 가치보다 비싸지는 것을 뜻한다. 이는 환율이 떨어지는 경우이다. 그러므로 국내 이자율이 오르면 환율이 떨어진다.

한편, 이자율이 오르면 높은 이자율을 노리고 외국자본이 국내로 유입될 것이다. 국내 이자율이 상승한다는 것은 우리나라에 투자되는 금융자산의 수익률이 더 커지게 된다는 것을 의미하기 때문이다. 그 결과 외환의 공급량은 증가하여 환율은 하락한다.

이자율↑ ➡ 소비수요↑, 투자수요↓ ➡ 수입↓ ➡ 환율↓

우리나라는 1998년부터 자본시장을 대부분 개방하였다. 따라서 해외자본은 국내 금융시장에 자유로이 진입하고 빠져나갈 수 있다. 이것이 국내 외환시장에서 외환에 대한 수요와 공급에 직접 영향을 미칠 것이기 때문에 우리나라 이자율의 변동은 환율변동 요인으로 작용할 수 있을 것이다. 외국인이 국내주식을 매우 매력적인 투자대상으로 인식하여 국내기업주식을 매입하기 위해 해외로부터 자본유입을 대폭적으로 증가시키면 갑자기 증가한 외환공급에 의해 환율은 크게 하락하게 된다. 즉 원화의 평가절상이 이루어진다.

(6) 재정 · 통화정책

정부지출이나 조세를 변경시키는 재정정책은 환율에 직접적인 영향을 미치지 않는다. 그러나 환율에 간접적으로는 영향을 미친다. 확대재정정책은 총소득, 물가, 이자율을 모두 상승시킨다. 총소득이 증가하면 외환에 대한 수요가 증가한다. 그러나 이자율이 상승하면 외환에 대한 수요가 감소한다. 따라서 확대재정정책은 외환의 공급을 감소시키지만 외환에 대한 수요에는 서로 상충되는 영향을 미치므로 외환수요가 어떻게 변할지는 미리 알 수가 없다. 그러므로 만약에 이자율 상승에 따른 외환수요의 감소효과가 크지 않다고 가정한다면 확대재정정책은 환율을 상승시킬 것이다.

한편, 확대통화정책은 총 소득과 물가를 상승시키고 이자율을 하락시킨다. 이자율의 하락은 외환수요를 증가시킨다. 따라서 확대재정정책에서와 같은 애매한 효과가 일어나지 않는다. 그러므로 확대통화정책은 총소득의 증가와 국내물가의 상승 및 이자율의 하락으로 외환수요를 증가시키고 또한 국내물가의 상승은 외환공급을 감소시켜 환율을 확실하게 상승시킨다.

(7) 정치상황

정치상황의 안정 · 불안정성은 경제활동에 막대한 영향을 미친다. 정치현실에 대한 불안은 경제활동의 위축을 가져오게 되는데, 무엇보다도 투자의 위축이 심하게 나타나게 된다.

비축된 외환이 부족한 나라에서는 무엇보다도 외국인의 투자가 필요한데 정치가 불안정하면 그들은 투자를 회피하게 될 것이다. 외국인이 투자를 기피하게 되면 외화의 공급이 부족하게 되어 환율이 상승하게 된다.

(8) 환율의 변화에 대한 예상

환율이 앞으로 어떻게 변할 것인가 하는 사람들의 예상도 외환의 수요 · 공급에 중요한 영향을 미친다. 예컨대 환율이 상승할 것으로 예상되면 수출은 가급적 늦추고 수입은 앞당기는 현상이 일어난다. 이에 따라 외환공급이 감소하고 외환수요는 증가한다. 또한 환율이 상승할 것으로 예상되면 외환투기자들 뿐만 아니라 일반 투자가들도 외환공급을 줄이고 외환수요를 늘리는 환투기가 일어난다. 그 결과 어느 정도까지는 환율이 실제로 상승하는 현상이 일어난다. 현실적으로 단기에 환율이 급변할 때는 이 예상요인이 그 원인이 되는 경우가 많다. 또한 환율은 가격변수들 중에서 예상과 투기에 의해 가장 큰 영향을 받는다.

수출(lag) ➡ 외환공급↓
환율↑(예상) ➡ ➡ 환율↑(실제)
수입(lead) ➡ 외환수요↑

한편, 외환의 거래요인별로 구분한 환율변동의 원인은 다음과 같다. 환율은 외환시장에서 발생하는 수요와 공급에 의해서 결정된다고 볼 수 있다. 외환수급을 일으키는 외환거래는 크게 세 가지로 나눌 수 있는데, 첫 번째는 외국환 은행의 대 고객 거래이며, 두 번째는 외국환 은행들이 시장에서 행하는 은행 간 거래이고, 세 번째는 통화당국이 시장에서 행하는 개입거래이다. 이러한 각 거래는 직접 · 간접적으로 외환시장에서의 외환 수급과 결부된다. 기업과 개인 등이 외국환 은행을 상대로 외환거래를 할 경우에 은행은 발생된 외환의 과부족을 외환시장에서 조정하게 되므로 그만큼 시장에 추가적인 수급이 초래된다. 은행 간 외환거래에 있어서도 일국의 은행 전체와 해외 은행들과의 거래로부터 수급의 차이가 발생하면 외환의 순수요 또는 공급을 유발시키게 된다.

더욱이 외환을 취급하는 은행 자신이 대 고객 거래와 무관하게 자신의 외환보유를 변경시킬 경우에는 그 변경액 만큼 시장에 대한 순수요 또는 공급요인으로서 작용한다. 이처럼 은행과 여타 시장 참가자 간에 이루어지는 외환매매는 막대한 금액에 이르게 되는데, 이로부터 매도액과 매입액이 서로 균형을 이룰 때까지 외환시장에서는 환율이 변동하게 된다.

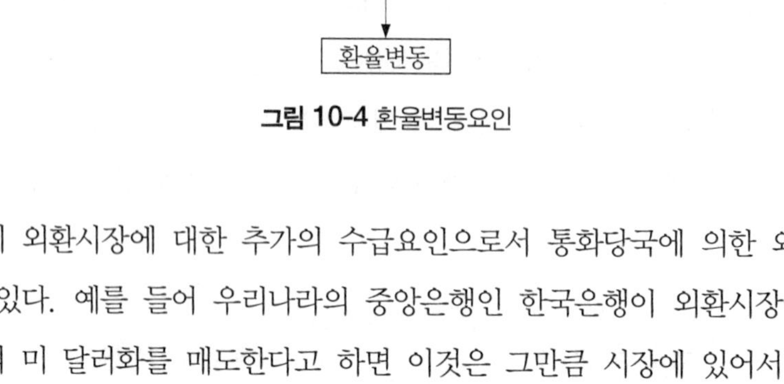

그림 10-4 환율변동요인

이밖에 외환시장에 대한 추가의 수급요인으로서 통화당국에 의한 외환평형개입이 있다. 예를 들어 우리나라의 중앙은행인 한국은행이 외환시장에 대해 상당액의 미 달러화를 매도한다고 하면 이것은 그만큼 시장에 있어서 새로운 달러화의 공급요인이 되며 환율에 변동을 주게 된다.

외환거래를 요인별로 구분하면 이상과 같으나 현실의 외환시장에서의 거래는 이러한 매매들이 섞여서 외환수급을 형성하고 있다.

2) 환율변동의 효과

자국의 화폐가 평가절상되면 자국화폐로 표시하는 수입품 가격의 인하효과를 가져와 수입은 더욱 확대되고, 반대로 외국화폐로 표시하는 수출품 가격의 인상 효과를 가져와 수출이 감소되어 국제수지가 악화되는 결과를 초래한다. 그러나 자국상품의 국제경쟁력이 아주 높으면 자국화폐가 평가절상하여도 수입이 크게 확대되지도 않고 수출도 크게 감소하지 않을 수 있으며, 또한 평가절상은 수입원자재가격의 인하와 외채 원리금 상환부담의 경감 등으로 국내 생산비를 인하시켜 국내물가의 안정을 가져오므로 수출경쟁력을 더욱 강화시키는 작용을 할 수도 있다.

그러나 일반적으로 자국화폐의 평가절상은 수출품 가격을 인상시켜 국제가격 경쟁력을 약화시키고 수출활동을 둔화시켜 국내생산 활동을 위축시키는 결과를 초래한다. 따라서 모든 국가들은 자국화폐의 가치를 평가절상 하기보다는 가능한 한 평가절하 하려고 한다.

(1) 환율이 수출입에 미치는 영향

환율의 상승과 하락은 수출과 수입에 커다란 영향을 미치게 된다. 예를 들어 환율이 상승하여 원화의 가치가 하락하였다고 하자. 그러면 외국사람의 입장에서 볼 때 환율의 상승은 우리의 상품가격이 낮아지는 것과 같은 효과를 가져온다. 예를 들어 미국사람이 35만원 하는 우리나라 TV를 살 경우 환율이 달러당 700원일 때에는 500달러를 지불해야 하지만 환율이 달러당 800원으로 상승하면 437.5달러만 지불하면 된다. 이는 미국사람의 입장에서 볼 때 한국산 TV가격이 하락한 것과 같으므로 더욱 많은 한국산 TV를 구매하려 할 것이다. 이처럼 환율의 상승은 자국상품의 수출수요를 증가시키는 효과를 가져온다.

한편, 환율이 상승하게 되면 이전과 똑같은 외국상품에 대해 우리나라 사람이 지급해야 하는 원화는 더욱 많아진다. 즉 이는 외국상품의 가격이 상승한 것과 같은 효과를 가지게 되는데 환율이 달러당 700원일 때에는 2,000달러짜리 미국산 컴퓨터를 140만원에 살 수 있지만 환율이 달러당 800원으로 오르면 같은 컴퓨터를 140만원에 살 수 있지만 환율이 달러당 800원으로 오르면 같은 컴퓨터에 대해 160만원을 지불해야 한다. 이렇게 되면 사실 미국산 컴퓨터는 그 값이 과거와 변함이 없음에도 불구하고 단순히 환율의 변동만으로 우리나라의 입장에서 볼 때는 그 값이 20만원이나 오른 결과가 되어 자연히 미국산 컴퓨터에 대한 수요는 감소하게 될 것이다. 이처럼 환율의 상승은 외국상품의 수입수요를 감소시킬 수 있다. 결국 환율이 상승하면 수출은 늘고 수입은 줄어 국제수지 개선에 큰 도움을 줄 수 있으며 반대로 환율하락은 국제수지를 악화시킬 수 있다. 그러나 지속적인 환율상승은 장기적으로 그 화폐를 사용하는 국가의 물가를 상승시키는 등 여러 가지 문제를 발생시킬 우려도 있다.

환율↑ ➡ 수출↑, 수입↓
환율↓ ➡ 수출↓, 수입↑

한편, 이제는 다른 방향에서 환율이 수출입에 미치는 영향을 한국과 미국의 수출입을 예로 들어 살펴보자. 환율이 현재 1＄ : 600원이라고 가정하자. 이제 한국의 수출업자가 1만 달러어치의 직물을 미국에 수출하면 1만 달러의 외환을 받을 수 있고 이것을 국내의 외국환 은행에 매도하면 600만원을 받을 수 있을 것이다. 그런데 어떠한 원인으로 환율이 1＄ : 700원이 되었다 하자.

그러면 미국 수입업자의 입장에서 볼 때 자신은 과거와 똑같은 1달러를 주고도 이제는 600원짜리의 제품이 아니라 700원짜리의 제품을 살 수 있게 되거나 아니면 과거와 같은 600원짜리를 산다면 이제는 1개가 아니라 700원/600원, 약 1.17개를 살 수 있다. 이는 환율이 상승함으로써 한국 제품의 가격이 전보다 싸졌다는 것을 의미한다. 그러므로 미국의 수입업자는 한국으로부터의 수입을 증가시킬 것이고 따라서 결국 한국은 수출이 촉진된다고 볼 수 있다.

한편 수입의 경우를 살펴보자. 환율이 1＄ : 600으로 있다가 1＄ : 700원으로 상승하게 되면 한국의 수입업자는 과거와 똑같은 미국의 1달러짜리 상품을 이전에는 600원만 주면 수입할 수 있었지만 이제는 100원을 더 주어야만 수입할 수 있었다. 이것은 수입상품의 값이 그만큼 비싸졌다는 의미이므로 당연히 한국의 수입업자는 수입을 줄이려고 할 것이다. 그러므로 환율이 상승하면 수입이 억제된다. 이처럼 환율이 상승하면 수출은 촉진되고 수입은 억제된다. 그러나 상대국에서는 그 반대의 현상이 나타날 것이다.

(2) 환율이 물가에 미치는 영향

일반적으로 환율이 오르면 수출에 유리한 환경이 조성되지만 항상 그런 것만은 아니다. 가령 어떤 국가의 무역구조가 제품의 수출에 필요한 원자재와 부품에 대한 수입의존도가 큰 경우 수출이 증가하면 증가할수록 이에 필요한 원자재와 부품의 수입도 함께 증가하게 될 것이다. 따라서 이런 상태에서는 환율이 오르면 수출품의 값이 하락하게 되는 효과를 가져와 수출의 증가에 긍정적인 영향을 미치기도 하지만 동시에 원자재와 부품의 수입에 따른 수입가격이 상승하는 효과를 가져와 제품의 제조원가가 높아지면서 수출 채산성이 나빠지게 된다. 가령 어떤 제품이 30%는 국산화되어 있고 70%는 부품이나 원자재를 수입해야 한다면 환율이 오르더라도 수출채산성에 유리한 부분은 100중 30이며 반면에 원자재 수입가격, 즉 제조 원가가 높아짐으로써 수출에 불리해지는 부분은 100중 70이 된다. 따라서 결국 원자재나 부품의 수입비중에 높은 구조를 가진 산업이나 국가의 경우 환율이 오르면 수출이 증가하여 이익이 되는 것보다 수입 원자재의 가격이 오르는 데 따른 부담이 더 커질 수 있다.

한편, 이러한 사실은 원자재와 부품의 수입에 대한 의존도가 큰 나라일수록 환율의 상승으로 인한 수입 원자재 가격의 상승은 제조원가의 상승으로 나타나고, 이는 또 국내물가의 상승으로 나타나 수출의 감소로 이어질 뿐만 아니라 물가상승은 임금인상으로 이어지면서 제조원가에 부담을 주어 대외적으로 가격경쟁력을 약화시킨다.

환율↑ ➡ 수출↑, 수입↓ ➡ 수출가격↑, 물가↑ ➡ 수출↓

이러한 악순환의 원인은 첫째, 원자재와 부품 등의 수입비중이 높은 경제구조를 가지고 있다는 점, 둘째, 기업이 수입 원자재 가격의 인상분을 제품가격의 인상으로 즉시 반영할 수 밖에 없는 취약한 기업의 수익구조와 다소 제품의 가격이 상승하더라도 품질 경쟁력을 갖추고 있을 경우 수출의 감소를 억제할 수 있는데 그렇지 못한 점, 셋째, 물가상승이 즉시 임금상승으로 이어지는 원만하지 못한 노사관계 등을 지적할 수 있을 것이다.

(3) 환율이 주식가격에 미치는 영향

환율이 주가에 미치는 영향에 대한 일반적인 시나리오는 흔히 환율이 오르면 수출이 촉진되고 수출의 증가는 생산의 증가, 고용의 증가, 소득의 증가 등 경기 확대로 나타나면서 주가도 상승하게 된다는 것이다. 그러나 이러한 시나리오는 보다 장기적인 측면에서 기대되는 효과이며 단기적으로는 특히 한 나라의 주식시장에 대한 외국인 투자자의 참여비중이 클 경우에는 오히려 주가가 떨어질 수도 있다.

환율↑ ↗ 수출↑ ➡ 생산, 고용, 소득↑ ➡ 경기↑ ➡ 주가↑
↘ 외국인투자자의 환산자산가치↓ ➡ 주식매도(주가↓) ➡ 외환수요↑ ➡ 환율↑

가령 우리나라의 경우 외국인이 우리나라의 주식시장에 투자하게 되면 외환시장에서 달러를 팔아 원화로 바꿔 우리나라 기업들의 주식을 구입하게 된다. 그런데 구입한 우리나라의 주가는 아무런 변동이 없다고 가정한 상태에서 환율이 오르게 되면 외국인의 입장에서는 자신이 보유하고 있는 우리나라 주식의 가치를 달러로 환산하였을 경우 그 가치가 떨어져 손실을 보게 되므로 결국 자신이 감수할 수 있는 수준 이상으로 환율이 상승하게 되거나 또는 환율이 상승할 것으로 예상된다면 결국 외국인 투자자자는 손실을 회피하기 위해 우리나라 주식을 팔게 될 것이다. 따라서 우리나라 주식시장에서는 환율이 올라 앞으로 수출이 잘 되어 주가가 오를 것이라고 예상하는 투자자들은 주식을 사고자 할 것이며 비록 장기적으로는 그렇다고 하더라도 단기적으로는 앞서 언급한 것처럼 외국인 투자자들의 경우 손실을 회피하기 위해 주식을 팔고자 할 것인데 우리나라의 주식시장에 대한 외국인 투자자의 비중이 크면 클수록 수요 공급의 원리에 따라 우리나라의 주식가격은 하락할 가능성이 높아지게 된다. 결국 한 나라의 자본시장이 개방되어 외국인 투자자의 주식매매 비중이 높아질수록 환율상승→외국인 투자자의 주식매도→주가하락이라는 현상이 나타날 가능성이 높아진다.

(4) 환율이 금리에 미치는 영향

환율이 오른다는 것은 자국통화의 가치는 하락하고 상대적으로 외국통화의 가치가 상승한다는 것이다. 예를 들어 환율이 올라 원화가치가 하락하면 원화자산을 보유하고 있는 외국인 투자자들은 원화자산을 팔고 대신 가치가 높은 달러화 자산을 보유하려 하게 된다. 따라서 이미 언급한 것처럼 외국인 투자자들이 우리나라 주식을 처분하면서 주가가 하락하게 되며 채권 역시 치분하고자 하는 물량이 많아지면서 시장에서 공급이 수요보다 많음에 따라 채권가격이 하락한다. 그런데 채권가격이 하락한다는 것은 채권의 수익률이 상승한다는 것이다. 즉, 채권가격이 낮다는 것은 사람들이 채권을 사려고 하지 않으니까 팔려고 하는 입장에서는 보다 높은 수익률을 보장해 주어야 한다는 의미이다. 또는 회사채로 자금을 조달하려는 기업의 입장에서 보면 사람들이 회사채를 보유하려고 하지 않으면 않을수록 높은 수익률을 보장해야만 할 것이며, 사람들이 회사채를 보유하지 않으려는 상황이란 시중에 회사채의 공급이 수요보다 많아 그 가격이 앞으로 더 떨어질 것이라고 예상되는 상황이다. 물론 우리는 이때 회사채의 안정성에 대해서는 문제삼지 않는다. 따라서 채권은 가격이 높으면 수익률이 낮고 가격이 낮으면 수익률이 높게 된다.

환율↑ ➡ 원화자산매도, 달러자산매입 ➡ 주가↓, 채권가격↓ ➡ 채권이자율↑ ➡ 금리↑

흔히 유통되는 채권이란 국채, 공채, 회사채 등을 의미하며 이들의 수익률은 즉 금리가 상승하면 다름 금융상품의 금리에도 영향을 주어 전체적으로 금리는 올라가게 된다.

(5) 환율이 국제관광에 미치는 영향

관광지의 환율 변동은 국제관광에서 관광활동에 미치는 영향이 상당히 크다. 관광의 특성을 고려한다면 먼저 항공료, 숙박료, 음식, 현지 관광지 입장료, 관광상품 구입 등 모든 결제 수단이 관광 현지의 화폐로 지불해야 한다.

환율 변동의 미시적인 영향으로는 먼저 개인의 관광상품의 수요 변동과 연관이 있고 거시적으로는 다양한 입장에서 분석할 수 있다.

먼저 관광지의 환율이 상승하면 즉, 통화가치가 하락하면 관광지 국가나 지역의 입장에서는 국제 관광수요가 증가하여 거시경제 지표 중 국제수지를 개선하는 효과를 가져와 국내총생산을 증가시킨다. 반면에 국내물가를 자극하여 인플레이션의 요인이 되는 부정적인 효과도 나타난다. 또 다른 입장에서 보면 출발지의 국가나 지역에서는 정반대의 경제현상이 나타나고 거시경제의 영향도 마찬가지다.

일반적으로 지나친 국내의 환율상승은 국내 관광객의 국제 관광수요 즉, 국제 관광상품의 구매력을 감소시켜 관광시장의 위축을 가져온다.

한국의 관광시장에서 해당 관광상품은 환율의 영향을 받는 것이 사실이지만 관광형태면에서 환율의 영향을 적게 받는 것은 비즈니스관광으로 유람관광은 그 영향이 크다고 할 수 있다.

특히 그간 우리나라의 경우 개인소득이 증가함에 따라 해외 관광상품을 여가의 일부로 간주하면서 점차 관광소비의 양상이 달라지고 있다.

예를 들면 생산활동에 참가하는 소비자들이 노동력을 제공하여 소득의 향상보다는 여가에 대한 효용에 더 높은 가치를 부가하고 여가의 비중을 중시하고 있어 상대적으로 환율의 변동은 큰 영양을 미치지 못한다.

특히 관광상품 중 해외여행 상품은 과시적 소비와 베블렌 효과(Vablen effect)는 물론 급속한 세계화 추세도 전 지구를 하나의 관광시장으로 통합시키는 결과를 가져와 환율변동의 영향력을 약화시키고 있다.

매력적인 산업으로 칭하는 관광산업은 세계통합화의 물결을 타고 세계 상품화되어 가고 있으며 특히 친환경적이며 호기심으로 가득 찬 인간의 욕구를 충족시켜주는 산업으로 부가가치가 매우 높은 산업이다. 이러한 관광산업을 육성시키려면 안정적인 외환시장의 유지와 소비자 중심의 시장조건 확산이 필요조건이다.

※본서의 집필은 2012년도 대구공업대학교 학술연구조성비 지원과 대구답사마당의 산학맞춤식 교재개발 지원에 의하여 수행되었으며, 이에 감사드립니다.

김국태

경남대학교 대학원(경제학 석사, 박사)
창원상공회의소(구 마산) 조사, 기획 · 전산과장
경남대학교, 국립창원대학교, 창신대학교, 창원전문대학교 강사
한국산업경제학회, 한국국민경제학회, 한국지역학회 이사, 한국문화관광학회 상임이사
대구공업대학교 신문방송국 주간, 산업기술연구소장, 산학협력처장 · 단장, 기획처장 역임
전문대학 직업교육의 역사적 변천과 인적자원 개발
우리나라 상공회의소 탄생의 역사 그리고 대구상의 100년
경남지역 지식기반 기계산업 종사자 수 예측에 관한 연구
Eco-bridge구현을 위한 마창대교 블루오션 브랜드 관리 전략 등 다수 연구
현, 대구공업대학교 호텔항공관광과 교수
대구광역시교육청 주민참여 예산자문위원
조달청기술평가위원
대구광역시 달서구계약심의위원
대구광역시 민간보조사업 성과평가위원
대구 경상공업고등학교 학교운영위원장
통영발전시민협의회 자문교수
대구경제정의연구소 연구위원

관광산업의 경제와 경영관리

2014년 7월 31일 초판 인쇄
2014년 8월 16일 초판 발행

지은이 | 김국태
발행인 | 윤용호
발행처 | 석학당 출판사
등 록 | 2001.10.23 제10-2238호
주 소 | 서울시 마포구 토정로 222(서울시 마포구 신수동 448-6)
전 화 | 02) 719-6116
팩 스 | 02) 719-6120
홈페이지 | http://www.shdbooks.co.kr
전자우편 | sdh6116@achol.com

ISBN : 978-89-83158-79-3

가격 20,000 원